Le versant du soleil
2

Frison-Roche

Le versant du soleil 2

2

Éditions J'ai lu

LES MONTAGNARDS DE LA NUIT

— Trop jeunes ! S'y prennent mal ! Arriveront à rien !

L'homme marquait sa désapprobation devant les assauts infructueux des jeunes maquisards qui avaient attaqué l'hôtel de La Roche où cantonnaient les quatorze douaniers autrichiens de la garnison de Beaufort. Ces derniers avaient, dès les premiers coups de feu, transformé le bâtiment en forteresse. Embusqués derrière chaque ouverture, ils couvraient de leur tir précis et économe la rue principale et le champ de foire sur toute sa longueur. Ce spectateur très intéressé était un Beaufortain dans la cinquantaine, un peu marginal, qui s'était mêlé aux combattants dès les premiers assauts.

Le combat durait depuis l'aube, et la petite garnison de la Wehrmacht résistait toujours avec acharnement aux assauts dispersés, ponctués des tirs de mortiers légers du commando F.T.P. d'Ugine.

— Vous n'y arriverez pas de cette façon ! dit l'homme avec désinvolture à leur chef, un grand gaillard au visage dur et énergique, vraie tête de baroudeur coiffée d'une curieuse casquette à pont sur le devant de laquelle il avait agrafé une étoile rouge métallique, insigne de son commandement. Il était vêtu d'un uniforme délavé, vareuse à col dolman et culottes de drap, dont la teinte primitive avait peut-être été brune, ou grise ou verte.

— Vraiment ! fit l'interpellé, qui dévisagea avec ironie son interlocuteur.

Il n'avait pas l'habitude de voir discuter ses ordres. Mais, comme l'homme le regardait placidement et sans crainte, il réprima sa colère.

— Comment agirais-tu, toi qui me critiques ? — Il se cherchait des excuses. — On nous rabâche depuis des mois que les douaniers de Beaufort sont des sacs à vin sans envergure. Je ne les ai pas pris assez au sérieux.

— Viens avec moi, dit l'homme.

Ils contournèrent l'hôtel et, par des traverses et en se faufilant derrière des murettes, se retrouvèrent le long d'un baraquement d'un étage qui servait de remise à tout faire. Cet appentis sans étage était en planches et jouxtait le bâtiment principal.

— On va foutre le feu à cette bicoque, dit l'homme. En l'aidant un peu, il se communiquera à l'hôtel. T'as des grenades incendiaires ?

— Non ! On pourrait fabriquer des cocktails Molotov ?

— Ah ! t'es russe ?

— Je suis « Paul », chef des F.T.P. d'Ugine, et ça suffit. Et toi, le vieux, t'es de Beaufort ? Je croyais qu'ils roupillaient tous dans ce pays.

— Ils ont peut-être leurs raisons de dormir comme tu as les tiennes d'agir. Maintenant il est trop tard pour discuter, je vais t'aider.

Muni d'une échelle, l'homme grimpa sur le toit d'ancelles puis, avec des bouchons de paille bien placés, il mit le feu aux quatre coins de la toiture. Les flammes léchaient le mur de l'hôtel dont la partie supérieure était couverte d'un voligeage. En moins de dix minutes le feu se communiquait à la charpente. L'hôtel prenait feu. Satisfait, l'homme contempla son œuvre.

— Ils sont faits comme des rats ! dit-il.

Puis il s'éloigna sans un mot, se retirant à l'écart pour jouir du spectacle.

Venant du champ de foire, une clameur s'éleva, couvrant les détonations de plus en plus espacées des F.T.P. Ils avaient vu la fumée ; on avait mis le feu à l'hôtel. Les plus jeunes chantaient déjà victoire, et s'avançaient imprudemment, tirant sans discernement des coups de revolver, progressant d'un arbre à l'autre pour éviter le tir précis des soldats.

Il était encore trop tôt pour pavoiser.

Paul regroupa ses jeunes derrière le parapet qui borde la rive droite du Doron devant le champ de foire. La situation des assiégés devenait intenable. Leur chef, le beau sous-officier qui se pavanait dans le pays et se montrait plus que courtois avec les dames, avait rejeté toute son insouciance. Il avait réussi à résister cinq heures contre la horde indisciplinée, mais il savait que les secours tant espérés arriveraient trop tard. La ligne téléphonique le reliant à la Kommandantur d'Albertville avait été coupée dès le début de la bataille. Il avait tenu ferme et galvanisé ses hommes, de vieux territoriaux qui s'étaient révélés des soldats irréprochables et courageux, car il espérait que, découvrant la coupure des communications téléphoniques, ne recevant pas le rapport quotidien qu'il devait fournir, ceux d'en bas n'hésiteraient pas à lui envoyer des renforts. Maintenant il était trop tard. Loin de songer à se rendre, le Feldwebel décida une sortie en force. Il galvanisa sa poignée de vétérans et s'élança le premier, balayant la rue du tir de sa mitraillette. Cinq soldats l'avaient suivi qui furent fauchés immédiatement par la riposte de Paul. Bien retranché derrière le parapet du Doron, il servait lui-même le lance-grenades. Le sous-officier avait été tué ainsi que quatre de ses hommes. Le cinquième soldat gisait à terre, grièvement blessé. Les partisans, surpris par la sortie des Allemands, avaient également subi des pertes : plusieurs blessés gémissaient sur l'herbe du pré de foire. Constatant l'échec de leur sortie, à moitié asphyxiés par la fumée de l'incendie, le restant de la garnison arbora un linge blanc au bout d'un fusil et se rendit aux maquisards.

Ceux qui de loin avaient assisté au drame entendirent la voix de Paul qui ordonnait le cessez-le-feu, rassemblait ses hommes. Les Allemands sortaient un à un de l'hôtel en flammes, immédiatement désarmés.

Un silence tragique pesa sur Beaufort.

L'homme qui avait aidé Paul sortit de l'ombre à nouveau :

— Maintenant, les gamins, faut foutre le camp si vous ne voulez pas avoir toute la Wehrmacht sur le dos ! Suivez-moi.

Il prit la tête du détachement. Maquisards et prisonniers le suivirent en direction du château de La Grande-Salle.

— Où nous conduis-tu ? dit Paul.

— On va rejoindre Arêches par les revers du Mont, mais sans prendre la route.

Les Beaufortains, qui jusque-là s'étaient prudemment tenus à l'écart, sortirent juste pour voir les derniers hommes disparaître dans les petits bois du versant de l'ombre.

Le maire et le docteur, aidés par quelques commerçants, relevèrent les blessés que les F.T.P. n'avaient pu emmener avec eux.

— Portons-les dans une salle de la mairie où je puisse les soigner, dit le docteur.

— Tous ? hasarda une voix.

— Bien sûr ! La Croix-Rouge ne regarde pas les uniformes !

Ils firent comme il avait dit.

J'ai été le témoin impuissant de ces heures difficiles.

Dès la pointe du jour, les maquisards, qui avaient bivouaqué la veille dans un petit bois entre les Curtillets et Domelin, comme je l'appris par la suite des habitants de ces villages, avaient envahi Beaufort, sans prendre trop de précautions. Commandés par un ancien des Brigades rouges internationales, leur troupe disparate était encadrée par une poignée d'éléments aguerris, auteurs des nombreux coups de main et embuscades, ces dernières semaines, dans le val d'Arly et la Combe de Savoie. Coups de main qui avaient provoqué de furieuses réactions des troupes d'occupation. C'est ainsi que Jean Bulle, Gaudin, « Incidence », « Cantinier » et quelques autres chefs de la Résistance avaient dû fuir rapidement leur P.C. de Queige pour se réfugier dans les montagnes d'Hauteluce.

Je fus réveillé très tôt par les premiers coups de feu.

Joseph entrouvrit la porte de ma chambre. Il était très inquiet.

— Faut te lever ! Les F.T.P. ont envahi Beaufort, ils attaquent le poste allemand.

Je sursautai, étonné. Que venaient faire ces résistants d'un autre secteur dans ce Beaufortin tenu jalousement et discrètement en réserve par Bulle ?

Je m'habillai rapidement. A côté de mon lit, un sac de montagne était toujours prêt, contenant quelques vivres, une paire de chaussures de montagne, et un précieux sachet de poivre moulu en prévision d'une redoutable intervention de chiens policiers dressés pour la traque aux terroristes.

— Tout ça n'est pas clair, dis-je au mari de Céline, je vais monter aux Outards voir ce qu'en pense Lacroix.

Déjà le combat prenait de l'ampleur. Quelques jeunes, foulard rouge noué autour du cou, erraient à travers les rues principales, revolver en main, tirant sans viser à cent mètres de distance sur les murs centenaires de l'hôtel. Comme l'un d'eux demandait à boire, Joseph, tout en lui versant un verre de vin, entreprit de le questionner.

— D'où sortez-vous ?

— D'Ugine et du lac, avec Paul. On est venu secouer le secteur, riposta avec fierté le jeune.

— A votre place, je ne traînerais pas trop longtemps. La répression peut être violente.

— Bah ! fit l'autre qui s'éloigna en sifflotant.

— Je vais voir où ils en sont, dis-je à Joseph.

— Fais attention !

Il avait raison, le tir désordonné des assaillants se traduisait en balles perdues qui sifflaient aux oreilles. Rasant les murs, je m'approchai du lieu du combat et constatai que les Allemands, solidement retranchés, s'étaient rapidement organisés. Leur tir était économique et précis. Quelques jeunes en avaient déjà fait la cruelle expérience, et les blessés se dispersaient dans les ruelles de la vieille ville.

Je m'étonnai cependant de la lenteur apportée par la garnison d'Albertville à envoyer des secours. Dix-huit kilomètres sur une bonne route, cela prend peu de temps pour une colonne motorisée, et il faudrait encore moins de temps pour exterminer la téméraire petite troupe, courageuse mais inexpérimentée, et sachant mal utiliser son lance-grenades et son petit mortier de campagne. Ce retard inexpliqué était leur dernière chance.

Suffisamment informé de la situation et conscient du danger que couraient les habitants de Beaufort, je pris le chemin escarpé du Dard qui débouche sur le plateau des Outards où je savais trouver le capitaine Lacroix. Je lui fis le récit de ce que je savais. Il explosa.

— C'est une connerie sans nom ! Ils vont se faire exterminer pour rien, et ils vont détruire toutes nos espérances. Si tu savais le mal que Bulle, Sphère, Gaudin, Bertrand se sont donné pour convaincre les services alliés que le Beaufortin était la seule zone calme de la région, la plus propice et la mieux placée géographiquement pour un parachutage massif le moment venu ! Depuis quelques semaines, les directives par radio se précisent, m'avait confié Bulle.

En l'absence de Bulle, Lacroix est le seul qui pourrait me donner des ordres.

— Restons en dehors de cette attaque suicide, me dit-il. Obéissons strictement aux consignes données par Bulle, elles me concernent tout autant que toi : attendre ! Je sais que c'est râlant mais on doit obéir. Allons voir jusqu'au-dessus de La Roche ce qui se passe à Beaufort.

Les tirs sporadiques continuaient. Armés de jumelles, bien camouflés dans un bosquet, on pouvait suivre les phases du combat. Lacroix critiquait en connaisseur.

— Celui qui les commande connaît incontestablement son boulot.

— Son nom de guerre est Paul. C'est un Russe des B.R.I., je crois.

— Il est surtout compétent pour la guérilla ; il est tombé sur un os. Les vieux douaniers se défendent en soldats bien entraînés. Sa troupe me paraît composée surtout de jeunes inexpérimentés recrutés au hasard. Les Allemands les ont vite jugés. Leur tactique est simple : se barricader et attendre les secours.

— Bizarre ! Ces secours, logiquement, auraient dû être

là au plus tard une heure après le début des combats.

— Les lignes téléphoniques ont sûrement été coupées.

Je pensais comme Lacroix. Tendre une embuscade au coin d'un bois, attendre une colonne militaire dans une gorge de montagne, tirer quelques rafales, détruire véhicules et servants puis se replier et disparaître dans la nature, cette tactique de harcèlement avait été féconde. Elle ne correspondait pas au combat actuel. Les trente ou quarante maquisards de Paul, mal armés, et surtout n'ayant subi aucun entraînement, luttaient à armes inégales contre les quatorze briscards autrichiens.

C'est arrivé à ce stade de nos réflexions que nous avions assisté au manège singulier du vieil homme, à l'incendie de l'hôtel.

— Provisoirement ils ont gagné, dit Lacroix. Hélas ! attendons la suite. Ils feraient bien de déguerpir immédiatement.

— En laissant les habitants de Beaufort se débrouiller avec la colonne de représailles, dis-je amèrement.

Nos pensées étaient sombres.

En bas, l'exode des civils avait commencé. On les voyait refluer vers nous. Une colonne de femmes et d'enfants nous rejoignit au hameau des Outards puis gagna le village des Curtillets, bien situé pour suivre à la jumelle la suite des événements. Installés çà et là chez des parents ou amis, les civils se groupaient sur les galeries de bois des maisons et surveillaient anxieusement la ville d'où s'élevait encore la fumée lourde de l'incendie.

Un silence général s'était établi dans la conque rocheuse où gisait la ville ; mais en altitude on entendait encore le grondement régulier du Doron apporté par la brise. Tout autour, dans les champs des Curtillets, le concert de milliers de sauterelles frottant leurs élytres accompagnait les chants d'oiseaux ; ces chants avaient repris aussi soudainement qu'ils s'étaient tus dès les premières rafales des armes à feu. Cette journée de juin était d'une douceur infinie.

Pourtant les civils, amassés sur les balcons de bois ajourés, sur les galeries où finissaient de sécher des gerbes de luzerne, avaient peur. Peur des représailles. Car tout se savait. En bas, dans la Combe de Savoie, en basse Tarentaise, la riposte allemande aux attentats du maquis avait été terrible : arrestations, prises d'otages, notables fusillés sur place, villages incendiés comme à Feissons-sur-Isère ou au Phalanstère d'Ugine ! Et maintenant ce serait le tour de Beaufort, ils n'en doutaient pas !

Un lointain ronronnement se fit entendre qui s'amplifia, se transforma en vrombissement de moteurs.

Un cri général s'éleva :

— Les voilà !

Une femme poussa un grand gémissement, d'autres se mirent à pleurer.

Puis on vit la colonne allemande qui débouchait tout en bas dans la vallée du virage de la roche à l'Aigle, et s'arrêtait sur le champ de foire devant les ruines calcinées de l'hôtel.

Alors chacun attendit, le cœur battant, le moment où les premières flammes s'élèveraient dans la rue principale, qui seraient suivies, ils n'en doutaient pas, des premières salves de la répression, et chacun frémit en se souvenant que quelques hommes courageux, le maire, M. Viallet, le Dr Lambert et quelques autres, étaient restés pour attendre les Allemands.

Mais il ne se passait rien.

Si ! le silence. Le silence absolu. Et, bien qu'entourée de centaines de chalets habités égrenés sur les versants de la vallée, cette foule se sentit obscurément prisonnière, oubliée du monde, isolée dans ses montagnes, livrée à la mort.

Plus tard, Joseph arriva tout essoufflé. Il était chargé de prévenir ceux qui s'étaient réfugiés sur ce versant qu'il fallait redescendre à la ville. Ils ne risquaient plus rien, disait-il, mais les Allemands exigeaient comme preuve de leur non-participation au combat qu'ils reprennent leurs occupations. Ordre des Allemands ! On hésitait encore. Fallait-il les croire sur parole ? Joseph était ferme. Pour lui, l'affaire, en ce qui concernait les Beaufortains, était terminée, la ville sauvée. Tout cela n'avait tenu qu'à la déclaration du grand blessé allemand que le Dr Lambert avait soigné de son mieux dans la salle de la mairie.

Et Joseph raconta ce qui s'était passé :

Quand le Hauptmann qui commandait la compagnie envoyée en renfort arriva devant l'hôtel brûlé, il se rendit immédiatement à la mairie où les corps des soldats allemands avaient été transportés par les soins du maire. Il ne contint plus sa fureur. Pour commencer, il donnait l'ordre de brûler l'hôtel du maire séparé de l'hôtel de La Roche par une simple ruelle. Mais celui-ci, avec un courage qu'on ne lui aurait pas soupçonné, lui tint tête avec fermeté.

— Nous ne sommes pour rien dans cette histoire.

— Je vous ferai fusiller pour l'exemple !

Le capitaine allemand se penchait sur le brancard de fortune où était étendu le grand blessé allemand. Il l'interrogeait longuement. L'officier ne paraissait pas convaincu de ce que l'autre lui racontait. Alors, devinant que ni le docteur ni le maire ne comprenaient l'allemand, le blessé parla dans un mauvais français, et disculpa Beaufort et ses habitants :

— Ces gens sont innocents, en plus ils m'ont bien soigné. Sans eux je serais mort.

— Ils ont aussi soigné les terroristes ! hurla l'officier.

Le soldat affirma ensuite n'avoir reconnu aucun habitant de la ville parmi les assaillants. Il réussit à convaincre le chef du détachement.

— Je veux bien vous croire, dit-il au maire, mais expliquez-moi pourquoi la ville est désertée. Comme si ses habitants s'étaient reconnus coupables.

— Ils ont peur des représailles. C'est humain.

— Alors, qu'ils prouvent leur bonne foi. Qu'on envoie des émissaires pour leur dire de revenir, tous, sans exception. Je veux que la vie reprenne ici comme avant. S'ils ne reviennent pas, je brûlerai Beaufort.

Des volontaires s'étaient offerts, et Joseph était monté rapidement nous prévenir. D'autres iraient au Bersend, au Mont.

Femmes, vieillards, enfants redescendirent les sentiers pierreux qui coulaient de la montagne comme des oueds à sec.

Pour les Beaufortains, l'affaire était réglée. Mais, pour les maquisards, la grande traque commençait. De nouveaux renforts arrivaient et, par petits groupes bien armés, les Allemands se dispersaient dans les trois vallées, grimpaient par les sentiers et les chemins muletiers, se portaient aux points stratégiques.

Je décidai d'aller passer la nuit au Péchaz, chez l'oncle Maxime. On veilla très tard, toutes les lumières voilées, écoutant les bruits de la nuit. Depuis le Péchaz, on domine la vallée de Beaufort dans sa plus grande longueur, et malgré la différence d'altitude de plus de cinq cents mètres les bruits montent et y parviennent avec une netteté impressionnante.

Cette nuit-là, l'une des plus courtes de l'année, fut constamment troublée par le rassemblement motorisé des forces allemandes.

Tôt le lendemain matin, Joseph, le deuxième fils de l'oncle Maxime qui habitait avec sa famille un chalet en dessous du Péchaz, monta rapidement me prévenir. Joseph, je l'ai écrit, a été un baroudeur exceptionnel de la Grande Guerre, simple soldat mais médaillé militaire et croix de guerre avec palmes, et pour lui les Allemands resteront toujours les Allemands des tranchées de Verdun.

Lorsqu'il est arrivé à portée de voix, il m'a crié tout essoufflé :

— Les Boches montent depuis les Outards. Ils patrouillent partout. Ils sont juste en dessous de chez moi !

En effet, à quelques centaines de mètres des chalets, les premières tenues feldgrau débouchaient sur le plateau. On voyait briller les lentilles des jumelles avec lesquelles ils observaient chaque sentier, chaque mouvement de personne, chaque activité humaine. Si je m'enfuyais précipitamment, cela pourrait attirer leurs soupçons ; les habitants du Péchaz risqueraient d'en pâtir. Non ! il valait mieux rester.

On tint un petit conseil. Finalement je dis à Jean :

— L'important est qu'ils me voient travailler avec vous. On va aller faucher la luzerne, sous le gros merisier, au pied du Vargne.

Nous sommes partis tous deux, lentement, au pas

mesuré des montagnards, la faux sur l'épaule. Toute la matinée, j'ai fauché, fauché, et j'ai pu voir la patrouille allemande s'installer au Péchaz, occuper la maison de l'oncle Maxime. Il nous fallait cependant redescendre, prendre part au repas des gens de la ferme. On s'est chargé chacun d'une trosse de luzerne fraîchement coupée ; on est revenu au Péchaz. La porte de la grange s'ouvre derrière le chalet et, par l'effet de la pente, on y accède de plain-pied. Une sentinelle montait la garde à cet endroit, mitraillette en travers de la poitrine. On est passé devant elle, portant nos lourdes charges. Elle nous a suivis, sans dire un mot, dans le fenil. On a basculé la luzerne sur l'aire de la grange puis on s'est essuyé le front dégoulinant de sueur, et j'ai averti Jean :

— On parlera patois désormais. Tu le diras à Léa, à l'Henriette. Pas un mot de français entre nous !

— *Dé compra ! on presdera patois !* (Compris ! on parlera patois !) a répondu Jean.

L'Henriette avait préparé la soupe et le bacon. On se mit à table, on échangea quelques mots entre nous. Le sous-officier qui commandait la patrouille et qui s'était assis sans façon à nos côtés m'examinait avec intérêt.

Il parlait un français un peu rauque mais correct.

— Vous êtes de la famille ?

Je montrai le vieil oncle Maxime :

— Le frère de ma mère.

— *Ach so !* Vous travaillez avec eux ?

— Bien sûr.

Ma main gauche semblait l'intéresser prodigieusement.

Pour mon malheur (du moins ce jour-là), j'ai des mains ridiculement petites eu égard à ma grande taille ; sûrement pas des mains de bûcheron ou de laboureur. En plus, j'ai toujours porté à la main gauche mon alliance, et surtout une bague chevalière en or, très simple, cadeau de ma mère pour ma première médaille de sauvetage à dix-neuf ans. Cette bague n'a jamais quitté mon annulaire depuis 1925. Mais le fait qu'un paysan porte une telle bague intriguait avec raison le sous-officier.

— Jolie bague ! dit-il.

Je sentis qu'il me soupçonnait ; j'eus la riposte heureuse.

— Souvenir ! Maman, morte il y a quelques mois, m'avait donné cette bague.

Etait-il romantique ? Il me crut sur parole. Tout au moins je l'imaginai. Comme il tenait à parler français, et pour éviter qu'il me posât trop de questions, je m'intéressai à lui. Je le questionnai sur sa famille. Il me fit comprendre qu'il n'était pas allemand, mais luxembourgeois. Je comprenais mieux maintenant sa feinte indifférence. Hitler avait mobilisé dans les rangs de la Wehrmacht toute la jeunesse luxembourgeoise, de gré ou de force. Mais déjà l'aura du Führer se ternissait.

Avec lui ça allait, mais son Gefreiter ne me lâchait pas d'une semelle. Le repas terminé, je descendis à l'écurie où Henriette procédait à la traite. Je pris moi-même un ciselin pour l'aider. Je lui dis en patois de me laisser le soin de conduire les vaches au pâturage. Il fallait que je m'éloigne car j'ignorais tout des intentions des Allemands. Une seconde patrouille était passée sous le Péchaz, elle avait suivi le chemin des Villes-Dessus et s'était établie sur le seuil rocheux de l'ancien verrou glaciaire. Le pays était bouclé.

Le caporal m'avait regardé traire, puis détacher les vaches de leurs crèches. Mes gestes étaient naturels. La bague excepté, j'étais bel et bien un paysan. Du moins le pensa-t-il, car, lorsque je m'éloignai, conduisant le troupeau vers un pâturage très raide qui domine le hameau du Péchaz, il ne formula aucune objection à ce départ. Jean, sur mes conseils, était retourné à son champ de luzerne, Henriette faisait la tomme, Léa sa jeune fille s'affairait à la cuisine, et l'oncle Maxime, aveugle, fumait sa pipe sur la galerie, en apparence indifférent à tout, mais vivant intensément cette journée tragique. Plus tard il ne cessera de répéter :

— Les Allemands au Péchaz ! Les Allemands au Péchaz ! Si on avait pu penser ça en 18 !

Avec les vaches il faut être patient. La patience des bergers. Bien que j'eusse grande hâte de m'éloigner le plus possible du Péchaz, je ne pouvais pas les bousculer. Il me fallait suivre leur lente progression vers le haut. Je les poussais tout doucement vers le nant des Gollets qui forme une gorge avant de sauter la falaise d'Ourgeval par une petite cascade invisible.

Le nant est bordé par des taillis de frênes et de fayards. L'herbe y est abondante, et les vaches y broutèrent avec avidité. Peu à peu, j'atteignis ainsi le point désiré, d'où j'échapperais à la fois aux guetteurs du Péchaz et à ceux des Villes-Dessus. Il ne me restait plus qu'à grimper directement, pour me mettre à l'abri dans un petit bois, et, si besoin était, la nuit venue, gagner la grande forêt d'épicéas toute proche d'où je pourrais rejoindre le lac.

Les soirées de juin sont interminables.

J'ai encore dans l'oreille le cri saccadé des cailles gîtées dans les blés, l'aboiement des chiens quelque part dans ce pays peuplé de mille chalets semblables fichés comme des blocs erratiques sur les versants. J'étais à peine à une centaine de mètres de celui où naquit mon grand-père paternel. Du haut en bas de la montagne, les chalets appartenaient à des Bon-Mardion, à des Frison-Roche, des Bouchage, presque tous parents ou alliés. J'étais cerné par mes souvenirs.

Peu avant le crépuscule, je vis les Allemands décrocher ; d'abord ceux qui s'étaient postés aux Villes-Dessus, et qui se repliaient en emportant leur fusil-mitrailleur, puis ceux du Péchaz qui les rejoignaient. Je suivis des yeux la petite troupe qui descendait en se hâtant sur Beaufort, désireuse d'arriver en bas avant la nuit. Malgré leur puissance de feu et leur nombre, on les devinait inquiets. La présence invisible des maquisards pesait sur eux. Ils redoutaient cet adversaire omniprésent, surgissant à l'improviste, tirant une salve, jetant ses grenades, tuant, brûlant les convois puis disparaissant comme par enchantement dans les gorges inconnues de la montagne.

Je redescendis moi-même lentement au Péchaz. Léa était venue à ma rencontre. Avec ma petite cousine on rentra les vaches et le gai tintement de leurs clarines égaya un instant cette sombre journée.

Vers 10 heures du soir, alors que nous étions à table et que nous dînions de pommes de terre cuites à la vapeur arrosées de lait crémeux et glacé, la porte de la cuisine s'ouvrit sous une poussée brutale. L'homme se découpait dans l'encadrement de la porte. Pour passer, il courba légèrement la tête. Je reconnus le chef qui, la veille, avait attaqué Beaufort. J'avais devant moi Paul et, rien qu'à voir l'état de fatigue dans lequel il se trouvait et le pli amer de sa bouche, je devinai qu'il était poursuivi et cherchait comme une bête traquée un refuge pour la nuit. J'avoue que mon cœur battit très fort. On pouvait tout craindre de la colère de ce chef vaincu, et d'autre part on ne pouvait refuser de l'aider. Il avait commis une erreur qui lui coûtait cher ; pourtant, loin d'être désemparé, il avait une attitude arrogante. Je regardai curieusement la petite étoile rouge en émail agrafée sur sa casquette à pont qui scintillait dans la lumière atténuée de l'unique ampoule éclairant la cuisine.

Avant même qu'on soit revenu de la surprise causée par cette arrivée insolite en pleine nuit, il imposait sa volonté :

— A boire et à manger ! Vite ! Mes hommes sont crevés.

Henriette, figée sur place par cette apparition spectrale, hésitait. Elle nous prenait à témoin, et son regard apeuré quémandait un conseil : fallait-il obéir ?

Paul avait posé son revolver sur la table de noyer. Cet homme traqué ne plaisantait pas.

— Alors, qu'attendez-vous ?

Jean, en vieux combattant de Verdun qui en a vu d'autres, lui dit tout doucement :

— Asseyez-vous d'abord, si vous êtes fatigué.

Le calme du vieil homme détendit l'atmosphère. Paul dévisagea le montagnard avec intérêt.

— Entrez vous autres ! dit encore Jean.

Six ou sept partisans, qui attendaient devant la porte, pénétrèrent dans la pièce. Ils étaient boueux, harassés. La plupart, blessés légèrement, portaient des bandages de fortune aux mains, au front. Ils ne se le firent pas dire deux fois, s'écroulèrent sur les bancs, coudes sur la table, dodelinant de la tête, déjà à moitié endormis.

Je fis signe à Henriette :

— *Va cri ouna tomma et ouna bottoglia dè citra* ! (Va chercher une tomme et une bouteille de cidre !)

Les jeunes ne mangeaient pas, ils bâfraient ; Henriette fit plusieurs voyages à la cave.

J'avais évité de poser des questions à Paul, mais j'imaginais son odyssée pour échapper aux colonnes allemandes. Des cinquante jeunes gens entraînés dans cette aventure, étaient-ils les seuls rescapés ? Paul et son second avaient pu regrouper la poignée de partisans aguerris qui formaient sa petite troupe personnelle, mais les autres ?

Quand il fut reposé, Paul interrogea :

— Je voudrais bien savoir où je me trouve. On a cavalé toute la journée dans la forêt et on n'est sortis qu'à la nuit.

— Vous êtes au Péchaz. A une heure de marche au-dessus de Beaufort.

— Bon ! vous allez nous loger cette nuit, à la grange.

— Impossible ! dis-je doucement.

Il rugit :

— Impossible ! Vous tenez à ce que je foute le feu à la baraque ?

— Comme les Boches le font en représailles de vos coups fourrés ?

— Attention ! dit-il.

Son visage grimaçait de fureur. Il fallait le calmer.

— T'as pas encore compris que je voulais t'aider et que je suis des vôtres. On n'a peut-être pas les mêmes idées politiques mais on mène le même combat. Je suis de l'équipe de Bulle.

Il s'adoucit.

— Raison de plus ! Pourquoi refuses-tu de loger mes hommes ? T'as pas vu qu'ils sont crevés ?

— Si ! Mais rester ici est dangereux. Si tu veux tout savoir, apprends qu'il y a moins d'une heure tu te serais fait ramasser ici même ou aux Villes-Dessus par deux patrouilles de la Wehrmacht équipées de fusils-mitrailleurs et de tromblons. Ils t'attendaient au tournant. Ils viennent juste de décrocher. Le coin est malsain, on est placé juste sur le chemin de rocade qui, des Curtillets, par les Villes-Dessus, permet de gagner les gorges de Roselend. Moi-même, je n'étais pas si fier que ça : j'ai failli fuir dans les bois, mais je suis du pays, je parle patois, je sais faucher, conduire un troupeau et j'ai fait le paysan toute la journée.

— Je veux bien te croire, mais la fatigue des gars a des limites.

— Tu devrais rejoindre le lac.

Il dressa l'oreille.

— Le lac ? On peut y arriver depuis ici ?

— Je connais tous les raccourcis. Si tu veux, je vous conduirai jusqu'à ce que vous ne puissiez plus vous égarer. S'ils remontent, les Allemands seront là à l'aube, comme ce matin. Alors il sera trop tard pour fuir : le chemin est à découvert jusqu'aux Plans du Mont.

Des protestations s'élevèrent de la petite troupe.

— On ne marche pas ! On couche sur place ! Si les Boches viennent, on se retranchera dans la maison, on fera comme eux à Beaufort.

— Et vous finirez comme eux, dis-je pour les calmer.

— Vos gueules ! dit Paul, il a raison. Avez-vous assez mangé ? Alors en route !

Ils se levèrent, domptés par cet homme de fer. Lui se tourna vers moi :

— Je te suis.

Ils partirent sans un mot. Je pris la tête.

On s'éleva rapidement par un sentier très escarpé desservant une dizaine de chalets suspendus sur ce versant abrupt. Je recommandais le silence mais, malgré les précautions prises, quelques pierres roulaient sous les pieds, des chiens aboyaient furieusement. Alors, quelquefois, les fenêtres grillagées d'un chalet qu'on aurait dit inhabité s'éclairaient puis s'éteignaient aussitôt. A l'intérieur, on devait écouter, la gorge serrée, décroître les pas de la troupe. La peur était partout.

On atteignit ainsi les Plans du Mont d'où un chemin peu fréquenté pénètre dans la grande forêt d'Outray et la traverse jusqu'à la combe de la Grande Journée, sous la roche des Naseaux. A cet endroit, se croisent le sentier muletier de la montagne d'Outray et celui qui, par une traversée presque horizontale, conduit au lac de la Girottaz.

Une fois là, je m'arrêtai.

— Tu ne peux plus te tromper, dis-je à Paul. Dans moins

d'une heure tu arriveras au lac par l'est. Fais-toi reconnaître car il y a sûrement des guetteurs.

— Salut ! fit Paul.

Il me quitta sans un mot.

Les hommes de l'ombre disparurent dans la nuit profonde de la forêt.

Je les vis s'éloigner avec soulagement. Paul était un être inquiétant, cruel, un révolutionnaire-né. C'était le tacticien des coups de main qui entretiennent la terreur, et peu lui importaient les vies des hommes qu'il menait au combat. Son combat ne s'arrêterait pas, la guerre terminée. Certes, pour le moment, nos routes étaient parallèles mais, une fois le Boche anéanti, alors que nous considérerions notre tâche terminée, Paul continuerait sa lutte. Après les Brigades rouges en Espagne, et les francs-tireurs et partisans d'Ugine, d'autres engagements l'attendaient. Nous n'étions provisoirement que des frères d'armes, mais il n'était pas interdit d'admirer son courage.

Je repris le chemin du Péchaz.

L'aube jetait ses premières touches roses sur les grandes parois rocheuses qui ceinturent le pays. Il faisait presque jour lorsque je débouchai de la forêt. Par prudence, évitant le sentier, je dévalai un profond ravin par un « collu » très raide dans lequel, l'hiver, on descend les coupes de bois de l'automne. J'en sortis à une petite distance du Péchaz et j'attendis pour voir si le secteur était calme. Non, il n'y avait rien de suspect. Les oiseaux chantaient et la grande rumeur pacifique du Doron remontait jusqu'à moi comme une marée sonore le long du versant du soleil.

C'est quelques jours plus tard que je connus le dénouement tragique de cette aventure.

Après l'incendie de Beaufort, les maquisards s'étaient repliés sur Arêches. Bombance faite, ils s'y étaient attardés longtemps, ivres de leur trop facile victoire, ivres de vin également, insouciants, invulnérables, du moins le croyaient-ils. Aussi, lorsqu'ils établirent, la nuit venue, leur campement à l'entrée de la vallée de Poncellamont, le dispositif en tenaille qui devait les anéantir était-il déjà en place.

Les Allemands, en effet, avaient réagi avec vigueur. L'alerte générale avait été donnée dans tout le secteur Tarentaise-Beaufortin-Arly contrôlé par la Kommandantur d'Albertville. Le hasard voulut qu'au même moment plusieurs compagnies d'Alpenjaegers effectuent une grande manœuvre d'entraînement ayant pour thème un encerclement éventuel du Beaufortin. Les détachements venus de Tarentaise devaient se rejoindre à Beaufort en empruntant les divers cols qui contrôlent le passage d'une vallée à l'autre : cormet d'Arêches, cols du Coin et de Bresson, et cormet de Roselend. Alertés par radio, les chefs de détachement terminèrent leur exercice en encerclant les partisans. Ceux-ci furent pris au piège et le combat ne dura pas longtemps. Jugeant la partie perdue, Paul avait ordonné la dispersion dans la nature. Mais l'inexpérience au combat de la majorité des jeunes leur fut fatale. Un F.T.P. fut tué sur place, d'autres blessés, les prisonniers allemands libérés. Seul un petit groupe, composé de Paul, de son lieutenant et de cinq ou six partisans, réussit à s'échapper.

Encore une fois, Paul se sortait d'un coup dur. Remontant un ravin, utilisant admirablement le terrain comme un véritable guérillero, il gagna le col du Pré qui sépare Arêches de Roselend. De là il s'infiltra dans la forêt du Bersend, s'y camoufla jusqu'à la nuit, réussit à traverser la route de Roselend, à franchir le Doron à gué, puis, la nuit venue, à remonter par les villages des Cernix et des Villes jusqu'au Péchaz. Cette fois, la chance était avec lui. Il avait sagement fait d'attendre la nuit. Les troupes allemandes postées en embuscade avaient décroché et regagné le chef-lieu.

Ahuris, ligotés deux par deux, conscients du sort qui les attendait, les jeunes maquisards ramenés à Beaufort furent laissés de longues heures debout dans les ruines fumantes de l'hôtel, tandis que quelques otages ramassés en cours de route étaient alignés face au mur, mains derrière la tête — et parmi eux une jeune femme courageuse dont le seul crime avait été de soigner les partisans blessés comme elle avait soigné les prisonniers allemands des F.T.P. Encore une fois la déclaration favorable d'un des douaniers délivrés et l'attitude ferme des notables de Beaufort leur sauvèrent la vie.

Entassés les uns sur les autres sur des plates-formes de camions, les jeunes maquisards furent transportés à Albertville, longuement interrogés et torturés. Les quatre plus jeunes seront déportés, les autres mis à mort d'une façon sadique. On les relâcha dans un terrain découvert des environs d'Albertville, comme on lâche des perdreaux dans un labour, et les jeunes recrues de la Wehrmacht, dont l'âge moyen était à l'époque de quinze à dix-sept ans, reçurent l'ordre de les poursuivre et de les mitrailler, comme un gibier de choix.

Trente et un jeunes F.T.P. qui, trois jours auparavant, partaient au combat dans l'insouciance de la jeunesse, périrent dans cette malheureuse attaque de Beaufort.

Ainsi se terminait en désastre un coup de main conçu dans la joie.

5

Le mois de juillet 1944 avait été particulièrement calme dans le Beaufortin. En apparence seulement car le travail souterrain de Bulle se poursuivait et chacun de nous vivait dans l'impatience du jour « J ».

Il en allait tout autrement dans la basse vallée de l'Isère où les garnisons allemandes permanentes avaient été renforcées par des bataillons entraînés spécialement à la répression des maquis. On parlait avec effroi de la férocité légendaire des Mongols amenés en renfort.

Après l'affaire de Beaufort, les Allemands avaient renoncé à y tenir garnison. Cette vallée sans issue ne les intéressait plus. Ils employaient leurs effectifs disponibles à maintenir difficilement la libre circulation de leurs véhicules et de leurs convois dans la Combe de Savoie et la

Tarentaise, s'assurant ainsi, par le contrôle permanent des cols du Petit-Saint-Bernard et du Mont-Cenis, une éventuelle retraite en Italie. La Gestapo redoublait d'activité et traquait sans relâche les chefs de la Résistance, qui durant ces semaines payèrent très cher leur action décisive. Long, fonctionnaire et chef de l'A.S. de Beaufort, arrêté le 23 juin à Chambéry, sera longuement torturé avant de mourir en déportation. Bertrand, le jovial et courageux Bertrand, d'Albertville, échappant de justesse à la Gestapo, a jugé prudent de se réfugier en Haute-Savoie où son visage est moins connu. Il refera surface miraculeusement lorsque « le jardinier arrosera ses légumes » !

Dans le département de la Haute-Savoie, une entente tacite s'est faite entre F.T.P. et A.S. ; il ne faut pas que se renouvelle l'histoire de Beaufort. Désormais toutes les actions sont concertées. Et, grâce à cette union, le val d'Arly, unique voie de communication entre la Savoie et la vallée de l'Arve, est définitivement interdit aux patrouilles allemandes. A Sallanches, le Dr Picaud, chirurgien des maquis, opère et soigne les blessés qu'on lui amène ; le père du capitaine Bulle, installé à Sallanches, est un précieux agent de renseignements.

Cette union des forces secrètes de la Résistance va se concrétiser par une fusion générale décidée après une réunion des chefs de Savoie et de Haute-Savoie, dans un village de la Combe de Savoie, le 23 juillet. Les Forces françaises de l'intérieur, les « F.F.I. », sont créées et placées sous le commandement du colonel Mathieu. J'ignore qui est Mathieu, mais je sais qu'il est désormais le grand responsable de cet immense territoire montagneux.

Dans les jours qui suivront, nous apprendrons avec tristesse la fin héroïque des combattants du Vercors, et les atrocités commises par les sections mongoles. Non, la guerre n'est pas terminée. Les Glières, le Vercors, notre tour approche et nous en sommes conscients. Plus que jamais la politique de prudence et de dispersion des effectifs décidée par Bulle nous apparaît comme la seule possible. Car étrange est notre situation dans ce Beaufortin rendu à sa tranquillité paysanne et qui reste en dehors des guérillas quotidiennes qui ensanglantent la Combe de Savoie, Ugine, la basse Tarentaise, la Maurienne.

Bulle, qui a installé son P.C. dans une vieille maison au-dessus d'Albertville, à portée de fusil des postes allemands, en profite pour organiser dans les moindres détails le parachutage massif que nous attendons. S'il réussit, on pourra armer plusieurs milliers de combattants F.F.I. tant en Savoie qu'en Haute-Savoie.

Lacroix disparaît de temps en temps de la ferme des Outards où il se cache. Ses absences sont courtes. Je sais qu'il a reçu l'ordre d'entraîner au maniement des armes et des explosifs les jeunes qui lui sont adressés par Bulle. Les tirs se passent en montagne, tantôt au col du Pré entre Arêches et Roselend, tantôt dans la petite combe du Salestet, derrière la montagne d'Outray. Mon inactivité me pèse de plus en plus, mais, discipliné, j'attends la convocation de Bulle qui me fera entrer dans la résistance active.

Je redeviens paysan. C'est l'époque des foins et je fauche de l'aube jusqu'à 10 heures du matin les prés de mes cousins, aux Curtillets, aux Outards, au Péchaz.

Les jours s'écoulent. J'attends ! J'attends !

Aussi, lorsque, le 30 juillet, Joseph Bon-Mardion, le frère de Céline, me propose de l'aider à « remuer » son troupeau à la Gittaz, j'accepte avec joie.

J'ai toujours aimé la transhumance, la longue et lente montée vers l'alpage cadencée par le son des clarines. Joseph possède une « montagne » à la sortie des gorges du torrent de la Gittaz, en un lieu-dit « Les Pontets ». En cet endroit commencent les alpages de cette petite vallée extrêmement sauvage, véritable solitude tibétaine, mais qui possède les meilleurs herbages du Beaufortin. (Aujourd'hui la vallée a disparu sous les eaux d'un barrage !)

De très bonne heure le lendemain, nous quittons les Curtillets. Je conduis le troupeau, l'encourageant de temps à autre par la phrase familière des vachers : « *Vin cé vin 'ite Tâ !* » Les bêtes en ont saisi le sens ; elles me suivent sans hésitation car ces mots du dialecte signifient la conduite au pâturage. Elles marchent désormais sans hésiter, cornes hautes, agitant leurs clarines.

La montée prendra trois heures durant lesquelles je retrouve les émotions primitives de mon enfance. Je conduis un troupeau et j'en ai grande joie. Cette pastorale me fait tout oublier. Par le défilé des Entre-Roches et la route de Roselend, nous avons atteint, au lieu-dit le Tartet, le chemin muletier qui conduit à la Gittaz et au col du Bonhomme. On pénètre ainsi dans les étroites gorges où ruissellent sur les parois les nants capricieux grossis par la fonte des neiges, et brusquement s'ouvre devant nous la vaste clairière des Pontets. Elle forme un cirque parfait. La forêt disparaît, les versants se couvrent du manteau vert foncé, presque noir, des saules polaires. Au-delà, le relief devient un magnifique alpage qui occupe en totalité les pentes adoucies des combes supérieures. Etrangeté géologique, la rive gauche de la vallée appartient aux roches cristallines les plus anciennes des Alpes ; elles culminent aux Enclaves qu'on nomme aussi la montagne des cristaux, mais la rive gauche est barrée par des schistes calcaires dressés en falaises et tours ruiniformes.

Toute cette montagne vit à l'unisson des nombreux troupeaux qui la parsèment çà et là, touches brunes emplissant la vallée de leurs joyeux carillons.

Notre petit troupeau, nullement fatigué par sa longue marche, broute avidement le pâturage. Nous allons profiter de ce répit pour manger. Joseph sort de sa « taque » le repas rustique qu'il a emporté. Il fait beau, il fait chaud dans ce fond de vallée. On s'assied sur une belle roche plate abandonnée il y a quelques dizaines de millénaires par les glaciers ; on sort le jambon, le saucisson, la tomme.

— Une surprise ! dit Joseph en sortant triomphalement un litre de vin rouge du sac de toile. Je l'ai échangé contre une motte de beurre. On va trinquer.

Il élève religieusement la bouteille à hauteur de ses yeux, examine en connaisseur la transparence, la couleur du vin, rend son verdict.

— Un gamay de la Chautagne !

Pour avoir les mains libres et sortir du sac les quarts en fer-blanc, il pose un peu brutalement la bouteille sur la roche. Crac ! le désastre ! La bouteille vole en éclats. Joseph jure comme un pattier (marchand de chiffons et peaux de lapins). On se contentera de l'eau fraîche du torrent.

Le soir, la Josette arrive avec les deux garçons. Elle prépare la nuitée. Bien sûr, il n'y a ni chambres ni lits et tout le monde dort dans le fenil sur de rugueux draps de chanvre, enveloppant une épaisse couche d'herbe sèche. Cette herbe fine des prairies tourbeuses, qu'on nomme en patois la « liéste », est apparentée à la « senna » des Lapons dont ceux-ci bourrent leurs « skallers » (mocassins en peau de renne) et qui remplace merveilleusement les chaussettes de laine les plus épaisses.

Veillée familiale. Selon la tradition, Josette trempe la soupe dans les écuelles, dispose sur la table de vieux sapin la viande salée et les pommes de terre.

La fatigue de cette longue journée se fait sentir, mais je ne peux m'empêcher de rêver et méditer un long moment, dehors, assis sur un billot de sapin, adossé aux rondins de ce très vieux chalet trois fois centenaire. A quelques toises, les vaches enchaînées à la pachenée ruminent, secouant de temps à autre leurs lourdes cloches. La nuit est paisible, idyllique, les étoiles criblent le ciel.

Le lendemain 31 juillet, je vais très tôt « en champs les vaches », puis vers 10 heures, le troupeau étant à nouveau attaché sur sa pachenée, je profite de ces quelques heures de liberté pour escalader les roches moutonnées du Chatelard et rendre visite aux alpagistes voisins. Je pousse jusqu'à la Gittaz, simple hameau d'été perdu à près de 1 800 mètres d'altitude au pied des Bancs de la Pénaz, pour bavarder avec mon vieil ami Henri Frison, l'un des plus importants montagnards du Beaufortin.

Lorsque je reviens aux Pontets, il peut être 14 heures. On détachera le troupeau vers 17 heures, j'ai le temps. Je m'étends au soleil, allongé sur une dalle de granit. Dieu ! que ce farniente est bon ! Joseph qui a fauché un peu de « liéste » est venu faire la sieste à mes côtés, il ronfle doucement.

Couché sur le dos, je rêve. Je suis au fond d'un puits. Le ciel forme sur ma tête un cercle parfait délimité par les montagnes et me couvre comme d'un bouclier d'acier.

J'écoute la symphonie musicale de la montagne. Un maître inconnu a composé pour moi une partition bucolique où les sons les plus différents se mêlent ; cela va des plaintes susurrées de la brise à la musique bruissante des sauterelles frottant leurs élytres et aux cris rythmés des grives dissimulées dans la touffeur du maquis alpestre.

Tout à coup, sans transition, la montagne devient muette. Instant angoissant, silence de fin du monde, qui ne dure pas. Un grondement formidable couvre désormais tous les bruits, se répercute contre les parois rocheuses, ricoche d'un écho à l'autre, s'amplifie, devient tumulte cosmique. Des milliers de tonnerres semblent s'entrechoquer dans le ciel bleu.

Je me dresse, un peu hagard, car cet ouragan de décibels a réveillé des images sonores enfouies dans mon subconscient : Naples écrasé sous les bombes ! c'est ça ! Je hurle :

— Joseph ! les bombardiers... les bombardiers !

En vieux poilu de 14, Joseph s'émerveille :

— Ben, mon vieux ! Ben, mon vieux ! ils ont mis le paquet.

Les escadres se succèdent, volant très bas, au ras des cimes les plus proches. On a si peu de ciel au-dessus de nous que leur passage ne dure que quelques secondes : une escadrille traverse l'azur, remplacée aussitôt par une autre. Je compte difficilement des dizaines d'avions de bombardements, des forteresses volantes ; au-dessus des lourds bombardiers, les chasseurs de protection décrivent leurs orbes et leurs cercles, surveillant les horizons célestes.

— Le parachutage, Joseph ! Cette fois ça y est !

Je me mords les doigts d'avoir quitté Beaufort un jour trop tôt. Il n'y a plus de doute, cette formidable armada aérienne survolant le paisible Beaufortin, c'est celle que nous espérons depuis un an. A cette heure, je devrais être aux Saisies et je garde les vaches à la Gittaz. Dérision !

Aussi brusquement qu'il avait été troublé, le silence revient. Les avions ont disparu vers l'ouest, le torrent chante à nouveau, les grives s'envolent vers les champs de myrtilles.

— Tiens ! dis-je, un homme sort des gorges.

La silhouette se précise. L'homme marche à grands pas ; tout juste s'il ne court pas. Il vient droit sur nous.

— On a de la visite, fait Joseph. Je crois bien que c'est le garçon à Alexis Avocat.

C'est lui en effet. Lucien a tout juste dix-sept ans et il a tant couru qu'il peut à peine parler. Il se jette sur moi, visiblement très ému.

— Je viens de la part de qui vous savez !

Allons ! Bulle ne m'a pas oublié, il a su où me trouver.

Lucien nous raconte le branle-bas dans la vallée. Tout le monde est à son poste. Le capitaine Lacroix a bouclé la route d'Hauteluce aux Portettes et au pont des Roengers, les maquisards d'Ugine et du val d'Arly ont refermé le dispositif de l'Arly, le capitaine Escande et la compagnie du lac ont préparé le parachutage et assument la défense du col des Saisies.

C'est hier soir que chacun a capté sur la radio la phrase magique : « Dans le potager le jardinier arrose ses laitues. » Cet appel du jardinier, on l'attendait depuis six mois.

— Vous devez rejoindre Bulle au col des Saisies, confirme Lucien. Adieu ! moi je redescends en vitesse, on m'attend pour d'autres missions.

Brave Lucien ! Il court. Il n'a rien bu, rien mangé, il a fait la longue montée depuis Beaufort en une heure trente. Je ne savais pas, à l'époque, que lorsque je le retrouverais dans les années 70, il serait devenu le Dr Avocat, maire de Beaufort, magistrat compétent, praticien estimé et aimé de ses concitoyens, et qu'il prendrait plaisir à me rappeler sa première mission de guerre.

« Le jardinier arrose ses légumes. »

C'était la phrase clef que devaient capter nos radios dissimulés un peu partout en Savoie et Haute-Savoie ; la phrase qui déclencherait le dispositif d'attente. Encore fallait-il savoir l'interpréter. Seuls étaient dans le secret les principaux chefs intéressés de l'A.S. et des F.T.P. car les légumes étaient variés.

C'est ainsi que, la veille 31 juillet, la radio de Londres avait fait passer : « Dans le potager le jardinier arrose ses *laitues*. »

La première lettre du mot « laitues » est la douzième de l'alphabet dont chaque lettre représente une demi-heure. Pour obtenir l'heure exacte, il faut faire précéder le décryptement du chiffre 3. Trois plus douze demi-heures (donc six heures) nous donne le chiffre 9 : 9 heures G.M.T., soit 11 heures locales.

Sage précaution car il y aura deux changements au message initial fixant à 11 heures le parachutage.

Le 1er août, le message sera repassé sur les ondes légèrement modifié : le mot « laitues » est remplacé par « poireaux », ce qui donne deux heures de plus. Plus tard, un troisième message qui sera le bon parle de « radis », ce qui annonce trois heures de décalage.

Bulle interprétera parfaitement ces changements d'horaire dus à des modifications de dernière heure dans le déclenchement de l'opération. Le parachutage aura lieu effectivement à 12 heures G.M.T., soit 14 heures locales.

Mais, pour la petite histoire, « le jardinier arrose ses légumes » reste la phrase symbolique de ce grand événement.

6

Je prends congé de Joseph, embrasse Josette et les enfants et, sac au dos, je descends le chemin des gorges, rejoins la route de Roselend, le défilé d'Entre-Roches. Avant d'entrer dans Beaufort, j'observe, dissimulé dans un buisson, l'animation du village et, comme il ne s'y passe rien d'anormal, je vais directement chez Céline.

Il est trop tard pour monter aux Saisies. On m'avertit que des barrages ont été établis sur les routes, des consignes sévères données aux sentinelles, et de nuit je risque d'être tiré comme un lapin.

— Dors ! conseille Céline. Tu ne sais pas quand tu pourras dormir à nouveau.

Elle me fait un plantureux dîner. Je gagne ma chambrette, mon lit, le sac d'urgence à portée de main. En cas d'alerte nocturne, je n'aurai qu'à me laisser glisser du balcon dans le lit du Doron et disparaître dans la nuit. C'est peu probable car la garnison allemande d'Albertville n'a pas bougé, si étonnant que cela puisse paraître.

A Beaufort, tout le monde est optimiste :

— Si les Allemands avaient dû monter, ils seraient déjà là, disent les gens. Faut croire que le culot paie. Ça fait rien, parachuter le contenu en armes de soixante-dix-huit bombardiers, en plein jour, à la barbe des Fridolins, faut le faire !

Ces Savoyards placides et peu émotifs ont raison. Non seulement le parachutage est un véritable coup de maître, mais il fallait avoir l'audace, étant donné son importance, de le faire en plein jour. Trop de containers se seraient perdus dans les forêts s'il avait eu lieu la nuit. N'oublions pas toutefois que rien n'aurait été possible sans la préservation du site par Bulle.

Préparation qui a duré plus d'un an. Il fallait d'abord convaincre les envoyés de Londres de la crédibilité du projet, à charge pour ceux-ci, ensuite, de persuader l'état-major de Londres. Dans tous leurs rapports, ils signalent la stature étonnante de Bulle, ce simple capitaine d'infanterie devenu un véritable chef de guerre, organisateur et commandant d'une troupe de patriotes disciplinés, et, ce qui fut parfois difficile, ayant réussi à gagner l'amitié des populations. Ce fut le mérite de « Sphère », de « Cantinier », d'« Incidence » et autres envoyés spéciaux d'avoir su convaincre les autorités alliées. Un an de patience, un dispositif parfait, une préparation minutieuse qui faillirent être anéantis par le coup de main des F.T.P. du 21 juin sur la garnison autrichienne de Beaufort.

Levé avant l'aube, je monte aux Saisies. Il fait suffisamment clair pour se diriger sans lanterne ; d'ailleurs, je suis nyctalope et me dirige fort bien dans l'obscurité. Ce qu'il me faut, c'est contourner les postes de guet disséminés un peu partout et qui peuvent être tenus par des résistants qui ne me connaissent pas. Pour cela j'emprunte le sentier des Vanches qui débouche dans la clairière des châteaux de Beaufort. Par la roche à l'Aigle et Domelin, je franchis le Dorinet et m'enfonce dans le sous-bois où, il y a neuf mois, j'ai failli me faire tirer par une patrouille allemande. Je poursuis ma route sous le couvert des hauts sapins. Le jour me rattrape comme je débouche dans la clairière des Vanches. Les lacets de la route d'Hauteluce la traversent. C'est la seule voie carrossable conduisant aux Saisies. Elle est déserte, mais je sais que Lacroix a dû établir un sérieux barrage au goulet de la Portette, en amont, là où une gorge infranchissable ne peut être traversée que sur le pont routier. Je reste un moment en observation, dissimulé dans un fourré. Toujours personne en vue. Je franchis rapidement les lacets de la route et disparaît à nouveau dans la forêt.

Le sentier s'y élève discrètement, dans un silence qui n'est troublé par moments que par le grondement du torrent de Manant qui dévale de la montagne. Il y a une part de mystère dans cette solitude. Que me cache cette forêt ? Que vais-je découvrir là-haut, lorsque je prendrai pied sur le haut plateau bourré de combattants, d'armes et de munitions ? Pour le moment, rien. Rien d'autre qu'une idyllique ascension à travers les plus belles futaies de la région. Les arbres cachent le paysage, le sous-bois dissimule le grimpeur. Je sens mon cœur battre plus rapidement. Emotion, angoisse, attente ? Le cri aigrelet d'un aigle perce le silence. Plus haut, je dérange un moyen duc au vol feutré qui regagne son nid après sa chasse nocturne. Cette montagne vide d'hommes alors que toute proche on devine l'agitation guerrière provoque l'afflux des pensées. Toutes interrogatives. De quoi demain sera-t-il fait ?

Ma pastorale est terminée. J'ignore encore les responsabilités qui seront miennes. De toute façon, cette fois, je suis un combattant. Cette idée développe en moi une euphorie étrange. Ce n'est pas la joie d'aller au combat qui la provoque mais plutôt le bonheur d'être sorti de l'ombre, d'avoir désormais un nom, un uniforme, d'être redevenu un homme à part entière !

Des coups de feu isolés, des rafales de mitraillettes, des cris, des commandements parviennent jusqu'à moi. La forêt s'arrête brusquement et cède sans transition la place aux pâturages du col. Quelques sapins isolés donnent, çà et là, la réplique aux nombreux chalets d'alpage qui occupent le long plateau herbeux.

Alors se découvre à moi le spectacle le plus étrange.

Partout, sur le plateau, groupés devant les fermes, au bord de la route, dans les ravins, des centaines de résistants s'entraînent au maniement des armes. Ils tirent à tort et à travers, hurlent de joie et de fierté : ils ont touché des armes. Ils viennent d'un peu partout, de Maurienne, de Tarentaise, de Haute-Savoie. Ils sont arrivés, mystérieusement alertés par leurs chefs. Et par la route, par les sentiers, ils évacuent maintenant leurs armes et leurs munitions, à dos de mulet, par des carrioles, sur la plate-forme de rustiques gazogènes. Je passe au travers des groupes sans qu'on me demande quoi que ce soit. Puisque je suis là, c'est que je suis des leurs ! Toutes les routes conduisant aux Saisies ne sont-elles pas sous le contrôle des F.F.I. ? Je ne me vante pas de mon itinéraire. Ce qu'il me faut, c'est joindre immédiatement Bulle. Je sais où le trouver. L'animation est très grande aux abords du chalet d'Eckl. Bulle y a son P.C. Dehors je retrouve Bertrand. Un Bertrand barbu, déguisé en chef cuistot. Il a la charge de l'intendance, il lui a fallu nourrir plusieurs centaines d'hommes avec les moyens du bord. Il s'est acquitté de sa tâche avec succès. La cuisine, il la fait dans les énormes chaudrons qui servent à la fabrication du fromage et qui peuvent contenir deux cents litres de lait. Bertrand exulte, il a tout oublié ! Oublié la dramatique perquisition de la Gestapo dans son magasin d'Albertville, la blessure et l'arrestation de « Sphère » et de son lieutenant, et sa fuite avec Bulle par une porte de derrière donnant directement sur la colline de Pallud.

— Vois-tu, me dit-il, des heures comme celles qu'on vit depuis deux jours, ça paie pour toutes les souffrances, ça justifie tous les sacrifices.

Il s'interrompt.

— On t'attendait hier. Où diable étais-tu ?

— A la Gittaz ! N'ayant pas reçu de convocation, j'avais accepté d'emmontagner chez Joseph. On l'attendait depuis tant de mois ce parachutage.

— Dommage ! Tu as raté un spectacle grandiose.

Il lève les bras au ciel, reprend :

— Les bombardiers ont fait un premier passage à l'heure H, puis ont disparu vers l'ouest. On s'est dit : tout est foutu, ils n'ont pas repéré le terrain ! On a hurlé notre déception. Pourtant, comme ça se passait en plein jour, on avait alimenté les feux avec de vieux pneus, de l'herbe, et ça dégageait une épaisse fumée. Leur absence n'a pas duré. Ils revenaient presque aussitôt, ayant pris le vent, et les parachutes fusaient de toutes les carlingues, porteurs de lourds cylindres métalliques. Il en pleuvait partout et chacun s'empressait de les localiser. Deux ou trois se sont perdus dans la forêt de Crest-Voland. On les retrouvera plus tard. Fallait voir la curée ! Un millier de partisans rassemblés sur le plateau se précipitant vers les points de chute. La première vague passée, on s'est dit : c'est terminé, et voilà qu'une nouvelle escadre se présente et que, des avions de tête, sept parachutes se détachent. Leurs corolles s'ouvrent ; sept hommes sont accrochés aux suspentes. Derrière eux, la pluie des containers continue. On court au-devant des parachutistes, vêtus de la tenue de combat de l'armée américaine. Hélas ! le septième parachute descend en torche. On se précipite. Le sergent Charles Perry, des marines, s'est écrasé au sol. Il sera la seule victime de cette journée inoubliable. Mais pourquoi, dis-moi, pourquoi le destin a-t-il voulu que, parmi les centaines de parachutes largués avec du matériel, un seul ne s'ouvre pas, un seul, et que ce soit celui de ce malheureux sergent ?

Bertrand a perdu son sourire.

— Le soir, on l'a enterré, au col même. On avait demandé aux femmes de confectionner un drapeau américain pour lui servir de linceul. Une section de la compagnie du lac a rendu les honneurs, a tiré une salve d'adieu. Après l'euphorie, on était brusquement replongé dans le drame. Triste destin que celui de cet homme qui a franchi l'Océan pour venir nous aider !

Il se retourne vers un groupe d'hommes sans armes occupés à bûcheronner, à scier des bûches et les apostrophe :

— Hé ! là-bas, activez ! je vais manquer de combustible.

Bruit des scies comme une plainte couverte par les détonations sporadiques des armes à feu.

— Qui sont ceux-là ?

— Des miliciens ! Ça t'épate, hein ?

— A moitié, mais je croyais qu'ils avaient tous rejoint Chambéry où ils avaient été rassemblés d'urgence par leurs chefs départementaux.

— Je plains ceux qui ont répondu à cette convocation. Dès qu'on a eu connaissance du jour du parachutage, Bulle a fait arrêter tous ceux qui étaient restés dans leurs fermes. On les a conduits sur le plateau. Ils sont provisoirement nos prisonniers, et peuvent s'estimer heureux de leur sort. Bulle leur a certainement sauvé la vie. Il faut dire qu'aucun d'eux n'a pris les armes contre nous, ni participé à une expédition répressive.

— Et après, qu'allez-vous en faire ?

— Comme tu le constates, ils ne sont pas maltraités ; ils m'aident dans les travaux d'intendance. J'ajouterai que, après avoir assisté au parachutage, aucun d'eux n'a plus envie de rester dans la milice. Ils sont désormais convaincus. Bulle leur a fait signer un engagement dans les F.F.I.

Pour la suite de cette histoire, j'ajouterai qu'ils combattirent avec nous jusqu'à l'armistice. Loyalement et courageusement.

Je me présente à Bulle dans la grande salle du chalet Eckl. Il donne ses ordres aux différents chefs de détachement, contrôle la distribution des armes. Il se tourne vers moi, affable, avec aux lèvres un large sourire un peu railleur.

— Alors Frison, où étiez-vous ?

— Le jeune Avocat m'a trouvé à la Gittaz. Le temps de

descendre à Beaufort, de remonter aux Saisies, me voici. Mais je ne me pardonnerai jamais d'avoir raté le plus beau jour de la résistance savoyarde !

— Vous vous rattraperez, je vous embauche immédiatement. Il faut faire cesser cette pétarade, imposer le silence à tous ces écervelés qui tirent sans discernement. Je crains le pire. Hier soir, un jeune a eu le pied transpercé en manipulant une mitraillette « Steen ». Pour aller d'un groupe à un autre, il faut se courber en deux.

— J'en sais quelque chose puisque je viens d'arriver par la forêt des Vanches.

— On ne vous a pas arrêté, demandé le mot de passe ?

— Comme je l'ignorais et que je savais que vous aviez bouclé le plateau, j'ai préféré prendre un itinéraire plus discret. Je ne voulais pas au petit matin me présenter devant le barrage des Portette. La forêt, c'était plus sûr !

— S'il m'avait fallu bloquer toutes les sentes forestières, il m'aurait fallu disposer d'un effectif triplé. D'ailleurs, si les Allemands avaient jugé bon de réagir, ils auraient emprunté la route d'Hauteluce, ou bien, comme au Vercors, ils auraient choisi de larguer des planeurs.

— Bon ! Je vais essayer de calmer ces enthousiastes de la détente.

Je parcours le plateau, allant de groupe en groupe. J'ai beau hurler : « Ordre de Bulle : cessez le feu immédiatement ! », ils ne comprennent pas toujours. J'essuie des rebuffades.

— De quoi te mêles-tu ? On ne te connaît pas !

— Ordre de Bulle, ça vous suffit pas ?

— Faut bien qu'on apprenne à démonter et remonter nos armes, qu'on fasse des essais.

— Chaque compagnie aura la visite d'un spécialiste. C'est pas pour rien que ces Américains sont tombés du ciel. L'entraînement et les tirs, vous les ferez chez vous. Il faut que le plateau soit débarrassé avant la nuit.

Ils rechignent mais finalement ils obeissent. Je ne leur en veux pas ; jusqu'à ce jour ils n'ont eu aucune discipline, ils n'obéissaient qu'à leur chef direct.

Je reviens au P.C. Bulle est satisfait.

— Le plus gros des armes et des munitions a été évacué la veille.

Il m'explique les relais qu'il a prévus sur tout le pourtour du Beaufortin. Mulets, charrettes, camions à gazogène. C'est par les hauts cols que les armes parviendront en Tarentaise et même en Maurienne. De quoi équiper et armer cinq mille hommes.

— Et les Allemands dans tout ça ?

— On les a surpris. C'est exceptionnel qu'ils n'aient pas réagi, mais je les connais. Ils nous attendent ailleurs. Pour nous la guerre ne fait que commencer.

Le plateau est vide.

Je redescends sur Beaufort avec le groupement Canova. Mon uniforme se réduit à un brassard et un écusson brodé de la croix de Lorraine et du V de la victoire. Deux galons d'argent agrafés au blouson font de moi un lieutenant des Forces françaises de l'intérieur.

7

Pichol m'a fait ses adieux peu après le col des Saisies, là où s'arrête la route carrossable qui n'avait pas encore à l'époque fait sa jonction avec le chemin vicinal de Notre-Dame-de-Bellecombe. Pichol est l'un de nos plus actifs agents de liaison. Depuis le parachutage, il est le chauffeur du capitaine Bulle.

La première semaine d'août a été une période de transition où, mises à part quelques reconnaissances poussées sur les cols entre Beaufortin et Tarentaise, les F.F.I. de Savoie ont entraîné et armé des unités régulières formées en compagnies, sections et escouades, futures unités de chasseurs alpins placées sous le commandement mixte d'officiers issus de l'A.S. ou des F.T.P.

A Beaufort, nous avons dissimulé nos réserves d'armes dans des caches, au plus profond du chaos rocheux des Entre-Roches. On a déplacé des blocs d'une ancienne moraine puis on a recouvert ceux-ci d'une épaisse couche de mousse, si bien que rien ne peut déceler la présence des armes sinon quelques entailles au couteau sur le tronc des sapins, comme en font les gardes forestiers. Nous sommes trois ou quatre seulement à pouvoir les interpréter.

A peine avais-je terminé ce travail qu'un officier en civil se présente au P.C. de Beaufort. Il me recherche.

— Vous êtes bien Frison-Roche, le guide ?

— Oui, pourquoi ?

— Le colonel Mathieu vous demande d'urgence à son P.C. de Notre-Dame-de-Bellecombe.

— Que me veut-il ?

— Je l'ignore, vous devez le rejoindre immédiatement.

— Pas avant d'avoir prévenu Bulle.

— Bien sûr.

Bulle, de retour d'une inspection, prend son repas avec nous. Il a installé sa popote dans la salle du café de Céline. La plupart de ses officiers ont récupéré leur tenue de chasseurs alpins. On est passés sans transition de la clandestinité au grand jour.

J'explique la convocation dont je suis l'objet. Bulle a un sourire un peu énigmatique.

— Alors, comme en 39-40, Frison, on vous réclame dans les états-majors !

— Je n'y suis pour rien.

— Mathieu sait ce qu'il fait. Prenez une mitraillette et des munitions. Pichol vous montera aux Saisies sur le tansad de sa moto.

Je pris congé de Bulle avec un serrement de cœur. J'aurais aimé continuer la lutte sous ses ordres. On s'est serré chaleureusement la main. Je ne me doutais pas que je ne le reverrais plus. Ni lui, ni le sergent Bal, ni tous ceux, encore anonymes au bataillon, qui allaient tomber les jours prochains dans les escarmouches de Tarentaise. Encore une fois, mon destin bifurquait.

Pichol me pilota jusqu'au col. On but un dernier coup de blanc chez Erwin. Le plateau était très calme. A part les inévitables emballages abandonnés un peu partout et les containers vides entassés comme des billons, rien ne rappelait le passage des bombardiers. Que dis-je, rien ! Aurais-je oublié la tombe toute fraîche du sergent Perry, creusée dans la prairie tourbeuse, au col même, et devant laquelle Pichol et moi nous recueillîmes quelques instants ?

Un kilomètre plus loin, on se sépara ; la route n'allait pas plus loin.

— Je ne sais pas ce qui t'attend, me dit Pichol, mais je te dis merde, et tâche de revenir au bataillon

— *Inch'Allah !*

Vieux Saharien, je prononçai cette phrase naturellement, comme si elle résumait toute ma philosophie.

Pichol avait fait demi-tour sur les chapeaux de roue et je suivis des yeux sa moto qui pétaradait sur la route empierrée, soulevant un nuage de poussière. Ensuite, à travers les forêts et les alpages, dans cette riante vallée de Notre-Dame-de-Bellecombe, je rejoignis le chef-lieu. Tout au long des dix kilomètres du parcours, une pensée m'obsédait : « Qui est Mathieu ? Que me veut Mathieu ? »

Le village savoyard dormait au soleil et, dans les champs, s'affairaient les paysans. Le P.C. des F.F.I. était établi dans un petit hôtel en contrebas de l'église, au tournant de la route de Crest-Voland. De son balcon on dominait le val d'Arly et toute la chaîne des Aravis. J'arrivai au moment du repas pris dans la salle de restaurant transformée en popote. Un groupe d'officiers en tenues un peu disparates, mais en uniformes tout de même, discutaient calmement autour de la table commune. Ils me virent entrer avec curiosité. J'avais bonne mine en short et chemise kaki, sans coiffure, avec au bras gauche un simple brassard et sur la poitrine un écusson signalant que j'étais des leurs.

Du groupe une voix s'éleva.

— Alors, Frison, vous avez fait bonne route ? Pas de fâcheuses rencontres ?

— Vous, mon colonel ! dis-je, stupéfait. Alors, c'est donc vous Mathieu !

Un large éclat de rire.

— On ne vous l'a pas dit ? Bulle voulait sans doute vous réserver la surprise.

J'étais abasourdi et heureux. J'avais devant moi Mathieu, celui qui avait coordonné l'unité des résistants, groupé l'A.S. et les F.T.P. en formation F.F.I., et Mathieu cachait sous ce pseudonyme le capitaine de Galbert, sous les ordres de qui j'avais servi en 39-40 à l'état-major du général Beynet. Il était à l'époque le chef du 3e bureau.

— Vous reprenez votre ancien emploi, me dit-il. J'ai besoin d'un officier de liaison connaissant bien le pays et y étant connu. Fini la clandestinité. Par la suite, vous serez plus spécialement l'officier de montagne de la 5e demi-brigade de chasseurs alpins en cours de formation. Ça vous va ?

— Ça me va.

On arrosa ma venue par une tournée générale « monstre ».

Dès lors, ma vie changea du tout au tout. Après ces deux années de vie larvée, souterraine, j'étais projeté dans l'action. De Galbert me confiait mission sur mission au fur et à mesure que se libérait le territoire. Les événements se précipitaient. Quelques-uns dramatiques.

Après une libération prématurée de Bourg-Saint-Maurice par nos camarades de Tarentaise, les Allemands avaient riposté en force. Il leur fallait à tout prix se réserver des portes de sortie et, coincés comme ils l'étaient entre le Rhône et les Alpes, les communications par les cols du Petit-Saint-Bernard en Tarentaise et du Mont-Cenis en Maurienne étaient d'importance vitale. Ils avaient mis le paquet pour reprendre Bourg-Saint-Maurice, et des éléments du bataillon Bulle engagés sur leurs flancs avaient subi des pertes sérieuses. Bulle et son groupe avaient échappé à la capture, mais le sergent Chambellan, émissaire de Londres, parachuté aux Saisies, qui cherchait à traverser l'Isère pour gagner la Maurienne, avait été capturé par les Allemands. Sa mission n'avait duré que quelques jours. Son uniforme américain n'était pas passé inaperçu à Albertville, et le renseignement concernant son arrestation nous était parvenu.

Enfin, le 15 août, la radio annonça le débarquement allié

sur les côtes de Provence. Le corps expéditionnaire français, reformé après sa brillante campagne d'Italie, et les Américains de l'armée Patch prenaient pied sur le territoire national. Tandis que le gros de cette armée remontait la vallée du Rhône, une colonne prenait la direction des Alpes, atteignait Briançon par la vallée de la Durance, puissamment épaulée par les maquis de l'Oisans.

Annecy ayant été libérée et la garnison allemande capturée, le commandant Jean (alias le capitaine Godard), à la tête de ses deux bataillons F.F.I. de Haute-Savoie, baptisés bataillons des Glières en hommage aux résistants de la première heure, traversait les Bauges, dévalait sur la Combe de Savoie par le col du Frêne où il faisait sa jonction avec le bataillon F.F.I. de Chambéry.

Pour la petite histoire, plus tard, bien plus tard, le colonel Godard sera durant les « événements » le héros de la bataille d'Alger et le pacificateur de la casbah. Puis, le putsch des généraux ayant échoué, il réussira à gagner la Belgique, finissant tristement en exil une éclatante carrière militaire.

La libération de la Combe de Savoie n'alla pas sans pertes.

Les troupes allemandes prises au piège retraitaient dans l'ordre et en combattant pied à pied, par les vallées alpestres, vers les cols frontières. Harcelées de tous côtés par les F.F.I. mais supérieures en armement lourd, elles réussirent à s'installer dans nos propres fortifications de la crête des Alpes. Désormais elles dominaient nos positions, contrôlaient toutes nos actions. Nous comprîmes que, l'hiver aidant, il nous faudrait beaucoup de temps et de patience pour les en déloger.

Bourg-Saint-Maurice avait été repris grâce à l'appui des tirailleurs du colonel Van Hecke, débarqués en Provence et qui en un temps record avaient fait leur jonction avec nous. On se souvient que le colonel Van Hecke, après l'armistice de 39-40, avait organisé les chantiers de jeunesse en Algérie. Il avait été l'un des conjurés ayant préparé le débarquement allié sur les côtes nord-africaines. Lorsqu'il rejoignit le front des Vosges, nous laissant la garde des Alpes, une des batteries du 94e régiment d'artillerie de montagne accompagnant son régiment nous fut laissée en soutien, tout l'hiver, à Bourg-Saint-Maurice. Nos premiers canons !

La plupart de ces événements, je les ai vécus sporadiquement au cours de mes missions de liaison.

J'avais été envoyé par de Galbert auprès du commandant Nizier, commandant les F.F.I. de Haute-Savoie. On venait de libérer la ville qui avait dû subir la plus rude et la plus dramatique des occupations. Il était intéressant de connaître comment se passait le retour à la vie civile. Un vent de vengeance soufflait sur Annecy. Sa population avait trop souffert. Beaucoup des siens étaient tombés aux côtés de Tom Morel sur le plateau des Glières. En plus, la milice de cette ville avait pris part à l'assaut et à la répression des Glières aux côtés des SS et des forces de la Wehrmacht. Des faits qui ne s'oublient pas.

Annecy libérée, les autorités civiles prenaient en charge l'administration de la ville. Un commissaire du peuple avait été nommé par le Conseil national de la Résistance ; un tribunal d'exception formé hâtivement rendait des jugements sans appel. Il y eut beaucoup d'exactions. Des agitateurs au passé inconnu surgissaient de l'ombre, s'érigeaient en justiciers, tuaient, torturaient... Nizier, homme de cœur, s'efforçait de limiter leurs empiétements illégaux devant lesquels la plupart du temps il restait impuissant. Quelques innocents, victimes de fausses délations, payèrent parfois de leur vie cette période trouble des premiers jours d'une véritable révolution. D'autres verdicts, pour cruels qu'ils aient été, se justifiaient devant l'histoire par le comportement des accusés.

Un jour, Nizier revint au Grand-Bornand, le visage pâle, et évoqua pour moi le massacre des miliciens.

— Ils ont été passés par les armes, debout, un par un, à côté de leurs cercueils. Ces hommes qui avaient tous été reconnus coupables de collaboration effective aux expéditions de répression montées par les SS et la Gestapo sont morts courageusement ; certains en criant « Vive la France », cette France de Pétain qu'ils ont eu l'illusion de servir jusqu'au bout.

42

— Oui, lui dis-je, mais songez à la mort atroce des trente jeunes résistants capturés à Beaufort et mitraillés comme des lapins dans la plaine d'Albertville, par des gamins de quinze ans en uniforme de la Wehrmacht !

On allait et venait sur la terrasse de la villa qui domine le lac, la Tournette, la colline de Chavoire, le château de Saint-Bernard de Menthon. Paysage idyllique rendu à sa paix naturelle.

Au bout d'un moment, Nizier reparla.

— On a voulu venger les Glières. Il faut comprendre ce sentiment. Leur mort courageuse a prouvé qu'ils auraient pu, à nos côtés, devenir des héros. Il faut si peu de chose pour transformer un héros en criminel de guerre.

On avait eu tous deux la même pensée : Darnand !

A Annecy, j'apprenais les nouvelles du monde. Paris avait été libéré par Leclerc. En Savoie, les troupes allemandes avaient abandonné Chambéry et Aix-les-Bains et se retiraient lentement, luttant jour après jour en couvrant leur retraite vers les cols alpestres.

Nizier me demanda de conduire à Grenoble quatre agents américains, en tenue, parachutés je ne sais plus où, et qui désiraient gagner Grenoble. Ce fut un voyage étrange.

J'avais choisi de passer par le col du Chat. Il était tenu par un groupe de F.T.P. qui prétendait contrôler nos ordres de mission et nous refouler. Il fallut parlementer longtemps. La plupart étaient des résistants de la veille, sans aucune notion politique ou militaire, abusant de pouvoirs qu'ils s'étaient attribués. Les vrais résistants étaient au combat. Ceux-là faisaient déjà de la politique révolutionnaire.

A Yenne, une exception, le petit détachement fut reçu par la municipalité. L'uniforme américain excitait la curiosité des habitants : on nous offrit un vin d'honneur. Puis je continuai sur les Abrets. Je connais très bien cette région, mais je m'aperçus vite que toutes les plaques indicatrices avaient été changées ; elles indiquaient de fausses directions. Si l'on suivait leurs indications, on tournait en rond dans un infernal labyrinthe de chemins vicinaux ne conduisant nulle part. Pourtant, par les Abrets et Voiron, je réussis à mener à bien mes compagnons d'un jour jusqu'à Grenoble où je les confiai avec soulagement aux officiels qui siégeaient, je crois, à la préfecture.

Pendant la traversée de Voiron, un spectacle affligeant avait été offert aux soldats alliés : une jeune femme tondue était obligée de défiler toute nue à travers la ville, en tête d'un détachement de braillards solidement armés !

Heureusement, à Grenoble, je retrouvai les vraies Forces françaises de l'intérieur et notamment le colonel Le Ray, remarquable officier, excellent alpiniste descendu de son maquis de l'Oisans.

Durant mon court passage à Annecy, on projeta dans un cinéma de la ville *Premier de cordée*, miraculeusement arrivé jusque-là. J'étais en déplacement et je ne pus assister à la projection. Dommage, car cette fois je n'aurais pas eu besoin de me camoufler dans la cabine de l'opérateur. Nizier qui y assista m'assura que mon nom avait été rétabli sur le générique. Un indice qui ne trompe pas !

Paris libéré, Nizier fut appelé à d'autres fonctions et rejoignit la capitale. Je revins au P.C. de Notre-Dame-de-Bellecombe et j'y retrouvai un état-major plongé dans l'anxiété. On était sans nouvelles de Bulle depuis le 21 août. Le colonel de Galbert était très inquiet car Bulle avait pris la décision, malgré la mise en garde de tous ses amis, civils ou militaires : Gaudin, Bertrand, Lorin, de Galbert, de se rendre en parlementaire à Albertville, et l'on craignait le pire.

Pourtant tout avait bien commencé.

Ayant pris contact, par l'intermédiaire de Coolidge (l'un des sept Américains parachutés aux Saisies), avec Godard qui détenait les prisonniers allemands d'Annecy et notamment leur colonel, de Galbert avait exprimé le désir de confier à un officier allemand de haut grade le soin de convaincre la garnison d'Albertville de l'inutilité d'une résistance : la ville était encerclée par les bataillons F.F.I. et l'assaut allait être donné.

Bulle avait accepté d'emblée de tenter l'expérience. Une reddition pure et simple éviterait bien des destructions et des pertes humaines. Favorable également à cette idée, le colonel allemand Meyers avait désigné le major Eggers pour transmettre le message aux combattants d'Albertville.

La plupart du temps, en cette période où les troupes allemandes étaient aux abois, ce qui empêchait les soldats de se rendre, c'était l'idée, fortement ancrée dans leur cerveau par la propagande officielle, que leurs adversaires étaient des terroristes sans foi ni loi, qui ne faisaient pas de prisonniers et fusillaient tous les soldats tombés entre leurs mains. Le message donnait l'assurance qu'ils seraient traités selon la convention internationale ; ils avaient devant eux des troupes régulières officiellement reconnues par le grand état-major allié. Le major Eggers pourrait aussi témoigner du sort qui avait été réservé à lui-même et à ses compagnons détenus à Annecy.

Le major Eggers monta dans une voiture conduite par le capitaine Gendron, qui devait le conduire jusqu'à l'entrée d'Albertville. Mais, à Ugine, une barricade avait été dressée par les F.T.P. défendant la ville. Leur attitude était équivoque, ils menaçaient de s'emparer de l'officier allemand et de le fusiller sur place. Gendron n'insista pas, prit la petite route de montagne qui, par le col de la Forclaz, rejoint Queige dans la vallée de Beaufort. Il y retrouva Bulle à qui il remit le major Eggers.

Conduits par Pichol jusqu'aux Vignes de Venthon au-dessus d'Albertville, les deux officiers parlementaires descendirent jusqu'au pont des Adoubes, sur l'Arly, et s'arrêtèrent devant le poste de garde. Ayant donné sa parole d'officier allemand qu'il reviendrait, quel que soit le résultat de sa mission, se constituer prisonnier à 22 heures, délai imparti par Bulle, le major Eggers, accompagné par un sous-officier allemand, se dirigea vers la Kommandantur, qui avait transformé l'*Hôtel de l'Etoile* en un véritable blockhaus.

Bulle remonta jusqu'à Venthon et attendit le retour de son prisonnier. Il était confiant, Eggers avait donné sa parole ! Cependant les heures s'écoulaient et Eggers ne revenait pas. Alors Bulle, malgré les conseils, voire les supplications de ses camarades, décida de se présenter lui-même en parlementaire au poste allemand des Adoubes.

— J'ai la parole du major Eggers. S'il n'est pas revenu,

c'est qu'il parlemente avec ses supérieurs. Je vais voir où en sont les pourparlers. Il ne peut rien m'arriver !

En pleine nuit, il franchit seul le poste de garde et se fit conduire à la Kommandantur.

La nuit se passa, ni Bulle ni Eggers ne revenaient. Alors l'alerte fut donnée. Dans Albertville, Gaudin, chef de la résistance civile, glana des renseignements. En rôdant autour de la Kommandantur, il aperçut Bulle au premier étage de l'*Hôtel de l'Etoile*. L'officier reconnut Gaudin, lui sourit, lui fit un signe d'amitié. Il ne paraissait pas inquiet. Gaudin l'était terriblement.

Quatre jours plus tard, on découvrait le corps de Bulle dans une vigne de Chambéry-le-Vieux. Abattu d'une balle dans le cœur et d'une autre dans la tête.

Exploitant les témoignages des paysans qui avaient assisté probablement à l'assassinat de Bulle, et surtout en relisant la correspondance du major Eggers, on a plus tard reconstitué les faits.

A peine arrivé à la Kommandantur d'Albertville, le major Eggers fut pratiquement mis aux arrêts et dans l'impossibilité de retourner dans les lignes françaises. Il protesta énergiquement. Il avait donné sa parole d'officier allemand, dit-il. On lui répondit qu'il était dispensé de la tenir dans de pareilles circonstances. L'adjudant-major lui enjoignit de se rendre à Aix-les-Bains pour se mettre à la disposition de ses supérieurs.

Un officier supérieur allemand téléphona dans la nuit, depuis cette ville, et donna l'ordre de fusiller le capitaine Bulle. Le commandant de la garnison d'Albertville avait été impressionné par l'allure et la franchise de l'officier français en tenue de chasseur alpin et répugnait à exécuter cet ordre. Il trouva prétexte d'un article du règlement qui notifiait que tout chef de la Résistance capturé devait être conduit immédiatement au grand quartier général afin qu'on pût l'interroger et tirer de lui des renseignements de la plus haute importance.

Dans l'après-midi, un convoi de plusieurs camions et voitures quitta l'*Hôtel de l'Etoile*. Bulle était dans le premier fourgon, le major Eggers dans le dernier. Les maquisards d'Albertville, prévenus trop tardivement du départ de la colonne, ne réussirent pas à l'intercepter.

On sait maintenant que, ayant appris la libération d'Aix-les-Bains, la colonne allemande qui s'y rendait avait reflué vers Chambéry, que le SS responsable de Bulle s'était débarrassé de son prisonnier en l'assassinant et en abandonnant son corps sur le bord de la route.

Le major Eggers confirmera la nouvelle bien plus tard.

Ainsi est mort, lâchement assassiné par un SS fanatique, celui qui restera toujours pour nous comme le plus noble exemple de la résistance savoyarde.

8

Septembre 1944. L'état-major des F.F.I. s'est déplacé à Chambéry.

Dans la vieille capitale des ducs de Savoie, le lieutenant-colonel de Galbert procède à la fusion définitive des éléments disparates qui composent les unités sous ses ordres. Nous sommes désormais en contact direct avec les colonnes du corps expéditionnaire français débarqué en Provence. A Bourg-Saint-Maurice, les tirailleurs de Van Hecke attendent impatiemment la mise en place définitive de nos bataillons qui assureront leur relève sur la frontière. Quelques escarmouches se produisent encore. En basse Maurienne, l'arrière-garde allemande en retraite résiste furieusement au harcèlement d'une compagnie de F.T.P. qui les poursuit courageusement malgré la faiblesse de son armement. Nos troupes sont au contact à Pontamafrey, dans la partie la plus étroite de la vallée de l'Arc. Les Allemands protègent leur décrochage par un violent et très précis tir de mortiers. Debout malgré sa grande taille, le colonel observe les mouvements de l'ennemi. Nous sommes encadrés par les éclatements. Le dernier obus tombe à une dizaine de mètres. Le prochain tour sera pour nous ! me dis-je. Sifflement caractéristique du projectile au-dessus de nos têtes. Par pur réflexe, je saisis le colonel par sa vareuse et l'étend à plat ventre à mes côtés. Il est un peu surpris de mon geste mais il convient qu'il était peu indiqué de rester debout.

Protégés par ce tir de retardement, les Allemands ont décroché. Le capitaine Dumont, qui commande la compagnie engagée, décide de rester au contact et poursuit avec ses hommes la colonne allemande. C'est un jeune chef de vingt-deux ans, de son vrai nom Trarieux, un petit-fils de Louis Lumière.

Dans Chambéry, l'épuration bat son plein. Le tribunal d'exception siège en permanence. Un commissaire du peuple a été nommé ; son travail ne doit pas toujours être agréable, car les délations pleuvent et la recherche de la vérité est difficile. Tandis que des hommes jugent d'autres hommes, se poursuit chez les militaires l'organisation de la future 5e demi-brigade de chasseurs alpins. Les bataillons qui la composaient en 1939 vont renaître miraculeusement : 13e B.C.A. formé avec les éléments F.F.I. de Chambéry, 7e B.C.A. d'Albertville sorti tout organisé du bataillon Bulle, 27e B.C.A. d'Annecy englobant le groupe des bataillons des Glières réorganisés par le commandant Godard.

Très simple en apparence, cette fusion qui vise à transformer en combattants réguliers des éléments aussi diversifiés dans leurs motivations qu'indisciplinés a demandé patience et diplomatie. Au départ, il y avait beaucoup de chefs, beaucoup trop. On vit arriver des maquisards arborant cinq et même, une fois, six galons sur leurs manches ! Cependant, ces abus étaient rares et, en tenant compte de la valeur humaine de ces hommes plus que de leur expérience militaire, l'état-major réussit à mettre sur pied un commandement homogène. Dans chaque bataillon, ces anciens chefs de guérilla, courageux jusqu'au sacrifice total mais incompétents pour commander des opérations de guerre normales, seront associés aux officiers et sous-officiers de carrière ou de réserve. L'amalgame se fera peu à peu, la camaraderie née du maquis deviendra esprit de corps, chacun accomplira sa tâche à la place pour laquelle il est le mieux qualifié.

Moi-même, n'ai-je pas conservé longtemps la tenue négligée du maquisard, l'esprit frondeur, une sorte d'indiscipline contraire à mon caractère et qui n'est plus de mise désormais ? Il me faudra la simple remarque d'un brigadier du corps expéditionnaire pour m'ouvrir les yeux. Ce jour-là, je suis envoyé en liaison à Montmélian où je dois transmettre un message important au commandant d'une unité remontant le Grésivaudan en direction du front des Vosges. Nous avons un besoin urgent d'armes lourdes d'infanterie, obusiers de 80, fusils-mitrailleurs, etc., que peut nous procurer l'intendance du corps expéditionnaire.

Je rencontre à Montmélian le chauffeur qui doit m'attendre avec sa jeep pour me conduire à son Q.G. Il a grande allure dans sa tenue de combat américaine. Mon uniforme est succinct : short et chemise kaki, écusson avec le V encadrant la croix de Lorraine, une barrette de deux galons argent signalant mon appartenance comme lieutenant de chasseurs alpins à la 5e demi-brigade. Pas de coiffure. Le brigadier m'a salué réglementairement, je lui ai rendu son salut vaguement. Peut-on saluer sans coiffure ? On roule vers le sud, le brigadier me raconte ses campagnes : l'ivresse d'entrer dans Rome avec le corps expéditionnaire du général Juin, puis, après la refonte des unités, le débarquement de Provence ; et le voici remontant vers les Vosges.

On s'arrête dans un village. Un panneau signale le Q.G. Mon conducteur est laconique :

— C'est là ! Je vous attends pour vous reconduire.

Je le remercie, fais quelques pas, il me rappelle.

— Hep, mon lieutenant !

— Qu'y a-t-il ?

Il me tend un calot américain, échangé un jour avec un G.I.

— Mettez ceci sur votre tête. C'est plus pratique pour saluer, le colonel est sensible à la présentation.

Je m'en coiffe. J'ai compris la leçon. Sacré brigadier, il vient sans le savoir de faire de moi un officier à part entière.

A peine de retour à Chambéry, je me précipite chez un tailleur et me fais confectionner un uniforme présentable, vareuse et fuseau de ski, en prévision de l'hiver qui s'annonce. Plus tard, la 5ᵉ demi-brigade touchera enfin les tenues de chasseurs qui dormaient quelque part dans les hangars naphtalinés de l'intendance.

9

La guerre en montagne est une aventure exceptionnelle. Certes, le danger vient des échanges d'obus, des rafales de mitrailleuses, de l'éclatement des grenades, mais ce danger est épisodique ; il y a des périodes de calme absolu où toute la montagne semble vide et déserte. Les hommes qui veillent aux frontières sont camouflés dans des abris profondément enneigés. Ils sortent peu, observent à la jumelle ; leurs actions sporadiques sont en fait des reconnaissances du terrain pour le jour où sera donné l'assaut déterminant. Il faut aux hommes, et aux chefs qui les commandent, une grande patience, une science de la montagne qui ne s'apprend pas à l'école de guerre et un équipement sans lequel on peut courir à des désastres. Le froid : — 25°, — 30° et parfois — 40° est l'ennemi numéro un ; la neige, les plaques à vent, les avalanches de fond peuvent emporter une compagnie plus facilement que n'importe quelle attaque classique.

Or, l'hiver 1944-45 restera l'un des plus froids et des plus enneigés des Alpes de Savoie. Ce qui ne facilite pas la tâche de la 5ᵉ demi-brigade dont les différents bataillons s'échelonnent des Chapieux, au nord, jusqu'à Bessans, en haute Maurienne, par Bourg-Saint-Maurice, Seez, Sainte-Foy, Val-d'Isère, le col de l'Iseran et Bonneval-sur-Arc. La compagnie de Bessans constitue un point noir dans notre dispositif. Elle est complètement isolée et ne peut être ravitaillée que par le col de l'Iseran qui culmine à 2 700 mètres. Les Allemands se sont en effet installés en force sur le plateau du Mont-Cenis et tiennent sous leurs feux Lanslebourg et Lanslevillard, coupant toutes communications entre Modane et la haute Maurienne.

Cette route de l'Iseran sera notre cauchemar. Nous n'avons pas les engins nécessaires pour la déblayer. La route n'est ouverte aux véhicules que jusqu'à Sainte-Foy, et les vingt derniers kilomètres dans les gorges de la haute Isère ne peuvent être parcourus qu'à pied, à skis ou en raquettes ; le parcours est très exposé aux avalanches et celles du Picheu ou de la Daille menacent nos liaisons. Sur le parcours de Val-d'Isère à Bonneval par l'Iseran, des postes permanents ont été installés.

Je passerai cet hiver à assurer les liaisons avec les divers bataillons et à guider comme officier de montagne plusieurs reconnaissances sur les crêtes de la frontière.

L'ambiance de la demi-brigade est excellente. Camaraderie évidente chez les hommes tous issus des maquis savoyards. Ils portent à leurs chefs une amitié respectueuse. L'armée des Alpes est commandée par le général Molle, un grand montagnard. La brigade de chasseurs alpins, par le colonel Vallette d'Osia, l'un des plus notoires héros de la Résistance. L'homme qui, emmené par la Gestapo, a sauté, les poignets liés par des menottes, par la portière du train qui l'emmenait vers une destination dont on revient rarement.

J'ai pour ces chefs une grande admiration. Ils m'ont connu simple appelé en 1926 ; nous avons fait cordée ensemble sur les cimes de Belledonne ou de Chamonix.

Les 29 et 30 décembre 1944, une opération est en cours du col de la Louie-Blanche, à plus de 2 800 mètres, au sud-ouest de la fameuse Redoute-Ruinée, fort français occupé par les Allemands et qui menace directement le passage du Petit-Saint-Bernard.

Les artilleurs de la 1re armée qui constituent notre unique soutien en armes lourdes — quatre pièces du 75 américain de montagne installées entre Seez et Sainte-Foy, dans la partie la plus étroite des gorges de l'Isère — nous ont signalé des mouvements de troupes sur la crête et le col.

Plusieurs sections d'éclaireurs-skieurs effectuent une montée de nuit à skis, par le vallon de la Louie-Blanche, qui se termine en un cirque parfait entre l'aiguille du même nom et le Ruitor. C'est encore une caractéristique de la guerre en montagne. Tout se fait de nuit, pour échapper aux vues de l'ennemi. Et gare à la retraite en plein jour si l'attaque échoue, car dans ces immensités d'alpage on se fait tirer comme des lapins par ceux qui culminent !

On ne s'étonnera pas que nos chasseurs aient terminé la longue montée à pied, dispersés en plusieurs colonnes de soutien sur les cailloux du col. Ils ont progressé dans le silence le plus absolu et la surprise est totale. Sur une vire du versant italien au-dessus d'un petit glacier, les Italiens de garde dorment allongés dans leur sac de couchage en peaux de mouton, leurs armes en faisceaux à côté d'eux. Qui donc viendrait les déranger par un froid pareil ? Réveillés en sursaut, un fusil pointé sur la poitrine, il ne leur reste plus qu'à se rendre. Ils ont été cueillis au nid. Opération réussie ! Pas tout à fait. Un deuxième groupe dort un peu plus bas sur une terrasse de rochers. Les hommes ont été réveillés par l'algarade. Ils sont en mauvaise posture. Des éclaireurs les cernent à coups de grenade. Comprenant l'inutilité de toute défense, ils lèvent les bras. Pas tous ! Celui qui les commande, un jeune capitaine d'Alpini, essaie de fuir et s'élance sur le glacier. Il est rattrapé par une salve de fusil-mitrailleur, s'écroule grièvement blessé. Nos éclaireurs le remontent avec peine jusqu'au col, l'installent sur le traîneau de secours que les prisonniers italiens tirent à pied sur les grandes pentes de neige. Les éclaireurs se regroupent à la jonction des vallons de la Sassière et de la Louie-Blanche. Le blessé est examiné par l'infirmier de la section. Un pansement sommaire est fait. Mais il succombe pendant le trajet, victime d'une hémorragie interne.

Dois-je dire que le retour, malgré la réussite de l'opération, malgré la capture des prisonniers, ne fut pas joyeux comme on aurait pu l'espérer ? Nous savions que nous touchions à la fin de la guerre et, bien qu'il ait été notre ennemi, la mort de ce jeune homme originaire de Rome, d'après ses papiers, nous paraissait stupide comme est stupide la guerre. On le descendit jusqu'au village de Sainte-Foy où il sera inhumé provisoirement.

Triste leçon de la guerre de montagne, c'est toujours par

les versants réputés inaccessibles que débouchera l'ennemi. Pour s'être endormi dans un faux sentiment de sécurité, un groupe de Chamoniards qui montait la garde sur la frontière italienne à 3 350 mètres, au refuge Torino, après avoir sectionné le câble du téléphérique qui le reliait à Courmayeur, s'est fait surprendre par un groupe d'Alpenjaegers monté dans la nuit et le brouillard par les escarpements difficiles du col. Tous furent faits prisonniers, blessés ou tués.

Par contre, c'est en escaladant le versant français du mont Froid, réputé inaccessible par tout détachement militaire important, que le lieutenant Frendo, ce très grand alpiniste qui fit après la guerre la seconde ascension de la face nord des Grandes Jorasses, réussit à prendre par surprise ce piton fortifié défendant impérativement l'accès au plateau du Mont-Cenis.

Ainsi, de part et d'autre, se succèdent durant tout l'hiver des actions restreintes et courageuses où trop souvent la montagne reste le principal danger objectif de l'opération de guerre.

Les reconnaissances se multiplient.

Le 2 janvier 1945, à la tête d'un petit détachement, j'ai mission de gravir les crêtes de Monséty, à 2 600 mètres, afin d'étudier les défenses du col du Mont et, si possible, de déceler les ouvertures ou les créneaux par où peuvent tirer les défenseurs du col.

La nuit est lumineuse, un dernier quartier de lune transforme la montagne en un paysage à la Samivel, tout en courbes et en flous. Nous avons débouché de la forêt sur les grands espaces blancs des alpages. Je suis particulièrement sensible à la poésie du moment. Réminiscence de mes randonnées hivernales d'avant-guerre. Au fait, y a-t-il une guerre dans le monde ? On en douterait. Cette ascension se poursuit dans un paysage de rêve. Derrière, le groupe des skieurs qui m'accompagnent suit en file indienne. Interdiction de parler, interdiction de fumer. Aucun bruit qui pourrait alerter un éventuel adversaire camouflé dans ces solitudes qui constituent un véritable no man's land entre nos positions et les siennes. Seul le léger crissement des skis, à peine perceptible.

Fini de rêver ! Je m'arrête brusquement, surpris et inquiet. Au-dessus de moi, à une certaine distance, se précisent dans le clair-obscur lunaire d'inquiétantes silhouettes encapuchonnées de blanc. L'idée d'être en présence d'une patrouille allemande descendue au col de la Louie-Blanche prend corps. Nous n'avons pas le monopole des reconnaissances.

— Couvrez-moi de votre F.M., dis-je au sergent, j'y vais.

J'attends qu'un nuage cache la lune ; tout devient sombre : je progresse ; la lune revient : je m'immobilise ; la lune disparaît : j'avance ! Et, quand elle revient, je découvre le sujet de mon inquiétude : ce que j'ai pris pour une patrouille ennemie n'est autre qu'une petite plantation de jeunes sapins, de la taille d'un homme, encapuchonnés de neige comme des moines. Simple alerte. Prudence excessive, direz-vous. On ne sait jamais en montagne. Les longues cagoules blanches que nous portions sur nos uniformes étaient les mêmes que celles utilisées par l'ennemi. Il y eut d'ailleurs, durant cette période, des épisodes de guerre ahurissants.

Ainsi, une patrouille de volontaires français de Chamonix, fixée au col du Midi, à 3 500 mètres d'altitude, et en reconnaissance dans la vallée Blanche, fut prise dans le brouillard au col du Gros-Rognon. Un de nos hommes, s'adressant en français à une ombre blanche qui passait à côté de lui, entendit celle-ci vociférer en allemand ! Les Allemands venaient du col du Géant et les deux patrouilles perdues dans le brouillard, tout de blanc vêtues, s'étaient mélangées sans le savoir. Chacun réussit à effectuer une prudente retraite. Lorsque le brouillard se leva, le capitaine allemand qui était monté depuis Courmayeur donna l'assaut aux Chamoniards perchés sur une terrasse rocheuse et trouva la mort dans l'engagement. C'était ce même officier qui avait atteint le sommet de l'Elbrouz, au Caucase, lors de la plus puissante percée des troupes hitlériennes en direction de la mer Caspienne.

Mais revenons à cette journée de janvier 1945.

L'alerte passée, nous continuons. Le jour se lève lorsque le détachement atteint le sommet de la crête de Monséty. Notre itinéraire a échappé aux observateurs éventuels du col du Mont.

On prépare un emplacement camouflé sous la corniche. J'installe ma binoculaire par un créneau aménagé et commence mon observation minutieuse des positions ennemies. Le col, très enneigé, repose dans le calme et le silence des altitudes. Il forme une large faucille, une courbe de neige très pure. Tout en apparence est calme et désert, inoffensif. Pourtant, derrière ce manteau blanc, englouties sous la neige, se cachent les casemates et les fortifications italiennes que je suis chargé de dénombrer. Le froid est épouvantable. Abrités en contrebas du sommet, les hommes peuvent piétiner, marcher, battre des mains, bref se réchauffer. L'observation nécessite une immobilité absolue, elle devient vite un supplice : les sourcils se collent à la binoculaire, les yeux s'embuent, le froid fait pleurer, je ne distingue plus rien, il me faut récupérer, recommencer jusqu'à ce que je parvienne à découvrir les emplacements des créneaux ennemis à peine visibles sous l'épaisse couche de neige. Ils sont disposés de telle façon que le plan de feu de l'ennemi balaie la large combe qui, depuis le Crot, donne accès au col. S'ils nous découvraient, ils pourraient également nous atteindre facilement. Précieuse indication. Ayant fait un croquis rapide, je donne le signal de la descente. Je me redresse avec peine et, tout engourdi par le froid, je suis dans l'impossibilité absolue de chausser mes skis et de serrer les longues lanières de ma fixation. Mes camarades me font un sérieux et vigoureux massage et je retrouve la souplesse de mes articulations.

Cette observation anodine a duré plusieurs heures. En face, rien ne bougeait, tout était figé par le froid, notre ennemi commun, et s'il n'y avait pas eu ces sales petites ouvertures rectangulaires à peine visibles et par où pouvait cracher le feu, comme la montagne était belle !

On a eu notre récompense. Une magnifique descente dans une belle poudreuse où chacun a pu donner libre cours à sa fantaisie, car pour une fois les volontaires qui m'accompagnaient étaient de bons skieurs. Ce qui était rare car, hormis les sections d'éclaireurs-skieurs des bataillons et de la compagnie de commandement, composées de montagnards et de skieurs réputés, les effectifs des bataillons étaient largement composés de jeunes venus de la ville au maquis et n'ayant aucune expérience de la montagne. Pour ceux-là l'hiver fut long, très long et très dur ! Ils n'en eurent que plus de mérite.

4 janvier 1945.

Le froid, toujours le froid ! Il contrôle et conditionne toutes nos actions. Il est responsable de nos échecs.

Pourtant, le temps est au beau fixe, le ciel bleu, mais le pâle soleil oblique de l'hiver n'arrive pas à réchauffer l'air. Curieuse sensation que je connaîtrai plus tard dans les régions polaires.

Une attaque bien préparée de nos troupes doit être tentée contre le col du Mont. Une compagnie l'atteindra à pied, de nuit, sur la neige durcie par le gel, afin d'arriver au sommet sans se faire repérer et surprendre les défenseurs du col endormis dans leurs casemates. Thème très simple, audacieux, illogique pourrait-on dire, car il présume un succès total de l'opération et ne tient pas compte du retour, en cas d'échec, sous les feux de l'ennemi.

Tout a été prévu. La compagnie, section d'éclaireurs en tête, a commencé sa longue ascension. C'est au sortir de la forêt que les choses se sont gâtées. Un froid épouvantable engourdit les muscles, gêne la respiration : — 40°, c'est dur à supporter, et à l'époque les hommes ne disposent d'aucun équipement spécial. Seuls les montagnards de la colonne (guides ou moniteurs de ski), bien chaussés, bien couverts, et surtout endurcis et résistants, peuvent continuer. Le jour vient. La marche trop lente s'est arrêtée un peu au-dessus de la limite des arbres. Les grandes pentes enneigées et débonnaires du col du Mont seraient, en conditions normales, gravies en moins d'une heure. Mais des dizaines d'hommes sont atteints de gelures graves. Le commandement ordonne la retraite. L'attaque a échoué. Pourtant, très haut, en direction du col, trois skieurs continuent. L'un d'eux est le capitaine Courbe-Michollet, notre officier de renseignements, chef du 3e Bureau de la demi-brigade, l'autre son fidèle compagnon, l'éclaireur de pointe Jean Blanc, champion de France de ski, et le troisième le lieutenant Chappaz, commandant la S.E.S. de la demi-brigade.

A la jumelle, on peut voir Jean Blanc se promener littéralement sur les casemates enfouies dans la neige. Spectacle étrange. Rien ne bouge, pas un coup de feu ! Pourtant, la petite garnison italienne est là-dessous, réfugiée dans ses blockhaus, sans doute figée elle aussi par le froid, ses armes probablement rendues inutilisables par le gel. Jean Blanc termine sa visite, rejoint le capitaine. Ils réalisent qu'ils sont seuls. En bas, au fond de la combe, la compagnie redescend péniblement, tirant ses blessés sur des traîneaux de fortune. C'est quelquefois ça, la guerre de montagne. Aucun coup de feu ne sera tiré mais l'hôpital de Moutiers, ce même soir, recevra des dizaines de chasseurs gravement gelés aux mains et aux pieds.

Ce même hiver 1944-1945, un drame passera inaperçu qui en d'autres temps aurait provoqué une émotion considérable.

Val-d'Isère, où nous avons une importante garnison, a été choisie par une mission américaine pour fournir en armes les maquisards italiens des vallées piémontaises. Ceux-ci y parviennent par deux cols alpins : la Galise, à près de 3 000 mètres, qui donne directement accès à la vallée de l'Isère et le col d'Arnès qui permet de passer sur le vallon d'Avérole et Bonneval-sur-Arc en Maurienne. Itinéraire plus long mais moins exposé. De Bonneval, il faut ensuite franchir l'Iseran bien jalonné par nos postes.

Par ces cols s'évadent parfois non seulement des patriotes italiens mais également des prisonniers de guerre alliés. C'est ainsi qu'une vingtaine de soldats anglais évadés ont décidé de traverser le col de la Galise sous la conduite d'un guide italien. Val-d'Isère, c'est pour eux la liberté. Le col est très raide sur le versant italien, les cent derniers mètres doivent être escaladés par un couloir de neige très redressé, mais, par contre, la descente sur Val-d'Isère se fait par des combes accueillantes jusqu'au cirque du Prariond : site magnifique entièrement clos par les montagnes. Une faille très étroite taillée comme un coup de sabre entre deux falaises, et longue de plus d'un kilomètre, permet de déboucher sur Val-d'Isère. C'est la gorge de Malpasset. L'été, l'Isère sort du cirque du Prariond par ce défilé. Une piste vertigineuse, tracée sur la grande falaise de sa rive droite, permet un passage à ceux qui ont le pied montagnard. L'hiver, en revanche, la falaise est infranchissable et il faut emprunter le lit même de l'Isère, recouvert entièrement par les culots des avalanches qui coulent sans cesse des parois voisines.

Les Anglais sont pris par la tourmente dans le cirque du Prariond. La neige tombe, mais ils n'ont d'autre choix que d'essayer de traverser les gorges. Une avalanche engloutit toute la colonne. A Val-d'Isère, personne ne sait qu'un drame vient de se dérouler. Le beau temps revient. On ne va pas dans le Malpasset. A quoi bon ? Depuis le Fornet, hameau de Val-d'Isère, on surveille aisément la sortie des gorges. Et voici qu'un jour un homme, véritable fantôme hirsute et barbu, amaigri, porteur de gelures au second degré, débouche des gorges et se présente au commandant d'armes. C'est le seul rescapé du drame. Il a survécu dix jours dans des conditions abominables. Il a eu la chance d'être protégé par un surplomb rocheux, qui lui a ménagé une sorte de petite caverne entre le rocher et la neige. Il a fait durer ses vivres de route, il a mangé de la neige. Son solide équipement d'aviateur lui a sans doute sauvé la vie. Il a creusé comme il pouvait dans la couche de neige un long tunnel qui n'en finissait pas. Il a débouché à l'air libre. A quelques centaines de mètres, c'était la sortie des gorges, le soleil, la vie !

Dans le cirque du Prariond, une pyramide très sobre, érigée à la fin des hostilités, évoque pour les randonneurs ou les contrebandiers qui franchissent la Galise le drame épouvantable de cet hiver de guerre.

10

La neige et le froid diminuent. L'hiver touche à sa fin. Déjà, dans les fonds de vallée, les paysans ont commencé les travaux agricoles de printemps. Là-haut, la neige persiste, là où veillent nos soldats. Pour eux, c'est toujours l'hiver et les nuits glaciales. Les troupes sont échelonnées entre 1 800 et 2 000 mètres d'altitude au Combottier, aux Eucherts, à la Rosière. Leurs tranchées sont juste sous le feu des occupants de la Redoute-Ruinée. Les observateurs allemands observent leurs moindres déplacements.

Les défenseurs de la Redoute-Ruinée sont en forte majorité des Allemands. Depuis l'armistice conclu avec les Alliés, les troupes italiennes qui servent encore sous l'uniforme fasciste sont cantonnées dans des travaux d'intendance. Les Allemands tiennent les positions cruciales. Cependant, c'est une batterie italienne, utilisant de vieux canons autrichiens de 107, qui effectue journellement des bombardements qui ont pour but des objectifs militaires mais qui n'atteignent jamais ceux-ci. Par contre, Bourg-Saint-Maurice et Seez, en fond de vallée, reçoivent assez régulièrement quelques obus à bout de course ; le masque formé par la montagne protège efficacement les postes français du versant ouest du Petit-Saint-Bernard. Pour les atteindre, il faudrait des obusiers de gros calibre à tir courbe. Aussi nos soldats voient-ils passer journellement sur leurs têtes, poursuivant leur trajectoire vers la vallée, des obus qui suivent la pente sans jamais pouvoir la toucher. Leur sifflement caractéristique est comparable à un hennissement ; il est désormais bien connu des hommes qui ne s'en soucient guère. Malgré leur inefficacité tactique, ces bombardements vont faire quelques victimes parmi la population civile, et malheureusement la mort sera au rendez-vous pour les artilleurs du 94e R.A.M., détaché en soutien de la Ire armée.

Ceux-ci se sont installés au plus profond des gorges de

l'Isère, face à l'usine de Viclaire ; leur batterie est composée de canons américains de 105 à tir courbe, très précis et d'une puissance suffisante pour franchir les deux mille mètres de hauteur des crêtes de la frontière et atteindre leurs objectifs en territoire italien. Le site où s'est installée la batterie est pratiquement invulnérable. Les artilleurs en sont conscients. Si le haut état-major les laisse avec nous, ils ont, estiment-ils, pratiquement terminé leur guerre.

Il existe entre eux et nos hommes une amitié toute neuve, une camaraderie de frères d'armes. Leurs chefs ont découvert ces bataillons issus des maquis qui, on peut bien l'avouer, n'étaient pas particulièrement en odeur de sainteté dans certaines hautes sphères militaires ou civiles. Ils ont vu à l'œuvre, dans les difficultés de la guerre de montagne, des soldats résolus, courageux, disciplinés. Et ils sont devenus amis.

Aussi plus terrible sera la nouvelle qui nous parvient un jour : un obus italien à bout de souffle est retombé presque à la verticale juste sur l'emplacement de la batterie. Huit servants ont été tués. Conjoncture extraordinaire. Plus que jamais je pense que chacun a son destin écrit à l'avance et qu'il n'en est pas maître !

Ceux qui avaient connu les intenses bombardements du débarquement du corps expéditionnaire en Italie, ceux qui avaient vu tomber un grand nombre de leurs camarades et frères d'armes dans leur difficile et majestueuse offensive sur Rome sous les ordres du général Juin, qui avaient vécu des mois entiers sous un pilonnage intensif, ceux-là qui avaient échappé à tout trouvaient à quelques mois de la victoire finale une mort injuste.

Mais la guerre n'est jamais juste !

Ces obus ne provoquèrent pas que des drames. J'ai bien failli en recevoir un sur la tête, certain jour, comme je longeais l'étroite rue du village de Seez, à la jonction de la route du Petit-Saint-Bernard avec celle de Val-d'Isère.

Le sifflement caractéristique d'une arrivée se fait entendre brutalement, le son vrille les oreilles. Je n'ai pas le temps de m'aplatir, l'obus percute le trottoir opposé au mien ; les quelques mètres de largeur de la rue me séparent du petit cratère qu'il vient de creuser sans éclater, projetant de tous côtés des débris de pierres et de terre dont certains m'atteignent sans me blesser. J'ai plus de chance que les malheureux artilleurs.

Quelques jours plus tard, je me promène avec le capitaine Trarieux, petit-fils de Louis Lumière. C'est jour de marché à Bourg-Saint-Maurice où la vie a repris comme avant. Le sifflement caractéristique se fait entendre. Encore un ! pensé-je et, averti par l'expérience des jours passés, je m'aplatis sur le sol. Une fraction de temps s'écoule. Rien !

— Encore un qui n'aura pas éclaté, me dit Trarieux.

Cependant, le calme des paysans qui nous entourent, groupés en cercle, et regardant avec intérêt ces deux officiers couchés de tout leur long dans la poussière du foirail, nous intrigue. On se relève. Autour de nous, la vie continue. Les chalands sont nombreux. On est venu de fort loin car les foires de Bourg-Saint-Maurice sont réputées. Personne ne se soucie de la guerre qui sévit sur les crêtes à peine à dix kilomètres à vol d'oiseau. Nous ne comprenons pas leur attitude mais nous sortons lentement du champ de foire, peu disposés à tolérer les sourires ironiques des habitués du pré de foire.

La Tarentaise a livré dans la Résistance des combats énergiques. Sous les ordres du capitaine Villaret, ses maquisards ont harcelé les colonnes allemandes, pris et perdu Bourg-Saint-Maurice, donnant à l'époque l'impression justifiée que toute la vallée s'était soulevée contre l'envahisseur. Or, depuis que les Allemands sont sur les crêtes, nous nous apercevons que les gens d'ici, qui devraient être les plus ardents à défendre leur territoire, se sont en minorité engagés dans nos bataillons. Sans doute estiment-ils que, pour eux, la guerre s'est terminée le jour où l'armée régulière est arrivée à Bourg-Saint-Maurice !

On philosophait donc, Trarieux et moi, sur les facultés d'oubli des Français en général lorsque, alors que nous quittions le champ de foire, un second sifflement, étrange hennissement, se fait entendre près de nous. Nous sursautons puis nous éclatons de rire : il s'agit du hennissement d'une jument en chaleur attachée au milieu des chevaux et des mulets du foirail.

On s'est esquivés très rapidement. Pour protéger notre image de marque.

Dans la vallée, les arbres bourgeonnent, les prés commencent à verdir. Cet hiver si long et si rude se termine, la route de Val-d'Isère est déblayée, seul l'Iseran reste bouclé sous une énorme épaisseur de neige et là-bas, en haute Maurienne, la compagnie de Bessans, isolée du reste du monde, reste dangereusement menacée par une contre-offensive des Allemands du Mont-Cenis. Il est question de l'évacuer. La manœuvre sera faite de nuit à travers le no man's land qui s'étend du col de la Madeleine à Termignon. Menée par de Galbert en personne, l'opération réussit pleinement sans attirer l'attention des Allemands.

A cette époque, je serai en permission de détente à Alger. Je ne prendrai donc pas part à cette dernière liaison. De même je serai absent lors de la visite du général de Gaulle à Bourg-Saint-Maurice où il est venu passer en revue, dans la plaine de Nancroit, les bataillons de la demi-brigade.

J'avais manifesté à différentes reprises mon désir de faire un court voyage à Alger où j'avais d'importantes affaires personnelles à régler. Je n'avais pas revu ma famille depuis ce matin de Noël 1942 où j'avais quitté Alger pour la Tunisie.

Le général Molle, commandant ce qui était alors la 1re division alpine, m'accorda généreusement quinze jours plus les délais de route. Le colonel de Galbert me regarda partir avec un certain scepticisme. Il était un peu mélancolique.

— Tâchez de revenir avant Pâques. Il y aura du nouveau, ce serait dommage que vous ne soyez pas là.

Je compris à demi-mot. La grande offensive de printemps commencerait à cette époque.

— Je reviendrai, mon colonel !

Je tins parole.

Trois semaines plus tard, je reprenais mes fonctions. J'aurais pu facilement me faire démobiliser à Alger. J'étais un combattant volontaire, et je devais aller jusqu'au bout de mon engagement.

De Galbert me mit tout de suite dans le bain.

— Demain matin, à 5 heures, on inspecte les positions du Combottier et de Belleface, ça vous dérouillera. Vous ne vous êtes pas trop ramolli, j'espère ?

Et, quelques heures plus tard, nous montions tous deux à travers les pinèdes du Combottier. Le soleil se leva juste comme nous sortions de la forêt, face aux étendues encore neigeuses du Petit-Saint-Bernard.

La Redoute-Ruinée nous narguait.

— Plus pour longtemps ! me dit le colonel.

11

La Redoute-Ruinée se dressait comme un bourg féodal à l'orée du col du Petit-Saint-Bernard, large plateau d'alpage dominé par le roc de Belleface au nord et par le mont Valezan au sud. En septembre 1944, les F.F.I. du Beaufortin et de Tarentaise qui poursuivaient les forces du Reich en retraite avaient acculé ces dernières sur la crête frontière. Notre offensive s'était arrêtée aux contreforts de la Redoute-Ruinée où l'adversaire s'était fortement retranché dans ce solide bastion de la ligne fortifiée des Alpes.

Une guerre de siège commençait.

Cette forteresse devenait l'unique sujet de nos conversations, une obsession. On en discutait à la popote, au mess des sous-officiers, et dans les cantonnements précaires où les hommes de la demi-brigade avaient passé l'hiver à 2 000 mètres d'altitude dans des conditions d'inconfort total. Ceux qui cantonnaient dans les chalets d'alpage de la Rosière ou des Eucherts étaient directement sous le feu des armes lourdes du Roc Noir ou de la Redoute, mais paradoxalement protégés des tirs imprécis de l'artillerie ennemie du lac Vernet par la convexité même de la pente sur laquelle ils s'étaient accrochés définitivement l'automne précédent. Et tous ces hommes, mal armés, mal équipés, ne songeaient qu'à relever le défi.

— Tant qu'ils seront là-haut, disaient-ils, nous ne pourrons rien tenter.

Un enjeu terrible ! Car les casemates du Roc Noir, du col des Embrasures et de la Redoute les surplombaient littéralement. De leurs créneaux, les défenseurs faucheraient les compagnies montant à l'assaut de ces pentes enneigées et dénudées, se terminant comme un glacis au pied même de la forteresse. Les soldats ne se faisaient pas d'illusions. Pourtant, ils espéraient la bataille comme une délivrance.

Les semaines passaient dans l'inaction, et puis le moment vint d'attaquer la forteresse elle-même.

Le 23 mars, le sous-lieutenant Lissner, commandant la section d'éclaireurs-skieurs du 13e B.C.A., eut l'honneur du premier baroud. Délaissant les skis, montant de nuit avec sa section la raide pente de neige qui descend du Roc Noir vers l'ouest, il parvint, sans attirer l'attention des guetteurs, au contact même de l'ennemi. Un tir de barrage précis de la batterie du 94e R.A. du Maroc, restée en soutien de la 5e demi-brigade, déclenché au bon moment, avait neutralisé le tir des défenseurs de la Redoute. Dans les boyaux du Roc Noir, un sauvage corps à corps avait lieu. A la tête de ses hommes, Lissner progressait mètre par mètre, pénétrant dans les casemates, lançant ses grenades, électrisant ses hommes, refoulant les défenseurs du bastion par les boyaux enneigés qui les reliaient au col des Embrasures et à la Redoute-Ruinée. Malgré des pertes sévères de part et d'autre, le drapeau français flottait en fin de journée sur le Roc Noir.

Périlleuse victoire car le gros morceau restait à enlever : la forteresse, toute proche, perchée sur son énorme socle de schistes, capelée de lourdes murailles bétonnées. Ce mur se confondait avec la montagne, c'était la partie visible de l'iceberg, car nous savions que le roc avait été réaménagé par les Allemands en fonction d'une attaque venant de l'ouest. Paradoxe, les Allemands occupaient un fort dont tout le plan de feu initial était dirigé vers l'Italie, c'est-à-dire vers l'est. Il avait fallu creuser de nouvelles galeries qui débouchaient sur des meurtrières permettant de contrôler notre avance.

La conquête du Roc Noir était le premier pas décisif vers la victoire finale. Cette histoire avait galvanisé nos hommes et prouvé que, si entraînés qu'ils soient, les Allemands n'étaient pas imbattables. Mais il fallait garder la tête froide car la situation des vainqueurs du Roc Noir restait précaire et à la merci d'une contre-attaque de la garnison allemande de la Redoute.

En fait, la Redoute-Ruinée, on s'en rendit compte par la suite, était un puissant système fortifié, utilisant les défenses naturelles constituées par la longue crête rocheuse en forme d'arc de cercle, longue de plus d'un kilomètre, qui relie le mont Valezan, culminant à 2 891 mètres, au Roc Noir (2 342 m), dernier ressaut vers l'ouest. Sur son versant sud, la crête est accessible par des pentes faciles, très dégagées, venant buter sur les fortifications de la montagne. Le versant nord est une falaise rocheuse, coupée de rares couloirs surplombant directement le col du Petit-Saint-Bernard. D'importants ouvrages bétonnés, reliés entre eux par des boyaux, bunkers, casemates, observatoires se succèdent ainsi sur près d'un kilomètre. Le point le plus bas de l'arête, le col des Embrasures, sépare la Redoute du Roc Noir.

En cette fin du mois de mars, une épaisse couche de neige camoufle toutes ces fortifications, dissimulant toutes les ouvertures d'où pourrait jaillir le feu.

Dans la nuit du 24 au 25 mars, le lieutenant Lissner se rend compte qu'il faut absolument tenir le col des Embrasures si l'on veut mettre le Roc Noir à l'abri des contre-attaques allemandes. Un glacis de cent cinquante mètres le sépare du col. Mais son attaque est éventée par l'ennemi et il est pris ainsi que sa section sous un feu très violent. Sortant de leurs casemates, les Allemands contre-attaquent à la grenade. Lissner est grièvement blessé mais il ramène ses morts et ses blessés dans nos lignes.

Il faut se hâter de conclure.

Fin mars, une ultime veillée d'armes a lieu dans tous les

postes français échelonnés de la Rosière aux Eucherts et à la combe des Moulins.

L'abbé Folliet, aumônier de la demi-brigade, nous a réunis pour assister au service divin de la semaine sainte. Il fait appel à tous, et tous sont venus ce soir écouter sa parole parce que l'abbé Folliet est des leurs. Aumônier de la J.O.C., prisonnier des Italiens pendant l'occupation de la Savoie, torturé par les fascistes, il a été libéré par les résistants après la capitulation italienne en 1943 et tout aussitôt, reprenant le maquis, il a combattu avec ses compagnons. Timide et réservé en apparence, son courage et son autorité spirituelle sont légendaires. Avant et durant cette guerre, il a souvent été en désaccord avec l'évêque d'Annecy qui le jugeait curé progressiste avant l'heure, mais il a continué son combat pour plus de justice sociale, prêtre ouvrier avant la lettre, portant la bonne parole là où elle manquait : dans les usines, dans les faubourgs lépreux, et l'évêque s'est incliné.

L'abbé Folliet appartient à l'une des plus anciennes familles patriciennes d'Annecy. Sans trahir sa vocation, il aurait pu facilement gravir les échelons qui dans la hiérarchie catholique conduisent à l'améthyste épiscopale, et pourtant c'est vers les plus pauvres du diocèse, les moins bien nantis qu'il s'est dirigé. Torturé dans sa chair et son âme, il a écrit sur sa captivité des poèmes émouvants. Il est resté un homme parmi les hommes et, ce soir, il parle en homme aux ex-maquisards.

Je les examine, mes camarades. Je les connais tous ou à peu près. Celui-là ne pratique pas, cet autre montre volontiers ses tatouages : *Ni Dieu ni maître* ! La plupart se disent athées et pourtant ils sont tous venus, ces mécréants. Ignorants du rituel de la messe, un peu gauches, debout, serrés les uns contre les autres, héros craintifs, le béret chasseur à la main, visages hâves, barbus et sachant tous qu'ils monteront le lendemain à l'assaut de la Redoute et que, pour certains d'entre eux, ce sera le dernier voyage.

La messe de l'abbé Folliet est courte et simple, son sermon direct : il leur a parlé du sacrifice du Christ, ce fils de Dieu parmi les hommes ; tous l'écoutent, graves et silencieux. Durant la messe de Noël à Val-d'Isère, la chorale d'une section d'éclaireurs a accompagné de bout en bout la cérémonie mais, ce soir, les éclaireurs-skieurs sont déjà en marche dans la nuit, éléments de reconnaissance précédant l'offensive. L'assistance ne connaît aucun des cantiques. L'abbé Folliet se rend compte qu'il faut absolument les faire participer à cette veillée de prières.

Il trouve les paroles qu'il faut :

— Maintenant, mes camarades, mes amis, je vais partager symboliquement avec vous le pain et le vin, comme Jésus de Nazareth l'a fait avec ses disciples. J'aimerais que nous chantions ensemble le *Chant des partisans*, ce chant qui nous a soutenus durant les longs mois, voire pour certains d'entre vous, les années de persécution. Peut-être quelques-uns ne savent-ils pas chanter. Alors, qu'ils nous accompagnent en sifflant.

Timides au début, s'affermissant par la suite, des voix entonnent le chant des hommes de la nuit accompagné en demi-teinte par les notes sifflées des partisans. Une profonde émotion me saisit, partagée, je crois, par tous ceux qui sont là. Cet étrange accompagnement devient musique céleste, on dirait qu'il est l'œuvre de flûtistes avertis ! Le chant révolutionnaire, durant ces minutes bouleversantes, se transcende en un hymne religieux.

Quand il est terminé, un silence extraordinaire pèse sous les poutrelles du hangar qui nous abrite. On entend comme un murmure : les phrases rituelles de l'officiant prononcées en latin. Puis tinte très clair la sonnette de l'élévation.

La messe achevée, l'abbé Folliet, face à l'assemblée, bénit les combattants :

— Allez dans la paix du Seigneur ! leur dit-il, masquant mal son émotion.

Cette même nuit, bien avant l'aube du 27 mars, les compagnies progressaient de toutes parts vers la Redoute-Ruinée. Un brouillard épais recouvrait la montagne, le silence était feutré par la neige et les brumes, et les centaines de fantômes vêtus de longues cagoules blanches se fondaient dans la pâleur nocturne des pentes enneigées.

Les uns étaient partis du Roc Noir, si durement conquis

quelques jours auparavant ; les autres compagnies, montant de la Rosière ou des Eucherts, attaquaient directement la Redoute ; l'une d'elles, commandée par le capitaine Jegou, se dissimulant dans la combe des Moulins, avait pu parvenir, sans éveiller l'attention, jusque sous les créneaux de la forteresse.

A l'heure H, les compagnies et les sections d'éclaireurs attaquaient les objectifs qui leur avaient été assignés. Le brouillard les avait jusque-là favorisés. Les consignes de silence avaient été observées car le moindre bruit porte loin dans le vide sonore de la neige, mais sans doute un guetteur allemand, tous les sens en éveil, avait-il entendu un cliquetis d'armes, peut-être plus simplement le crissement des souliers ferrés sur la neige gelée, car il donna l'alarme. En ce même instant, les artilleurs déclenchaient un tir précis sur la Redoute ; l'attaque allait commencer. Brusquement, comme après les trois coups du « brigadier », le rideau de brumes se leva, découvrant le théâtre où se jouerait le drame entre les Allemands de la forteresse et nos troupes qui la cernaient.

— Tout allait bien, me raconta plus tard Jegou. J'allais parvenir à la poterne sud et tenter un coup de main surprise lorsque le brouillard s'est dissipé d'un seul coup. Tu vois ma tête. Mes hommes et moi étions brusquement à découvert, sans aucun autre abri possible sur ce glacis enneigé qu'un unique poteau télégraphique. Un poteau pour une compagnie ! Grâce à Dieu, l'observateur des artilleurs de la D.F.L. avait compris immédiatement la situation et il dirigeait le tir de sa batterie d'une façon très efficace afin d'empêcher les Allemands de régler leur tir. Puis, aussi subitement qu'il avait disparu, le brouillard se rabattait sur la Redoute, nous masquait à nouveau et me permettait de changer mon dispositif d'attaque en prévision des tirs orientés qu'auraient pu prendre les Allemands.

Profitant des brumes, les compagnies s'étaient repliées sur leurs positions.

Cependant, le 31 mars, une nouvelle offensive générale était décidée. Il fallait absolument conquérir la Redoute et, pour cela, occuper d'abord le col des Embrasures.

Une immense préparation d'artillerie commence dès 8 heures du matin. Puis, sortant des boyaux creusés dans la neige, les hommes de la compagnie Calderini et du lieutenant Dessertaux montent à l'attaque. Le glacis qu'ils doivent conquérir est truffé de défenses. Un chef de section, l'adjudant Chêne, monte à l'assaut le premier. Une mitrailleuse crépite alors qu'il prend pied dans la première tranchée allemande, et il est tué net. Dès lors, un combat sans répit, au corps à corps, s'engage. Les pertes sont sérieuses des deux côtés. Morts et blessés gisent entre les lignes. Parmi les brancardiers qui s'efforcent de sauver des vies humaines, l'abbé Folliet est le plus actif. Il a choisi lui-même la compagnie la plus exposée. Il a déjà fait plusieurs aller et retour sous le feu meurtrier des mitrailleuses allemandes et il repart car un chasseur, grièvement blessé, gémit et réclame du secours.

Il n'hésite pas :

— Couvrez-moi, j'y vais !

— Fais gaffe, lui disent ses amis.

Déjà il rampe dans la neige mètre après mètre, parvient auprès du blessé, s'apprête à le secourir. Une balle le frappe à son tour. On le voit sursauter, crier, puis ne plus bouger.

— Ils l'ont eu ! gueulent ceux qui suivaient le sauvetage.

— Faut y aller !

Ils n'ont pas d'hésitation. Sommairement protégés par le tir violent que déclenchent leurs camarades contre les embrasures ennemies, ils réussissent à ramener les deux blessés dans nos lignes.

L'abbé Folliet a un bras fracassé.

Officier de liaison entre les divers éléments engagés, j'étais aux ordres du colonel dont le P.C. était établi dans une grange à moitié ruinée des Eucherts. Le brouillard se tenait juste au-dessus de nous, nous masquant les détails de la bataille. De ce brouillard venait de surgir un bien étrange détachement. Celui de la section d'éclaireurs-skieurs du lieutenant Chappaz qui, ayant escaladé les premiers contreforts du mont Valezan, était tombé nez à nez avec un groupe de travailleurs italiens en uniformes dirigés par un sous-officier allemand ; ceux-ci venaient juste d'arriver, ayant hissé depuis la vallée, à la force des bras, une pièce d'artillerie de montagne qu'ils s'apprêtaient à assembler. Surprise totale ! Le détachement est fait prisonnier sans peine. Il reste à rendre la pièce inutilisable. Ce cas n'a pas été prévu. Chappaz décide de disperser les pièces du canon. Le fût est jeté d'un côté, la culasse de l'autre. Le percuteur et la clavette d'assemblage en poche, le lieutenant et ses hommes ramènent leurs prisonniers au P.C.

Brusquement le poste radio grésille en clair.

— Du Roc Noir. Abbé Folliet grièvement blessé, l'évacuons sur la Rosière.

Le radio confirme des pertes sérieuses de notre côté mais la poursuite favorable de l'attaque. De Galbert n'hésite pas. Il éprouve pour l'abbé Folliet une amitié et une estime profondes.

— Foncez sur la Rosière ! me dit-il. Surveillez son évacuation sur Bourg-Saint-Maurice, et revenez me rendre compte.

Au même instant, le sifflement bien connu d'un obus autrichien se fait entendre. Il continue sa course après avoir rasé notre bicoque.

— Tiens ! Ils ont encore des munitions ! constatons-nous.

Lorsque je parviens à la Rosière, les brancardiers du Roc Noir viennent d'arriver avec les blessés qu'ils ont descendus dans des conditions éprouvantes sur des traîneaux de fortune. L'abbé Folliet, le bras en écharpe et sommairement bandé, souffre visiblement.

— Il veut pas se faire évacuer ! me dit l'infirmier. La balle lui a broyé l'humérus.

J'interviens.

— Venez avec moi, l'abbé, j'ai fait préparer un mulet. On vous soignera mieux en bas.

Il proteste.

— Non ! l'attaque n'est pas terminée, il y a des morts, des blessés, on aura encore besoin de moi, hélas !

Je ne comprends que trop ce qu'il veut dire. Nous avons eu des pertes sévères. Il voudrait pouvoir assister les mourants, les réconforter, les préparer au grand départ. Je lis sur son visage les progrès de la souffrance ; son éternel sourire se fige en un rictus. On lui a fait un garrot, on prépare des attelles pour immobiliser le bras puis, malgré ses dénégations, je lui fais enfourcher un mulet.

— Ordre du colonel, l'abbé ! Vous devez obéir !

Il se résigne avec regret.

Dès que nous eûmes atteint le point où la route du Petit-Saint-Bernard était déneigée, je le confiai à une ambulance et je retournai à mon poste.

Toute la journée, avec des pauses entre les passes d'armes, le combat continua au col des Embrasures. Nos hommes avaient pénétré dans les casemates de l'ouest, délogeant à la grenade les derniers défenseurs. Ils virent tout à coup un sous-officier allemand surgir de son trou, lâcher une ultime rafale et se jeter littéralement du haut de la falaise, dans le vide de la face nord ! Il atterrit au pied de la falaise sur la pente enneigée très raide, boula quelques instants puis se releva. Profitant d'un ravin qui le masquait à nos vues, il disparut en direction de l'Italie.

— Gonflé, le gars ! reconnurent les chasseurs alpins.

Ce jour-là, la bataille s'arrêta avec la nuit. C'était pour nous une victoire à la Pyrrhus ! Nous avions conquis le col des Embrasures mais les Allemands tenaient toujours dans les retranchements de la Redoute.

Les petits maquisards devenus chasseurs alpins à part entière avaient fait l'admiration des vieux briscards de la batterie d'artillerie marocaine et principalement de l'officier observateur qui, du haut de son mirador, avait suivi toute l'action et, en dirigeant efficacement les tirs de barrage, participé à la réussite de l'opération.

— Quand je réfléchis qu'ils n'avaient reçu auparavant aucune formation militaire, je reste confondu devant leur courage et leur discipline, me disait-il un peu plus tard.

Ils avaient aussi payé le prix du sang. Plus de quarante morts, soixante blessés ! Certains diront que c'est dérisoire en comparaison des holocaustes de Cassino. C'est encore trop.

Une triste nouvelle nous parvint alors que nous nous

apprêtions à fêter notre amère victoire. L'abbé Folliet venait de mourir d'une septicémie généralisée à l'hôpital d'Aix-les-Bains où il avait été transporté. La blessure qu'il avait reçue n'était pas mortelle et une amputation du bras faite à temps l'eût peut-être sauvé. Le garrot avait-il été trop serré, placé dans des conditions d'aseptisation délicates ? La longue et difficile évacuation, en traîneau d'abord, à dos de mulet ensuite, n'avait pas dû arranger les choses.

Avec quelques officiers et une délégation d'hommes de troupe, j'ai assisté aux obsèques de l'abbé Folliet en la vénérable cathédrale d'Annecy.

De toute la Savoie étaient venus ses anciens compagnons de glorieuse misère. Certes, il y avait aussi les notables, les nouveaux dirigeants issus des comités de libération et dans le chœur, autour de l'évêque et du chapitre, de très nombreuses personnalités de l'Action catholique. Mais dehors s'amassaient, toujours plus nombreuses, les délégations de l'Armée secrète, des francs-tireurs et partisans, des groupuscules révolutionnaires. Intimement mélangés : communistes, bourgeois, montagnards des hautes vallées ou des Préalpes, ouvriers, citadins, cultivateurs...

On demanda aux porte-drapeau de pénétrer dans le chœur. J'écoutai le dialogue qui s'engagea entre deux porteurs d'étendards rouges, marqués de la faucille et du marteau.

— On rentre aussi ? interrogea le plus jeune avec réticence.

— Folliet s'est pas occupé de tes opinions politiques, hein ! Il a été des nôtres jusqu'au bout dans la Résistance. On ira jusqu'au bout avec lui.

— D'accord ! fit l'autre. T'as raison, on lui doit bien ça.

Il emboîta le pas derrière celui qui était son chef ; ils avaient donné l'exemple et les indécis les suivirent. Dans le chœur s'alignèrent en corbeille presque autant de drapeaux rouges que de drapeaux tricolores.

L'union sacrée s'était faite autout du cercueil de l'abbé Folliet.

Avril. Quelques cerisiers hâtifs ont fleuri dans la Tarentaise. Mais là-haut, sur les crêtes, l'hiver persiste, et l'enneigement reste considérable.

Nous tenons toujours le Roc Noir et le col des Embrasures mais tous les renseignements concordent pour nous signaler que les Allemands se sont puissamment renforcés autour du Petit-Saint-Bernard. L'alerte a été chaude et, pour la première fois, Radio-Lausanne signale le 1er avril à 12 heures : « Le haut commandement allemand en Italie annonce que l'ennemi, après neuf assauts consécutifs, s'est emparé d'un point fortifié important au col du Petit-Saint-Bernard. »

Au nord du col et légèrement en retrait de la crête principale, le Roc de Belleface, pyramide rocheuse d'apparence inaccessible, est fortement tenu par des postes allemands. C'est le point le plus avancé de l'ennemi en territoire français. Il culmine à 2 850 mètres d'altitude. Sa face sud-ouest, rocheuse, est verticale. La face est, gravie par l'ennemi, est une pente neigeuse très raide, à cette époque de l'année transformée par le gel et nécessitant une grande connaissance de l'alpinisme. Si nous voulons reprendre les attaques contre les dernières positions de la Redoute-Ruinée, il importe de neutraliser le Roc de Belleface.

Le Roc est relié à l'arête principale descendant de la pointe des Rousses par une fine corniche. Le point de jonction domine de cinquante mètres le Roc de Belleface, et ce détail aura son importance. Le 10 avril, le capitaine Chevalier dirige l'une des plus audacieuses opérations tentées à ce jour. Les éclaireurs-skieurs, commandés par le lieutenant Paganon, escaladent en crampons la fine arête sud. Deux guetteurs allemands sont capturés mais une forte résistance se révèle ; les Allemands reçoivent des renforts. L'escalade difficile continue sous les tirs précis de l'ennemi. Un chef de section, le lieutenant Wolf, est blessé, un chasseur tué. On combat à la grenade, chaque poste allemand est conquis de haute lutte, et finalement le Roc de Belleface est à nous. Le capitaine Chevalier rejoint nos lignes avec vingt-deux prisonniers. Le lieutenant Mazelier est désigné pour tenir ce poste difficile. Le 20 avril, à 22 heures, il voit arriver une centaine d'Allemands qui empruntent l'itinéraire Chevalier et investissent la position par les pentes est. L'assaut est stoppé par nos tirs et l'ennemi se replie avec de lourdes pertes. Des grimpeurs qui avaient atteint la corniche entre la pointe du Lac sans fond et le sommet de Belleface sont repoussés à la grenade.

A 23 heures, tout paraît rentré dans l'ordre. La section Mazelier raffermie par son succès est confiante. Belleface paraît inviolable.

Pourtant, à 2 h 30, une deuxième vague d'assaut d'une centaine d'Alpenjaegers, utilisant remarquablement le terrain, escalade à nouveau l'arête. Les artilleurs réussissent à enrayer leur progression mais tout à coup, sur la pointe terminale du Lac sans fond dominant nos positions, une arme automatique ouvre le feu, tuant l'adjudant Bochatey et blessant le lieutenant Mazelier. Un grimpeur ennemi, alpiniste chevronné et tireur d'élite, a réussi à escalader le ressaut de l'arête nord. Ayant équipé la paroi de cordes fixes, d'importants renforts le suivent et un violent combat à la grenade s'engage. Pris entre deux feux, les chasseurs du lieutenant Mazelier tiennent en respect leurs adversaires, combattant avec héroïsme, abattant de nombreux assaillants. La radio ne fonctionne plus. Le dernier message signale une situation désespérée. Pourtant Mazelier et ses hommes tiennent toujours. Les Allemands décident alors d'attendre la nuit suivante pour terminer l'opération.

Vers 11 heures, profitant d'une violente tempête de neige qui les dissimulait aux vues de l'ennemi, les vingt-deux rescapés de Belleface empruntaient un couloir de neige de la falaise ouest et décrochaient par surprise. Descente périlleuse entre toutes. Ils laissaient cinq morts et ramenaient six blessés.

La conquête et la perte du Roc de Belleface prouvaient la volonté très nette des Allemands de ne pas laisser les troupes françaises pénétrer en Italie et prendre à revers les derniers régiments allemands qui cherchaient à échapper à la poussée fulgurante des Alliés dans les plaines du Piémont. L'audace des Alpenjaegers nous avertissait également que l'Allemagne avait envoyé sur les crêtes ses meilleurs éléments montagnards, l'équivalent de nos chasseurs alpins. Dès lors, il devenait important de contrôler la présence des Allemands sur tous les hauts cols de la frontière entre Val-d'Isère et La Seigne et, malgré le froid et l'enneigement très important, les bataillons de la demi-brigade opéraient sans arrêt des reconnaissances en haute altitude et des coups de poing précis sur les postes allemands.

Le 11 avril, deux reconnaissances sont faites, l'une au col de Rhême Calabre par le capitaine Maurice Herzog, et l'autre commandée par moi-même au col de la Sassière, dans le massif du Ruitor, au nord du col du Mont.

Le massif du Ruitor est un bel ensemble glaciaire formé de plusieurs sommets culminant à plus de 3 400 mètres d'altitude et partiellement frontière avec la France. A l'extrémité sud de ce massif bien individualisé, se trouve le col de la Sassière, 2 840 mètres, passage étroit entre deux sommets du Ruitor. La Louie-Blanche et la Sassière conjuguent leur versant français en une même combe facile d'accès. C'est dire qu'une attaque massive débouchant dans le vallon du Crot mettrait en péril Bourg-Saint-Maurice. L'ordre est donné de contrôler le col de la Sassière.

Une section prélevée sur les effectifs des compagnies stationnées entre Sainte-Foy et le Crot sera placée sous mon commandement. Se joindront à nous le capitaine Courbe-Michollet, notre officier de renseignements, et son fidèle éclaireur de pointe, Jean Blanc. Nous passons une partie de la nuit dans les cantonnements de l'alpage du Crot. Je découvre que mon adjoint sera l'adjudant Etienne Payot, excellent guide chamoniard, ami d'enfance que le maquis a conduit jusque-là et avec lequel, dans les années 20, j'avais fait la première hivernale du Tour Noir. Grand chasseur de chamois, Payot sait manier une arme de guerre. Il vient de vérifier très soigneusement que toutes celles de sa section sont dégraissées. Il les fait ensuite former en faisceau, dehors, pour éviter que la buée des cantonnements regelant à l'air libre ne provoque un enrayage trop fréquent en montagne.

L'itinéraire est étudié avec soin. Je reprendrai celui que j'avais emprunté dans ma reconnaissance sur les crêtes de Monséty. En suivant l'arête, on aboutit directement au dernier sommet des Ruitors, le Bec de l'Ane, séparant la Sassière du col du Mont. L'avantage de ce tracé particulièrement alpin est que, dans sa dernière partie, nous ne serons pas repérés par les observateurs éventuels du col du Mont.

Le détachement est à pied. Les hommes de Payot ne sont pas des skieurs. Ils viennent des maquis de la Haute-Savoie et sont composés d'éléments citadins ayant fui les villes ; ce sont des soldats courageux mais peu entraînés à la guerre en montagne.

On parvient sans peine, car la neige dure « porte », jusqu'à l'arête de Monséty. Puis, brusquement, les conditions changent. Il a neigé en haute montagne ; les versants nord sont recouverts d'une épaisse couche de neige fraîche qui n'a pas encore été transformée par le soleil. Le vent l'a accumulée en corniches et plaques à vent. Faisant la trace jusqu'au ventre, je me rends compte que poursuivre par cet itinéraire serait courir le risque d'être tous engloutis par une coulée. On tient conseil. Payot est de mon avis. Courbe-Michollet se montre réticent. Il voudrait continuer. Je m'y oppose. Il a un galon de plus mais il est là en observateur et je reste le seul responsable.

— Nous courons à la catastrophe, lui dis-je.

— Et votre mission ?

— On va trouver une solution.

Il hoche la tête, mécontent.

Le point que nous avons atteint est déjà très élevé. Nous dominons la combe terminale du vallon de la Sassière d'une centaine de mètres. Il n'est pas question de renoncer ; il faut trouver un autre itinéraire. Ma décision est prise : descendre dans la combe.

— Tu es d'accord, Payot, pour ouvrir une trace directe avec moi ?

— Allons-y ! dit-il.

On descend la pente nord très raide, face en avant, au coude à coude, damant la neige profonde qui nous vient à la ceinture. Quelques petites coulées nous précèdent. Au pied de la paroi, nous nous regroupons. Une pente très raide masque le plateau du col. Elle est bien exposée, plein ouest, et la neige transformée puis gelée est dure comme de la glace. Pour nous c'est l'idéal, mais nous n'avons pas de crampons et les hommes sont très mal chaussés. La section s'échelonne sur la pente. Jean Blanc et Courbe-Michollet prennent les devants. Les hommes montent beaucoup plus lentement, mais nous sommes presque arrivés au sommet lorsque, me retournant, je m'aperçois que ça ne suit pas. La section est dispersée, les hommes glissent, se fatiguent, se reprennent. Ils ne savent pas taper du pied pour former une petite encoche. L'un d'eux est considérablement retardé. Malheureusement il porte le fusil-mitrailleur, et il est visible qu'avec cette charge supplémentaire il n'arrivera jamais à nous rejoindre. Sans lui notre mission est inutile. Il y a une règle qu'il ne faut jamais transgresser en montagne : l'allure générale d'une équipe doit être conditionnée par l'allure du plus faible et non par celle du plus fort. Ce qui est vrai pour les alpinistes en temps de paix devient vital en temps de guerre.

— Je vais le chercher, dit Payot, regroupe-les et dis au capitaine de m'attendre sur le plateau.

— Non, reste avec tes hommes.

Une rapide descente en ramasse. Je rejoins le malheureux servant du F.M. Il est épuisé, au bord du découragement.

— J'en peux plus, mon lieutenant, j'en peux plus !

— Passe-moi ton F.M. et continue. T'en fais pas, ça va aller mieux ! Les autres nous attendent, on a besoin de toi !

Ce fusil-mitrailleur, il l'a servi dans le maquis, dans des coups de main audacieux contre les convois allemands. C'est un homme courageux. Déchargé de son poids, il récupère assez rapidement. Nous rejoignons la section.

Courbe-Michollet piaffe d'impatience. Il se calme en me voyant porter le F.M. On étudie l'approche du col distant de quelques centaines de mètres, par une combe peu inclinée, parsemée de gros blocs de rochers très enneigés formant autant de bosses favorables à une avance protégée. C'est une condition indispensable : si nous nous découvrons, nous serons immédiatement sous le feu de l'ennemi.

On se sépare. Courbe-Michollet, Jean Blanc et les hommes et gradés de la section avanceront sur la rive gauche du thalweg. Etienne Payot et moi gagnerons la rive droite, afin de couvrir nos camarades. Etienne a un fusil de guerre, je porte une lourde mais efficace mitraillette américaine Thomson. Le F.M. est mis en batterie, il couvrira l'ensemble de la section et les servants prennent leurs angles de tir.

Par petits bonds, les uns couvrant les autres, nous arrivons ainsi au col.

Silence ! Solitude !

Les casernes sont en contrebas, à deux ou trois cents mètres sous le col, au bord d'un petit lac gelé qui remplit une cuvette glaciaire. Quelques traces de skis anciennes partent de ce point jusqu'au col. La montagne est vide. Ont-ils déjà évacué le Bec de l'Ane ? Courbe-Michollet et Jean Blanc escaladent le sommet sud. Tout ce vide, tout ce silence est peut-être une ruse de guerre. Mais non ! Les Italiens sont toujours au col du Mont ; ils ne nous ont pas repérés. Ils enverront certainement un jour ou l'autre une patrouille à la Sassière, trouveront nos traces qui affirment notre volonté de réoccuper les crêtes.

Cette aventure commune aura l'avantage de nous lier, Courbe-Michollet et moi, par une estime réciproque et une amitié qui dure encore trente-cinq ans après notre seule et unique engueulade.

28 avril. Les Allemands ont décroché en pleine nuit, emmenant leurs morts et leurs blessés. Nous nous apprêtions à occuper la Redoute-Ruinée lorsqu'une note du haut état-major nous précisa qu'une unité nouvellement formée et n'appartenant pas à la 5e demi-brigade serait chargée de cette occupation. Nos bataillons ? On se proposait de les

diriger vers d'autres combats et chacun s'estimait frustré.

Bien des années ont passé. Je porte toujours dans le cœur ce sentiment de frustration, je revois la tristesse de nos hommes à l'annonce de la décision venue d'en haut. Ils avaient tant attendu le jour où ils pourraient faire flotter notre drapeau sur les murailles de la citadelle des neiges enfin rendue à la France. Et d'autres viendraient derrière eux qui n'auraient qu'à cueillir comme un fruit mûr la Redoute abandonnée. Dérision !

C'était une autre version du *Désert des Tartares* de Dino Buzzati.

De même que l'officier perdu dans les confins des déserts de l'Asie centrale avait attendu jusqu'à sa mort l'attaque éventuelle d'un ennemi invisible, certains des résistants qui composaient nos bataillons attendaient depuis des années, dans l'ombre, la certitude d'une victoire contre un adversaire aux abois. Durant leurs combats qui, de guérillas en commandos, s'étaient enfin transformés en batailles régulières, ils avaient été tour à tour gibier pourchassé, harde de loups attaquant, mordant et s'enfuyant ; puis tout l'hiver dans leurs bauges de neige, par des froids atteignant parfois 20, 30° sous zéro, ils avaient, hargneux comme des sangliers affamés, entamé leurs longues nuits de veille. Et maintenant que vaincu par leur pugnacité, par leur courage, par leur détermination et par leurs morts, l'ennemi avait refusé le dernier combat, ils se sentaient privés de leur vengeance, frustrés de leur victoire. Et j'avoue que je partageais leurs sentiments.

L'hallali n'aurait jamais été donné. La vengeance leur échappait. Ils se disaient : « A quoi bon tant des nôtres torturés, fusillés, déportés ? Pourquoi ces derniers compagnons tombés la veille dans le feu de l'action ? » Bien sûr, il y aura toujours un dernier mort, le dernier jour, à la dernière heure, à la dernière minute de la guerre, lorsque le dernier coup de fusil sera couvert par le clairon sonnant le « Cessez le feu » ! Leur soif de vengeance était dictée par un sursaut de dignité humaine. Allez leur faire comprendre que d'autres combats auraient entraîné d'autres morts, et qu'il était bien que ça se termine de cette façon ambiguë !

La vengeance appelle la vengeance, c'est un cycle infernal. Mais les vendettas entre peuples ne peuvent s'éterniser comme les vendettas entre familles.

13

Le colonel de Galbert avait convoqué le capitaine Willien, dit « Milloz », à son P.C. de Bourg-Saint-Maurice. Willien était un solide Valdotain qui avait passé avec armes et bagages la frontière à la tête de sa section de partisans pour continuer sa lutte contre le fascisme et le nazisme dans les rangs de nos unités combattantes. Ses hommes et lui, habillés, nourris et touchant une solde régulière, avaient été incorporés dans une compagnie de nos bataillons. Ils avaient constitué pour nous de précieux agents de renseignements. Rien de ce qui se passait au val d'Aoste ne leur échappait. Leurs renseignements recoupaient ceux recueillis cet hiver par la reconnaissance Fasso-Chappaz. Une section d'éclaireurs-skieurs de la demi-brigade avait pénétré avec une audace incroyable en territoire occupé par les Allemands, franchissant les Alpes, descendant les vallées du Grand Paradis, vivant chez l'habitant, n'hésitant pas à traverser la route nationale de Turin pour aller tâter le pouls des habitants du val Tournanche, arrivant jusqu'au Breuil, au pied du Cervin, et revenant sans accroc. Fasso était un jeune professeur agrégé d'italien, Chappaz et ses hommes d'excellents montagnards savoyards. Les habitants francophones des hautes vallées les avaient accueillis comme de futurs libérateurs.

Maintenant que la Redoute était tombée, nous devions tenir notre promesse. Occuper le val d'Aoste pour éviter que le pays ne soit livré aux bandes de partisans cryptocommunistes venus des grandes villes industrielles du Piémont ou de la Lombardie, qui exécraient les montagnards de culture française et avaient déjà provoqué de graves exactions au cours de leurs raids sporadiques. Le val d'Aoste n'aspirait qu'à une chose : rester francophone et obtenir l'autonomie interne. Les plus exaltés parlaient d'une annexion par la France.

La rencontre entre Willien et le colonel fut simple et émouvante.

— Capitaine Willien, je vous rends votre parole. Vous et vos hommes avez combattu à nos côtés pour la même cause, le respect des libertés de nos deux pays, la haine des dictatures. Ce combat sur la frontière est terminé, demain nous entrerons en val d'Aoste non pas en vainqueurs mais en amis profonds de votre vallée. Vous-même allez repasser la frontière dès ce jour, avec vos hommes, et préparer le pays à notre arrivée. Merci de tout cœur, Willien.

Les deux hommes se serrèrent la main.

Le même soir, par des chemins connus de lui seul, la section des « Minatori de La Thuile » regagnait son village.

Dans la nuit du 29 au 30 avril 1945, la demi-brigade faisait mouvement sur l'Italie. On avait quitté les cantonnements de la Rosière, à pied, en bon ordre, compagnie après compagnie. Suivant le tracé de la route enneigée, nous avions contourné le Roc Noir, pénétré dans la dernière combe au pied de la Redoute-Ruinée, sombre et muette citadelle pour laquelle nous avions lutté tout un hiver.

On parlait peu.

Le plateau du col était parsemé de cratères noircis par les explosions, la neige était sale, mais ce qui frappait surtout, c'était le silence extraordinaire qui pesait sur la montagne. La frontière française de l'époque passait à la lisière ouest du long plateau qui forme le col, un peu avant l'hospice napoléonien du Petit-Saint-Bernard, dont les ruines se dressaient devant nous. Le pilonnage des artilleurs marocains avait été efficace : le monastère avait beaucoup souffert des bombardements ; ses murs noircis découvraient des ouvertures béantes, les toits s'étaient effondrés, et curieusement, bien que criblée d'éclats d'obus, trouée comme une passoire, la statue de bronze de saint Bernard était restée debout sur son socle de schiste.

L'ancienne frontière passait juste à l'ouest du monastère, nous étions donc entrés en Italie. Moment solennel. De Galbert se tourna vers moi :

— Allez, Frison ! Montrez-nous vos qualités de grimpeur. Fixez-moi au sommet de ce piédestal le drapeau français !

Je ne me le fis pas dire deux fois. Les trous béants étaient autant de prises faciles et me permirent, vite fait, de planter au sommet la hampe et l'étamine tricolore.

On passa devant les ruines du chalet de la Chanousia, le jardin botanique alpin fondé par l'abbé Chanoux. On arriva peu après à la limite fixée pour la rectification de frontière.

Les diverses compagnies prirent possession du territoire délimité. Le lieutenant-colonel de Galbert, le capitaine Chevallier et moi-même devions continuer jusqu'à Aoste afin d'établir avec les autorités locales valdotaines les conditions de notre occupation et la répartition de nos effectifs dans la vallée. Nous savions pertinemment qu'il n'y avait plus un Allemand de Courmayeur à Ivrée et que, ce même jour, le capitaine Courbe-Michollet et sa compagnie, franchissant le col de Rhême Golette et traversant le massif du Grand Paradis, se dirigeaient vers la limite sud du pays d'Aoste. Une seule inconnue : comment serions-nous accueillis par les officiels d'Aoste ? L'évacuation des Allemands avait dû être suivie immédiatement par l'installation d'un comité populaire de libération ; sa composition nous échappait et nous craignions que les francophones n'eussent été éliminés et remplacés par des gens venus « d'en bas ».

A deux kilomètres au-dessus de La Thuile, gît un hameau, Pont-Serrand, le dernier village habité toute l'année. Lorsque nous y arrivâmes, une large banderole était tendue d'une maison à l'autre à travers la route, portant en lettres géantes *Bienvenue aux Français ! Vive la France !* Une délégation nous offrit le pain et le vin selon la tradition la plus ancienne de l'hospitalité montagnarde. Nous ne pouvions nous attarder et c'est avec une émotion contenue que nous quittâmes ces braves gens pour atteindre un peu plus bas le gros bourg de La Thuile, siège d'une importante société exploitant des mines dans la montagne. Le village était pavoisé aux couleurs françaises, les drapeaux étaient sur toutes les maisons ; des cris de joie, des applaudissements éclatèrent lorsque nous entrâmes tous les trois côte à côte, par la rue principale. Sur la place, une surprise nous attendait : la section Willien en armes nous rendait les honneurs. Il y avait un buffet campagnard, où miraculeusement étaient apparus le jambon, les fontines et les cruches de vin rouge. On but et on trinqua à la France et au val d'Aoste.

Manifestement, les gens étaient surpris de nous voir sans accompagnement.

— Il y a des « bandes » venues d'en bas qui sillonnent le pays. Faites vite pour maintenir l'ordre ! insista Willien.

On le rassura comme on put.

— Nous devons descendre à Aoste le plus rapidement possible. Avez-vous un véhicule ?

On dénicha une petite Fiat. Comme elle était trop petite, je montai à califourchon sur le tan-sad d'un motard, et les conducteurs nous emmenèrent à folle allure dans la descente sinueuse et périlleuse qui mène à Pré-Saint-Didier, dont le nom mussolinien était encore San Desiderio, puis, par la nationale, jusqu'à Aoste où nous débouchâmes sur la place Chanoux pleine de monde.

De Galbert discuta immédiatement avec les dirigeants provisoires du val d'Aoste de la répartition de nos troupes, mais surtout du statut politique que nous voulions soutenir dans ce pays. Pourparlers délicats dont le colonel se tira brillamment. A vrai dire, ses interlocuteurs, partisans de l'autonomie interne et du rétablissement de la langue française, n'étaient pas favorables à une sécession. Cela entrait assez dans nos vues, sinon dans celles de certains politiciens français. Comment ce pays, absolument coupé de la France huit mois sur douze et relié à la Savoie uniquement par des hauts cols très enneigés, pourrait-il survivre ? Comment pourrions-nous l'aider ? Ah ! si le tunnel dont on parlait depuis 1934 avait été réalisé, je me demande en écrivant ces lignes si le renversement n'eût pas été total.

Là encore il fallait garder la tête froide et ne pas bercer d'espoirs insensés ces braves gens.

On passa la nuit dans le grand hôtel face à l'hôtel de ville. Il y régnait une atmosphère inquiétante. On n'y parlait qu'italien. Nous étions des trouble-fête. Ces trois officiers français en uniforme ne plaisaient vraisemblablement pas aux partisans à brassards rouges postés en sentinelles. Courbe-Michollet nous avait avertis : le bataillon ultra-fasciste « Bergamo » qui occupait les cols avait tourné sa veste mais pas ses opinions ; il contrecarrait de toute son influence l'occupation française. Il était temps que nos bataillons reviennent. Je dormis cette nuit-là avec mon revolver sous l'oreiller.

Les choses s'arrangèrent assez vite et, tandis que le colonel établissait le P.C. de la demi-brigade à Aoste, je reçus le plus beau commandement de ma très courte carrière militaire. J'étais désigné comme commandant d'armes à Courmayeur, où stationneraient également les quatre sections d'éclaireurs de la demi-brigade. Un bataillon tiendrait garnison à Pré-Saint-Didier, nos autres effectifs se répartiraient dans la basse vallée, et principalement à Pont-Saint-Martin, porte de sortie de la vallée d'Aoste sur les plaines du Piémont et de la Lombardie.

Je peux dire que les gens de Courmayeur m'accueillirent en enfant du pays. Il y a toujours eu beaucoup d'affinités entre les guides de Courmayeur et ceux de Chamonix et, bien que l'époque fasciste eût ralenti nos échanges, les vieux se souvenaient encore de la période durant laquelle les frères Rey, les Brocherel et autres guides célèbres fréquentaient le Montenvers. Bien sûr, la jeune génération avait été élevée à l'italienne. Seuls parlaient un peu le français les jeunes dont les parents étaient restés fidèles à leur langue maternelle malgré l'interdiction absolue du Duce. Mais ces jeunes s'en excusaient presque.

Il était clair que, si j'avais été nommé à Courmayeur, c'était pour y entreprendre une action psychologique. Le général Molle, commandant l'armée des Alpes, et le général Valette d'Osia, de la division alpine, connaissaient mes affinités très anciennes avec les guides de Courmayeur. En plus, l'endroit était particulièrement bien choisi pour continuer l'entraînement alpin des sections d'éclaireurs-skieurs.

Il ne se produisit aucun heurt entre celles-ci et la population locale. Les consignes avaient été données. Nous étions ici en amis, et nous repartirions de même. Un peu partout des bals étaient organisés, que les partisans venus de l'extérieur prétendaient contrôler. Ils menaçaient de raser les cheveux des jeunes filles qui avaient dansé avec les Allemands. Je dus intervenir brutalement pour empêcher que l'une d'elles ne subît cette humiliation. Elle avait dix-huit ans, elle était née sous le régime fasciste, les Allemands lui avaient été présentés à l'école, dans les ateliers, comme les alliés de l'Italie ; elle n'avait pas connu d'autre régime. Pouvait-on la rendre responsable d'avoir dansé avec un élégant officier de la Wehrmacht ? Ce qui était répréhensible en France ne l'était pas pour elle.

Nous étions pleinement installés dans la vallée lorsque nous parvint l'annonce de l'armistice du 8 mai. Le gros de l'armée allemande d'Italie tournait en rond dans les plaines lombardes. Elle avait refusé de se rendre aux Français qui occupaient Suse et le val d'Aoste, et n'acceptait de le faire qu'aux troupes américaines qui lentement remontaient vers le nord de l'Italie, poursuivant surtout leur avance en direction des Dolomites et de l'Autriche. Pour les Allemands, je l'ai dit, nous étions encore des « terroristes » et la propagande nous avait largement présentés comme des hors-la-loi sanguinaires.

Le jour de l'armistice était également un jour triste pour les Valdotains. S'ils réclamaient une autonomie, c'était dans le cadre d'une République italienne. Et l'Italie avait bel et bien été vaincue. Ordre nous avait été donné d'éviter, ce jour, tout incident avec les populations locales.

Pour cela j'avais réuni les hommes dans la grande salle d'un petit hôtel de Dolonne, grosse bourgade isolée au-delà de la Doire Baltée, face à Courmayeur. Nous avions vidé force bouteilles d'asti, mais la tenue des hommes avait été exemplaire. Inconsciemment nous pensions tous la même chose : « Pourquoi tant d'années perdues, tant de morts, tant de crimes ? » On se sentait vidé de tout enthousiasme.

J'assistai plus tard, avec les officiers de l'état-major, au service solennel célébré en la cathédrale d'Aoste en présence de la reine Marie-José et de toutes les notabilités du pays. Cérémonie digne et triste, qui n'était pas sans me rappeler douloureusement la même cérémonie en la cathédrale de Grenoble, après l'armistice de juin 1940.

Un beau jour, une section américaine commandée par un jeune lieutenant vint s'installer à Courmayeur et nous ignora totalement. Elle disposait de blindés légers qu'elle embusqua au nord de Courmayeur, au pied des à-pics des monts de la Saxe et Chécrouit séparés par la gorge où coule la Doire. La politique américaine était de contrecarrer l'influence de la France en val d'Aoste, ce qui explique l'incident, le seul, que j'eus avec le chef du détachement.

La route qui traverse le défilé conduit à Entrêves, au pied du col du Géant, et dessert également les deux vallées longitudinales du versant sud du mont Blanc. Nos chasseurs y passaient journellement au cours de leurs marches d'entraînement. Aussi, quelle ne fut pas leur surprise, un beau jour, de se voir interdire le passage par le sous-officier de service. On me rendit compte de l'incident. Immédiatement j'allai trouver le jeune lieutenant qui commandait le détachement. Ma connaissance de l'anglais facilitait les choses. J'abordai directement le sujet.

— Contre qui avez-vous dressé vos canons, lieutenant ?

— Contre un ennemi venant du nord, ce sont mes consignes.

— Savez-vous ce qu'il y a derrière ces montagnes ?

— Non.

— Il y a la France, alliée de l'Amérique, et, tout à fait à l'est, la Suisse, pays neutre. Depuis près d'une année, il n'y a plus un seul Allemand en Savoie ! Alors !

Il réfléchit longuement.

— Je crois que vous avez raison. Je vais rendre compte immédiatement à mes chefs à Aoste.

— En attendant, lui dis-je, mes hommes continueront à utiliser la route pour leur entraînement journalier.

Il ne répondit pas.

— Savez-vous que, là où vous avez posté vos canons, je

me fais fort avec mes fantassins de neutraliser et de capturer vos blindés !

— Comment ferez-vous ?

— J'arriverai par le haut, juste au-dessus de vous... On a l'habitude.

Il rit franchement.

— J'aimerais voir ça.

— Facile ! on va vous faire une petite démonstration.

Et, sur-le-champ, j'organisai cette démonstration sur une falaise rocheuse qui se trouvait sur la moraine rive gauche du glacier de la Brenva. Quatre cordées de chasseurs l'escaladèrent, installèrent au sommet leurs F.M. et mitraillèrent un ennemi imaginaire. Il était convaincu.

L'incident avait fait du bruit à Aoste. Et un jour, je fus avisé que l'état-major américain, général en tête, viendrait assister à une démonstration similaire. Il fallait frapper un grand coup. Mon camarade Paneï, un grand montagnard de Courmayeur, m'indiqua une falaise sous le mont Checrouit, sur la rive droite de la Doire. Le site s'y prêtait à merveille : une cinquantaine de mètres de hauteur, verticaux, dans lesquels nos chefs de cordée, Marcel Burnet, Frosio et autres Chamoniards trouveraient, je l'espérais, un passage.

Le grand jour arriva. Le général Molle et le général Valette d'Osia accompagnaient l'état-major américain.

La démonstration fut parfaite. La falaise se terminait par un éboulis assez raide qui s'étendait jusqu'à la route vicinale en contrebas. Très intéressés, les Américains, violant les règles de prudence que j'avais annoncées, se rapprochaient insensiblement de la paroi, malgré une ou deux alertes. Des pierres s'étaient détachées et avaient ricoché jusqu'au pierrier. Et tout à coup Marcel Burnet, qui grimpait en tête, eut juste le temps de se raccrocher et de crier « pierres ! » : un gros bloc descellé s'écrasait sur le pierrier, se brisait et ses débris, rebondissant sur la pente, passaient à quelques mètres du général américain, qui, je lui dois cet hommage, ne broncha pas.

— Bonne démonstration, me dit-il.

La suite ne tarda pas. Le lendemain, j'étais convoqué au

P.C. américain d'Aoste. Je m'y rendis avec l'autorisation de mes supérieurs, ravis de voir se développer des sentiments amicaux entre Français et Américains. Le général fut bref.

— Lieutenant Frison (il n'a jamais pu aller jusqu'à Roche), vous m'avez dit pouvoir entraîner nos G.I. à l'escalade. Alors je vais vous envoyer une compagnie. Ça vous va ?

Je restai abasourdi. Il me fallut expliquer qu'en escalade un chef de cordée peut difficilement s'occuper de plus de deux ou trois grimpeurs s'il veut appliquer les règles de sécurité. Je disposais d'une dizaine de guides. Je pensais pouvoir entraîner une section. Il y aurait aussi l'équipement à trouver, mais de cela je faisais mon affaire. Le temps d'aller à Chamonix rafler les équipements spéciaux dans l'ancienne caserne de l'E.H.M. Mon rêve était de faire revivre, dès ce jour, les traditions de cette école de montagne unique en son genre.

Le col du Petit-Saint-Bernard était encore enneigé, et bien qu'on travaillât au déblaiement de la route, seul passage permettant de nous relier à la Tarentaise, il restait interdit aux véhicules. A bord d'un camion réquisitionné je ne sais où, et accompagné du lieutenant Granger, ardent maquisard chambérien, je décidai de passer par Turin et le Mont-Cenis, dégagé des neiges. On m'assura que les Allemands avaient évacué le Piémont où seuls subsistaient quelques éléments mais que la route d'Aoste à Turin était libre. On crut sur parole cette information. Il y avait, paraît-il, de nombreux prisonniers allemands qui stationnaient dans les villes, mais ils avaient été désarmés.

On prit donc la route le cœur joyeux. Granger avait gardé l'esprit maquisard, il jubilait :

— Si on pouvait rencontrer quelques Boches ! J'aimerais bien leur faucher un pistolet-mitrailleur !

Il avait la passion des armes.

— Qu'est-ce que tu en ferais ? La guerre est finie.

— Sait-on jamais !

Comme pour lui donner raison, peu après Ivrea, sur la route de Turin, nous nous heurtâmes à un grand rassemblement de militaires. De loin, on avait cru à des Américains mais, en se rapprochant, on découvrit que c'était un régiment de blindés allemands, avec des chars Tigre et Panthère. Sur notre camion, nous avions un petit drapeau français signalant notre nationalité. On ralentit instinctivement, mais un gradé de la Feldgendarmerie, portant en sautoir la chaîne et la plaque métallique, dégageant brutalement la route, nous fit signe de passer. On resta éberlués, mais on ne pipa mot. L'incident se reproduisit à diverses reprises et cela jusqu'à ce que nous rejoignions l'autoroute Turin-Milan.

Nous venions de traverser la énième armée blindée de la Wehrmacht, qui attendait sur place, avec tout son armement lourd, que les Américains veuillent bien s'occuper d'elle.

Le reste du voyage fut sans histoire jusqu'à Chamonix où je récupérai un peu de matériel pour équiper la future école de haute montagne de Courmayeur.

Le détachement que m'envoya l'armée américaine était composé uniquement de volontaires, sans distinction de grades, mais sous le commandement du plus jeune major de l'infanterie U.S., Breyer, un géant de près de deux mètres, vingt-cinq ans, bon vivant, excellent meneur d'hommes. Breyer était le gendre de l'amiral Byrd. Je lui parlai avec admiration du vainqueur des pôles, de son hivernage solitaire et volontaire très loin des bases, sur la calotte du pôle Sud, dans une véritable caverne enfouie dans les glaces. Par la suite, je reçus de l'amiral Byrd son livre dédicacé en souvenir de Bob Breyer.

Nous fûmes rapidement très amis, mais ses hommes ne possédaient que les souples bottes américaines de campagne, difficilement acceptables en haute montagne, et tout se borna à des démonstrations faites par les chasseurs, et à quelques tentatives par les plus doués.

Breyer admirait les chaussures Vibram, à semelle dure en caoutchouc, que la plupart d'entre nous avions conservées de notre équipement privé de montagnards. Il me demanda si je pouvais lui en faire confectionner une paire sur mesure car il chaussait du 47 ! Un cordonnier d'Aoste se chargea de l'affaire.

Entre-temps arriva un bouleversement total : l'armée américaine évacuait le val d'Aoste et était remplacée par un détachement de Sud-Africains. Une grande prise d'armes eut lieu sur la place Chanoux, et plusieurs de nos chasseurs furent à cette occasion décorés par le général américain. Breyer disparut. Je le regrettai sincèrement mais déjà j'avais pris contact avec les Sud-Africains commandés par le lieutenant Potchefstrom (je ne garantis pas l'orthographe) et je les entraînais avec une ardeur indéniable lorsqu'un beau jour, passant dans Aoste, je fus abordé par le cordonnier qui avait fait les chaussures de Breyer. Il était consterné.

— Le major est parti sans me payer !

— Là où il allait, il n'avait pas besoin de Vibrams !

— Que voulez-vous que je fasse de cette paire de chaussures ?

— Vendez-la !

Il me jeta un regard furibond.

— Vous connaissez un Italien qui chausse du 47 ?

J'éclatai de rire, il se calma.

— Je la mettrai en vitrine, conclut-il, désabusé.

Je crois bien qu'elle y est toujours.

14

Je reviens d'une mission à Bourg-Saint-Maurice. Bientôt la route du Petit-Saint-Bernard sera ouverte, mais il reste un tronçon enneigé de deux ou trois kilomètres. J'ai donc laissé la voiture à La Thuile. Le village a retrouvé son calme, sa sérénité, les « minatori » de Willien ont repris le travail là-haut, sur le plateau. La combe où gît le village, dégagée des neiges, est couverte d'une vaste pelouse de chaumes, mais déjà les colchiques et les jonquilles percent à travers les herbes gelées de l'automne précédent. Bientôt tout sera verdoyant, et la nature rattrapera là-haut les derniers névés du printemps alpestre.

A vrai dire, ma mission n'était guère plaisante : j'étais chargé de faire passer le col à deux agents politiques français expulsés du val d'Aoste par l'autorité militaire pour s'être mêlés de choses qui ne les regardaient pas. Leur action clandestine visait à provoquer un soulèvement de la population. Rêve utopique. Se soulever contre qui ? Pourquoi ? Puisque déjà l'autonomie interne était assurée.

Mes compagnons de voyage étaient peu loquaces. Mais ils avaient le pas montagnard ; c'est avec soulagement que, passé le col, je les remis à la première voiture de liaison venue à leur rencontre.

Depuis notre occupation, nous avions dû faire face à une extraordinaire magouille. Des spéculateurs avaient monté de fructueuses opérations consistant à changer des billets français périmés pour les nouveaux billets de la Banque de France. Au départ, tout était différent. Nous avions reçu de la part des Valdotains des suppliques éplorées. On ignore peut-être que la population valdotaine de Paris est presque aussi importante que celle restée au pays. De tout temps, commerçant ou chauffeur de taxi, un membre au moins d'une famille a travaillé en France. Les économies réalisées, en montagnards prudents ils les ont toutes transformées en billets de banque français qui se sont entassés dans les lessiveuses des villages de la montagne. Et brusquement ces gens qui avaient fait confiance à la France au-delà même des divergences politiques se trouvaient ruinés. Leurs billets ne valaient plus rien. Le gouvernement, fort heureusement, décida que le change des billets périmés serait fait au même cours, pour tous ceux qui pourraient justifier de l'origine française de leurs économies. Des bureaux furent ouverts, et bientôt une foule de margoulins se précipita, allant jusqu'à demander le change des billets français imprimés par la Wehrmacht, et échangés quelque part au moment de l'armistice. Déceler les trafiquants était chose difficile et ne pouvait être accompli qu'après une enquête sérieuse, faite dans les villages. J'eus à certifier ainsi plusieurs demandes favorables, mais aussi à découvrir des spéculateurs peu scrupuleux. L'un d'eux m'offrit même une somme rondelette pour obtenir ce certificat. Résultat, il était arrêté le soir même à Aoste.

Ecole de montagne, rapports avec nos alliés, action psychologique, tout cela formait un travail intéressant. Encore que, pour moi, seuls comptaient mes rapports amicaux avec les gens de Courmayeur et l'entraînement de la section de Sud-Africains qui avait remplacé les Américains.

Une armée sympathique et sportive, encore que son organisation soit différente de la nôtre.

Les Afrikanders, les Blancs, solides gaillards, en chemise beige et short clair, chapeau de feutre à larges bords sur la tête et molletières sur des souliers de marche mieux adaptés à la montagne que les bottes américaines, étaient les seuls à combattre. Ils étaient secondés par des Noirs et des métis ne portant pas les armes mais s'occupant de la logistique et des besognes subalternes. La ségrégation régnait en maître ; elle était paternelle, et les Noirs du détachement de Courmayeur ne semblaient pas se plaindre de la discrimination raciale qui choquait profondément nos éclaireurs.

Nos hommes au repos aimaient former le cercle, le soir, autour des musiciens noirs, qui chantaient et jouaient de la guitare, un peu à l'écart de l'hôtel où cantonnaient les Blancs. Un jour, l'un des nôtres ayant apporté son accordéon, ce fut du délire. Mais, le lendemain, le lieutenant Potchefstrom venait me trouver, très contrarié.

— Je regrette infiniment, Frison, mais je dois interdire à vos hommes de fréquenter la section des hommes de couleur. Vous savez que la ségrégation existe dans notre pays, elle doit être observée strictement.

Je me rebiffai.

— D'abord, nous sommes en Italie, dis-je, et non en Afrique du Sud, et mes hommes ne comprendront jamais pourquoi vous traitez comme des êtres inférieurs des soldats qui ont combattu à vos côtés.

Il m'interrompit doucement.

— Ce ne sont pas des combattants. Seuls les Blancs ont pris part aux combats. Ils nous accompagnent et assurent notre intendance, nos liaisons. Ils sont restés constamment à l'arrière.

Mon interlocuteur était franc et sympathique. Il valait

mieux minimiser l'incident. Je fis passer une note expliquant la situation. Il n'y eut plus de veillées musicales.

Le mois de juin était là. Le colonel de Galbert avait eu l'idée de proposer aux officiels afrikanders en séjour au val d'Aoste et qui n'étaient jamais venus en Europe un voyage amical en Savoie. Par le Petit-Saint-Bernard, ouvert aux véhicules, nous leur avons fait connaître la vie savoyarde.

Plusieurs de nos officiers possédaient aux alentours de Chambéry leur maison familiale : de vieux manoirs datant du temps où la cour de Savoie se tenait à Chambéry. On alla de famille en famille, et nous terminâmes à la Buisse, par une visite au château du comte de Galbert, dominant la vallée de l'Isère. Brusquement nos visiteurs se retrouvaient plongés dans un passé oublié. Il y avait parmi eux des patronymes français africanisés tels que « Burguoyne ». Leurs ancêtres s'étaient installés en Afrique du Sud après la révocation de l'édit de Nantes.

J'avais tant vanté Chamonix et les glaciers du Mont-Blanc qu'un jour le lieutenant Potchefstrom me prit à part.

— *I would be happy to see your country !* (J'aimerais bien connaître votre pays !)

J'eus le feu vert immédiatement pour monter une petite expédition.

Le téléphérique fonctionnait jusqu'au mont Frety, à 2 500 mètres, mais le deuxième tronçon n'avait pas été rétabli depuis la destruction effectuée par les maquisards chamoniards.

Ce mois de juin était très enneigé. Il faisait beau et nous nous acheminâmes sur la piste qui conduit jusqu'au bas de l'arête rocheuse menant au col du Géant. J'étais en tête et marchais d'un bon pas, suivi dans la foulée par l'officier et ses hommes ; en me retournant, je voyais que les guides que j'avais tant vantés à mon compagnon prenaient du retard, faisaient de fréquentes haltes, paraissaient peiner. Toutes choses qui n'échappèrent pas à Potchefstrom. Quand nous fûmes arrivés sur la plate-forme du vieux refuge Torino et que nous fîmes halte après trois heures de montée, nous dûmes les attendre près d'une demi-heure.

Notre « aura » de montagnards confirmés commençait à pâlir. Tous les géants blonds venus de l'hémisphère Sud et qui n'avaient jamais foulé la neige étaient là, calmement assis et mangeant à pleines dents d'énormes sandwiches où alternaient par couches successives du poisson, de la viande, de la sauce tomate et de la confiture !

Marcel Burnet se pointa le premier. Il posa devant lui un sac énorme.

— Qu'est-ce que vous avez foutu ? lui dis-je. On vous a pris une demi-heure.

— Pesez notre sac.

Je pus à peine le soulever : au moins quarante kilos !

— Du riz !

— Ben ! au retour on leur rapportera du sel, dix kilos de riz contre un kilo de sel.

J'expliquai la chose en anglais. L'histoire parcourut le détachement. Tour à tour les Afrikanders voulurent soupeser les sacs, s'esclaffant, donnant de grandes claques dans le dos des guides. Ils trouvaient cela très sportif, sinon très régulier. Je leur expliquai que la France manquait de riz et que celui-ci n'était pas destiné au marché noir mais bien à l'alimentation de leurs familles. Par contre, le sel était une denrée rarissime en val d'Aoste, à tel point qu'aux premiers jours de notre occupation nous avions fait parachuter sur le petit terrain d'aviation d'Aoste des sacs de sel pour la population. Echange de bons procédés.

J'étais moi-même un peu coupable : j'avais pu me procurer à très bon compte des bas de soie qui feraient des cadeaux appréciés dans ma famille. Je pris à part Marcel Burnet. Ce jeune « porteur » — il n'avait pas encore l'âge d'être guide — se révélait comme devant être l'un des plus grands montagnards de sa génération, et il le fut.

— Tu te crèves avec quarante kilos de riz. Regarde ! deux douzaines de bas de soie, quelques grammes ! Qu'en dis-tu ?

— T'es plus fort que nous.

La descente se fit par cordées de cinq. L'enneigement était parfait, nous connaissions le glacier comme notre poche, et les néo-alpinistes en shorts se comportaient admi-

rablement. On arriva dans l'après-midi à Chamonix. Potchefstrom logea à l'hôtel *Carlton* occupé par des Américains
convalescents. Les hommes reçurent quartier libre jusqu'au lendemain matin 8 heures. Les éclaireurs se chargè-
rent de leur montrer le « Chamonix by night » et s'acquittè-
rent remarquablement de leur mission.

Le lendemain à 8 heures, la section était rassemblée au
grand complet dans la cour de l'E.H.M. ; il ne manquait
plus que le lieutenant Potchefstrom. Je le vis arriver tout
excité.

— Je pars pour l'Allemagne, me dit-il, vous ramènerez
le détachement, je vous confie mes hommes et cette lettre
pour mes supérieurs.

— Que se passe-t-il ?

— L'un des officiers américains du *Carlton* rejoint Wies-
baden par avion. Il veut bien m'emmener. Songez ! Venir
de si loin sans connaître l'Allemagne contre laquelle on s'est
battus depuis près de cinq ans ! (Les Afrikanders avaient été
engagés dès le début dans les conflits coloniaux, puis
avaient fait la campagne d'Italie.) C'est une chance à ne pas
laisser échapper.

— Et vos chefs, comment apprécieront-ils cela ?

— Ils comprendront ! Ils comprendront !

Le retour se passa fort bien. Je leur fis visiter, au passage,
Megève et nos pistes de ski. Puis, par les gorges de l'Arly et
Albertville qui me rappelaient tant de souvenirs, la
moyenne Tarentaise, Bourg-Saint-Maurice et le Petit-
Saint-Bernard, je redescendis une fois de plus dans le val
d'Aoste.

Je remis la lettre au major des Afrikanders, qui en prit
connaissance, et me dit simplement :

— *He does right ! It was a great opportunity for him to see
Germany !*

Puis il me remercia, me demanda comment s'étaient
comportés les hommes.

Le soir même, ceux-ci s'étaient réunis spontanément
autour de moi. Le sergent qui commandait le détachement
en l'absence du lieutenant me remit un cadeau de la part de
ses hommes, et m'exprima gauchement sa joie d'avoir pu

franchir le col du Géant et dévaler nos immenses glaciers. J'ouvris le paquet : il contenait une solide lame en acier de Solingen, un rasoir ! Selon la tradition, on perça une pièce de monnaie que je lui remis en échange. Je n'allais surtout pas leur dire que je n'ai jamais su me servir du rasoir à lame de sabre et que depuis toujours j'utilise les rasoirs de sûreté. Mais nous étions tous si contents !

Peu après, la demi-brigade fut informée qu'elle allait évacuer le val d'Aoste pour aller occuper le Tyrol autrichien. Tous les bataillons devaient faire mouvement.

Estimant que pour moi la guerre avait assez duré, et que, l'armistice étant signé, le traité de paix pouvait se faire attendre encore longtemps, je demandai à mes chefs de me libérer de mon engagement volontaire. Ce qu'ils firent volontiers.

Je quittai le val d'Aoste, début juillet, à bord d'un Fieseler-Storch capturé aux Allemands lors de leur retraite dans la vallée du Rhône. Le pilote faisait la liaison régulière avec Aoste. Il s'offrit à me déposer à Chamonix, par le col du Géant. On décolla du terrain d'Aoste avec une surcharge de poids. Le pilote essaya vainement de franchir les 3 330 mètres du col du Géant. A chaque tentative, nous arrivions péniblement à 3 000 mètres, et aucune ascendance ne nous permettait d'aller plus haut. Il fallut renoncer, prendre la direction du val Veni, passer en rase-mottes le col de la Seigne, le cormet de Roselend. Survolant le Beaufortin et la Combe de Savoie, nous nous posâmes sur le terrain de Challes-les-Eaux.

« La guerre est terminée, la guerre est terminée... » Je me répétais sans cesse ces mots, ne pouvant y croire. Jusqu'alors j'avais été enfermé dans l'un des millions de rouages de cette admirable mécanique qu'est l'armée. Nous étions devenus des robots pensants. On pensait pour nous, on dirigeait nos actes, on était habillés, nourris, logés, nous n'avions qu'à obéir et tout allait bien ! Je me souviens, sur ce terrain de Challes-les-Eaux, j'étais désemparé, je ne savais plus me diriger tout seul. Il me fallait trouver un moyen de transport pour rejoindre Chamonix, et je me demandais comment faire. Le matin encore, je n'avais qu'à commander pour obtenir une voiture de liaison, mais dans la vie civile il en allait autrement. Finalement, je pris le train pour Chamonix puis, après les effusions familiales avec mes beaux-parents, je repris le train pour Grenoble où je me lestai d'un petit pécule auprès de mon éditeur. Diable ! Il ne fallait pas arriver les mains vides. Je continuai par le rail jusqu'à Marseille où, me retrouvant sur l'aéroport en uniforme dans un milieu militaire, je pus faire jouer quelques amitiés et prendre place à bord d'une forteresse volante qui regagnait la base de Blida.

Dernier vol dans cet énorme avion délesté de ses bombes et assurant le rapatriement des troupes.

Blida ne mentait pas à sa réputation. La ville des roses sentait bon, le soleil était lourd, et là-haut les crêtes de Chréa évoquaient les neiges d'antan.

Le même soir, je sonnais à la porte de mon logis de Telemly. Jamais mon cœur n'avait battu aussi vite.

La guerre était finie, la guerre était finie !

15

La guerre est terminée et je suis à Alger !

Quel long périple a été le mien depuis décembre 1942 !

Il fait bon, il fait chaud, dans le ciel et dans mon cœur, et je me prélasse sur la plage de sable fin de Surcouf, où avec quelques amis nous avons loué une grande villa. Je nage de longues heures dans l'eau chaude de la Méditerranée, allant d'un récif à l'autre au large de la Reghaïa. Il me semble ainsi régénérer mon corps et revenir tout doucement à la vie normale. On perd vite l'habitude de vivre normalement dans la clandestinité et il est si pénible au retour de ne plus boire, de ne plus jurer, de n'être plus agressif. On a vécu tant d'injustice qu'on ne croit plus à rien. On ricane du bon sauvage de Rousseau. On était des fauves épris de vengeance, il faut redevenir des frères humains.

Je n'ai pas encore réussi à oublier le communiqué calomnieux qui a été publié dans une certaine presse algérienne après ma capture en Tunisie. Je me plonge dans les documents qui lui ont été consacrés à l'époque, j'interroge autour de moi mes amis, l'avocat qui a défendu ma cause et peu à peu je comprends l'énorme machination qui, à travers ma personne faussement accusée, visait à s'emparer des biens de *La Dépêche algérienne* et des *Dernières Nouvelles*, en destituant sous un faux prétexte mon directeur, M. Eugène Robe.

Mais repartons de zéro.

Septembre 1944. Officier de liaison des F.F.I. des Deux-Savoies, je suis à Chambéry où, descendu des maquis, l'état-major prépare la refonte de nos unités de volontaires en une 5e demi-brigade de chasseurs alpins de la Ire armée des Alpes.

Chambéry est sur la route de Grenoble à Bourg-en-Bresse et Lons-le-Saunier, d'où l'on peut rejoindre le front des Vosges. De nombreux éléments de la Ire armée remontant de Provence s'arrêtent à Chambéry. Je vois ainsi passer Roland Lennad, correspondant de guerre des unités marocaines, et j'évoque avec lui nos beaux reportages de ski d'autrefois. Puis, un jour, une puissante voiture portant fanion à quatre étoiles s'arrête devant les locaux de la chambre de commerce où sont installés nos bureaux. Le général Béthouard en descend, alerte, affable et souriant.

Il remontait vers le front des Vosges et, au passage, visitait les villes de la France libérée. Il venait d'avoir un entretien amical avec de Galbert, qui lui avait présenté ses officiers d'état-major, tous issus de la Résistance.

— Vous devez connaître mon officier de liaison, mon général. Le lieutenant Frison-Roche. Un ancien de l'armée des Alpes.

Le général vient vers moi, main tendue :

— Frison, vous ici ! Quel plaisir de vous retrouver sous cet uniforme après tout ce qu'on a écrit et raconté à la radio d'Alger après votre disparition dans le Sud tunisien ! On disait que parliez à Radio-Paris, à Radio-Vichy ! Un communiqué évoquait même une collaboration publique avec l'ennemi. Certains faisaient courir le bruit d'une désertion.

— Déserteur ! (Je ne peux m'empêcher de réagir violemment.) Déserteur à bord d'un char américain ! Tout est faux, mon général, je n'ai jamais collaboré, je ne connais de mon passage à Paris que la prison de Fresnes et le siège de la Gestapo, je n'ai jamais parlé à la radio ni à celle de Paris ni à celle de Vichy... D'où vient cette campagne de calomnies ?

Le général poursuit gravement.

— Une manœuvre politique, c'est certain. Malheureusement, j'étais sur le front et je ne connais pas les tenants et aboutissants de cette sale histoire. Rassurez-vous, Frison, je n'ai jamais cru un mot de tout ce qu'on m'a raconté, je vous connais depuis trop longtemps, et je sais que vos amis d'Alger ont multiplié les démarches pour vous innocenter. Cependant, aucune rectification n'a été faite au communiqué officiel qui a paru dans la presse. Vous devriez vous en occuper, vous avez suffisamment de témoins de votre action dans la Résistance pour obtenir une mise au point dans *Alger républicain*, journal communiste qui a donné une grande publicité à votre affaire. Bonne chance, la vérité éclatera bien un jour !

Il me serre affectueusement la main, monte dans la superbe Mercedes capturée en Italie à un officier général nazi et conduite par un légionnaire allemand dévoué corps et âme à son maître.

Quelques jours après sa visite, alors que j'installe un P.C. avancé à Bourg-Saint-Maurice, un officier de la Ire armée qui effectue une liaison avec le régiment Van Hecke est l'invité de notre popote. Ce lieutenant a été, après l'armistice, censeur de *La Dépêche algérienne*, fonction qu'il n'appréciait guère, et dont il débattait courtoisement avec nous les modalités les moins sévères d'application. On lui devait les nombreux blancs qui caviardaient nos pages, mais il n'ignorait pas nos sentiments profondément anti-allemands et que nous disposions dans les combles du journal d'un cabinet d'écoutes radiophoniques qui nous tenaient au courant des moindres détails de la guerre. Il ne nous trahit jamais.

Naturellement la conversation revient sur les calomnies et les accusations perfides déclenchées à Alger, chose curieuse, *cinq mois* après ma disparition en Tunisie.

— Vous ne pouvez pas laisser cette affaire en suspens, me dit-il.

— Comment faire pour agir efficacement ? Surtout s'il s'agit d'une magouille politique ! Je viens seulement d'apprendre par le général Béthouard les accusations dont je suis l'objet.

— Les correspondants de guerre sont tous réunis en ce moment près de Villersexel, dans la Haute-Saône. On attend une offensive rapide sur le front des Vosges. Vous devez les rencontrer, organiser une conférence de presse. Le correspondant d'*Alger républicain* y sera. Son journal est celui qui vous a fait le plus de mal. Votre présence le convaincra mieux que toutes les lettres que vous pourriez lui adresser. Si vous le voulez, nous partons dès aujourd'hui : un jour pour aller, un jour là-haut et un jour pour revenir. Le colonel vous accordera bien cette autorisation.

— Le lieutenant a raison, approuve de Galbert. Je vous établis un ordre de mission ; l'occasion est unique de vous disculper.

C'est ainsi que sur la jeep bourrée de jerricanes d'essence, introuvable en cours de route, et dûment cadenassés pour éviter toute tentation, nous avons accompli les cinq cents kilomètres qui nous séparaient de Villersexel, par Aix-les-Bains, Bourg-en-Bresse, Lons-le-Saunier et Besançon.

Je retrouvai en cette fin septembre 1944 mes confrères et, parmi eux, Chouraqui, correspondant d'*Alger républicain*, le journal communiste d'Alger, à l'origine de la publication du communiqué truqué du commissaire à l'Information de l'époque, André Labarthe.

Chouraqui fut beau joueur. Il s'engagea en présence de ses collègues à publier le résultat de notre entrevue et il le fit. *Alger républicain* le publia avec une réticence évidente, « me laissant toute la responsabilité de mes déclarations », sur une colonne et avec une modeste présentation, mais enfin il le publia, et désormais je pouvais considérer que, officieusement, mon honneur m'était rendu.

Dans toute cette histoire, on ne m'avait pas soufflé mot de ma famille et de mes enfants, mais j'imaginais avec douleur le calvaire qu'ils avaient vécu.

Je dois enfin à ce camarade de guerre dont j'ai malheureusement oublié le nom — on croit garder sa mémoire toute sa vie mais, croyez-moi, mieux vaut tenir un journal —, je lui dois un service personnel. Dans cette époque désorganisée de l'automne 1944, il était impossible d'envoyer des fonds en Algérie. Mon roman m'avait procuré des avoirs financiers importants chez Arthaud, mon éditeur de Grenoble, et je présumais, sans me tromper, que ma femme serait heureuse de recevoir de l'argent : mes enfants avaient grandi, elle avait tant de bouches à nourrir, et je ne savais rien d'elle. Mon camarade me proposa de transmettre des fonds à ma femme par son intermédiaire. Il était autorisé, comme tous les combattants, à déléguer une partie de sa solde à sa femme. Mon éditeur lui remettrait donc des fonds, et ceux-ci, transmis régulièrement à son épouse, seraient remis à la mienne.

Ce qui fut fait à temps car ma femme était à bout de souffle.

Mais, désormais, l'histoire se passe à Alger.

Le 21 mai 1943, M. Eugène Robe, directeur de *La Dépêche algérienne*, est convoqué dans le bureau de M. Labarthe, commissaire à l'Information dans le cabinet du général Giraud, commandant en chef en Afrique du Nord et en A.-O.F.

Le dialogue s'engage, dénué de toute aménité.

— Vous n'écoutez pas la radio collaborationniste, monsieur Robe ?

Et comme celui-ci fait de la tête un signe de dénégation :

— Vous avez tort car vous entendriez votre collaborateur, M. Frison-Roche, faire des palabres en faveur de la collaboration.

— Ce n'est pas possible et je n'en crois rien. Le commandant Barjot (chargé des écoutes) m'a affirmé qu'il ne l'avait lui-même jamais entendu !

Labarthe lui cite aussi le cas de René Pleiber, mon collègue des *Dernières Nouvelles*, journal appartenant à M. Robe, et qui comme correspondant de guerre a eu la malchance d'être fait prisonnier lors de la prise de Tunis, mais sera rapidement libéré après la prise de la ville par les Alliés. Pleiber est accusé d'avoir, lors de son interrogatoire, donné des renseignements précieux à l'ennemi.

— Vous reconnaîtrez que, dans ces conditions, vous n'avez plus l'autorité morale pour diriger vos journaux. Mettez-vous à cette table et donnez-moi votre démission par écrit.

Robe se lève, furieux :

— C'est à vous de me la demander par écrit.

Labarthe se tourne vers Philippe Roland, son chef de cabinet.

— Téléphonez à la radio de passer le communiqué prévu !

Ce communiqué, c'est le rapport Barjot.

Deux jours auparavant, le commandant Barjot avait convoqué MM. Robe et Escabasse, secrétaire de rédaction de *La Dépêche algérienne*. Un conflit existait entre Labarthe et M. Robe au sujet de l'implantation de l'Office français d'information à Alger. Il s'agissait en fait d'une véritable mainmise sur la presse algérienne et sur un journal de droite qu'il fallait convaincre aux yeux du public de collaboration avec l'ennemi. Or, l'Algérie n'avait jamais été occupée par les Allemands et, durant l'armistice, seule une commission italienne était installée à Alger. Elle n'avait pas empêché le colonel Van Hecke de former pour la reprise espérée des hostilités la jeunesse d'Algérie dans le cadre des chantiers de jeunesse, ni l'armée de camoufler munitions et armements à la barbe de cette même et inefficace commission.

La Dépêche algérienne était un journal de droite ; elle avait été avant la guerre le journal des Croix-de-feu, mais on ne pouvait soupçonner le colonel de La Rocque d'être un ami des Allemands et surtout des nazis ; il était — sa ligne de conduite le prouvait amplement — viscéralement anticommuniste. *La Dépêche algérienne* constituait, de ce fait, un obstacle aux vues très précises des aventuriers infiltrés auprès du haut commandement en Algérie dans la suite du débarquement et qui profitaient de la carence politique du moment et des divergences au sein des responsabilités suprêmes pour prendre les postes les plus importants ; et l'Information était l'un de ceux-là. Il fallait donc créer de toutes pièces des preuves évidentes de la collaboration de *La Dépêche algérienne*. Ne serait-ce que par l'intermédiaire d'un de ses principaux rédacteurs.

Le commandant Barjot savait pertinemment que je n'avais jamais pris la parole à la radio de Paris, pas plus qu'à celle de Vichy. Cependant, ces mêmes radios, après ma capture en Tunisie, et devant mon refus obstiné de venir dans leurs studios, avaient parlé de moi et du film qui se réalisait dans les Alpes sur mon roman *Premier de cordée*. On pouvait créer un doute dans l'esprit du public. Barjot fut chargé par Labarthe de rédiger un communiqué qui serait immédiatement transmis à la presse *(Alger républicain)* et à la radio. Ce communiqué, il le rédigeait deux jours avant sa publication lors d'une entrevue avec M. Robe qui était accompagné de son secrétaire de rédaction, M. Escabasse. Et, tout en affirmant à ces derniers qu'il ne m'avait jamais entendu parler à la radio, ce que confirmaient d'ailleurs les écoutes radiophoniques privées de *La Dépêche algérienne*, il en rédigeait le texte calomnieux devant ses interlocuteurs sans se douter que, comme tout bon metteur en page, Escabasse lisait les textes aussi couramment à l'envers qu'à l'endroit. Il était donc certain qu'on préparait un coup fourré contre *La Dépêche algérienne*.

Les 21 et 22 mai, le communiqué en question était transmis à la presse et à la radio. En voici le texte officiel :

Alger. Le secrétariat à l'Information communique : En application du Code pénal et en vertu du statut des correspondants de guerre et des engagements contractés par eux :

1° Une instruction est ouverte contre M. Roger Frison-Roche, rédacteur à La Dépêche algérienne, *fait prisonnier sur le front de Tunisie* en mars 1943 *et actuellement en France où il collabore publiquement avec l'ennemi.*

2° M. René Pleiber, rédacteur aux Dernières Nouvelles, *correspondant de guerre sur le front de Tunisie, est mis à la disposition de la justice militaire en application du décret-loi du 18 novembre 1939.*

3° M. Eugène Robe, directeur de La Dépêche algérienne *et des* Dernières Nouvelles, *dont MM. Frison-Roche et Pleiber étaient les rédacteurs, ayant refusé de donner sa démission est éloigné d'Alger et en conséquence ne dirigera plus ses journaux.*

M. Robe, en effet, a refusé énergiquement de se plier aux exigences de Labarthe et il est sorti en claquant la porte. En descendant l'escalier, il rencontre le général Giraud, qui lui tend la main et lui demande d'un air innocent des nouvelles de son beau-frère, le général Prioux.

Le général Giraud vient de signer l'arrêt qui dépossède M. Robe de la direction de ses journaux et l'envoie en résidence surveillée.

Hypocrisie ou inconscience ?

Mon collègue Pleiber, ardent gaulliste, avait été capturé comme correspondant de guerre alors qu'il s'était égaré lors de la bataille de Tunis dans les lignes fluctuantes et mal définies du front. A la suite de ce communiqué, il fut immédiatement incarcéré à la prison militaire d'Alger. On avait eu copie de son interrogatoire par l'officier allemand : on ne pouvait rien y trouver à redire et on se contenta d'utiliser cette phrase : « Le général Giraud n'était pas l'homme que nous attendions ! » Quand on veut perdre un homme, tous les moyens sont bons.

Pleiber fut mis en liberté provisoire en juin et fit l'objet d'un non-lieu en septembre suivant.

Le communiqué Labarthe était un faux grossier.

J'ai été fait prisonnier le 29 décembre 1942. Alors, pourquoi avoir changé la date et parlé de *mars 1943* ? Parce qu'il fallait justifier et rendre crédible le document. Etabli à une date récente, on aurait pu trouver à juste raison curieux qu'on eût attendu en haut lieu cinq mois avant de lancer une information contre moi. En fait, le communiqué était un énorme coup de bluff, car *il n'y a jamais eu d'instruction ouverte à la suite de ce communiqué.*

On se doute du désarroi de ma femme, qui prit courageusement ma défense, bien que ne sachant absolument rien de moi depuis mon départ d'Alger en décembre 1942.

Le 11 juin, elle écrit pour demander des explications au général Giraud ; des amis l'ont éloignée d'Alger pour éviter autour d'elle une curiosité malsaine. Elle possède le témoignage du sergent Guy Bion, du 1er tirailleurs algériens, fait prisonnier en même temps que moi, et qui lui confirme mon attitude méprisante auprès des collaborateurs venus m'interroger et m'inciter à les rejoindre. Il se souvient que, durant notre transfert à travers les rues de Tunis, organisé dans un but de propagande, j'avais adressé des paroles d'espoir à la foule et provoqué un incident en leur annonçant la prochaine arrivée des imposantes forces alliées.

Surprise ! Elle reçoit une réponse dont voici le texte et les références officielles :

Commandant en chef des Forces françaises
en Afrique du Nord et en A.O.F.
Etat-major, premier bureau :
N° 2335 EM I

> Le général d'armée Giraud
> Commandant en chef des Forces
> françaises en A.F.N. et A.-O.F.
>
> à Madame Frison-Roche
> 17, rue Amiral-Coligny
> ALGER

« En réponse à votre lettre en date du 11 juin 1943, j'ai l'honneur de vous faire connaître qu'à la date de ce jour aucune instruction militaire n'a été ouverte à l'encontre de votre mari devant les tribunaux militaires d'Algérie et de Tunisie.

P.C. le chef d'état-major »

La réponse du général Giraud mettait donc un point final à cette lamentable histoire. Malheureusement, elle ne sera jamais communiquée à la presse, et il faudra attendre ma rectification de septembre 1944 pour que soient levées définitivement toutes les équivoques et ambiguïtés.

Ma femme, pendant tout ce temps, avait vécu un véritable calvaire. Elle avait résolu d'éloigner ses trois enfants et sa famille dans une propriété de Chaïba, entre Tipaza et Cherchell. En plus, une bombe aérienne avait rasé notre maison du parc de Galland et explosé avec un fracas terrible dans le jardin. Ma petite dernière, Martine, bégayera de frayeur durant plusieurs mois avant que disparaissent les séquelles du choc provoqué par l'explosion. Un séjour à Chaïba, dans le calme du Sahel, lui sera très bénéfique. Par contre, la guerre avait complètement transformé mon fils Jean, jusque-là fort peureux. Il refusa de quitter Alger et continua de façon très satisfaisante sa scolarité.

Grâce au courage de ma femme, les enfants ne connurent jamais les inquiétudes de leur mère à mon sujet, elle les éleva dans la dignité et l'honneur et, lorsque je les retrouvai en 1945, c'était une belle famille qui m'accueillit.

SIXIÈME PARTIE

LA VIE RECOMMENCÉE

1

Surcouf. Août 1945.

J'avais longtemps joué avec Martine, ma petite dernière. A Noël 1942, j'avais laissé à la maison un bébé de deux ans, j'avais retrouvé une fillette de cinq ans, ronde et pleine de vie, qui adorait jouer avec les grands. On l'avait ceinturée d'une chambre à air, et on la jetait d'autorité dans les rouleaux qui venaient mourir sur la plage. Elle disparaissait une seconde, réapparaissait, s'échouait sur le sable et, ayant repris son souffle, riait aux éclats. Jean, mon aîné, était un vigoureux garçon de quatorze ans qui pagayait avec ardeur dans le canoë d'un de nos amis. La cadette Danièle, onze ans, bronzée de soleil, était mince et souple comme une anguille. Mes amis l'avaient surnommée la murène, et elle nageait comme un poisson.

Sur le sable de la plage, nous formions un groupe d'amis sincères et fêtions nos retrouvailles. Le cabanon de Surcouf que nous avions loué pour l'été donnait directement sur la plage. On vivait en maillot de bain du matin au soir. Je reprenais peu à peu mon rythme normal de vie. Et ces jeux marins contribuaient beaucoup à me faire retrouver mon équilibre moral, trop perturbé au cours des cinq dernières années.

Chaque jour, je faisais une longue promenade en mer, nageant d'un récif à l'autre, entre Surcouf et La Reghaïa.

Parfois je m'arrêtais sur une roche battue par les courants, et je pouvais à nouveau réfléchir, rêver, faire des projets d'avenir.

Ce jour-là, le ciel blanc, strié de longs filaments gris, s'abaissait à l'horizon jusqu'à écraser la nappe verte de la mer. Une très forte houle se brisait sur la grève dans une clameur dramatique. Sur la plage, le sable était brûlant, l'atmosphère lourde. Les baigneurs inactifs, allongés sous des parasols de couleurs vives, suivaient du regard la marche des nuages dans le ciel, s'intéressaient au jeu des vagues qui naissaient au large, se crêtaient d'écume, puis s'élançaient à la vitesse d'un cheval au galop sur les récifs noirâtres où elles explosaient. Quelques audacieux jouaient sur le sable à même les rouleaux, se laissaient recouvrir par les vagues, puis reprenaient souffle dans un éblouissement de bulles d'or. Sous eux la plage se creusait à chaque instant davantage ; à chaque coup de boutoir des vagues, le sable coulait dans un froissement de soie sous le rouleau d'écume.

Debout sur la grève, j'attendis l'instant propice pour plonger, cherchant à percer le secret des courants, jaugeant en connaisseur la puissance des vagues. J'aimais ainsi jouer avec la mer comme j'avais joué avec la montagne en mettant toutes les chances de mon côté.

Une lame se brisa, puis une autre, puis une troisième. Ensuite il y eut une brève accalmie. Prenant quelques mètres d'élan, je plongeai et tout de suite je me sentis aspiré, entraîné vers des profondeurs glauques dans un remous d'air, d'eau, de sel et de sable, puis, lorsque je devinai à la clarté translucide des flots que je nageais sous une zone de calme, je redressai le buste et d'un violent coup de pied émergeai.

Je souris. La mer autour de moi et dans un court rayon était étale et bouillonnante, mais déjà arrivait du large, en grondant, une lame crêtée de mousseline blanche. Faisant face à l'arrivante, je puisai ma force en elle, recevant en criant de plaisir le paquet d'embruns en pleine figure. La vague passée, j'aspirai rapidement l'air de toute ma bouche grande ouverte, car déjà une seconde lame fonçait sur moi, plus haute, plus forte que la première. Je plongeai juste à temps pour échapper au nouveau coup d'assommoir. A nouveau je nageais entre deux eaux et je me sentais irrésistiblement entraîné au large. Les eaux étaient bleues alentour. Je jugeai, à la clarté de la mer, que je devais être à près de deux mètres de profondeur. Je retins ma respiration, distillant mon souffle par petits chapelets de bulles qui s'égrenaient de ma bouche comme des perles. « Je suis pris dans la succion ! pensai-je. Rien de grave, simplement ne pas perdre mon sang-froid. »

J'étais merveilleusement sûr de moi-même.

Lorsque je sentis le courant faiblir, je fis surface d'un vigoureux coup de ciseaux accompagné de l'effort conjugué des bras. J'eus juste le temps d'avaler une gorgée d'air et de replonger car une troisième lame, véritable mur liquide de quatre à cinq mètres de hauteur, s'écroulait en mugissant sur ma tête. Habitué à ce spectacle terrifiant, je jouissais pleinement de la lutte, me laissant rouler par le flux. Vingt secondes après, je revins au jour dans une nouvelle zone de calme. Je me trouvais alors comme au centre d'une mare paisible bordée de talus mouvants. Les rouleaux convergeaient de tous côtés puis se brisaient autour de moi dans un poudroiement d'eau et de lumière. C'est alors qu'ayant assez joué, je jugeai prudent de repérer ma position. Lorsque j'avais plongé, je me trouvais à l'aplomb du dernier cabanon à l'est de la plage et, selon mes calculs, les courants devaient me ramener vers le fond de la baie, dans cette crique de sable où tant de fois j'avais lutté avec les vagues déchaînées. Je constatai avec satisfaction que je dérivais dans la bonne direction. Tout allait bien. Frais et dispos, je m'ébrouai avec l'aisance d'un marsouin.

La mer brusquement redevint déchaînée. Les lames déferlaient à cadence grandissante. Une véritable barre se brisait sur des récifs tout proches. Je profitai du passage d'une vague de fond pour me laisser porter à son faîte, et là, buste émergé dans une profonde détente, je me repérai. « Tiens, fis-je avec dépit, je n'ai pas bougé ! » La plage était toujours à vingt mètres, avec ses groupes joyeux qui riaient et dansaient dans le soleil, et tout autour de moi la mer montait, resserrant son étreinte, les lames se confondaient, se brisaient les unes contre les autres dans une clameur d'épouvante. Un contre-courant ? pensai-je. La situation devenait sérieuse, il me fallait absolument franchir la courte distance qui me séparait de la grève. J'aspirai longuement puis, poumons gonflés et de toute ma puissance de nageur, je fonçai dans le chaos liquide, tirant désespérément sur les bras, activant le rythme des battements de pieds, allant jusqu'au bout de mon souffle. Jamais jusqu'alors je n'avais nagé avec une telle violence. Pourtant, lorsque je relevai la tête pour respirer, je constatai que je me retrouvais au même endroit.

Je compris qu'en m'épuisant en efforts trop violents je ne pourrais pas tenir longtemps. Il fallait réfléchir, ruser avec la mer.

Je me laissai donc porter, nageant juste ce qu'il fallait pour garder la tête en surface, presque debout dans l'élément liquide. Je constatai que le courant m'éloignait de la côte : celle-ci se trouvait désormais à plus de cinquante mètres. Tenir bon ! Tenir bon !

Je concentrai toute ma volonté. Je pouvais tenir : l'eau était chaude, le ciel de plomb et, dans les lointains, le vent de sable noyait toutes les terres dans une brume transparente. Je continuais de nager à petits coups, montant et descendant au gré des vagues. Bientôt je reconnus avec inquiétude que le courant portait sur les récifs. Les vagues s'y jetaient avec violence puis s'y brisaient et rejaillissaient en geysers très haut dans l'air. Je nageai désespérément en sens contraire mais je m'aperçus que je restais sur place. Diverses lectures me revenaient en mémoire. Je me souvenais de cet explorateur célèbre qui, marchant en direction du pôle sur la banquise, se retrouva à son point de départ quarante jours plus tard ; les glaces dérivaient vers le sud à la même vitesse qu'il progressait vers le nord. En plus modeste, c'était mon cas.

Mes bras devenaient lourds, il me semblait que l'eau augmentait de densité ; le jour baissait sans doute car tout devenait flou bien que j'écarquillasse les yeux rougis par le sel marin.

Le courant m'avait rejeté en pleine mer agitée. Les lames arrivaient sur moi à plus de vingt milles à l'heure et elles étaient si rapprochées les unes des autres que, me laissant surprendre par l'une d'elles, je bus un grand coup d'eau salée qui m'asphyxia à moitié. Plus que jamais je devais contrôler mes réflexes. Je nageai désormais sous l'eau, me contentant d'émerger entre deux lames pour remplir d'air pur mes poumons, puis je replongeai dans les étendues sous-marines et c'était comme si je pénétrais dans un monde paisible. La tempête, les courants et les paquets de mer passaient sur mon corps, sans l'atteindre. Je me laissais bercer, réfléchissant, contrôlant mon expiration, gardant les yeux ouverts et dirigés vers cette teinte laiteuse qui marquait sur ma tête la direction du ciel. Parfois tout s'obscurcissait et je devinais le passage d'une lame, puis une pâle lueur éclairait ma prison liquide et alors je remontais vivement en surface. Depuis combien de temps nageais-je ainsi ? Je n'aurais su le préciser. Une heure ? Un jour ? Je ne cherchais plus à me diriger ni à m'orienter. Je voulais tenir ! tenir contre l'asphyxie, tenir contre la crampe, surtout ne pas boire ! Je sais ! On commence par avaler un peu, puis on laisse entrer l'eau dans les poumons et alors c'est fini.

Une vague terrible me rejeta en surface, et je bondis sur les flots comme un dauphin rieur. En face, sur la plage, on devait s'inquiéter car quelqu'un, par gestes, annonçait qu'on venait à mon secours. C'est ce qu'il fallait empêcher à tout prix. Surtout qu'un autre ne se laisse pas prendre dans ce maelström ! Il fallait les rassurer. Je me composai un visage souriant, je fis un grand geste du bras qui signifiait : « Tout va bien, les amis ! » Les autres, derrière la barrière liquide, à quelques brasses de distance, avaient apparemment compris car ils se recouchaient sur le sable, se contentant de suivre du regard ce qu'ils prenaient pour un jeu sportif : la lutte de l'homme et des éléments.

Dans ma tête les idées tourbillonnaient. Ma femme devait m'attendre là-bas, à l'autre bout de la plage. Sans doute se disait-elle : « Roger tarde bien à revenir ! » Je l'imaginais sondant les vagues, sa main en abat-jour sur le front. Chère petite femme ! Il fallait absolument que je me sorte de cette situation désespérée. Avoir terminé la guerre sans une écorchure et venir me noyer sous ses yeux alors que nous refaisions notre bonheur ! Non, c'était trop bête ! Je chassai toute pensée qui aurait pu me distraire de mes efforts. Je voulais vivre. Des tas de gens meurent parce qu'ils passent leur temps dans les moments critiques à pleurer sur leur vie passée. Moi je voulais lutter, lutter ! Je nageai rageusement en direction de la terre. J'attendis qu'une lame vînt me cueillir puis, en même temps qu'elle déferlait, tirant sur mes bras de toutes mes forces, je fonçai vers la grève. Déjà une autre lame arrivait et me submergeait mais, lorsque je repris ma respiration, j'eus la perception très nette de progresser : la grève se rapprochait, le courant ne déportait plus. Avais-je trouvé la fissure qui me permettrait de sortir de ce cercle infernal ?

L'espoir ! l'espoir qui fait vivre. Sur la plage, l'un de mes amis suivait depuis quelques instants mes efforts. Excellent nageur et habitué de la plage, il avait compris dans quel piège j'étais tombé. Il m'indiqua du bras tendu la direction vers laquelle je devais nager, et avec un de ses amis se jeta à l'eau et vint à ma rencontre. Je subis encore deux fortes lames qui m'obligèrent à plonger pour ne pas boire la tasse. Mais la confiance était revenue. J'attendis la troisième et me jetai à son faîte. Elle me porta au-delà des remous. Deux nageurs m'entouraient, me conseillaient :

— Laisse-toi porter. Au début on ne réalisait pas, puis on a compris. Tu étais pris dans le courant circulaire du récif. On ne peut s'en échapper que par un seul passage, celui où nous t'attendions.

Je m'abattis sur la plage, exténué mais heureux, heureux de vivre, heureux d'avoir lutté, heureux d'avoir gagné. Puis je revins lentement vers la famille. Les gosses jouaient, les femmes bavardaient, elles ne s'étaient aperçues de rien.

Et ça valait mieux ainsi.

J'avais quarante ans, ma vie commençait !

2

Les brumes de septembre flottaient sur la colline de la Bouzareah, l'air était chargé de chaude humidité, les estivants avaient déserté les cabanons. Nous avions fait de même et j'avais repris ma place à *La Dépêche algérienne*.

A ma demande, il avait été convenu que je me consacrerais désormais au grand reportage : l'Europe se relevait lentement de ses ruines ; le Sahara tout proche m'envoûtait ; les sujets ne manqueraient pas, et j'en avais marre de la politique.

Je visitai ainsi la Belgique, la Hollande et l'Angleterre.

Pour moi qui avais tant bourlingué, découvrir ces pays si proches de nous et que j'ignorais me procurait les sensations d'un explorateur. Les voyages de l'immédiat après-guerre étaient pittoresques. L'exportation des devises était soumise aux autorisations férocement restrictives de l'Office des changes. Les transports étaient lents. Si les communications maritimes entre Alger et Marseille avaient repris, les lignes aériennes ne s'essayaient encore que timidement à les concurrencer. La France avait raflé comme prises de guerre à peu près tous les vieux Junker trimoteurs de la Wehrmacht ; c'étaient de solides engins métalliques, poussifs mais increvables. On s'entassait dans les carlingues sur des bancs latéraux ; on mettait près de cinq heures pour traverser la Méditerrannée, huit heures pour Paris, et je me souviens de l'émerveillement de mon éditeur bruxellois, M. Delobel, lorsque je débarquai chez lui en fin de journée, ayant quitté Alger le matin même et changé trois fois d'avion.

La Belgique était le pays de l'Europe en guerre qui était revenu le plus rapidement à une vie normale. Elle disposait d'importants avoirs financiers avec les Etats-Unis et regorgeait de marchandises et de nourriture, alors que nous vivions encore en Algérie et en France une période de vaches maigres. Passant de Belgique en Hollande, je découvris la haine viscérale des Néerlandais de l'époque pour les Allemands. Ce petit pays avait terriblement souffert de l'occupation. Les combats les plus acharnés de la Libération s'étaient livrés sur son territoire, et une sorte d'hébétude marquait le visage des habitants comme s'ils sortaient d'un long cauchemar. Cette marque ineffaçable que l'on lit sur le visage de ceux qui ont souffert et dont les traits trop longtemps figés dans la tristesse, la peur ou l'angoisse ne savent plus sourire.

Décembre 1945. La guerre est terminée, mais c'est encore la guerre et ses séquelles qui conditionnent la vie des habitants des pays qui ont souffert.

Qui donc oublierait le martyre de Londres en 1940 ?

Par le train et le bateau, Dieppe et Newhaven, je me rendis à Londres comme on se rendrait en pèlerinage : aux sources mêmes de la résistance britannique couvant de son aile les premiers sursauts de la résistance française. Certes, je ferai une visite au modeste domicile du général de Gaulle à Carlton Gardens mais là n'était pas le but de mon voyage. J'effectuais mon premier séjour en ce pays si proche du nôtre et il me semblait prendre pied sur un nouveau continent.

Londres était en 1945 une ville martyre. Les bombardements avaient ravagé ses quartiers, et ce qui avait été la « City » n'était plus qu'un immense terrain vague bordé de palissades à travers les ouvertures desquelles on distinguait des caves béantes, des sous-sols éventrés, des escaliers sans rampes et sans étages se vrillant dans le ciel comme de pathétiques échelles de Jacob.

Je visitai la City au crépuscule. Une fin de journée qui n'en finissait plus. Le brouillard léger enveloppait tous les monuments jusqu'à hauteur des toits. Nous passions lentement de la pénombre d'un jour nordique à l'ombre d'une nuit glaciale. Je ne sais comment il se faisait mais une lumière très douce, presque rose, annonçait aux gens du dessous qu'en haut le soleil luisait pour tout le monde ; il se jouait dans les brumes ténues et les colorait des tons les plus délicats allant des mauves au rose thé avec de temps

PASSENGER BAGGAGE must not contain:

Oxidising
Substances

Radioactive
Material

Explosives

Toxic or Infectious
Substances

Gases

Corrosives

Flammable
Substances

or other articles or
substances which
present a danger
during air transport

07/08 ••

BRITISH AIRWAYS

oneworld

MCILWRAITH/JAMES MR
BA 374. 29MAY TOULOUSE   TLS

EURO TRAVELLER

SEAT	GATE CLOSES	GATE
18D	1355	

BOARDING PASS

SUBJECT TO CONDITIONS OF CARRIAGE, COPIES
AVAILABLE ON REQUEST. SEE IMPORTANT
NOTICES ON THE BACK OF THIS DOCUMENT.

en temps comme une fulgurance, un éclat sanguin qui détonnait dans la douceur de ce tableau insaisissable fait de nuées, d'ombres et de lumières. Ce jour-là, je compris Turner, précurseur de l'impressionnisme.

Nous venions, un ami anglais et moi, de quitter Fleet Street, la rue des grands quotidiens, la rue de la Presse, aux enseignes flamboyantes, plus animée que toute autre artère en cette heure tardive. Nous contournions maintenant la cathédrale Saint-Paul et, tout à coup, passé Ludgate Circus, ce fut le noir, le néant, un trou d'ombre. La chaussée éclairée semblait un viaduc de lumière jeté sur un gouffre. Partout à droite et à gauche, et très loin semblait-il, il n'y avait que du vide ; et la brume, en masquant les lumières des plus proches immeubles, accentuait encore cette impression d'infini qui serrait le cœur.

Sur notre voie principale bordée de palissades, se jetaient d'autres rues bordées de palissades. Des passants sortaient du noir et se dirigeaient sans hésitation à travers cette terre de désolation, retournaient dans le néant. Des écriteaux, des numéros placardés sur les barrières de bois rappelaient les immeubles détruits, les artères inutiles. Ici était naguère un quartier de la City, un quartier animé, vibrant, bourré de banques, d'immeubles commerciaux, de comptoirs ; tout ceci avait disparu.

De Londres je voulus tout voir. En ai-je parcouru des kilomètres à pied, en véritable flâneur citadin, visitant les musées, les galeries d'art, les monuments, pénétrant intimement dans la vie même des Londoniens, fréquentant les pubs populaires aussi bien que les clubs les plus fermés, passant mes nuits à Soho, et le lendemain interviewant tel ministre, assistant à une séance du Parlement à la Chambre des Communes. Introduit dans la « gentry » par mon vieil ami François de Chasseloup-Laubat et sa charmante épouse Betty, je revins chargé d'idées, plus que jamais résolu à poursuivre ma quête à travers l'Europe.

De retour à Paris, je dus attendre quelques jours pour qu'un passage me soit attribué sur l'un des avions militaires qui assuraient les transports de personnel entre Paris et Alger. Je logeais dans un petit hôtel de Montparnasse où habitait mon ami Douzon, correspondant à Paris de *La Dépêche algérienne*. J'allais régulièrement au ministère de l'Air, boulevard Victor, où j'étais inscrit sur une liste d'attente. Mon vieil ami le général Cuffault, héros de *Normandie-Niémen* et chef de cabinet de Tillon, faisait des pieds et des mains pour me trouver une place. Noël approchait et j'aurais tant aimé pouvoir le passer en famille. C'était mon premier Noël d'après-guerre.

Cuffault se démenait. Chaque fois qu'il croyait avoir trouvé une place, une haute personnalité me remplaçait. J'eus un entretien un peu désabusé avec lui :

— Si je prends le bateau, je n'arriverai jamais pour Noël, il aurait fallu partir demain au plus tard.

Nous étions un samedi. Cuffault ne me laissa pas beaucoup d'espoir.

— Reviens lundi matin, les vols seront peut-être dégorgés. On trouvera bien une solution.

Le lundi matin, je me pointai au ministère de l'Air. Cuffault me reçut immédiatement. Lui d'habitude souriant, facétieux, détendu et dont le langage ne s'embarrassait pas de fioritures — on se tutoie et notre amitié est sincère — avait pris sa tête de général. Il était sombre, taciturne, distrait !

Pour la forme il m'interrogea :

— Où étais-tu, hier ? J'ai téléphoné à plusieurs reprises à ton hôtel ! Tu aurais pu dire où l'on pouvait te joindre !

— Excuse-moi mais, comme tu ne m'avais pas laissé d'espoir pour ce dimanche, j'ai passé la journée et la soirée avec des amis ; je suis rentré très tard à mon hôtel.

Il me regarda intensément, posa sa main sur mes épaules.

— Cher vieux Frison, hier j'avais un avion pour toi. Un Bloch affrété par le ministère pour permettre à mon personnel navigant originaire d'Algérie d'aller passer les fêtes en famille. Ils étaient tous comme toi, huit pilotes impatients de retrouver les leurs. Le ministère t'avait accordé une place.

— Merde ! dis-je, quelle poisse !

— Cet avion s'est écrasé peu après le décollage sur les

116

pylônes de la station de T.S.F. de Sainte-Assise. Il n'y a eu aucun survivant.

Long, très long silence.

Que de deuils, de douleurs, de femmes, d'enfants en pleurs... et je songeai aux miens si pareille chose m'était arrivée.

Le destin, une fois de plus, m'avait épargné !

Quelques jours plus tard, ayant enfin trouvé une place à bord d'un vieux Junker de service, je regagnai Alger.

Il me fallut beaucoup d'explications pour faire comprendre à ma femme les raisons qui m'avaient empêché d'être avec elle pour Noël. Mais quand elle apprit la catastrophe de Sainte-Assise, elle devint toute pâle.

On se jeta dans les bras l'un de l'autre.

3

Alger, 16 octobre 1946.

La campagne électorale est ouverte depuis la veille. L'agitation politique est à son comble, l'enjeu d'importance, car ce sont les premières élections générales de l'après-guerre. Le gouvernement provisoire n'est plus habilité qu'à résoudre les affaires courantes.

La nouvelle éclate comme une bombe dans la salle de rédaction de *La Dépêche algérienne* où nous sommes rassemblés pour le rapport journalier : le gouvernement général de l'Algérie publie au *Journal officiel* un arrêté par lequel il rend applicable à l'Algérie l'article 43 de la loi du 11 mai 1945 concernant la dévolution des biens de presse des journaux collaborateurs de la métropole. En conséquence, *La Dépêche algérienne, Les Dernières Nouvelles* et *Le Réveil bônois* voient tous leurs biens transférés à l'État (en réalité, la Société nationale d'entreprises de presse).

C'est une véritable spoliation ! Etant donné l'ouverture de la campagne électorale, le gouvernement provisoire ne légifère plus. D'autre part, l'Algérie n'ayant jamais été occupée par les Allemands, ses journaux n'ont publié que des nouvelles officielles. Ils ont subi une censure sévère des dirigeants de Vichy. Bien plus, depuis le débarquement allié d'Alger en 1942, ils n'ont jamais cessé de paraître. Nous assistons à un véritable coup de force ; pour le réussir, « on » s'appuie irrégulièrement sur un texte légal, en faisant état de fausses nouvelles lancées en mai 1943 par Labarthe, alors commissaire à l'Information en Algérie, communiqués qui, malgré les démentis qui ont paru dans la presse, n'ont jamais été retirés des dossiers constitués pour discréditer notre journal et ses collaborateurs.

Le tour est joué. Préparé de longue date, il aboutit à la suppression du plus important journal d'Algérie, favorable à un gouvernement de droite alors qu'on veut de toute force en haut lieu et à l'époque donner à la France un gouvernement de gauche et même d'extrême gauche !

Les vainqueurs ne perdent pas de temps. Des ouvriers placardent sur notre immeuble une large banderole portant le titre du journal qui bénéficie de l'arrêté du gouverneur général. Elle recouvre les lettres dorées gravées dans le marbre du palais néo-mauresque du boulevard Laferrière. Les mots *Dépêche algérienne* sont effacés, rayés à jamais. *Alger républicain*, journal socialo-communiste et beaucoup plus communiste que socialiste, recouvre l'ancien titre.

Groupés unanimement autour de leur directeur, les rédacteurs du journal sont tous résolus à empêcher ce coup de force. Du jour au lendemain, sans explication, ils sont jetés à la rue ! Mais leur résistance passive, dernier baroud d'honneur, ne servira à rien. Nous serons tous expulsés et, derniers réfractaires, Maxime Baglietto et moi-même sommes conduits *manu militari*, mais sans violence, au commissariat central du boulevard Baudin, d'où l'on nous relâche immédiatement tant notre réaction apparaît légitime.

C'est terminé.

Devant tant d'injustice, on reste désemparé. Je plains de tout mon cœur M. Eugène Robe et sa famille, victimes de cette spoliation. La situation n'est guère brillante non plus pour mes collègues et moi. Comment faire vivre nos familles ? Chose à laquelle on n'a certes pas pensé en haut lieu.

Pour nous, revenir à Chamonix serait la solution. Mais ma femme et moi sommes attachés de tout notre cœur, de toutes nos fibres à l'Algérie. Nous n'envisageons pas de retourner en France. Ce pays que j'ai parcouru en long et en large, je le connais mieux que les Algériens. Je l'ai visité à pied, à dos de mulet, à dos de chameau, par le train, par l'autobus indigène à l'impériale surchargée d'enfants et de colis, en voiture de tourisme et sur les pistes au volant d'une jeep. Ma dernière fille est née à Alger, mes deux autres enfants y ont été scolarisés. Ils aiment ce pays comme nous l'aimons, ma femme et moi : profondément.

Notre confrère, *L'Echo d'Alger*, propriété du sénateur radical-socialiste Duroux, n'a pas subi les contraintes de l'arrêté du 16 octobre 1946. Il continue sa mission d'information. Il a pourtant paru en même temps et en publiant les mêmes nouvelles que *La Dépêche algérienne*. Bien que la rivalité ait été grande autrefois entre ces deux journaux, elle se situe dans les joutes politiques d'avant-guerre. *L'Echo* comme *La Dépêche* ont toujours été les ardents défenseurs de l'Algérie française. L'un était radical, l'autre clérical, seule cette nuance les séparait. D'ailleurs, la direction de *L'Echo d'Alger*, et c'est tout à l'honneur de son propriétaire Jean Duroux et de son directeur Alain de Sérigny, sera la première à protester énergiquement dans un éditorial contre la suppression de *La Dépêche algérienne*.

D'autres journaux en métropole appuient les protestations de notre directeur. Des parlementaires s'émeuvent. On souligne l'application arbitraire à l'Algérie de l'article 43 d'une loi prise en 1945 par le gouvernement provisoire de la France et réservé dans son texte même aux journaux ayant paru *sous l'occupation*. Mais la conjuration des bouches cousues est parfaite. Jamais on ne rendra ses biens à M. Robe, et son imprimerie de presse, la plus belle de l'Afrique du Nord, équipée des plus récentes machines rotatives Marinoni, imprimera désormais *Alger républicain*.

L'histoire tourne. *Alger républicain* sera plus tard expulsé de ses locaux par le ministre de l'Information de la République algérienne. Le palais néo-mauresque deviendra le siège de l'imprimerie officielle de la République algérienne tandis que les presses de *L'Echo d'Alger*, rue de la Liberté, imprimeront désormais *El Moudjahidine*.

Quelques jours plus tard, Alain de Sérigny nous rend visite rue Amiral-Coligny.

C'est l'heure du déjeuner et la petite famille est à table. Je le connais très peu, n'ayant eu avec lui que des contacts professionnels. C'est un homme courtois et distingué qui s'excuse de nous déranger, mais qui, dit-il, « ne veut pas attendre pour me proposer un poste important dans son équipe rédactionnelle ».

Je ne lui dissimule pas mon hésitation devant cette proposition qui, résolvant mes problèmes, devrait me réjouir. Je songe à la déception de M. Eugène Robe lorsque je lui ferai connaître ma décision. M. Robe s'est pourvu en Conseil d'Etat ; il appartient à une lignée de grands magistrats et, juriste éminent, espère bien faire annuler l'arrêté entaché d'irrégularités et récupérer ainsi son journal et ses biens. « Ce sera terriblement long ! » nous a-t-il dit.

Terriblement long, et pour ma famille je n'ai pas le droit de refuser cette chance inespérée. Cependant, j'aimerais connaître ce qu'on attend de moi.

— Que me proposez-vous ?

— J'ai besoin d'un rédacteur en chef.

— Je suis flatté mais ce poste n'est pas dans mes cordes, monsieur le directeur. Je porte en moi-même depuis la guerre une haine viscérale de la politique politicienne.

— Mais, Frison — vous permettez que je vous appelle ainsi —, vous me connaissez, nous partageons les mêmes idées sur la politique algérienne.

— Je vous remercie de votre confiance, mais je n'ai désormais qu'une ambition : continuer mon métier. Je suis fait pour être un grand reporter, je ne possède ni les qualités ni la diplomatie qu'on est en droit d'attendre et même d'exiger d'un rédacteur en chef. Seule la politique extérieure de la France m'intéresse, notamment ses rapports avec les pays voisins, avec l'Afrique noire, avec les peuples méditerranéens dont l'Algérie fait partie.

Il ne réfléchit pas très longtemps. Il décide :

— Eh bien ! c'est entendu, vous serez mon grand reporter. Je vous engage, vous commencerez quand vous voudrez, vous avez carte blanche.

L'affaire est conclue rondement. C'est le style Sérigny.

J'aurai une ultime entrevue avec M. Robe.

L'événement l'a beaucoup vieilli. Mais c'est loin d'être
un homme abattu. Il se redresse et fait front en vieux
lutteur aguerri contre les événements qui le ruinent.

Je pénètre dans son bureau. Il expédie, lui aussi, les
affaires courantes. Je lui annonce mon passage à *L'Echo
d'Alger*. Il me regarde longuement, ne répond pas. Je lis
dans ses yeux qu'il considère mon geste comme une trahi-
son. Je tente en vain d'expliquer ma décision, le besoin de
conserver mon emploi, de faire vivre ma famille. Il écoute
sans répondre. Bien sûr, *Premier de cordée* me laisse des
droits d'auteur qui me permettent d'attendre, mais ce pactole ne sera pas inépuisable. C'est mon premier et unique
roman né de circonstances exceptionnelles. En écrirai-je un
deuxième ? Il le faudrait sans doute, mais c'est difficile. La
guerre a épuisé mes dons, semble-t-il ; j'ai besoin d'action,
besoin de voyager, et le grand reportage que m'offre de
Sérigny est une très bonne école pour un futur romancier.

M. Robe m'écoute d'un air absent. Il ne dit mot. Son
silence est tragique. Pense-t-il que j'oublie qu'il m'a fait
venir en Algérie et donné une chance de percer dans ce
métier très cloisonné ? Mais lui-même oublie-t-il que j'ai
souffert moralement pour son journal, que j'ai été son
correspondant de guerre et ce qui s'en est suivi ?

Ne l'ai-je pas servi avec loyauté jusqu'au bout, au risque
de ma vie ?

L'entretien se termine sur ce long silence. Robe sort de
son bureau, me laisse seul.

Plus tard, bien des années plus tard, je l'ai revu à Paris où
il était venu entendre une de mes conférences à la salle
Pleyel. Nous nous sommes étreints avec émotion. Le fait
qu'il soit venu me faisait comprendre qu'il n'y avait plus
rien d'équivoque entre nous.

Je n'aime pas perdre une amitié.

4

Tanger, décembre 1946.

La commission responsable de l'application du statut de la zone internationale datant de 1923 et modifié le 31 août 1945 se réunit à Tanger. Bonne occasion pour commencer par cette ville mes grands reportages dans *L'Echo d'Alger*.

J'ai gagné d'un coup d'aile Rabat où l'on célèbre les fêtes du roi du Maroc puis, ayant changé d'avion, j'ai atterri sur le petit aérodrome bordant l'océan Atlantique, à l'est de la ville, au pied de la « montagne ».

Pendant huit jours je demanderai et j'obtiendrai audience de chacune des parties prenantes de la commission sans apprendre grand-chose. Les diplomates sont sarcastiques :

— Le statut, monsieur ? Vous venez pour le statut ? Rien n'est changé, Tanger est une ville internationale ! Vous n'êtes donc pas ici pour faire de l'argent comme tout le monde ? Alors, que faites-vous à « Bab el Flouss », la « Porte de l'Argent », comme on appelle Tanger ?

Ce que les milieux officiels n'osaient me dire, je l'ai découvert en promeneur. Aidé par quelques « connaissances » rencontrées à une terrasse du *Grand Socco* ou au comptoir d'un bar interlope, j'ai appris des choses ahurissantes.

Je passerai rapidement sur l'essor extraordinaire que le statut d'internationalité a donné à la ville. Une expansion à la limite de la légalité. De 1940 à 1945, la ville occupée par le gouvernement espagnol avait perdu ses privilèges d'exterritorialité ; elle s'est bien rattrapée depuis. Mais toute son activité est en fait exercée par une très petite minorité alors que le gros de la population sédentaire, une centaine de milliers d'habitants d'origine marocaine ou espagnole, vit pauvrement, s'arrachant les miettes du festin des requins d'affaires.

En 1946, la population active de Tanger, celle qui trafique ouvertement, est d'environ six mille personnes. Pour cette minorité, il existe trois bureaux de poste : français, espagnol et britannique, vingt et une banques et une police internationale habillée avec l'uniforme des M.P. américains. Il se crée cent cinquante sociétés nouvelles par mois. Tanger reçoit tous les capitaux qui s'évadent de France et d'Espagne. Quatre milliards de francs français ont ainsi transité en fraude à l'aide d'intermédiaires semi-légaux qui se chargent des transactions et prennent au passage une bonne commission.

L'argent arrivé à Tanger par la filière, il ne reste plus qu'à créer une société (ne serait-ce que pour une seule opération financière servant à dédouaner les capitaux). L'anonymat est garanti, l'acte dûment enregistré par un fonctionnaire de la commission internationale, simple greffier, car il n'y a pas de notaires à Tanger... Le greffier en exercice en 1946 était un Français, M.B. Il prélevait lui aussi une importante commission et il passait à l'époque, malgré son effacement volontaire et son train de vie modeste, pour l'un des personnages les plus riches de la ville.

Je me suis longuement promené dans Tanger, montant et descendant la rue du Statut, les ruelles de la casbah, traversant la place de France, découvrant de merveilleuses échappées sur la baie. Les flots sont bleus, bordés de verdure exotique, de palmes, de grenadiers, et les collines alentour sont si parfaites de proportions, complètent si heureusement l'ensemble qu'on se trouve devant un paysage type et qui serait peut-être trop conventionnel s'il n'y avait, pour l'animer, l'horizon changeant selon les brumes et selon les vents qui couvrent et découvrent tour à tour la côte espagnole et qui parfois laissent voir comme une menace, loin vers l'est : Roc Gibraltar.

Ce jour-là, la rade avait une allure polynésienne. Une ravissante goélette était au mouillage et oscillait doucement sous la houle, évoquant les corsaires, les îles heureuses et les épices.

Pour bien connaître Tanger, il n'est pas nécessaire de s'éloigner du centre. Toute l'activité de la ville est concentrée dans la rue des Siaghin : cent cinquante mètres de long, trois à quatre mètres de large. Elle relie entre elles les deux places les plus animées : le Grand et le Petit-Socco. Elle est le lieu de la *passagieta* chère aux peuples méditerranéens : ce va-et-vient inlassable des gens qui, de haut en bas et de bas en haut, parcourent jusqu'à une heure avancée de la nuit la rue des Siaghin.

C'est la rue des changeurs. Ici tout le monde joue sur le cours de la peseta. Deux monnaies ont cours officiel : le franc marocain et la peseta espagnole, mais cette dernière sert pratiquement pour tous les achats de la vie courante.

Je viens d'en faire la curieuse expérience. Remontant du port par la rue de la Marine, je passe devant un alléchant étalage de chemises, de cravates, et de complets vestons, comme on n'en a pas encore à Alger. J'entre et je marchande une cravate.

— Combien ?

— *18 pesetas, señor !*

Le vendeur calcule mentalement, je fais mon compte sur un bout de papier, nous tombons d'accord sur le change à 11,30, ce qui fait 204 francs de l'époque. Il prend le billet, disparaît, revient cinq minutes plus tard.

— *El cambio esta a 11,50 !*

En cinq minutes, la cravate a augmenté de trois francs.

Je parcours cent mètres. Voici un petit changeur et son tableau noir. Voyons le change. Ah ! la peseta est à 11,70. Bonne affaire, me dis-je à mon tour, j'ai gagné trois francs. Mais lorsque j'arriverai au sommet de la rue des Siaghin, le change, par une manœuvre mystérieuse, aura baissé de quarante points. Je suis refait.

Il est certain qu'il faut une certaine dextérité pour vivre normalement à Tanger. La ménagère qui fait son marché doit s'informer régulièrement du cours de la peseta avant de faire le moindre achat. Elle s'y prête volontiers, joue à la hausse et à la baisse, spécule et dans la même heure revend des pesetas pour des francs marocains, en rachète quelques minutes plus tard, gagne quelques francs ou les perd ! C'est devenu la distraction principale de tout le monde, petits et grands, pauvres et riches. Aussi le mécanisme invisible des changes de la rue des Siaghin mérite-t-il d'être étudié.

Vous descendez la rue : les tableaux des changeurs annoncent un cours. Vous la remontez sans tarder ; les cours ont changé en bloc. Sur quel ordre, par quels moyens occultes ? La plupart des petits changeurs n'ont pas le téléphone, ils attendent la pratique debout derrière leurs éventaires en plein vent ; leur fonds de commerce est rudimentaire : une encoignure de porte, une caisse d'emballage peinte, derrière ce comptoir un tabouret, et bien en vue du public une ardoise indiquant les cours à l'achat et à la vente des principales monnaies.

A l'échelle supérieure, il y a les petits boutiquiers qui occupent des sortes d'alcôves ouvertes sur la rue, larges de deux mètres, profondes de trois, avec comme mobilier une table, une chaise, un téléphone et un tableau des cours. Ils ont payé pour cette caverne des pas de porte faramineux.

Dans la rue, c'est le va-et-vient obsédant de cette foule anonyme qui monte et descend comme un éternel ressac du Petit au Grand-Socco et vice-versa. Une rue orientale aux marches extrêmes du monde occidental ; elle tient du souk et du promenoir, elle est aussi bien du Caire, d'Alep, de Naples ou du vieux Nice. Elle est méditerranéenne.

Il existe un gang des changes. Il fonctionne sans défaillance, codifié par toute une équipe de spécialistes arrivés à Tanger après 1939. Ils étaient nombreux au départ mais les plus faibles sont repartis et les plus malins ou les plus cruels, cinq ou six m'a-t-on dit, arpentent inlassablement la rue des Siaghin, donnant leurs ordres. Leur langage est rauque et varié : entre eux ils parlent polonais, tchèque, hongrois, allemand ou espagnol. La rue est leur domaine, ils sont les rois du change. Un véritable gang. Ils n'ont pas été longs à apprendre l'art de connaître et d'interpréter l'article 23 de la convention du 18 décembre 1923 qui définissait le statut de Tanger : « Le taux d'échange entre les deux monnaies (marocaine et espagnole) est déterminé chaque jour par la Banque d'Etat du Maroc. » Ils peuvent à n'importe quel moment jeter sur le marché ou raréfier pesetas ou francs marocains, au mieux de leurs intérêts.

J'ai rendez-vous ce soir avec Pedro, vaguement indicateur, vaguement contrebandier, en fait un « janus » de la pègre. Je dois le retrouver dans un bar sortant tout droit de l'imagination d'un metteur en scène réaliste. Il est 8 heures du soir, le bar est encore tout endormi, les chaises sont sur les tables ; la patronne aux yeux bouffis, en peignoir délavé, range des fleurs dans un verre à bière, les cendriers ne sont pas vidés et je suis le seul client.

— Personne ? dis-je.

— Vous êtes en avance. Ici, ça ne bouge guère avant 9 heures. Enfin, si vous voulez attendre.

Elle me donne une chaise, disparaît dans son arrière-boutique. J'attends patiemment, longtemps. Ça sent la fumée froide, l'alcool frelaté, l'orgie de basse classe...

— Enfin te voilà !

Pedro arrive, mal réveillé.

Il existe dans tous les bas quartiers de toutes les villes du monde des Pedro sans lesquels les plus astucieux reporters feraient chou blanc dans leurs enquêtes. Bien sûr, ça se monnaye, des informateurs...

Pedro me découvre monologuant sur ma chaise. Il en descend une autre dressée sur une table et s'assied à côté de moi.

— Là depuis longtemps ? Ces Français, tous les mêmes, ils ne peuvent pas rester au lit !

Le vin d'Espagne coule dans les petits godets. Un verre, deux verres, trois verres. Pedro est en forme, la conversation prend corps. On parle naturellement du change.

— ... Le plus beau coup de Tanger, dit-il, c'est encore les Hindous qui l'ont réussi. (A l'époque, on ne parlait pas d'Indiens mais d'Hindous.)

— Les Hindous ?

— Mais c'est fini, le chef de la bande a été arrêté ces jours derniers à Gibraltar. L'affaire était pourtant rudement bien montée. Tu dois savoir qu'il y a à Tanger, à Gibraltar, au Caire, partout où il y a de bonnes affaires à réaliser, des familles hindoues spécialisées dans le commerce de la joaillerie et des souvenirs. Toutes ces familles sont alliées. Les Hindous de Tanger, fort experts en matière de change, avaient trouvé ingénieux de tripler un capital en trois mois, en lui faisant effectuer par un jeu d'écritures légales un petit circuit géographique qui restera un modèle du genre.

Pedro s'anime, émerveillé devant tant d'astuce.

— L'Hindou de Tanger, poursuit-il, dispose par exemple d'un million de francs marocains. Il convertit les billets marocains en livres sterling papier ; on en trouve facilement à Tanger. Il fait traverser frauduleusement le détroit — les passeurs ne manquent pas — aux bank-notes qui échouent à Gibraltar. Sur le Roc, il y a d'honorables banques anglaises et d'honorables commerçants hindous. Le cousin de Gibraltar reçoit les livres papier, les verse à sa banque et effectue un virement sur une succursale de cette banque aux Indes, une succursale à proximité de Goa.

Je commence à comprendre :

— Goa, Goa... enclave portugaise sur la côte de Malabar !

— En plein dans le mille. Ecoute la suite : quelle trouvaille, quel génie !

Mon homme a un frémissement d'admiration. Penser à cela ! Que Goa est un paradis, comme Tanger, une sorte de libre enclave au sein de l'empire britannique !

— Les fonds sont donc virés aux Indes britanniques. Jusqu'à présent, l'opération a été chaque fois gagnante car les Hindous sont bien renseignés, les cours varient de Tanger à Gibraltar et aux Indes mais toujours dans le bon sens. Rien de louche apparemment. Ils ont un homme sur place. Quoi d'étonnant à ce que le cousin de Gibraltar fasse virer son argent au pays natal, à son cousin de Mysore ? Il s'agit, cette fois, de faire entrer en fraude dans l'enclave de Goa l'argent versé au Mysore. Pour cela il suffit de payer grassement, les passeurs ne manquent pas. A Goa, il y a des banques et d'autres cousins hindous. Par les soins de la même famille, les livres billets sont transformées en escudos portugais et le jeu des changes favorables continue. Il ne reste plus qu'à faire revenir l'argent au bercail. Une opération légale : un virement de la banque de Goa sur Lisbonne où se trouve le dernier maillon de la chaîne familiale et, comme de Lisbonne à Tanger les opérations bancaires sont libres, un nouveau virement d'escudos de

Lisbonne à Tanger. En gagnant à chaque coup, tu m'entends ! Il ne reste plus qu'à convertir en francs marocains le million familial initial. L'opération a produit trois millions, elle a duré trois mois. Enlevez les frais des passeurs, il reste largement deux millions et demi ! Ah ! c'était une bonne affaire bien montée. Malheureusement la police britannique a mis le nez dedans et le chef de la bande a été arrêté, dévoilant tout le système. C'est pour ça que je t'en parle, me dit naïvement Pedro.

— Encore un petit verre, Pedro ?

— Volontiers, *amigo* !

Tandis que nous parlions, le bar s'est peu à peu animé. On illumine les coins sombres. La caissière a fait toilette et trône, fardée à outrance, rutilante de faux bijoux, derrière son comptoir. L'heure des confidences est terminée, l'orchestre attaque un paso doble. Sortons ! Les rues désertes en plein jour grouillent de monde. Jamais le Petit Socco n'a été aussi animé, on dirait un décor de théâtre. Tout y est petit : le minaret de la poste espagnole, les terrasses des cafés, les éclairages *a giorno*. Et, sur cette place étroite moins grande que la scène du Châtelet, évoluent avec aisance des figurants rêvés par groupes de trois ou quatre : Espagnols, Hindous, Arabes, Français. A 3 heures du matin, des familles entières sont encore là. La mère donnant le biberon au bébé qu'elle berce indolemment d'un mouvement du bras sur sa voiture et buvant lentement son café au lait traditionnel.

Ces dernières décennies, j'ai eu plusieurs occasions de repasser par Tanger, revenant d'Espagne en grand reportage ou me rendant au Maroc unifié. Le statut était aboli depuis 1955 et tout avait bien changé. Tanger était devenue une ville touristique où faisaient escale les grands paquebots de croisière ; la plage aux épaves était bordée de splendides hôtels quatre étoiles. La rue des Siaghin était une artère comme les autres. Il y avait toujours les Anglais nostalgiques sur la « montagne », mais les Indes britanniques, c'était déjà une histoire ancienne et ceux qui en étaient revenus disparaissaient petit à petit, sans être remplacés. Une espèce humaine, les coloniaux, avait disparu.

Au fond, l'abolition du statut, chose normale du jour où le Maroc recouvrait sa pleine souveraineté, a été une excellente chose. Bien sûr, on trafique encore dans les bars de la basse ville, mais il ne s'agit plus de millions ni de milliards, mais d'un petit paquet d'herbe, de ce haschich en provenance du Rif que se procurent quelques hippies dépenaillés, avec l'espoir de le revendre sans se faire prendre à Amsterdam, Paris ou Londres. Rien de comparable avec le récent passé. Du trafic en guenilles.

Mais Tanger est toujours aussi belle qu'autrefois, langoureusement adossée à sa montagne parfumée, dominant les courants alternés qui depuis des millénaires vont de la Méditerranée vers l'Océan ou de l'Océan vers l'Orient, au rythme des marées.

5

La chose ne s'était pas produite depuis des décennies. En ce début de mars 1947, la mer Baltique était encore entièrement recouverte d'une vraie banquise. Les brise-glace n'arrivaient pas à forcer le passage des détroits entre le Danemark, la Norvège et la Suède, dans lesquels étaient immobilisés à quelques kilomètres des côtes de nombreux navires de commerce.

Lorsque le petit DC 3 qui reliait Paris à Copenhague, se glissant sous le plafond de nuages qui recouvrait l'Europe continentale, prépara son atterrissage délicat sur le terrain enneigé de Kaltrup, un spectacle étonnant attendait les passagers. Sous nos ailes tout était confondu, îles, détroits, mers, dans une immensité blanche s'étendant jusqu'aux confins de l'horizon. Aucune ombre, aucun relief. Nous atterrissions sur une planète morte. Seul, un étroit chenal zigzaguant à travers les glaces du Sund, ce bras de mer de trente-quatre kilomètres qui sépare Copenhague de Malmö, en Suède, signalait les efforts gigantesques faits pour maintenir une liaison maritime entre le Danemark et la Suède.

Les navires pris par les glaces hivernaient comme aux plus beaux jours des explorations polaires. Vu d'avion, le spectacle était étonnant. On distinguait nettement l'échelle de coupée abaissée sur la glace et par laquelle les marins prenaient pied sur la banquise. De navire à navire ils avaient ainsi tracé de véritables sentiers dans la neige. Sur la banquise même, les marins passaient le temps en pêchant à la manière des Eskimos : abrités par un paravent, au bord d'un trou foré dans la glace. C'était une fin d'hiver terrible.

— Jamais pareil froid ne s'est abattu sur la Scandinavie, confirma mon voisin. On peut traverser la Baltique à pied de la Prusse à la Suède ! Journellement des réfugiés fuyant les démocraties populaires franchissent sur la glace, dans des conditions épouvantables, les cent cinquante kilomètres qui les séparent de l'île de Bornholm où ils arrivent exténués, gravement éprouvés par le gel. D'ailleurs, beaucoup meurent en route. Vous savez, avec le vent d'est, on ne résiste pas longtemps à un froid de moins 30 degrés !

J'arrivais directement d'Alger où la température avoisinait les 20°, et j'étais plongé brutalement dans l'univers polaire. Les quelques centaines de mètres qu'il nous fallut parcourir de l'avion jusqu'aux bâtiments de l'aéroport suffirent à nous geler. Le vent était violent. J'étais encore vêtu assez sommairement pour des températures plus clémentes et mes vêtements d'hiver étaient dans ma valise. Je me réchauffai un peu autour d'un poêle brûlant de la tourbe, puis le car de service m'emmena à l'hôtel. C'était le meilleur de Copenhague et j'y avais rendez-vous avec M. Lefèvre, directeur des Cargos algériens. Le grand hall luxueux était sommairement chauffé et je me réjouissais à l'avance de prendre un bain chaud. Las ! Les chambres de ce palace étaient glaciales ! Et, dans la salle de bains, pas d'eau chaude ! Le Danemark subissait non seulement les séquelles des restrictions de guerre mais, en plus, le pays tout entier était paralysé par le froid. Tous les transports s'effectuant par mer, il manquait de charbon, de pétrole, et subissait stoïquement les privations de l'hiver.

Lefèvre me réconforta de son mieux. C'était un solide Normand, un véritable Viking, et son père avait été l'un des derniers cap-horniers. Il était à Copenhague pour terminer les formalités de dédouanement du cargo flambant neuf *Jacques-Duroux*, à bord duquel je devais effectuer le premier voyage du navire jusqu'à Rouen et Alger, son port d'attache.

— Le *Jacques-Duroux* est bloqué par les glaces dans un bassin d'Alborg, au nord du Jutland, me dit-il, mais tout le monde s'accorde à penser que la mer du Nord dégèlera plus vite que la Baltique. Vous devriez en profiter pour terminer votre reportage en Scandinavie.

Car le retour sur le *Jacques-Duroux* n'était qu'une partie de mon long déplacement. Poursuivant ma tournée des capitales européennes de l'immédiat après-guerre, j'avais projeté de visiter le Danemark, la Suède et la Norvège.

Je décidai donc de passer quelques jours à Copenhague pour m'acclimater et visiter la ville. Ensuite j'irais en Suède.

Copenhague avait beaucoup souffert de l'occupation allemande. Celle-ci avait été dure, cruelle. Mais ce petit peuple courageux avait résisté avec dignité durant ces interminables années. Sa dignité et son civisme, il les prouvait en hébergeant, deux ans après la fin des hostilités, deux cent mille Allemands qui, par familles entières, s'étaient réfugiés au Danemark au moment des combats pour la prise de Berlin. C'était une lourde charge. Femmes et enfants étaient cantonnés dans un camp, aux environs de la capitale, et des éducateurs essayaient de dénazifier les enfants, victimes innocentes du conflit.

Bien que leur sort fût enviable (ils étaient correctement nourris, habillés, soignés et ne subissaient aucun sévice), leurs gardiens et assistants sociaux m'avaient confié que la plupart des réfugiés n'avaient qu'un désir : regagner leur pays, où pourtant tout avait été brûlé, rasé.

Il fallut plusieurs années au Danemark pour résorber cet

excédent de population qui coûtait au gouvernement 250 milliards de couronnes par an.

Ma qualité de Français m'ouvrait toutes les portes et je dus porter des *skäl* à longueur de journée, le petit verre de snap levé à la hauteur de la poitrine, la tête et le buste légèrement incliné. C'était agréable car la tempête sévissait à l'extérieur et, par 30° sous zéro multipliés par la vitesse du vent, l'aquavit danoise me paraissait le meilleur remède préventif contre la grippe, le gel, les bronchites et autres pneumonies éventuelles.

Piéton inguérissable, je parcourais la ville en tous sens, admirant, entre autres, la haute masse architecturale de Christianborg sous les murs de laquelle se trouve le marché aux poissons, avec ses viviers remplis de poissons vivants, car personne au Danemark n'achèterait un poisson mort, conservé dans la glace. J'ignore si depuis 1947 les habitudes ont changé.

Un jour, comme je me promenais dans le Stroget, un monsieur très sérieux, chaudement habillé d'une pelisse, coiffé du bonnet d'astrakan, me dévisagea fixement puis m'interpella poliment en danois.

De cette langue rugueuse je ne sais que quelques mots : *Tak* (merci), *guddag* (bonjour), *snap* (eau-de-vie), *skäl* (à la vôtre !) *smœrbrodds* (sandwiches), *havn* (port). Mon interlocuteur s'étant aperçu que j'étais un étranger, nous continuâmes la conversation en anglais :

— Vos oreilles gèlent, monsieur ! me dit-il.

Diable ! je ne m'en étais pas rendu compte. Je ramassai une poignée de neige, les frottai énergiquement et continuai le traitement dans le premier bistrot rencontré où des ouvriers se chauffaient autour d'un poêle.

Ayant bu un — enfin soyons franc — un ou deux... snaps supplémentaires et complètement réconforté, je bondis chez le premier commerçant venu m'acheter un bonnet de laine.

La Baltique ne dégèle toujours pas.

Lefèvre, ayant terminé les formalités douanières, repart pour Rouen. Quant à moi, j'épuise toutes les ressources de la ville : j'arpente les salles des musées, j'assiste à la relève de la garde au palais royal d'Amalienborg, bien loin de me douter que, vingt années plus tard, un jeune noble français deviendrait le prince consort de ce charmant royaume.

L'agriculture est la principale ressource du Danemark et je sais que la relation d'une visite à la ferme modèle du gouvernement, dans l'île de Seeland, plaira à mes lecteurs d'Algérie. Je peux y admirer une sensationnelle race bovine dont les taureaux à la robe de feu sont les plus gros et les plus lourds du monde. Leur gardien, très fier, m'explique le mécanisme qu'il a conçu pour que les bêtes ne salissent pas leurs litières. Tous les éleveurs savent que, pour accomplir leurs besoins naturels, les bovins éprouvent la nécessité de courber leur dos en arc de cercle. Alors, dans la ferme royale, on a tendu un fil électrique juste au ras des échines des animaux sagement alignés devant leurs crèches. Lorsque ceux-ci arquent le dos, ils reçoivent une décharge et reculent de deux pas : la litière est intacte : C.Q.F.D. ! Cette information connut beaucoup de succès et fut reprise par plusieurs journaux de France et de l'étranger.

Mais, en attendant, mes fonds baissent dangereusement. Ce sacré contrôle des changes ne m'a laissé partir d'Algérie qu'avec un nombre restreint de devises, des lettres de change en couronnes danoises, suédoises et norvégiennes ; une petite quantité pour chaque pays, car normalement mon voyage ne devait pas excéder une semaine. Descendu à l'*Hôtel d'Angleterre*, je m'aperçois vite que j'y engloutirai en trois jours tout mon pécule. Je trouve un hôtel plus modeste mais, le froid continuant, je dois aborder les hôtels de quatrième ordre pour aboutir en fin de compte dans les hôtels de passe du *nyhavn* où, pour quelques couronnes, je peux passer la nuit, une fois les putains et leurs clients rentrés chez eux. Quartier extraordinaire, peuplé de marlous, de marins en goguette, de trafiquants de drogue, de tatoueurs, mais où pourtant je n'ai jamais couru aucun risque. J'étais le client sérieux (celui qui ne monte pas), qui arrive le soir et part le matin. Riche expérience humaine mais qui ne pouvait durer.

Heureusement, grâce aux services culturels de l'ambassade, on me charge d'écrire un article en français sur l'Algérie, qui sera traduit pour la radio danoise. Et, d'un coup, me voilà riche de 700 couronnes !

Alors, sagement, je suis le conseil de Lefèvre et je pars pour la Suède.

Le *Malmœhus*, ayant englouti dans sa coque les longs wagons internationaux du Nord-Express venant de Paris, referme ses panneaux, lance un puissant coup de sirène qui couvre un instant les mugissements réguliers de la corne de brume, traverse lentement les eaux libres du bassin, franchit le musoir et d'un seul coup commence son héroïque traversée.

Malgré le froid polaire et le vent, je reste sur le pont, intéressé par cette traversée originale.

Devant la proue, un très étroit filet d'eau serpente à travers la banquise. Il ne peut donner passage qu'à un seul navire. Doubler ou croiser est impossible.

Qu'importe ! Le *Malmœhus* a une proue renforcée et l'avant de sa coque est dessiné de telle sorte qu'il peut monter sur la banquise pour l'écraser de tout son poids. C'est ce que nous faisons. Lancé à toute vitesse, notre navire s'engage délibérément dans les glaces qui craquent dans un bruit terrifiant. Derrière lui, l'étroit sillage ne dure que quelques secondes. Déjà le pack en mouvement se referme impitoyablement. On croise des bateaux pris dans les glaces. Les équipages prisonniers nous font des signes amicaux ; ils attendent patiemment l'aide du brise-glace.

La sirène mugit : deux coups brefs !

En face de nous, voici venir un convoi. L'*Isbjorn*, le plus gros des brise-glace danois, remorque un gros cargo qu'il a dépanné quelque part le long du chenal libre. Sans hésitation, le ferry cède la place et, conscient de sa force, fonce dans la banquise de toute la puissance de ses machines. Un grand bruit sourd, un frémissement du navire, les glaces se fendillent, la fente s'élargit, elle devient crevasse, le navire monte littéralement sur la glace puis les blocs explosent avec fracas. Une habile marche arrière nous remettra dans le chenal.

Nous approchons enfin de la Suède. On distingue dans le lointain des cheminées d'usines sur fond de crasse. Des hommes vont et viennent à pied sur la mer gelée. De temps en temps on aperçoit des pêcheurs immobiles sur la glace, abrités du vent par un panneau de toile ou de bois. Ils ont creusé un trou circulaire, jeté l'appât et, avec une ligne munie d'une sorte de hérisson à multiples crochets, ils ferrent de nombreux poissons.

Brusquement, sans transition, nous sommes en eaux libres. Par le jeu des courants et des vents, un grand lac s'est formé, entièrement déblayé de glaces, mais le port de Malmö est encore bloqué et le ferry fracasse sans pitié des glaces d'un mètre d'épaisseur. Enfin nous accostons.

Nous voici en Suède. La traversée de ces trente kilomètres a duré plus de quatre heures et nous avons été favorisés car certains jours le ferry a mis huit heures pour accomplir le même trajet.

Les policiers et douaniers suédois ont été charmants. Pas de visa ni de fouille pour les Français. A vrai dire, que pourrions-nous apporter dans ce pays qui n'a pas connu les deux grandes guerres mondiales et qui regorge de tout ?

Comme nous sommes en retard, un car nous conduit à la gare centrale. Je n'ai pas d'argent liquide mais un chèque de virement payable à la Banque royale suédoise. Naturellement on ne l'accepte pas au guichet, les banques sont fermées, le train va partir et je fais part de mes ennuis au chef de gare.

— Vous vous expliquerez avec le chef de train, me dit-il en anglais.

Je bondis dans le premier wagon venu. Il me paraît très luxueux et comme, par souci d'économiser mes devises, je voyage en troisième classe, je parcours tout le train à la recherche du compartiment désiré. Les wagons deviennent de plus en plus luxueux : wagon-salon de thé, suites spéciales, wagons pullmans, fauteuils clubs, petits salons ! Le premier wagon était le bon. Ces troisièmes classes sont d'un confort inconnu de l'Europe de 1947.

Mes ennuis commencent avec la venue du contrôleur. La

Suède est un pays rigide, et aucun voyageur n'aurait l'idée de voyager sans billet. Stupeur du contrôleur. Sans le savoir, je suis le premier à avoir pris cette initiative. Je brandis mon chèque. Malheureusement, ce fonctionnaire ne comprend pas l'anglais. C'est alors qu'intervient mon voisin de banquette. Curieuse figure d'intellectuel à longs cheveux et à lunettes. Je l'avais remarqué à la douane où il avait été fouillé de fond en comble. Il porte en bandoulière deux appareils photographiques et une paire de jumelles.

— Puis-je servir d'interprète ? me dit-il en anglais.

— Bien sûr.

Alors s'engage entre le contrôleur et lui une longue conversation. Le visage du contrôleur se détend. Le chef de gare de Malmö m'a permis de voyager ainsi ? Fort bien. Il saisit mon chèque, le tourne, le retourne et, prenant une décision héroïque, le fourre dans sa poche.

— Il vous le rendra à Stockholm, me dit mon cicérone.

Le voyage se continue. Mon nouvel ami, ébloui par ma qualité de Français, me fait partager son repas tiré du sac. Il se dit expert en tableaux, me confie à voix basse qu'il est « légèrement » communiste, qu'il a 33 % de sang juif, qu'il déteste les Allemands, que ses parents sont originaires de Pologne, qu'il n'aime pas les Suédois mais énormément les Suédoises. Il a beaucoup voyagé.

Après trois heures de train, nous nous appelons par nos prénoms : Hello, Volmer ! Hello, Roger !

On change trois fois de contrôleur entre Malmö et Stockholm et, à chaque fois, le nouveau préposé vient dans mon compartiment, me dévisage longuement puis, d'un air entendu, dit en me montrant mon chèque :

— A Stockholm !

Je suis le voyageur sans billet. Les autres, ceux qui en possèdent un, passent et repassent devant le compartiment, me dévisagent avec un intérêt non dissimulé et regagnent leur place. Un commencement de célébrité.

La nuit est venue comme le train a dépassé Nordkopping. Une nuit bleue, d'un bleu étonnant, foncé, tirant sur le violet. Sapins, neige, lacs, fjords, maisons, tout est symphonie, tout est fondu dans cette coloration qui ne varie qu'en intensité selon le jeu des ombres et des masses. C'est le clair-obscur scandinave avec ses demi-teintes inconcevables dans nos pays de lumière vive. Le froid givre les vitres.

Des lumières de plus en plus nombreuses scintillent dans la nuit.

— Voici Stockholm, venez dans le couloir, me dit Volmer.

Nous venons d'entrer dans un long tunnel et mon ami sourit mystérieusement. Enfin, par une rampe, nous sortons de terre et brusquement la féerie éclate.

En 1947, je pensais déjà, après avoir roulé ma bosse un peu partout, être blasé. Pourtant, en cette minute où le Nord-Express débouche dans Stockholm, je reçois le choc ! Sortant de l'ombre, nous pénétrons dans la lumière. Le train marche au ralenti en pleine ville. Il traverse les bras du lac Maelar où les feux de la ville se reflètent sur la neige. C'est une débauche d'éclairage. Un feu d'artifice bleu, blanc, rouge, violet, mauve, orange, jaune. Tous les immeubles semblent parés pour une grande fête. Les façades sont dessinées en traits de feu : partout des enseignes au néon, la plupart composant des motifs picturaux, jettent leur violence et repoussent l'obscurité.

— C'est extraordinaire ! ... Ex...tra... or...di...naire !...

Je parle tout haut, martelant les syllabes. Depuis sept ans, nous avons vécu d'abord dans l'obscurité totale, puis dans la pâleur des éclairages de restriction. La Suède ne connaît rien de tout cela. Stockholm est devenu la « Ville lumière », elle a détrôné Paris.

Tandis que le train entre en gare, je pense que c'est ça qui nous manquait le plus : la lumière, l'éclatante lumière du temps de paix. Habitués à cette vie de taupe, nous avons oublié les éclairages d'avant-guerre. Cette fois ça y est, avant d'avoir quitté la gare, avant de connaître la ville, je sais que je suis dans un pays qui n'a pas connu de guerre. Comment peut-on être suédois ?

Je m'arrache à cette féerie. Le train s'arrête à quai.

Volmer me laisse me débrouiller avec le chef de gare.

— Attendez-moi ici, je vais vous retenir une chambre et je reviens.

Le chef de train passe très digne, me fait signe de le suivre chez le chef de gare. Celui-ci parle un français très correct. Je lui expose ma mésaventure. Elle le laisse stupéfait. Comment son collègue de Malmö a-t-il pu autoriser un voyageur à prendre le train sans billet ? Il veut bien me croire sur mon honneur.

— Vous êtes sincère. Donnez-moi votre nom, adresse, numéro de passeport. Partez et demain apportez-moi un billet Malmö-Stockholm. Je vous rendrai alors votre chèque.

— Mais, si vous gardez mon chèque, je ne pourrai jamais aller l'encaisser à la banque demain matin et ensuite acheter un billet.

Il se frotte le front dans un geste de grande perplexité.

— C'est pourtant vrai ! Comment faire ?

Il avise ses collègues puis prend une décision héroïque :

— Vous avez raison, gardez votre chèque ; nous avons confiance.

Je me confonds en remerciements.

— C'est un comportement absolument étonnant, m'ont dit plus tard des amis suédois. C'est certainement la première fois que cela se produit car tout est si bien réglé dans notre pays qu'il n'y a pas place pour l'initiative privée. Ce chef est remarquable.

Vingt-quatre heures plus tard, je pose la question aux Français. Qu'arriverait-il si pareil cas se produisait en France, à un Suédois un peu vagabond, voyageant sans billet de Paris à Marseille sous prétexte que les banques sont fermées, qu'il n'a pas voulu rater son train et qu'il paiera demain ?...

J'ai vécu à Stockholm un rêve surréaliste. J'étais sur une autre planète. D'ailleurs, ces gens qui allaient et venaient dans le Kongsgatan, austères, correctement vêtus, sans que rien ne puisse laisser soupçonner leur classe sociale ou leur métier, n'avaient rien de commun avec les populations remuantes et colorées des bords de la Méditerranée. Le sourire était absent de leurs figures. Seules les femmes étaient élégantes et détendues. Quant à la ville, le pactole coulait à flots dans les artères bien dégagées de la neige tombée durant la nuit, sous forme de véhicules automobiles de toutes marques et de toutes puissances, parmi lesquelles beaucoup de voitures françaises, à une époque où celles-ci nous étaient chichement attribuées. Vitrines alléchantes, produits de consommation en masse, ils avaient tout, ces Suédois, et je me disais : pourquoi font-ils cette tête d'enterrement ?

Un grand cinéma affichait *La Symphonie pastorale* avec Michèle Morgan, et on faisait la queue pour entrer. Cette histoire de pasteur troublé par le sexe devait sans doute leur convenir. C'est ainsi que je vis ce film pour la première fois, sous-titré en suédois !

La prohibition sévissait avec sévérité. Une drôle de prohibition, du reste. Chaque Suédois touche mensuellement une proportion d'alcool bien supérieure à ce qu'une famille française pourrait consommer. Il peut se saouler en famille, mais attention ! en ville on ne peut boire de l'alcool que dans un restaurant et aux heures des repas. Pas moyen de me réchauffer par un snap, comme je le faisais à Copenhague, qui décidément, vue de Stockholm, mérite bien son nom de « Marseille du Nord ». Pour y parer, les Suédois ont découvert les restaurants « pour rire ». J'ai mis quelque temps à comprendre. Il s'agit d'établissements très vastes et populaires où l'on sert un plat unique, saucisses et pommes de terre. Vous avez alors le droit de commander un snap ou une bière. Cela, naturellement, met le verre de bière à un prix prohibitif, mais comment faire autrement ? La première fois, je me crus obligé d'ingurgiter ma saucisse et mes pommes de terre qui sentaient le rance. Puis, observant les autres consommateurs, je m'aperçus que chacun buvait son snap, sa bière, et s'en allait en laissant sur la table, sans y avoir touché, le plat unique qui repartait pour les cuisines et réapparaissait un peu plus tard sur une autre table. Les plus malins changeaient simplement de table et de serveuse, car il était interdit de servir deux fois le même client. On pouvait recommencer dans un autre établissement. Il n'y avait jamais pénurie de saucisses.

Devant chaque restaurant, chaque débit de boissons,

un policier montait la garde. Policier officiel pour les grands établissements, sans doute un « videur » maison pour les petits.

Un soir, désirant manifester ma gratitude à mon nouvel ami Volmer qui regagnait le Danemark, je résolus de lui offrir un bon dîner dans la vieille ville où d'excellents restaurants sont installés. Volmer ayant comme moi un heureux caractère, nous échangions nos impressions en riant, parlant assez haut, et appuyant notre conversation de force gesticulations.

Ayant fait choix d'un établissement, nous nous apprêtions à y entrer lorsque le cerbère en uniforme nous en interdit la porte. Je lui en demandai la raison.

— Vous avez bu, messieurs, nous dit-il poliment.

— Je vous assure que nous n'avons pas bu d'alcool de la journée.

— Inutile de nier, messieurs, vous êtes saouls puisque vous riez !

Absolument authentique. Ça ne s'invente pas, une histoire pareille.

Alors, Volmer et moi, ayant repéré un autre restaurant tout aussi bien gardé, nous nous présentâmes devant cet établissement en faisant des têtes d'enterrement, le regard terne et le sourire absent. On nous ouvrit largement les portes.

J'ai passé un dimanche à Stockholm. Et les Suédois se sont révélés à moi sous un jour tout nouveau. J'arpentais le « Ring », l'avenue circulaire qui contourne Stockholm et borde le lac Maelar. Il faisait froid, sans vent, un temps idéal pour les skieurs qui, sur les bas-côtés de l'avenue, skis aux pieds, par familles entières, se dirigeaient vers les forêts proches.

Sur la glace enneigée du lac, des cavaliers galopaient dans la poudreuse. Les femmes avaient abandonné les robes élégantes de la semaine pour des pantalons fuseaux bien taillés, les hommes leurs faux cols empesés pour d'épais chandails à col roulé, et les oreillettes de feutre remplaçaient les lourdes toques de fourrure ou les chapeaux. Cette population au repos était alerte et sympathique. Un peu plus tard, je la retrouvai dans le parc national de Skansen, sur la grande île du lac. Un circuit de course de fond est tracé en permanence pour les skieurs et, chaque dimanche, des milliers de coureurs se présentent au poste permanent de chronométrage. Les épreuves se succèdent toute la journée à raison d'un départ toutes les trente secondes. Ce jour-là était la journée des corporations et, tour à tour, j'ai vu se succéder sur la piste les boulangers, les charcutiers, les bouchers, les postiers, les agents ferroviaires, les conducteurs de tramways, les instituteurs, et naturellement toutes les corporations féminines. Le Suédois pratique le ski de fond avec ferveur. Il commémore chaque année la fameuse course du roi Vasa venant reconquérir son trône, sur la fabuleuse distance de soixante-quatorze kilomètres, et pour cette épreuve, la « Vasalopett », on compte chaque année plus de dix mille participants ! Un Français l'a gagnée il y a de cela trois ans : Pierrat, solide Vosgien et meilleur athlète français de la spécialité.

La nuit vient, les enseignes s'allument, les Suédois redeviennent sérieux, perdent cette joie de vivre qui colorait leurs pommettes. Ces merveilleux athlètes reprennent leur existence minutieusement réglée, trop bien réglée, leur vie où tout a été prévu ; même leur mort, en n'importe quelle partie du monde, sera prise en charge par leur commune natale.

Mais, lorsque tout est prévu, que reste-t-il à espérer ?

Je quitte Stockholm la nuit.

Le train traverse la ville illuminée. Adieu, féerie du temps de paix ! Je rentre dans les pays qui ont souffert : demain je serai en Norvège où l'héroïsme a coulé à flots.

Le train s'enfonce dans le tunnel sous la colline du Soendermalm. Après, c'est vraiment la nuit...

Adieu, Selma Lagerlöf ! Demain, je vais retrouver Grieg.

Décidément, les climats sont chose capricieuse. Alors que la Suède avait connu un hiver enneigé, je me réveillai à la frontière norvégienne dans un pays dégarni de neige, un paysage de granites rouillés, de chaumes et surtout de rivières et de cascades gelées.

De la guerre la capitale n'a pas souffert. Toutes les batailles se sont livrées dans les provinces du Nord, de Trondjhem à la frontière russe, et là-haut, bien au-dessus du cercle polaire, toutes les maisons, tous les villages ont été rasés par les Allemands, les populations déplacées. Tout cela n'est pas oublié certes, mais ce peuple courageux — on se remémore la bataille de l'eau lourde — a repris confiance, travaille. Une journée de travail continu qui se termine à 15 heures. Ensuite chacun fait du sport. Le Norvégien est, comme le Suédois, le skieur par excellence. Il a hérité des lointains Lapons l'art d'utiliser les lattes de frêne ou d'hickory pour se déplacer. Il est l'inventeur des sauts à skis sur tremplin et longtemps la manifestation annuelle de Holmenkollen est restée la plus importante du monde, réunissant plus de quatre-vingt mille spectateurs.

Le Norvégien est en outre un grand voyageur. Les Vikings ont découvert l'Amérique bien avant Christophe Colomb puisque, dès l'an mille, leurs fameux drakkars, ces extraordinaires embarcations à rames et à courte voile, avaient longé les côtes du Canada et étaient descendus jusqu'au-delà de la latitude de New York, où ils découvraient le « Vinland ».

Oslo, c'est la synthèse de tout cela. Une petite et courageuse nation, qui a participé aux plus importantes découvertes de notre planète, une race d'hommes athlétiques, audacieux, conquérants. Une population romantique, très près de la nature. Merveilleux soldats et résistants dans la dernière guerre, ils sont restés les sportifs les plus complets dans leurs activités nationales. J'ai rencontré sur la colline d'Holmenkollen, sanctuaire du ski norvégien, mes anciens amis, les jeunes étudiants qui dans les années 30 fréquentaient les tremplins de Chamonix. Tom Murstadt, que la presse française avait surnommé « le fou volant » pour son audace sur les tremplins, y avait monté, chose stupéfiante pour ce pays, une école de ski qui prospérait. Petersen était devenu un notable de la ville ainsi qu'Olaf Ulland qui avait été le premier sauteur à dépasser les cent mètres de saut à skis. Enfin Tom Tideman, doux géant de près de deux mètres, qui exerçait avant la guerre la profession de

« modiste », nous disait-il, voulant nous faire comprendre qu'il vendait des chapeaux, était devenu après une guerre et une résistance admirables un haut fonctionnaire de la police d'Oslo.

Délaissant un peu mon reportage, j'ai passé avec eux des moments inoubliables où l'amitié retrouvée coulait à flots comme du champagne. Je reviendrai, leur avais-je dit en reprenant le train, et j'ai tenu parole. Par deux fois, je suis allé chez les Lapons, mais ceci est une autre histoire.

6

L'*Istanbul* avait quitté le port de Marseille le 24 septembre 1947 et, dans l'euphorie du départ, aucun passager ne s'était soucié du communiqué alarmant affiché sur le tableau des informations quotidiennes annonçant qu'un ouragan se déclencherait dans la nuit. Tous les navires étaient invités à se réfugier dans le port le plus proche ou à s'éloigner des côtes. Le personnel de cabine passait et repassait dans les coursives, vérifiant que les hublots des cabines étaient bien verrouillés et confirmant l'interdiction de les ouvrir.

La délégation française qui comptait les plus grands maîtres de chais français se rendait au congrès de la vigne et du vin qui se tenait à Istanbul. Nous devions prendre à Gênes les délégués d'Italie, de Suisse et d'Europe centrale.

L'embarquement avait été fêté très largement et le raki, accompagnant pastèques, concombres, fromages secs et pistaches, avait largement contribué à développer l'optimisme. Au cours du cocktail, le commandant du navire nous avait rassurés quant à l'ouragan annoncé en nous vantant les qualités nautiques du grand paquebot sur lequel nous allions voguer. L'*Istanbul*, 15 000 tonnes, avait été racheté par l'Etat turc à une compagnie américaine. Il avait été construit et conçu pour les croisières dans la mer des Caraïbes, ce qui expliquait ses hautes superstructures et ses ponts-promenades, mais il avait une tenue de mer parfaite et avait subi sans dommages, au cours de sa précédente carrière, plusieurs typhons dans les mers tropicales.

Pourtant, lorsqu'on doubla les grandes falaises calcaires des Calanques, un lugubre pressentiment me saisit : les côtes de Provence étaient écrasées sous un énorme plafond de nuages d'un noir d'encre, prêt à crever. Le vent d'est s'était levé et déjà une forte houle secouait durement le bateau. Quelques feux brillaient encore de-ci, de-là, au hasard des caps et des récifs que notre navire contournait très au large. Puis la nuit vint, subitement, sans crépuscule. Tout était désormais confondu dans l'uniformité sans relief des ténèbres. Une rafale de vent s'abattit sur le navire, le coucha presque sur le flanc ; il y eut un grand bruit de vaisselle brisée, de portes qui claquent. J'étais resté sur le pont, me cramponnant au bastingage, mais un officier de quart me cria poliment de regagner ma cabine. Des matelots couraient, s'activaient, renforçaient les haussières des embarcations. Une nouvelle déferlante fit gîter le navire bord sur bord. Un marin glissa et traversa le pont du navire sur le ventre, allant s'assommer sur le bastingage opposé. Je regagnai en titubant ma cabine.

J'ai la chance de supporter très bien la mer. Des dizaines de traversées entre Marseille et l'Algérie, sur les vieux « Gouverneurs » instables et roulant comme des barriques, m'ont aguerri, et plusieurs fortes tempêtes m'ont appris que la Méditerranée, lorsqu'elle se déchaîne, devient l'une des mers les plus dangereuses du monde.

Les typhons qui bouleversent la Méditerranée n'épargnent pas le littoral ni les montagnes côtières. J'en avais fait la cruelle expérience au début de l'année alors que j'effectuais un reportage en Kabylie. J'avais traversé la Grande Kabylie de Tizi-Ouzou à Azasga et je descendais la vallée de la Soummam, lorsque la tempête qui avait encapuchonné les montagnes me rattrapa avec une rapidité stupéfiante ; en moins d'un quart d'heure, les trombes d'eau formèrent devant mon pare-brise un véritable rideau effaçant toute visibilité. Je conduisais prudemment, à l'aveuglette, et j'aperçus trop tard le parapet d'un pont signalé par sa basse muraille blanchie à la chaux. Je l'évitai de justesse d'un coup de volant à gauche car j'étais persuadé avoir frôlé le parapet de droite du pont. L'erreur est humaine. C'était, hélas ! le parapet de gauche et je m'étais pour ainsi dire volontairement jeté dans le vide. La jeep fit plusieurs tonneaux, dévala le talus et se retourna sur sa capote, les roues en l'air, me retenant prisonnier dans l'eau boueuse de la Soummam. Il existe sur les jeeps de guerre, simplifiées à l'extrême, une sorte de demi-lune, découpée dans la tôle de la carrosserie et permettant au conducteur de se dégager plus rapidement de son siège. Les arceaux qui soutiennent la capote sont d'une solidité à toute épreuve, je leur dois la vie. Mais dire comment, très sérieusement blessé, je réussis à me glisser par la petite ouverture en demi-lune, à faire surface, à gravir la dizaine de mètres du talus qui me séparait de la route est impossible. Je fus retrouvé, à demi inconscient, ensanglanté, marchant courbé en deux sur la route nationale par un colon compatissant qui me conduisit à la clinique de Bougie.

Après une nuit fiévreuse et agitée, je me réveillai dans un lit douillet, tout surpris d'être là et ne me souvenant de rien.

— Alors « trompe-la-mort » ! me dit le médecin, comment vous sentez-vous ?

— Hum !

— Ça ira, mais vous avez six côtes cassées. Vous l'avez échappé belle, vous auriez dû être noyé ou assommé ! La tempête a sévi toute la nuit. Triste nouvelle : le *Lamoricière* a coulé corps et biens à deux cents kilomètres au nord de Bougie. Il y a très peu de survivants. La cargaison, mal arrimée, avait provoqué une gîte imparable, les panneaux de cale ont cédé.

Je me levai difficilement, allai jusqu'à la fenêtre de la clinique. On dominait la ville de Bougie et son port où plusieurs navires s'étaient réfugiés. Des cargos avaient mis à la cape sans pouvoir entrer. La mer était boueuse, et une forte houle déferlait encore sur la jetée. Les montagnes de Kabylie étaient recouvertes de neige jusqu'au littoral.

Cette nuit de l'*Istanbul* évoquait pour moi la catastrophe du *Lamoricière*. Ce fut une nuit de cauchemar au cours de laquelle je fus à plusieurs reprises roulé à bas de ma couchette. Assailli par les déferlantes, le navire prenaît une gîte considérable. La grande clameur du vent, les vagues déchaînées frappant la coque d'acier comme autant de coups de tonnerre se répercutaient dans tout le navire. A l'intérieur, c'était un désordre indescriptible : grands salons dévastés, coursives encombrées d'objets divers, passagers affolés, courant comme des hallucinés, cherchant refuge et protection auprès des officiers de service. L'équipage, admirable de sang-froid, veilla toute la nuit, sur les différents ponts, sur la passerelle et, lorsque le jour vint, on dénombra de nombreux blessés, surtout parmi l'équipage : membres brisés, traumatismes crâniens dus aux chutes provoquées par le terrible roulis du navire.

J'avais suivi le conseil qui m'était donné et, malgré ce chahut extraordinaire, la fatigue aidant, je m'étais endormi.

Je fus réveillé par cette sensation particulière, bien connue des montagnards, que provoque le silence succédant à la clameur des éléments déchaînés. Le ronronnement rassurant des machines était à peine audible, le navire immobile roulait bord sur bord.

Dans les coursives, sur les ponts, dans les salons, l'équipage s'affairait. On lavait, on jetait à la mer, on réparait des câbles, des haussières, on faisait la grande toilette de l'*Istanbul*. Tradition des gens de mer : rien ne devait rappeler aux passagers la nuit de la tempête.

J'abordai le commissaire de bord qui m'avait reçu la veille. Il avait les yeux cernés, le visage fiévreux. Son uniforme était défraîchi.

— Que se passe-t-il, commissaire ? Pourquoi sommes-nous empannés ?

— On attend que le port de Gênes soit dégagé pour accoster. (Puis, surpris :) Vous n'allez pas me dire que vous avez dormi ?

— La fatigue aidant...

— Vous avez de la chance. Nous avons traversé la plus violente tempête qu'ait jamais connue la Méditerranée. Je peux bien vous le dire maintenant, nous avons été plusieurs fois en danger, même en suivant une route au large. Malheureusement, beaucoup de bateaux plus petits ont sombré. D'ailleurs, montez sur le pont, le spectacle en vaut la peine.

La mer était couleur de rouille, encombrée d'épaves. Des troncs d'arbres entiers flottaient, arrachés aux forêts côtières. Les coques renversées des petites embarcations de plaisance ou de pêche dérivaient le ventre en l'air comme des poissons morts.

Après une attente de plusieurs heures, l'autorisation d'accoster nous fut accordée et l'*Istanbul* entra lentement et majestueusement dans le port de Gênes. Il avait mis le grand pavois et, tandis qu'on accueillait les congressistes italiens et d'Europe centrale, l'orchestre à cordes jouait des valses de Vienne sur le pont-promenade. La comédie succédait à la tragédie.

L'épouvantable cyclone qui nous avait assaillis était allé porter sur d'autres mers ses fureurs. Il ne restait comme preuve du cataclysme qu'une houle allongée qui soulevait à intervalles réguliers la surface de la mer.

Le beau temps devant nous accompagner jusqu'aux Dardanelles, la suite du voyage ne fut qu'une croisière agréable.

Le coucher de soleil nous surprit à l'orée de l'Adriatique. A bâbord défilaient devant la lisse des côtes sombres, des côtes déchiquetées, des péninsules menaçantes que ne signalait aucun phare. L'officier de quart m'en donna la raison :

— Les rebelles contrôlent le pays. Par mauvais temps, la navigation dans ces parages devient très délicate.

Ainsi se dressait dans la nuit, plus sombre que la nuit, plus sombre que la mer éclairée par la lune, plus sombre que le ciel où scintillaient des myriades d'étoiles, la côte hellénique. Ces rocs mystérieux semblaient cacher le drame intime de ce malheureux pays.

Pauvre Grèce de 1947 ! Sa monnaie ne valait plus rien. Il fallait des milliers de drachmes pour acheter un journal. L'intérieur du pays était en pleine révolution. La Grèce tout entière hoquetait des derniers spasmes de la guerre.

Le congrès de la vigne et du vin se déroula comme tous les congrès : beaucoup de parlotes, beaucoup de récriminations. Une plainte des fabricants de champagne français, voulant interdire l'appellation « champagne » aux vins de Californie ; les distillateurs de cognac contre les « cognacs » espagnols. Discussions arides au cours desquelles s'ébauchait déjà sans qu'on le sache une future communauté européenne. Je ne suis pas un spécialiste de la question et, bien sûr, ce congrès me fournissait le prétexte d'une enquête sur la Turquie moderne, la Turquie de Kemal Atatürk le novateur. Le dictateur avait interdit, sous peine de mort, le port du turban ou du fez. La foule turque allait et venait, du Grand Bazar aux Eaux-Douces, en casquettes de prolétaire et bleus de chauffe. Kemal avait voulu une République turque à l'image de l'Occident. Ce brillant officier et dictateur était mort en novembre 1938, mais il se survivait par les lois qu'il avait promulguées, par l'image du « libérateur » qui ornait encore tous les intérieurs turcs. L'islamisme n'était plus une religion officielle, les sectes musulmanes étaient dissoutes, mais de petits indices me prouvèrent que Mahomet restait encore la conscience du peuple. Ainsi cet incident révélateur : mon chauffeur de taxi s'arrêta brusquement sur une large avenue de la périphérie, me demanda poliment en anglais d'attendre quelques minutes ; il ôta sa casquette, se recouvrit le crâne d'un mouchoir, descendit du véhicule et commença sa prière, en pleine rue, imité par de nombreux passants ; alternant les génuflexions et les stations debout, baisant le bitume du trottoir, il était redevenu le fidèle musulman récitant la *fatiha* avec ferveur.

Il y avait encore en 1947 une bourgeoisie turque et, bien que deux guerres nous eussent séparés de la Turquie et que l'influence de l'Allemagne eût été prépondérante sous le régime d'Atatürk, la classe aisée de la population parlait encore un français délicat et châtié. Ce résultat était l'œuvre des frères des écoles chrétiennes dont l'enseignement se poursuivait dans les écoles libres. Peut-être était-ce le lien culturel le plus subtil et le plus efficace que nous pouvions apporter à ce pays si longtemps tenu à l'écart de la présence française.

Un congrès du vin ne peut qu'être joyeux. Nous allions de banquets en réceptions. Les unes se tenaient dans les différents palaces de Galata, les autres sur les grands bateaux touristiques qui parcourent le Bosphore et la mer de Marmara. Entre l'Europe et l'Asie, l'énorme courant du Bosphore nous apportait le souffle mystérieux et inquiétant du grand voisin de l'Est. Pour les Turcs, la Russie des Soviets était l'épouvantail héréditaire et, pour s'en défendre, ils avaient tendu d'une rive à l'autre du Bosphore, à l'entrée de la mer Caspienne, un énorme filet d'acier, qu'on nous fit visiter en détail.

Le retour constitua une véritable croisière d'agrément. Nous fîmes escale à Naples encore dans le chaos de l'immédiat après-guerre. Dans les ruelles de la vieille ville, des femmes s'offraient pour un paquet de cigarettes, des parents vendaient et prostituaient leur fille à peine nubile. Crépuscule d'une civilisation où la misère provoquée par la guerre avait conduit à l'abolition ou à la négation de tout ce qui constituait auparavant une cellule familiale, une éducation chrétienne. Naples était une ville amorale, si atrocement décrite par Curzio Malaparte dans *Kaputt*, une ville livrée à la maffia des trafiquants.

Quand on remonta à bord, beaucoup de passagers avouèrent la perte de leurs appareils photographiques, de leurs sacs à main ou sacoches, et franchirent la coupée du navire avec soulagement.

Comme nous quittions Naples en fin d'après-midi et que le paquebot franchissait la passe, mon attention fut attirée par deux hommes en treillis militaire portant sur le dos les lettres *W.P.* qu'un officier marinier avait libérés d'une cabine-cellule située à l'arrière du navire dès que notre paquebot eut dépassé la dernière jetée. Deux hommes jeunes, blonds, athlétiques, qui contemplaient avec mélancolie le spectacle animé de la baie de Naples, couronnée par la fumée du Vésuve.

Parallèlement à notre bord, un cargo américain, plus

lent, sortait également du port et nous allions le dépasser lorsque subitement, l'un des hommes, poussant un cri rauque, prit son élan, franchit en quelques foulées la largeur du pont et, suivi de son compagnon, plongea dans la mer, nageant avec énergie vers le navire américain distant d'une centaine de mètres. L'alerte était aussitôt donnée. L'*Istanbul* stoppa ses machines, courut sur son erre, cependant que l'équipage mettait une chaloupe à la mer. Des signaux optiques s'échangeaient entre les deux navires et, une heure plus tard, la chaloupe de l'*Istanbul* ramena à bord les deux fugitifs. Extradés par le gouvernement italien, ils devaient être, pour je ne sais plus quelles sombres raisons, remis aux autorités françaises à Marseille.

Une ultime traversée me ramena à Alger.

Une nouvelle venait d'attrister la France et l'Algérie : l'avion qui transportait le maréchal Leclerc s'était écrasé pour des raisons inconnues dans le désert sud-marocain, entre Bou Arfa et Colomb-Béchar, le 28 novembre 1947.

Il n'y avait pas une minute à perdre. Je pris juste le temps d'embrasser ma femme et mes enfants, de me changer et, muni d'un maigre bagage, je me fis conduire à l'aéroport de Maison-Blanche où, par les soins d'Alain de Sérigny, une place m'était réservée à bord du Bloch 220 officiel. L'avion décolla à l'heure précise en direction du sud, ayant à son bord les membres de la commission d'enquête et une consœur, Brigitte Friang, jeune femme courageuse qui s'était illustrée comme correspondante de guerre en Indochine et terminait une convalescence bien méritée au palais d'Eté où elle était l'hôte du gouverneur général Chataigneau.

Mon arrivée provoqua une certaine gêne car l'avion était complet mais l'équipage me fit une petite place et j'accomplis tout le vol accroupi dans le nez de l'appareil, entre les jambes du mécanicien.

L'avion pris dans une brume de sable se traînait à faible altitude sur les hauts plateaux, mais nous atterrîmes sans trop de peine à Béchar. Trop tard pour aller le soir même sur les lieux de l'accident. L'avion du maréchal s'était écrasé à mi-chemin entre la frontière marocaine et Béchar, au sud de Bou Arfa, à proximité de la voie ferrée Oujda-Béchar, premier tronçon du futur transsaharien, inauguré le 7 décembre 1941. J'avais, on s'en souvient, couvert à l'époque l'événement.

Le lendemain, nous prenions la piste et, en moins de deux heures, nous étions rendus sur place. Ce paysage que nous parcourions m'était familier. C'était un reg caillouteux, brûlé de soleil, un haut plateau descendant par des marches successives jusqu'à la dépression de Béchar. Lorsqu'il s'était abîmé au sol, l'avion avait dépassé la zone des montagnes et des collines, et seuls un manque de visibilité dû au vent de sable ou une défaillance mécanique avaient pu provoquer l'accident. Par vent de sable, au Sahara, tout se ressemble, tout devient uniforme, tout relief est aboli et sous ses ailes le pilote ne voit plus qu'un vaste courant cosmique de sables roux chassés par les alizés et érodant la terre. Alors, la plus petite erreur de navigation peut être fatale.

Les débris de l'avion s'étendaient sur une grande distance et, sur ce désert des déserts, une femme en noir et deux adolescents, la maréchale Leclerc et ses enfants, parcouraient le site de la catastrophe, glaneurs tragiques, ramassant de-ci de-là, un caillou noirci par le feu, un débris de tôle, seuls souvenirs palpables de cet accident qui enlevait à la France le plus illustre et le plus aimé de ses maréchaux.

Leclerc de Hauteclocque, l'homme du serment de Koufra, prenait sa véritable dimension dans l'Histoire ; il était encore jeune et d'une vitalité débordante ; il devait rendre à la France d'immenses services. Que s'était-il passé ? En cette période troublée, l'enquête piétina. Pour ma part, je ne pus que décrire le site, car lorsque nous arrivâmes les corps des passagers de l'avion avaient été enlevés.

On découvrit avec stupeur qu'il y avait à bord de cet avion un passager de plus que ne le consignait le livre de bord. Un passager inconnu, carbonisé avec les autres, et dont on ne connaîtra jamais l'identité. Les bruits les plus invraisemblables ont alors circulé. L'avion avait-il été sa-

151

boté ? Qui avait intérêt à la mort du maréchal ? Questions ambiguës, peut-être gênantes, et qui encore de nos jours sont évoquées avec prudence. Le mystère de la mort de Leclerc ne sera jamais expliqué.

Je me souviendrai toute ma vie de la dignité de la maréchale Leclerc durant cette épreuve. Elle allait et venait, ombre silencieuse, sur le reg embrasé par le feu du soleil et le feu de la catastrophe. Concentrée dans son chagrin et ses souvenirs, elle nous ignorait, vivant déjà dans un autre monde. Ceux qui étaient les témoins de cette grande douleur se taisaient, accablés, respectant son silence et sa peine si noblement contenue.

De retour à Alger, je n'ai pas fait un bon reportage. Il y avait trop à dire et il ne fallait rien dire. Pourquoi affabuler ?

7

L'année 1948 commença mal. J'avais été terriblement secoué par mon accident de jeep en Kabylie, et je gardais la chambre, souffrant de mes six côtes cassées, lorsqu'un coup de téléphone de M. Georges Estienne, fondateur de la ligne des Transports tropicaux Alger-Tamanrasset-Fort-Lamy-Bangui, vint me distraire de mes pensées pour une fois mélancoliques. J'admire Georges Estienne, ce grand pionnier des pistes sahariennes, l'homme qui, jeune lieutenant des compagnies sahariennes, fut chargé par Citroën de préparer jusqu'au Hoggar les étapes de la Croisière Noire, l'audacieux explorateur qui, le premier, traversa le Tanezrouft à bord d'une 5 CV Renault, reliant ainsi en 1923 l'Afrique du Nord au Niger, établissant à cinq cents kilomètres au sud de Reggane le relais routier connu sous le nom devenu historique de Bidon V.

Georges Estienne nous avait soutenus magistralement en 1935, en prenant à sa charge le transport de l'expédition alpine du capitaine Coche au Hoggar. Depuis, nous étions devenus amis et il me le prouvait fréquemment. Au téléphone, sa voix sonnait comme un clairon, signe d'enthousiasme.

— Voilà, me dit-il, sans me laisser le temps de m'expliquer, nous partons demain à bord d'un Lockheed du même type que ceux que j'emploie sur ma ligne aérienne Alger-Fort-Lamy. Je m'aperçois que les oasis du Nord saharien ne sont desservies que dans le sens nord-sud et qu'il y a une ligne vacante d'est en ouest, c'est-à-dire de Tunis au Maroc par Ghardaïa, El Goléa, Timimoun, Adrar, Béchar et Casablanca. Je vais étudier le circuit et je tiens à avoir votre avis. Je vous ferai prendre chez vous demain matin. Mes hommages à votre épouse.

Il avait déjà raccroché avant même que je puisse lui dire que j'étais au lit, que je remuais avec peine et que je souffrais énormément. Mais de tout cela je n'avais cure. Tout à coup transformé, je sautai du lit en oubliant que j'avais mal, et bondis tout joyeux dans l'appartement.

— C'était Georges Estienne, dis-je à ma femme, un reportage unique ! On part demain en avion pour jeter les bases d'une ligne aérienne commerciale dans le territoire des oasis. Quelle veine !

— Et tes côtes ?

Je fis la grimace.

— En avion, ça ne doit pas me gêner beaucoup plus qu'au lit.

Elle était habituée à mes départs précipités et se contenta de me dire :

— Tu ne viendras pas te plaindre...

Le Lockheed sur lequel nous allions partir est un avion commercial de l'après-guerre. Dans les années 45-50, il était considéré comme l'un des plus rapides et des plus sûrs, grâce à ses qualités ascensionnelles, à sa vitesse et à la puissance de ses moteurs. Il pouvait en outre se poser sur des terrains de fortune, ce qui était le cas au Sahara.

J'ai fait de nombreux voyages sur cet avion mais aucun ne fut émaillé d'incidents aussi étranges que celui qui marqua la première étape de ce voyage.

Nous devions nous poser à Ghardaïa, dans le Mzab, à sept cents kilomètres au sud d'Alger. Bien que cette liaison fût un voyage d'étude, Estienne, toujours prêt à rendre service aux populations du Sud, avait accepté de prendre à bord trois commerçants mozabites qui ramenaient en terre sainte leur vieux père, très âgé et souffrant.

Les Mozabites ont été appelés « les puritains de l'islam ». Ils sont aussi les plus habiles des commerçants et se sont spécialisés dans toute l'Algérie en tenant des boutiques d'épicerie particulièrement bien approvisionnées. Leur commerce est une affaire familiale, elle se transmet en lignée directe ou collatérale, mais reste toujours entre les mains d'un Mozabite. Très économes, les Mozabites font fortune, puis se retirent au Mzab, ce désert de pierres, hamada rocailleuse coupée d'étranges canons calcinés au fond desquels ont été construites les sept villes pyramidales du Mzab. A force de labeur, d'argent et de ténacité, ils ont réussi à créer dans le lit des oueds de magnifiques palmeraies.

De leurs cités longtemps interdites aux Européens, on ne distingue, lorsqu'on roule sur la hamada, que l'extrémité du minaret phallique qui coiffe la mosquée principale, érigée au sommet de la pyramide de cases colorées séparées par des ruelles chaulées de couleurs vives. Les Mozabites, en butte aux persécutions des musulmans hanefites, se sont réfugiés, dans les siècles passés, dans ce désert des déserts pour y pratiquer en paix le rite ibadite qu'ils considèrent comme l'orthodoxie même de l'islam. Ils sont devenus très naturellement et jusqu'aux plus récents événements les alliés de la puissance française.

Le vieillard qu'ils accompagnaient à l'avion marchait curieusement, sans toucher terre, soutenu à bras-le-corps par ses fils qui l'entouraient et nous le dissimulaient. Il était engoncé dans une triple épaisseur de burnous, et le capuchon rabattu sur sa tête nous masquait son visage. Il fut hissé avec beaucoup de précautions dans l'avion et attaché sur son siège.

On décolla sans histoire.

Tout à coup Estienne me regarda, fronça les narines. J'en

fis autant. Dans le cockpit, le pilote s'était retourné et nous murmurait :

— Ça schlingue ! Vous n'avez pas emporté un camembert trop avancé ?

On le rassura.

La puanteur, bien vite, devint insoutenable. On en chercha la cause mais sans rien découvrir.

Cependant le vol se poursuivait sans encombre et, deux heures plus tard, nous atterrissions à Noumerate, sur le terrain de Ghardaïa, à dix-huit kilomètres au sud de la ville sainte, simple piste dégagée d'obstacles sur la hamada caillouteuse.

Une camionnette bâchée attendait nos voyageurs mozabites. Les occupants en sortirent un brancard, pénétrèrent dans la carlingue et, avec une rapidité inouïe, y couchèrent le vieillard, sans prendre, me semblait-il, beaucoup de ménagements.

Le mécanicien qui avait proposé de les aider avait été repoussé avec brutalité mais n'avait pas insisté. S'approchant d'Estienne, il lui glissa à l'oreille :

— Le vieux a dû mourir dans l'avion. A moins qu'il n'ait été déjà mort lorsque ses enfants l'ont porté dans l'avion. C'est pour cela que...

— Oui, oui, dit Estienne. Aérez-moi la cabine et oublions cet incident, on désinfectera l'avion à El Goléa.

Nous devinions tous la supercherie.

Les Mozabites ne veulent pas mourir en terre étrangère et, lorsqu'ils sentent venir la mort, ils regagnent le Mzab et l'une des sept villes saintes. Malheureusement il est souvent trop tard, le trépas a été subit et a surpris les parents ; alors on fraude car transférer des corps nécessite beaucoup de temps et de formalités. Nous étions maintenant certains que le vieillard était déjà mort lorsque ses fils l'avaient porté dans l'avion et ficelé sur son siège comme un passager ordinaire, chose facile car il ne devait pas peser bien lourd. La chaleur à l'intérieur de la carlingue de l'avion, qui avait longtemps attendu au soleil, avait dû activer la décomposition.

Mais qu'importe puisque le père, maintenant, avait retrouvé la terre sainte. Enterré dans le blanc linceul des croyants, il reposait désormais dans un trou de sable recouvert de pierrailles sur la hamada qui affleure le sommet de la cité pyramidale, là où les tombes se confondent avec le désert.

La suite du voyage se poursuivit de façon exemplaire. On visita El Goléa, Timimoun, Adrar, puis d'un seul vol nous survolâmes l'Atlas marocain et nous nous posâmes à Casablanca. On refit le voyage en sens inverse, mais je demandai à Georges Estienne de me laisser à Timimoun, l'oasis rouge, sise à la lisière sud du Grand Erg occidental. Je n'y étais plus retourné depuis ma traversée du Grand Erg à dos de chameau de 1937.

Le capitaine Le Prieur commandait l'annexe. Cet officier, je le rappelle, avait eu le rare privilège de découvrir en 1941 un point d'eau permanent au sud de Tanezrouft, sur le trajet de la piste Alger-Gao. Ce puits sécurisait singulièrement la piste de Bidon V et il portait son nom (débaptisé depuis évidemment !).

Le car mensuel régulier des transports tropicaux devait arriver à Timimoun dans quelques jours et je pourrais l'emprunter pour retourner à El Goléa où m'attendrait l'avion de Georges Estienne revenu de Tunisie. J'avais tout le temps de parcourir l'oasis de « banco » rouge, construite dans le style soudanais cher au colonel Carbillet, ancien commandant du Territoire des oasis. Je flânai dans la palmeraie, poussai une pointe à travers la grande sebkhra ruisselante de sel jusqu'aux premières dunes du Grand Erg, et retrouvai l'endroit où, avec Plossu, nous avions fait notre dernier bivouac, n'ayant plus une goutte d'eau à boire par suite de l'imprévoyance de nos sokhrars qui, se croyant arrivés, avaient vidé nos dernières guerbas pour alléger leurs chameaux.

Un jour, Le Prieur vint me réveiller. Nous avions terminé la sieste, la chaleur tombait.

— Venez, me dit-il, j'ai quelque chose d'intéressant à vous montrer.

Il avait un sourire énigmatique. Je le suivis jusqu'au

cimetière musulman, un peu à l'écart de la cité administrative, où les tombes recouvertes de cailloutis reconnaissables aux pierres levées fichées dans la terre bosselaient le reg. Elles se confondaient avec le désert, et seule la blancheur crue des coupoles recouvrant les tombes des marabouts mettait des taches vives sur cette plaine infinie.

Nous nous arrêtâmes devant une sépulture toute récente.

— Une femme a été enterrée ici il y a deux jours, me dit Le Prieur, et mon chaouch m'a discrètement averti que la sépulture avait été violée cette nuit. On a simplement creusé pour décapiter le cadavre et emporter la tête, puis on a vaguement rebouché le trou.

— Dans quel but, ce dépeçage, capitaine ? Une vengeance ?

— C'est plus simple qu'il n'y paraît. Une vague affaire de bor-bor. La sorcière avait besoin d'une cervelle encore en état de décomposition pour préparer son poison. Ce n'est pas elle l'instigatrice, et le vrai coupable se dissimule.

L'usage du bor-bor est courant dans les oasis sahariennes. Le poison est fabriqué sur demande par la sorcière du village. Sa composition diffère selon le résultat que l'on veut obtenir : ce peut être une mort rapide ou lente, ou simplement une dégradation de la volonté de la personne à qui on l'administre régulièrement à petites doses. Ce dernier cas était le plus courant du temps de la présence française au Sahara. Les femmes des officiers, sous-officiers ou méharistes français n'étaient pas autorisées à rejoindre leurs époux dans les différents postes du Sud. Fréquemment une maîtresse noire prenait la place laissée vide par l'absence de l'épouse légitime. Pratique sinon autorisée, du moins tolérée par les autorités supérieures. Etre la maîtresse d'un sous-officier et surtout d'un officier était une position sociale enviée. La simple hartania descendante des anciens esclaves devenait ainsi la favorite du chef, et cherchait par tous les moyens à prolonger cette situation exceptionnelle génératrice de présents, de nourriture, de belles étoffes. Et que dire des pouvoirs acquis par cette promotion sur les autres femmes du poste ? Cette vie de rêve était précaire. Elle disparaîtrait le jour où surviendrait le rappel en Europe ou le changement de poste de celui qu'elles tenaient par les sens, et plus encore par le bor-bor : ce bor-bor qui plaçait sous leur domination un homme jadis brillant, bien noté, actif et conscient de sa mission, et devenu en quelques mois un personnage falot, sans volonté, négligé jusque dans sa tenue, délaissant même ses camarades de mess ou de po-pote pour se complaire dans les fréquentations douteuses et nocturnes des zeribas.

La composition du bor-bor est variable. C'est l'affaire des sorcières locales. On croit savoir que les principaux ingré-dients qui le composent sont notamment à base de venin de serpent, de crapauds desséchés et pilés, de graines de falez-lez, plante vénéneuse qu'utilisèrent les Touaregs pour ren-dre fous et anéantir les derniers survivants de la mission Flatters. Entrent également dans cette préparation les pto-maïnes qui se dégagent de la cervelle d'un cadavre humain en décomposition, ce qui explique le viol de la sépulture et la décapitation du cadavre dont nous avions été témoins. Le tout forme une poudre sans goût ni odeur qui peut être versée dans tous les aliments sans les altérer.

J'ai suffisamment décrit les effets du bor-bor dans mes romans sahariens, tels que *Le Rendez-vous d'Essendilène*, *La Piste oubliée* et plus récemment *Djebel Amour* pour ne pas m'étendre davantage sur ce sujet.

Je m'aperçois que je n'ai pas parlé depuis longtemps de mes côtes cassées. Pourtant, elles ne m'ont guère laissé tranquille au cours de ce voyage. Que ce soit en position debout, assise ou couchée, j'ai souffert sans relâche, respiré difficilement, mais l'intérêt et la nouveauté du voyage me faisaient oublier la douleur.

C'est cependant avec appréhension que je pris place dans le car des Transports tropicaux qui assurait le courrier de Timimoun. De cette oasis jusqu'à El Goléa, il y a environ quatre cents kilomètres. La piste était considérée à l'époque comme la plus mauvaise du Sahara. Timimoun est en effet située entre les deux grands axes de pénétration saha-rienne : à l'ouest, la piste Béchar-Adrar, Tanezrouft, Gao ; à l'est, Alger, Tamanrasset, Agadès, Zinder.

Nous mîmes près de quinze heures pour accomplir le trajet, et la tôle ondulée, ce fléau des pistes sahariennes, était si accentuée que nous étions secoués de façon épouvantable. Ce vibromassage imprévu dépassait en violence tout ce qu'on pouvait imaginer. J'aurais dû hurler pour me soulager mais, comme j'étais seul responsable de ce traitement énergique, j'évitais de me plaindre. Et puis, au fil des heures et des secousses, il me sembla que mon état s'améliorait. Miraculeux, ce traitement ! Lorsque je descendis du car à El Goléa, je respirais librement. Sous l'effet de la trépidation et des chocs de la piste, les côtes fêlées de mon thorax s'étaient réajustées toutes seules. Comme les éléments d'un puzzle ! Les dernières séquelles de ma chute dans l'oued Soummam venaient de disparaître définitivement.

Je livre la recette à qui voudra l'essayer. Il doit bien y avoir encore, quelque part dans les déserts, des pistes et, sur ces pistes, de la tôle ondulée !

De ce voyage nous avions surtout retenu que l'infrastructure saharienne était encore trop précaire pour que des avions de la puissance du Lockheed puissent se poser sans risques sur les petits terrains de Timimoun, d'Adrar ou d'In Salah, juste accessibles à l'époque aux Potez 25 ou aux Junker trimoteurs de la récente guerre mondiale.

Les vols sahariens offraient encore en 1948 des risques non négligeables. En tout cas, voler était une manière pittoresque de découvrir le Sahara. On volait à petite altitude, beaucoup plus au « pifomètre » qu'aux instruments. Quelquefois l'aventure surgissait sous nos ailes, inattendue. Ainsi, ce même jour où nous avions débarqué à Ghardaïa le cadavre du Mozabite, avions-nous failli rester en panne. La nuit approchait et nous devions rejoindre El Goléa à quatre cents kilomètres au sud. Le Lockheed refusait de démarrer. Sur cet appareil, très en avance pour son époque, les connexions électriques étaient d'une rare complexité. Le mécanicien effectua ce qu'on nomme maintenant un *check-up* qui dura près de trois heures. Je me voyais déjà dans l'obligation de « marcher la piste » jusqu'à Ghardaïa, à dix-huit kilomètres plus au nord. Trois heures d'essais, de vérifications, de contacts, pour découvrir enfin la petite connexion, le petit fil de cuivre qui commandait l'ensemble et qui s'était rompu. En une seconde, tout était réparé et nous nous posions de nuit à El Goléa.

En cette même année 1948, effectuant un reportage en Tunisie, j'empruntai l'avion régulier d'Air France qui assurait en un semblant de ligne commerciale un service régulier entre Tunis et Djerba. Les avions étaient les infatigables Junker.

Si la solidité de l'avion entièrement métallique n'était pas à mettre en doute, la qualité des pneumatiques du train d'atterrissage, en revanche, laissait à désirer. On en manquait, et ceux qu'on avait étaient usés jusqu'à la corde. Ainsi s'explique l'aventure qui nous arriva.

On décolle de Tunis, on se pose à Gabès sur une piste caillouteuse, mais suffisamment longue. Petite explosion ! L'avion fait un tête-à-queue. Pas de mal ! L'une des deux roues a éclaté.

— J'ai une roue de secours à bord, dit le pilote.

Le temps de trouver un cric, de changer de roue, deux heures de travail, on repart.

L'avion doit faire escale à Zarzis, à la frontière de ce qui était alors la Tripolitaine. Le pilote amorce sa descente, enfile correctement la piste. Clac ! nouvelle explosion, nouveau tête-à-queue. Pas de mal ! Mais nous n'avons plus de roue de secours. Qu'importe ! En fouillant dans le hangar militaire désaffecté, on trouve, chance inouïe, une roue et un pneu. Nouvelle manœuvre encore plus longue que la première.

Le train d'atterrissage réparé, on décolle. De Zarziz au terrain de Djerba, la distance est très courte : à peine parti, on survole déjà les oliviers quadrimillénaires du roi Salomon et on se pose sur l'île des Lotophages.

— Jamais deux sans trois ! dis-je au pilote.

— Vous allez nous porter la schkoumoun ! dit-il.

Ça ne manque pas. On se pose, on roule dix mètres. Clac ! explosion, tête-à-queue ! On a pris l'habitude.

Seulement nous sommes à Djerba, il n'y a plus de pneus,

et Tunis, alerté par télégramme, nous dit qu'il en fait venir une paire, qui seront transportés par car jusqu'à Sfax, et... par bateau de Sfax à Djerba.

Quelques passagers trouvent l'aventure amère. L'équipage et moi ne sommes pas du même avis. Nous passerons ainsi quatre jours dans ce véritable paradis qu'est Djerba, devançant sans le savoir de plus de quinze ans les touristes du Club Méditerranée. Un des meilleurs souvenirs de ma carrière restera ces quatre jours de détente dans une île à l'époque déserte, pas équipée, offrant des kilomètres de plages de sable fin. Une île peut-être moins peuplée que du temps du roi Salomon !

Revenant du Fezzan sur ce même type d'avion effectuant la rotation mensuelle des oasis, j'avais décollé de Rhat et, après une escale à Djanet, nous devions nous poser à Fort-Polignac, au nord du tassili des Ajjers.

Depuis la découverte du pétrole et la construction de la piste d'Edjelé, le poste a perdu de son importance.

A l'époque, c'était un simple bordj de « banco » entouré de misérables zeribas de roseaux. L'adjudant Vacher commandait le poste ; on disait de lui qu'il était le Français connaissant le mieux les Touaregs du Nord dont il parlait couramment la langue. Il avait été envoyé comme interprète officiel de tamachek auprès de la Commission internationale qui, quelques semaines auparavant, avait décidé du sort et de l'autonomie du Fezzan.

Le vieux « Ju » était surchargé de passagers et de bagages.

Juin est l'époque de l'année où l'on rapatrie sur l'Algérie ou la France les fonctionnaires civils des Territoires du Sud, et leurs familles. Femmes et enfants s'entassaient dans la longue et étroite carlingue. J'étais en surnombre, trop content d'avoir été accepté, car l'avion ne faisait qu'une rotation par mois et je devais impérativement rentrer sur Alger. Aussi n'avais-je trouvé place que dans la queue de l'appareil, sur un siège réservé à d'autres usages ! Je m'y trouvais enfermé dans un étroit habitacle, sans hublot, et je découvris qu'on se posait à Polignac par le roulement

161

cahoté de l'appareil sur un terrain qui, au jugé, devait être exécrable. Tout d'un coup je sentis mon siège s'affaisser, et je me trouvai assis sur le plancher de l'avion, dont la tôle commençait à s'échauffer. J'avais l'impression d'être en contact direct avec le sol !

Puis tout s'arrêta et je pus m'extirper de ma cachette.

Je mesurai l'étendue du désastre : la queue de l'appareil était presque décollée du reste de l'avion. Celui-ci s'était posé de justesse entre deux touffes de m'rokba, cette haute graminée qui forme dans les oueds des touffes aux tiges serrées retenant le sable. Ces sortes de buttes aussi dures que du ciment poussent généralement en quinconce. Notre pilote avait pu éviter l'une d'elles en la chevauchant habilement mais la roulette de queue de l'avion avait été arrachée au ras de la carlingue par une autre touffe. Les buttes de m'rokba étaient déjà connues comme étant la hantise des automobilistes transsahariens, mais c'était bien la première fois que je voyais un avion victime de leur machiavélique poussée sur cette piste sommaire de Polignac.

La réparation promettait d'être longue car le gouvernail de profondeur avait souffert et nous étions purement et simplement immobilisés, en plein désert, à quelques kilomètres à pied, par un mechbed de chamelier, de Fort-Polignac.

Le mécanicien déroula l'antenne de terre et établit avec difficulté le contact avec sa base.

Un avion de secours devait se poser le lendemain et évacuer les passagers mais, pour le moment, nous n'avions d'autre secours que l'hospitalité de l'adjudant Vacher, seul Européen du fort, qui fort heureusement était venu avec quelques chameaux prendre livraison du courrier officiel et du ravitaillement. Mais le ravitaillement d'une personne ne peut guère suffire à nourrir une vingtaine d'êtres affamés, morts de fatigue, et mon ami Vacher dut amplement puiser dans sa réserve de sardines en boîtes et de l'inévitable chorba des méharistes. Chacun fit contre mauvaise fortune bon cœur. La journée avait été chaude et la marche forcée dans le sable mou de la piste avait aiguisé les appétits. On fit fête à l'eau du puits, sans se soucier de la pollution éventuelle. Le soir vint. Quelques-uns organisèrent une veillée saharienne. Les hommes s'endormirent sous les étoiles, dans le moelleux lit de sable de l'oued. Les femmes et les enfants s'entassèrent dans la chambre monastique et le bureau de Vacher. Et mon ami vint me rejoindre sous l'éthel où j'avais établi mon bivouac. Nous nous étions quittés trois semaines auparavant, devant le ksar Idinen, en pleine nuit, au Fezzan, par 40° de chaleur et un violent vent de sable. Nous avions vécu une extraordinaire méharée qui nous avait conduits du centre du Fezzan jusqu'à Rhat par la « piste oubliée ». De tels souvenirs, eux, ne s'oublient pas. Et j'en reparlerai.

Je n'en avais pas fini avec mes incidents aéronautiques.

L'hiver 1949-50, nous avions, mon ami Georges Tairraz et moi, tourné le premier film en couleurs sur le Sahara. Une longue méharée de plus de mille kilomètres au départ de Tamanrasset nous avait permis d'atteindre Djanet et Rhat. Le film terminé, nous revenions en France et, comme nous décollions de Tamanrasset avec les bobines du *Grand Désert*, nous faillîmes bien terminer ce jour-là notre carrière saharienne.

Le terrain de Tam était à l'époque une longue bande aplanie entre deux hautes collines de blocs de lave et de roches volcaniques aux teintes funèbres. Il était difficile de s'y poser et surtout d'en repartir. Le terrain se terminait ou commençait au nord de Tamanrasset, en bordure des dernières maisons de l'agglomération. Le pilote venait juste de décoller et s'apprêtait à virer vers la droite par-dessus les collines pour aller prendre de la hauteur en dehors des montagnes lorsque son moteur de droite se mit en panne. Il en résulta une immédiate glissade sur l'aile que le pilote réussit à corriger à l'ultime seconde où l'avion allait s'écraser sur les rochers. Augmentant la puissance du moteur gauche, il rétablit son avion en ligne de vol, rampa par-dessus les obstacles naturels de la montagne, survola Tamanrasset en rase-mottes et, ayant réussi à prendre une ligne de vol correcte, revint se poser sur le terrain que nous venions de quitter.

Je n'avais jamais frôlé de si près la catastrophe. Il faut croire que j'ai la baraka.

8

J'ai exercé la plus captivante des professions. Etre grand reporter, découvrir le monde entier, les pays inconnus, le monde du capital et le tiers monde, les pays de liberté et les dictatures tous azimuts. C'est voir avec des yeux toujours neufs. Enregistrer, observer, souvent se fier plus à son intuition personnelle qu'aux renseignements officiels. C'est accepter de partir immédiatement n'importe où. C'est aussi, bien souvent, parler de choses qu'on ne connaît pas et devoir les expliquer clairement au grand public. Ainsi, pour ma part, et bien que ne sachant pas aligner une addition, j'ai publié après-guerre un reportage déclaré très intéressant sur le « béton précontraint » dans la reconstruction des ponts détruits par la guerre ! Une autre fois, j'ai décrit les secteurs d'amélioration rurale du Maroc, les difficultés des producteurs de dattes de Touggourt. J'ai traversé le Grand-Saint-Bernard à dos d'éléphant et le Sahara à dos de chameau. J'ai connu, poussé par ma soif de découvertes, les gisements rupestres du Ténéré, du Hoggar et du Tassili et j'ai vécu la vie des Eskimos dans le Grand Nord canadien. J'ai participé à la migration des rennes en Laponie, et les épreuves sportives hivernales n'ont pas de secrets pour moi. Cette diversité dans la profession, cette activité incessante, ce besoin de toujours connaître ce qu'on ne connaît pas, de vivre avec les populations et non avec leurs dirigeants, tout cela emplit rapidement une vie à tel point qu'on arrive à la vieillesse en se croyant toujours jeune.

Je ne cacherai donc pas qu'en ce début de mai 1948 j'étais particulièrement heureux et impatient de prendre place dans l'increvable Junker du gouvernement général de l'Algérie, qui devait me conduire au Fezzan, où se réunissait la commission internationale russo-américaine chargée de décider de l'avenir de cette région saharienne jusqu'alors colonie détachée de la Tripolitaine italienne.

Un long vol saharien, avec escale dans la très belle oasis de Rhadamès, me conduisit sans histoire à Sebha, capitale du Fezzan, agglomération blanche de cases et de zeribas, groupées autour du grand roc fortifié qui domine la plaine.

Sur le terrain vaste et sommaire stationnaient des avions français, américains et russes, roues calées et ailes haubannées, face aux vents dominants. L'avion que j'avais emprunté était l'avion officiel desservant les oasis. Le « G.G. » m'y avait réservé sans difficulté une place et, la conscience tranquille, je me présentai aux policiers et aux officiels qui surveillaient l'arrivée du courrier.

A peine sorti de la cabine, je fus happé par un officier français qui, sans prendre de gants, me demanda :

— C'est vous l'envoyé spécial de *L'Echo d'Alger* ?

— En effet.

Et je me présentai : Frison-Roche, journaliste et saharien.

— Je vous connais de nom, mais il ne s'agit pas de cela. Comment avez-vous réussi à prendre place dans cet avion officiel ?

— En faisant une demande régulière au « G.G. ».

— Ils ont perdu la tête à Alger ! Le Fezzan est absolument interdit à toute personne étrangère à la commission internationale. Russes et Américains ont exigé qu'il n'y ait aucun journaliste. Paris a respecté l'engagement et voici que vous me tombez du ciel !

— Navré, mais qu'y puis-je ? Mes papiers sont en règle.

— Je suis obligé, en attendant des instructions, de vous faire accompagner au foyer des sous-officiers, derrière la forteresse. Interdiction de sortir jusqu'à la fin de la conférence. Je vais signaler votre présence au représentant de la France, M. Burin des Roziers, et au commandant Sarrazac, gouverneur du Fezzan.

Ce nom me fit pointer l'oreille. Sarrazac avait été l'un des officiers de la colonne Leclerc ; c'était un grand méhariste colonial ayant fait carrière au Tibesti.

— J'aimerais m'entretenir avec le commandant Sarrazac.

— Je lui ferai part de votre demande. Excusez-moi, monsieur, mais la ville entière est consignée.

Je fus fort bien reçu au mess des sous-officiers, où je fis la connaissance de deux personnalités très attachantes : deux méharistes sahariens.

L'adjudant Mollet, dit « le Baron », était chef radio de l'annexe du Hoggar à Tamanrasset ; l'autre était l'adjudant Vacher, que j'ai présenté un peu plus haut. Les Sahariens français constituent une petite famille, ils aiment ceux qui aiment ce désert merveilleux où fleurissent l'amitié et l'entraide. Mes raids au Sahara, mes découvertes de gisements rupestres n'avaient pas échappé à la connaissance de Vacher et Mollet, et ils me firent fête. On évoqua les grandes méharées. Ils étaient entrés dans la carrière par la petite porte, ils la termineraient tout au plus comme adjudants-chefs, mais ils auraient eu la fierté de commander des postes isolés, et leurs fonctions de radios faisaient d'eux des spécialistes indispensables au même titre que le médecin nomade ou le chef d'annexe. Ni l'un ni l'autre n'auraient d'ailleurs voulu rentrer en France. Et pourtant Mollet pouvait prétendre à la fonction recherchée de radio d'ambassade.

Le même soir, le commandant Sarrazac me fit appeler dans son bureau. C'était un officier énergique et intelligent, intransigeant sur les consignes mais très près de ses hommes.

— Je suis navré de vous imposer cette semi-réclusion, me dit-il, mais les consignes sont impératives : pas de journalistes ! J'espère que vous ne m'en voudrez pas. Que vous ne trouverez pas le temps trop long.

— Sebha est interdit, soit. Mais ne pourriez-vous pas m'autoriser à visiter le sud du Fezzan ? Je ne suis jamais allé à Mourzouk et j'aimerais bien connaître les lieux où s'est illustré le colonel Jean d'Ornano.

— Vous le connaissiez ?

— Non, mais j'ai eu le cruel devoir d'annoncer à son frère, le bâtonnier d'Ornano, sa mort devant Mourzouk, le

11 janvier 1941. A *La Dépêche algérienne*, nous avions, bien qu'étant sous le régime de Vichy, un service d'écoutes radiophoniques clandestines, un opérateur quadrilingue captant les messages indifféremment en français, en anglais, en allemand ou en russe. Nous avions eu peu de détails sur le combat de Mourzouk, mais nous avions appris qu'au cours de ce combat Jean d'Ornano avait été tué. Je fus chargé d'aller exprimer les condoléances du journal et de son directeur au bâtonnier. Son bureau était situé dans une de ces maisons patriciennes d'Alger qui entourent le palais de justice et qui datent de la fin du siècle dernier. Je fus introduit auprès d'un vieil homme très grand, à la silhouette racée. Digne et triste, il siégeait, le buste droit, derrière un large bureau encombré de serviettes et de documents. Il connaissait déjà la nouvelle et, se doutant de l'objet de ma visite et devançant mes paroles de condoléances, il me remercia sobrement, médita un long moment, se leva à nouveau, et prit congé de moi sur ces paroles : « Mon frère est mort pour la France, c'est dans la tradition de notre race. Il avait choisi d'agir et non de supporter. Sa mort est exemplaire, nous sommes fiers de lui ! »

Cette visite avait été faite le 13 janvier 1941.

Sarrazac m'avait écouté avec émotion. La mort de Jean d'Ornano évoquait pour lui une époque qu'il avait intensément vécue. Tandis que le colonel effectuait son raid sur Mourzouk, Sarrazac, complétant l'action de diversion, réalisait plus au sud un djich à dos de chameau resté historique, qui l'avait mené jusqu'aux garnisons italiennes d'Uigh el-Kébir, de Tedjeri et de Tummo. Partis de Wour, ses méharistes avaient couvert plus de mille kilomètres en territoire ennemi.

— Si vous voulez vous rendre à Mourzouk, me dit-il, j'ai une voiture de liaison qui part demain matin. Prenez-la, elle revient dans trois jours. Les consignes impératives ne s'appliquent qu'à Sebha. Ne vous montrez pas en ville, c'est tout ce que je vous demande.

Je le remerciai.

La soirée se passa avec mes amis sous-officiers, tous Sahariens confirmés. Vacher et Mollet m'apprirent que, sitôt la conférence terminée, ils rejoindraient leurs postes permanents à Tamanrasset et à Polignac. J'eus tout à coup une idée lumineuse.

— Et si nous gagnions Rhat à dos de chameau, tous les trois !

J'ai toujours eu envie de connaître le Messak. L'Italien Paolo Graziosi y a fait des découvertes surprenantes. Il y a longtemps que je me suis documenté sur cette région sans pouvoir y pénétrer. A mon avis, il faudrait traverser le plateau du Messak en son milieu, en négligeant au nord et au sud les pistes chamelières régulières de l'oued Berjouch et de l'oued Iraouen, parcourues encore de nos jours.

Mon idée enthousiasma mes compagnons.

— Va faire ton pèlerinage à Mourzouk et, pendant ce temps, on mettra sur pied le voyage. Le plus dur sera de trouver des chameaux convenables à Ubari. Ça doit pouvoir se faire.

Je rêvai toute la nuit de méharées, de pistes inconnues, de découvertes sensationnelles, et déjà, avant d'avoir fait le voyage, j'avais trouvé le titre de mon reportage : *La Piste oubliée*. A mon avis, ce serait plus captivant qu'un compte rendu de la commission internationale.

A l'aurore, nous partions à bord d'une tout-terrain chargée de vivres et de courrier à destination de la petite garnison de Mourzouk. Une piste bien entretenue dans un désert de hamada rocailleuse et de bas-fonds ensablés nous y conduisit rapidement. Nous arrivions exactement par le nord, comme l'avaient fait, sept ans plus tôt, le colonel d'Ornano, ses quatre compagnons et les hommes de la « Long Range Desert Patrol » du major britannique Clayton.

Un raid mené comme un djich à travers les immensités du Sahara central.

Ce chef prestigieux de notre infanterie coloniale, spécialiste des questions sahariennes, méhariste accompli, parlant la plupart des dialectes des tribus dont il avait la surveillance, riche d'un passé de baroudeur qui avait fait de lui un officier légendaire, ne pouvait qu'être compris et apprécié par le général Leclerc qu'il avait suivi sans hésitation, passant dans la clandestinité aux premiers jours de l'armistice, et émergeant au grand jour à Fort-Lamy où le futur maréchal préparait sa longue marche qui devait le conduire, par Koufra, jusqu'à Strasbourg.

Pourtant, le projet du colonel d'Ornano eût fait sourire n'importe quel autre chef que Leclerc. Aller chatouiller les Italiens à quelques milliers de kilomètres dans le nord, semer la peur et la pagaille dans les garnisons italiennes solidement retranchées dans leurs forts de Libye ou du Fezzan était une folle entreprise, mais Leclerc avait su écouter et comprendre le désir de Colonna d'être le premier à frapper l'ennemi là où il se sentait le plus en sécurité.

Leclerc a longuement écouté. Le projet d'Ornano sera pour lui un enseignement précieux. Un véritable sondage sur les forces réelles de l'ennemi dans le sud de la Libye. Il aura des répercussions psychologiques profondes en France occupée. Oui ! Il faut l'exécuter.

Lorsqu'il demande à d'Ornano combien d'hommes il compte engager dans cette aventureuse expédition, il s'entend répondre :

— Quatre gars sûrs et cinq goumiers pour ramener les baveux. Pas un de plus ! Ça doit suffire.

Ses hommes, d'Ornano les a déjà choisis : son second sera le capitaine Massu, grand, glabre, athlétique, méhariste de grande classe, spécialiste du Tibesti (à mon retour du Fezzan, le général Massu a bien voulu me décrire dans le détail, avec sa sobriété et sa franchise habituelles, cet étonnant fait d'armes). Il y aura également le lieutenant Eggenspiller, qui émerveillera ses compagnons de combat par son courage tranquille, et les sergents Bloquet et Bourrot, du groupe nomade du Tibesti, familiers des longues et éprouvantes patrouilles à dos de chameau dans ces montagnes calcinées.

Cinq Français qui ont obtenu, à peine six mois après l'armistice, l'autorisation de relever le gant et d'attaquer à mille kilomètres plus au nord la garnison italienne de Mourzouk.

Leur armement est dérisoire : quatre mousquetons et un

fusil modèle 07. Mais ils ont dans le regard cette flamme qui ne trompe pas.

Ils sont cinq, vous m'entendez bien, cinq !

Ils viennent du sud à travers les gorges mystérieuses du Tibesti, ayant poussé leurs méharis par les akbas volcaniques où les colonnettes de basalte bleu bordent les pistes de la montagne, et voici qu'ils retrouvent dans ce coin le plus perdu du Sahara central, aux confins nord de notre possession de l'A.-E.F., les premières voitures de la « Long Range Desert Patrol » de Clayton.

Le désert a pris son empreinte libyque : sables mous, sables roux, sables pourris où parfois les chameaux enfoncent comme dans une croûte mauvaise, fonds desséchés couverts d'une pellicule noire comme du bitume. Plus de végétation, plus rien, l'infini ! Et, au fond de la dépression du puits de Kayoungué, quatre voitures légères se confondent avec le sable.

Deux officiers britanniques en *battle-dress* attendent, debout, cependant que les méharistes avancent vers eux de la puissante foulée de leurs montures. Colonna d'Ornano salue, les Anglais répondent. Les méharis baraquent en blatérant lamentablement ; les officiers alliés regardent venir vers eux ces étranges combattants du désert.

Jean Colonna d'Ornano, fidèle à la tradition saharienne, a revêtu sa djellaba rayée. Il est coiffé du chèche, pieds nus dans les naïls en peau d'antilope. Le séroual dissimule sa taille immense dans une ampleur voulue. Ses compagnons sont comme lui d'ardents fils du désert, habitués à se mouvoir sur des milliers de kilomètres de distance, seuls, presque sans vivres et sans armes.

Le détachement anglais, commandé par le major Clayton, comprend une patrouille néo-zélandaise et une patrouille écossaise commandée par le capitaine Creighton-Stuart, en tout vingt-quatre voitures (trois Ford et vingt et une Chevrolet) équipées pour les raids à grand rayon d'action mais non blindées.

Le major Clayton, spécialiste anglais des questions sahariennes, vient d'effectuer deux mille kilomètres dans la partie la moins connue, la plus difficile du Sahara. Il a traversé l'Erg libyque et il est arrivé au rendez-vous de Kayoungué au jour et à l'heure prévus, venant du Caire, sans perdre une voiture.

Il ne pouvait venir à l'esprit d'aucun stratège militaire de l'époque, et encore moins des stratèges ennemis — car l'expérience saharienne des Italiens au Fezzan était toute récente et basée sur des idées fausses —, qu'on organisât un véritable djich à la façon de ces raids de pillards qui naguère jetaient la consternation dans les oasis.

Kayoungué, 18° de longitude et 24°22 de latitude nord !

Un nom sur la carte, un simple trou d'eau dans le désert !

Les deux chefs sont faits pour s'entendre. On discute de la tactique à employer. Mourzouk, capitale du Fezzan, est à plus de cinq cents kilomètres à vol d'oiseau. Mais, pour y arriver sans révéler leur présence, les hommes du djich devront en accomplir plus du double. L'itinéraire doit se maintenir dans les régions les plus inconnues, les plus fermées. Les chameaux sont renvoyés, les Français se répartissent sur les voitures de la patrouille néo-zélandaise. Il faut éviter les points d'eau. Pas de piste, un fech-fech épouvantable dans lequel les voitures s'enlisent. Il faut multiplier les précautions, ne voyager que de nuit, supprimer les feux de campement, le jour camoufler les voitures car le moindre poste italien dispose d'un terrain et de plusieurs avions de reconnaissance.

Jour après jour, le détachement Clayton-Colonna d'Ornano progresse. Les deux chefs sont devenus amis.

Le 11 janvier au matin, on recoupe la route de Sebha à Mourzouk, à une trentaine de kilomètres au nord-est. Le détachement a contourné la dépression de la Hofra qui groupe un grand nombre de palmeraies. Changement de cap et maintenant droit au sud. Les voitures roulent joyeusement à distance réglementaire sur la route du fort... A dix kilomètres de Mourzouk, on s'arrête : voici les premières palmeraies. Ici intervient la connaissance approfondie de la politique indigène perfectionnée par le colonel pendant son séjour au Maroc. Colonna d'Ornano parle le bornouan, le tibou, l'arabe et autres dialectes. Une reconnaissance dans la palmeraie fait découvrir les djebbads tirant l'eau des puits. On les interroge patiemment et on sait tout sur la garnison de Mourzouk. A 11 heures, en ce matin du 11 janvier, on va passer à l'attaque. Le colonel cède sa place, dans la voiture du major Clayton, au mitrailleur néo-zélandais, car il faut que ce dernier ait une grande liberté de manœuvre. Il s'allonge en position de tireur couché sur les fûts d'essence et les caisses de munitions. Il plaisante : « Dans cette armée, les chefs s'exposent. » Ce sont les dernières paroles que ses amis entendront. Les moteurs tournent et le djich, car c'est bien l'attaque classique des pillards sahariens, va fondre sur Mourzouk l'endormie.

Dans l'agglomération, c'est l'heure calme de midi. L'unique rue est déserte. Le capitaine italien Gino Girello, commandant le poste, prend selon son habitude un « caoua » chez le gros notable de l'endroit. On entend un bruit de moteur venant du nord. Le capitaine Girello ne s'inquiète pas. Il attend un renfort allemand ; c'est lui certainement. Il bondit dans le minaret de la mosquée neuve que les Italiens ont construite. C'est bien le convoi ! Vite il redescend, saute sur son vélo pour aller l'attendre devant le fort selon l'usage.

Devant le puissant fort quadrangulaire de cent mètres de côté, en massives pierres de taille, flanqué de quatre tours garnies de meurtrières et de créneaux par où dépassent les bouches des pièces d'artillerie, la garnison italienne, repas terminé, goûte le soleil de l'hiver. Elle aussi a entendu sans s'inquiéter le bruit des moteurs.

Le détachement arrive en vue du village et du fort. Le facteur salue à la fasciste et ne comprend son erreur que lorsqu'il est fait prisonnier. Le mouvement enveloppant est fait. Les Italiens trouvent la manœuvre curieuse et, tout d'un coup, pressentent le danger. Trop tard, Clayton a tiré le premier. Une rafale générale les fait refluer en masse à l'intérieur du fort dont ils ferment la lourde porte métallique sans souci de leur chef qui est tué sur place. Leur riposte est vive. Ils garnissent les créneaux et les meurtrières. La patrouille écossaise tire de toutes ses armes automatiques, mais se rend bientôt compte qu'elle ne pourra rien contre les fortifications et le béton. La tour centrale du fort

172

prend feu. De part et d'autre, la fusillade fait rage. Le détachement français, fidèle à sa consigne, intercepte la route qui mène du fort au terrain d'aviation.

La patrouille néo-zélandaise, de son côté, a attaqué celui-ci. Les avions au sol flambent, les dépôts d'essence prennent feu. Le major Clayton, qui primitivement a surveillé la mise en place du dispositif devant le fort, rejoint le terrain d'aviation. C'est une route découverte entre deux collines de sable roux. Il contourne les hangars lorsqu'une arme automatique ennemie se découvre et tire une rafale. Clayton continue, rendant coup sur coup, et derrière lui une seconde voiture montée par le lieutenant Ballantyne fonce sur l'ennemi. L'officier, revolver au poing, abat tous les servants avant que ceux-ci aient pu entrevoir son bond de fauve. Sans le savoir, il a vengé Colonna d'Ornano.

Clayton se retourne, visage radieux, pour communiquer sa joie au colonel qui, pendant tout le temps de l'attaque, n'a cessé de tirer avec précision. Mais les paroles qu'il va dire ne sortent pas de ses lèvres. Sur les caisses de munitions, Colonna d'Ornano gît ensanglanté. Il a été atteint d'une balle en plein cou.

Autour du fort, le feu diminue d'intensité. Il est 16 h 30 et pendant plus de quatre heures la puissante garnison du fort a été neutralisée, laissant le champ libre pour l'attaque sur le terrain d'aviation. Le capitaine Massu, jugeant sa mission terminée, rejoint le major Clayton. C'est là qu'il apprend la mort de Colonna d'Ornano. Minute poignante pour ce guerrier encore dans le feu de l'action et lui-même douloureusement blessé — il a reçu deux balles dans le pied qu'il extirpera avec son couteau deux jours plus tard. Sur sa propre voiture, la même rafale a tué le sergent néozélandais Hewson.

Le djich emmenant les prisonniers faits au terrain d'aviation se replie vers le nord.

Le soir même, la tombe du colonel et celle du sergent Hewson sont creusées dans le caillou. Leurs corps y sont déposés. Massu a fait rendre les honneurs après avoir déposé sur la djellaba ensanglantée du colonel une ancre coloniale et une croix de Lorraine.

Ils sont à dix kilomètres à peine du fort. Les Italiens pourraient organiser une poursuite, mais ce djich fantôme surgissant miraculeusement des grands déserts du Sud a eu raison de leur force combative.

Il s'agit maintenant de se replier. Il faut retourner dans ce lointain Tibesti dont on est encore séparé par des centaines de kilomètres de désert. On néglige les précautions de l'aller. On fonce à travers la Hofra où les palmeraies et les villages se succèdent sans interruption. On arrive à Traghen. Massu et ses compagnons l'attaquent, font prisonnière la garnison. Il n'y a plus de place sur les voitures. On laisse les prisonniers à leur sort. On détruit les armes, les munitions, l'essence, les véhicules, et le djich poursuit sa route. On atteint Um el Araneb et c'est un nouveau combat victorieux.

Sur les ondes, les garnisons italiennes s'interrogent : « D'où viennent-ils ? »

Le 13 janvier, la patrouille Clayton-Massu se présente devant Gatroun. Bien abrités derrière leurs murailles, les Italiens répondent par un tir intense d'armes automatiques. Un gros bimoteur survole les hommes du djich et les mitraille. Clayton se replie, évite Tedjerré, se dirige vers Uigh el-Kébir où il pense retrouver le djich du commandant Sarrazac et son groupe méhariste du Tibesti qui, parti de Wour, devait accomplir un raid formidable et harceler les deux oasis. Mais Sarrazac a déjà poursuivi sa route. Clayton continue vers Tummo, premier poste français en A.-E.F., où il fait la jonction avec le groupe nomade de Sarrazac.

La patrouille anglaise continue sa route sur Zouar et regagne Le Caire le 9 février 1941, ayant parcouru en combattant sept mille deux cents kilomètres de désert.

L'expérience acquise au cours de ce djich portera ses fruits. Ses enseignements seront tels que le colonel Leclerc décidera d'attaquer immédiatement. Le 1er février, vingt jours après Mourzouk, il s'empare de Koufra.

J'ai vécu intensément la reconstitution de ce fait d'armes, allant de la palmeraie au fort, discutant à l'ombre de ses murailles avec les témoins de l'époque.

Nous occupions le Fezzan mais les indigènes de Mourzouk ne comprenaient que l'italien. Les petites filles de l'école, assises en cercle dans le sable sous un magnifique éthel, chantaient de leurs voix de tête *Facete Nere...* Pour elles, comme pour les harratines et les djebbads, rien n'avait changé. Les guerriers passaient et repassaient mais elles vivaient en paix, indifférentes aux événements qui se préparaient à Sebha. Heureuses ? Sans doute.

Après la retraite du major Clayton, les Italiens de la garnison avaient transféré les corps des tués, italiens, français ou anglais, dans un petit cimetière créé dans le jardin du poste, à l'ombre des tamaris soyeux et frémissants, dans un carré de murs blancs mangé par les sables et les vents du désert. C'est là que repose Colonna d'Ornano, aux côtés du sergent Hewson, du capitaine italien Gino Girello, du sergent-major Fenocchio, du soldat Pietro Schiano et de trois militaires italiens dont les noms effacés par le vent de sable sont retournés dans l'oubli.

J'ai rejoint Sebha. La conférence de la commission internationale se termine. Les ministres plénipotentiaires reprennent l'avion. Ils ont décidé d'accorder l'autonomie interne au Fezzan. Les troupes françaises évacueront le pays en 1955, à la signature du traité franco-libyen.

J'ai retrouvé mes amis Vacher et Mollet ; notre raid se précise.

— On partira d'Ubari, précise Vacher, les chameaux nous attendent avec un guide. Le radio de Sebha nous conduira à Ubari dans son « 4x4 ». Il a justement des réparations à faire à l'émetteur de ce petit poste.

Avec le départ des Russes et des Américains, un souffle nouveau parcourt l'oasis. M. Burin des Roziers doit prendre l'avion ce même jour et, à la demande du commandant Sarrazac, il a bien voulu me donner une interview. Tout ce que j'en retiens, c'est que nous abandonnons le Fezzan. Conrad Kilian doit se retourner dans sa tombe !

Nous voici à un nouveau tournant de l'histoire : la décolonisation de l'Afrique.

Les chameaux étaient au rendez-vous à Ubari, dans

l'oued Iraouen. Des chameaux tibbous, petits et nerveux, inconfortables mais d'une très grande sûreté de pied en terrain montagneux. Ce qu'il nous fallait.

J'ai chaussé les naïls, revêtu le séroual, enroulé mon chèche, et c'est comme si je me dédoublais. J'ai retrouvé ma véritable personnalité.

La « piste oubliée » a tenu ses promesses ; elle a été riche en découvertes rupestres, en recherches archéologiques et ethnographiques. Ce sera pour moi la méharée la plus courte (cinq cents kilomètres en neuf jours) mais la plus difficile et la plus épuisante. Chaleur et vents de sable nous ont conduits au bout de notre résistance physique et nous avons accompli comme des fantômes la dernière étape de cent quarante kilomètres sans eau, dans une tempête de sable épouvantable, attachés sur nos chameaux qui nous ont menés tout droit au puits de Hassi Tanezzuft. Il n'était pas sec, nous étions sauvés !

En avant-propos des *Carnets sahariens*, qui relatent mes diverses méharées, j'ai écrit ces lignes que je ne renie pas aujourd'hui :

A l'origine de ce que je suis devenu, il y a eu cette marche lente, sans commencement ni fin, sur cette terre d'éternité, où le rêve et l'aventure, où la vie et la mort, le présent et le passé, la terre et les étoiles alternent indéfiniment pour composer une ardente symphonie, ponctuée par le chant du vent dans les dunes des grands ergs ou les orgues de pierre des tassilis, tout à coup brisée par le plus profond des silences, ce silence des espaces infinis qui firent rêver Pascal, Psichari, le père de Foucauld.

9

L'année 1948 avait été marquée par un retour en force au Sahara. Elle s'était terminée par un raid de deux mille kilomètres entre Tamanrasset et Kidal qui avait porté à dix-sept mille kilomètres les parcours effectués cette année-là au Sahara, par la piste, en avion ou à dos de chameau. J'étais à nouveau envoûté par le désert et je retrouvais mon enthousiasme des débuts. La difficile méharée accomplie au Fezzan devait provoquer comme un déclic, me fournir le sujet de plusieurs romans. Ayant depuis la fin de la guerre renoué péniblement avec la littérature en écrivant *La Grande Crevasse*, je décidai de m'éloigner provisoirement de la montagne et je mis en chantier deux romans fortement inspirés par mes expériences sahariennes. Le premier s'intitulait *La Piste oubliée* en souvenir de ma longue marche, et il aurait une suite dont j'avais déjà trouvé le titre, ce qui, pour un écrivain, est plus important qu'on ne pourrait le penser. Ce deuxième tome des *Bivouacs sous la lune* s'intitulerait *La Montagne aux Ecritures*, traduction littérale du site de gravures rupestres que j'avais découvert dans le Messak fezzanais. « Adrar Iktebine » : ainsi le nommaient les Touaregs.

Je devais terminer en beauté l'année 1948 en répondant à l'invitation du général Adeline, commandant la 10e région du génie, à participer à une recherche de piste entre Tamanrasset et Tessalit en contournant par le nord le Tassili n'Adrar. Le but de l'expédition était ainsi défini : on relierait le Hoggar à Tessalit en traversant le sud du Tanezrouft d'est en ouest, l'une des régions les moins connues du Sahara. Sur la carte au 1/1 000 000e, elle paraissait jalonnée de puits et pourrait par conséquent offrir une variante intéressante et sûre pour aller d'Alger à Gao. On éviterait ainsi les mille kilomètres sans eau du fameux Tanezrouft.

Nous partîmes de Tamanrasset début novembre avec six véhicules : quatre Dodge six roues, un camion Dodge dix roues et un camion Lancia, prise de guerre de la Légion étrangère sur les Italiens lors des combats de Tripolitaine. Faisaient partie de l'expédition le lieutenant-colonel Roche, directeur du génie des Territoires du Sud, le commandant Pedrequin, du génie saharien, le lieutenant Debelle et son détachement de la Légion étrangère, le capitaine Monier, du train, sur une voiture-atelier. Cet état-major, complété par le colonel Colonna d'Istria et moi-même, était composé de Sahariens expérimentés, à l'exception du général

Adeline et du colonel d'Istria, nouveaux venus au Sahara.

Cette mission fut un échec, mais ses enseignements se révélèrent utiles.

Certes, un large circuit fut accompli autour de l'Adrar des Iforas mais, à l'exception du puits de Timissao, en plein Tassili n'Adrar, difficile d'accès, les autres puits étaient à sec depuis de nombreuses années. Finalement, le général, voulant absolument visiter les puits désignés sur la carte, s'obstina dans un itinéraire qui empruntait trop au sud une région montagneuse comportant une succession de croupes rocheuses et de cuvettes ensablées, dont nous eûmes beaucoup de peine à nous sortir. Toutefois, cette expédition confirmait les expériences et les enseignements de Georges Estienne.

Au Sahara, les pistes chamelières empruntent les lignes de puits, et les points d'eau sont toujours dans des reliefs tourmentés : vallées ensablées, gorges rocheuses difficilement accessibles aux automobiles et même aux véhicules tout-terrain, ce qui fut notre cas. Georges Estienne en avait déduit avec raison que le Tanezrouft, ce grand plateau couvert d'un reg très fin, bien qu'étant absolument privé de points d'eau, formait une surface de roulement favorable aux véhicules automobiles. Et depuis cette époque, partout où la chose était possible, les pistes automobiles ont été tracées sur les plateaux, les regs ou les hamadas.

Si nous avions tenu un cap est-ouest, trente kilomètres plus au nord de la route suivie, nous n'aurions pratiquement pas rencontré d'obstacles, alors que notre voyage fut fertile en incidents de toutes sortes. Nous mîmes six jours pour parcourir les huit cents kilomètres de Tamanrasset jusqu'à un point situé à une trentaine de kilomètres au nord de Tessalit où nous avons rejoint la grande piste Alger-Gao. A titre de comparaison, la traversée du Tanezrouft, de Reggan à Tessalit, soit mille kilomètres, se faisait à l'époque régulièrement en deux étapes !

Malgré tous nos avatars, ce voyage nous fit connaître des régions extraordinaires de solitude et de silence ; nous étions dans l'une des zones les moins peuplées du Sahara. Les pâturages à chameaux étaient inexistants.

Le puits de Timissao atteint le troisième jour valait à lui seul le déplacement. Je n'ai qu'à relire mes carnets de route :

« 14 novembre. Cette halte au puits de Timissao restera comme l'un des bons souvenirs sahariens enregistrés dans ma mémoire. Le site est grandiose : la gorge de sable blond montant à l'assaut des falaises violettes du Tassili compose un tableau d'une richesse inouïe. Le vent joue librement dans les cheminées rocheuses, plus rien n'arrête l'imagination. Timissao, lieu étrange et prédestiné. Un simple trou de soixante centimètres de diamètre où l'eau affleure à six mètres de profondeur. Ni verdure ni végétation, à peine quelques plantes grasses le long des falaises. Du sable et du rocher. Et, sur l'aire piétinée qui s'étend à l'entour du puits, la nappe serrée et compacte des crottins de chameau. Ici, depuis des siècles, se succèdent les caravanes. C'était autrefois, un autrefois d'il y a vingt ans, le lieu de parcours favori des rezzous venus du Rio de Oro.

« Ce récent passé a disparu, la zone est pacifiée, mais il en reste des signes évidents. Sous un énorme abri sous roche, je retrouve d'innombrables graffiti en caractères coufiques, en arabe moderne et en tamachek, mais il y a mieux. Je découvre une station préhistorique bien visible encore avec ses mortiers à piler le mil creusés et polis à même la roche, et des figures rupestres en très mauvais état rongées par la patine saharienne : bœufs et antilopes de l'époque néolithique.

« Vers midi, par une chaleur de four, je grimpe sur la falaise. Devant moi, vers le sud, s'étend l'infini du Tassili n'Adrar, un lapiaz noirâtre, crevassé, fissuré de toutes parts, couvert de roches ruiniformes entre lesquelles se faufilent des mechbeds de mouflons et de gazelles. Tranchant cet horizon, plat en apparence et inaccessible en réalité, la gorge de Timissao se poursuit pendant près d'un kilomètre. Le lit des sables monte insensiblement jusqu'à affleurer le rebord du Tassili, puis il n'y a plus que du rocher violet, lie-de-vin, indigo, d'une tragique violence.

« J'ai connu des solitudes plus étranges, des lieux plus isolés peut-être, plus grandioses certainement, mais cette nuit sélénique dans la gorge de Timissao, irradiée de lumière phosphorescente, cependant que nos véhicules reposaient comme des monstres assoupis, que rien ne chantait plus dans le ciel ni sur terre, que l'éternel vent du désert s'était arrêté de jouer dans les orgues de grès, que la flamme même des feux de camp rougeoyait à peine sur le sable, reste pour moi une très belle et très forte émotion. La falaise nous enserre et, dans la nuit éblouissante de lune, les pans d'ombre semblent enfermer toute l'hostilité du Sahara. La hyène dont j'ai relevé la trace dans la journée ricane, pas très loin de nous. Engoncé dans mon sac de couchage, je me redresse, serre instinctivement ma carabine.

« Mystère des nuits d'Afrique. »

Et cette autre impression si différente :

« Nous roulions dans un paysage de mort qui s'embellit tout à coup. Les regs se couvrent par places d'une fine peluche blonde. Une tornade est venue jusqu'ici, et là où la trombe s'est abattue l'acheb a fleuri.

« Tous les fonds de terrains, dayas, lits craquelés des oueds fossiles, se recouvrent ainsi d'une merveilleuse pelouse d'un blond si pâle qu'on dirait des orges avant la moisson. Nous assistons au phénomène le plus rarissime du Sahara : la floraison de l'acheb sur le Tanezrouft. Cela peut arriver tous les dix ans, ou une fois par siècle et, pendant ce temps, les graines desséchées mêlées au sable, confondues avec la terre, attendent. Et, lorsque la pluie tombe, ces graines plus dures que des cailloux gonflent, germent, donnent naissance à une pousse. Cela dure quelques jours. La plante fleurit et fructifie, et sa graine enfin mûre retombe sur le sol déjà craquelé de chaleur. Elle germera à nouveau à la prochaine pluie... dans cinq ans, dans dix ans, dans un siècle ! »

Nous avons contourné le Tassili, fait étape à Kidal où nous avons admiré les grands troupeaux de bœufs et de chameaux du Sahel. Ici les pluies sont régulières, les mares abondantes, la flore et la faune riches en variétés et espèces diverses. Antilopes mohor, singes, autruches, phacochères, girafes abondent. Dans les hautes herbes de la brousse, les lions paressent à l'ombre des fromagers. Le bordj de Kidal élève ses murailles blanches et son minaret au-dessus du large lit de l'oued. Il commande tout le secteur des Iforas. Au nord, la barrière du Tassili forme une séparation étanche entre le Sahara et le Sahel. Les Touaregs Oullimiden y nomadisent à longueur d'année, regroupant leurs grands troupeaux de bœufs et de chameaux autour des mares d'eau saumâtre. Ici, la richesse et l'autorité du chef se reconnaissent à deux éléments : comme chez tous les pasteurs nomades, elle ne se compte pas en pièces d'argent ou d'or, mais en chameaux ou bœufs. Certains chefs possèdent ainsi des milliers de têtes de bétail, qu'ils devaient protéger, il y a un demi-siècle seulement, contre les rezzous des Maures et des Berabber de l'Ouest saharien. Deuxième signe de richesse : le poids de l'épouse principale. Cette malheureuse doit être monstrueuse : *peser entre deux cent cinquante et quatre cents* kilos ! Pour arriver à ce poids, elle est engraissée depuis son enfance à la façon dont on gave les oies dans le Périgord. Elle consomme jusqu'à quarante litres de lait par jour. A ce régime, elle n'est plus qu'une masse informe de graisse gisant à longueur de journée accroupie sur le tapis de la grande tente du chef. Phénomène absurde de vanité ! Dans les années 30, Henri Lhote avait publié sur ce sujet un livre avec d'étonnantes photographies. Depuis, aucun ethnologue n'a, semble-t-il, soulevé à nouveau la question, mais tout porte à croire que, la raison triomphant de la coutume ancestrale, les femmes-éléphants ont disparu au même titre que les négresses à plateaux du Centrafrique !

Inutile d'ajouter que ces femmes étaient inaptes à procréer et que leur seigneur et maître savait s'entourer d'un harem bien choisi parmi ses petites esclaves noires hartanias ou métisses.

Femmes engraissées et pillards ont disparu à jamais. Tout au moins les premières, car pour ce qui est des rezzous...

De Kidal, nous remontons vers le Hoggar par l'ancienne piste abandonnée qui dessert le poste de Tin-Zaouaten, à la frontière Algérie-Mali.

Cette piste avait eu son heure de gloire. C'est en la suivant que Georges-Marie Haardt avait atteint Gao avec les premières autochenilles Citroën. Depuis, elle avait été abandonnée et, sur le trajet de Kidal à Tin-Zaouaten, ce n'étaient qu'ornières monstrueuses envahies de végétation, obstacles divers dont les fortes buttes herbeuses du m'rokba étaient peut-être les plus difficiles à franchir. Nous eûmes ensablement sur ensablement. Les bras vigoureux des soldats de la Légion étrangère de notre escorte firent merveille et, chacun aidant l'autre, nos véhicules arrivèrent intacts à Tamanrasset le 26 novembre.

J'aurais pu intituler le récit de cette expédition : « Deux mille kilomètres sur une roue de secours. » En effet, la place qui m'avait été assignée primitivement sur l'un des quatre Dodge de l'expédition se trouvait sous la bâche qui recouvre la plate-forme de ce véhicule. Toute la poussière de la piste s'y engouffrait, et l'air devenait vite irrespirable. Aussi, dès le départ, ai-je préféré m'asseoir à califourchon sur la roue de secours du Dodge, amarrée à gauche du conducteur. Finalement, c'était une place de choix : on y respirait mieux et c'était idéal pour observer l'itinéraire et admirer le paysage. J'ai donc effectué toutes les étapes dans cette position originale et, malgré les apparences, très confortable.

En passant à Tin-Zaouaten, nous entrions dans les territoires du Sud algérien. C'est un peu plus à l'est, à Anesberaka, que l'avion du général Laperrine capota en 1920. Le général mourut des suites de ses blessures, et ses compagnons furent secourus in extremis par une patrouille des méharistes du Tidikelt-Hoggar en reconnaissance dans ces parages.

Tin-Zaouaten, du temps de la mission Citroën et dans les années qui suivirent, était la piste transsaharienne la plus fréquentée entre l'Algérie et Gao, sur le Niger. Le poste dépendant de Tamanrasset avait une petite garnison indigène commandée par un sergent-radio. Au fil des années, la piste désaffectée retourna à sa solitude et, se détériorant de plus en plus, fut abandonnée au profit de celles du Tanezrouft à l'ouest, et d'Agadès à l'est. Le poste de radio permanent, maintenu un certain temps, avait été supprimé peu avant la Deuxième Guerre mondiale, mais le titulaire à l'époque, un Français nommé Dentier, n'avait pu se résoudre à remonter vers le nord. Il avait pris sa retraite sur place, vivant à la mode touareg, possédant de nombreux troupeaux de chameaux et de moutons, se révélant habile commerçant et en même temps se faisant adopter totalement par les membres de la tribu dans laquelle il avait pris femme.

J'ai revu Dentier en 1974 à Tamanrasset. Il avait adopté la nationalité algérienne. Il avait de nombreux enfants, des fils d'allure imposante restés fidèles à l'islam et aux coutumes touareg. Dentier, habillé à l'européenne, prenait l'avion pour Ghardaïa. Je ne l'avais pas reconnu, alors que je prenais le même avion pour Alger. J'avais simplement remarqué l'accueil quasi respectueux qui lui avait été fait par le personnel de l'aéroport. Un V.I.P. local, m'étais-je dit. Il s'était approché de moi :

— Alors, Frison, on ne reconnaît plus les amis ! Vous ne vous souvenez plus de Tin-Zaouaten ?

— Dentier ! Un fameux méchoui que celui que vous nous aviez offert à l'époque !

On a bavardé durant le trajet. Il se rendait à Ghardaïa pour ses affaires. Le petit radio était devenu très riche : tout un quartier de Tamanrasset qu'il avait fait construire lui appartenait. Ses fils l'aidaient à gérer sa fortune. Il n'avait pas été « bougnoulisé », il était resté l'homme sobre et taciturne que j'avais rencontré autrefois.

Avant de nous séparer, il me dit à brûle-pourpoint :

— Dis donc, la fille de ton *Rendez-vous d'Essendilène*, c'est Pierrette Bidault, hein ? Et le gars qu'elle va rejoindre, c'est moi, pas vrai ? Je me souviens de son passage à Tin-Zaouaten en 1934.

Je ne voulus pas le décevoir.

— Bien sûr, c'était toi !

On s'est quittés contents l'un de l'autre.

Mais la véritable histoire de Pierrette Bidault est tout autre.

En 1934, cette jeune femme avait décidé de rejoindre son fiancé, le lieutenant Brandstetter, commandant le groupe nomade du Timetrine stationnant dans l'Adrar des Iforas. Elle était partie d'Alger seule à bord d'une Renault 10 CV et avait réussi à atteindre Tamanrasset avec la semi-complicité des chefs de poste ou d'annexe rencontrés sur sa route. Mais, à Tamanrasset, un télégramme venant d'Alger mettait fin à son escapade. Il lui était interdit de pousser plus loin. C'était une mesure de sécurité justifiée car la piste était abominable et le seul relais possible, Tin-Zaouaten, une étape sans essence et sans ravitaillement. Le capitaine commandant l'annexe du Hoggar l'avait reçue courtoisement, mais lui avait signifié sa résidence forcée mais confortable dans l'hôtel de Tamanrasset.

C'était méconnaître le caractère et la force de volonté de Pierrette Bidault. Dans la nuit, ayant au préalable et grâce à la connivence des mécaniciens de l'annexe qui admiraient son cran fait le plein d'eau, d'huile et d'essence, elle quittait en douce le bordj et prenait la piste de Silet. Elle arrivait assez facilement à Tin-Zaouaten mais, au sud de ce poste, la piste devenait très difficile. L'amour triomphe de tous les obstacles. La jeune femme arriva saine et sauve à Kidal, retrouva son beau lieutenant et l'épousa.

Cette aventure que je connaissais m'avait inspiré l'idée d'un scénario de film. Je le communiquai à Clouzot qui le trouva intéressant, mais il ne correspondait pas à l'éthique du cinéaste. Je décidai alors de transformer le scénario en roman qui prit le nom de *Rendez-vous d'Essendilène* et constitua mon troisième roman saharien.

10

L'immense salle *Pleyel* venait de se vider. Camille Kiesgen, imprésario de *Connaissance du Monde*, me reconduisit courtoisement jusqu'à ma loge, essayant de banaliser sous des propos anodins sa déception. La conférence que j'avais donnée sur la traversée du Messak fezzanais avait été pourtant très bien accueillie par un millier de spectateurs disséminés dans cet amphithéâtre froid et austère qui peut contenir deux mille quatre cents personnes. Mais les frais de location d'un théâtre de cette dimension sont énormes, et Kiesgen ne savait comment m'annoncer un important déficit que selon notre contrat j'aurais à lui régler. Mon éditeur ayant accepté de couvrir ces frais, Camille Kiesgen, retrouvant sa sérénité, voulut bien me faire part de ses réflexions personnelles et des enseignements qu'il convenait de tirer de cet échec. Camille Kiesgen est un homme froid, intelligent, à l'esprit un peu caustique, mais dont l'honnêteté en tant qu'imprésario est parfaite. Avec lui on sait d'avance où l'on va et, si on accepte ses conditions, jugées parfois draconiennes, on se doit de constater que son organisation minutieuse à travers la France, où règne une armée de correspondants, assure à ses conférenciers des tournées fructueuses, minutieusement préparées et sans temps mort.

Avec lui on fait le maximum de séances dans le minimum de jours. Plus tard Kiesgen assurera toutes mes conférences jusqu'en 1968, date à laquelle j'ai renoncé à parcourir la France quatre mois durant, allant d'une ville à l'autre, arrivant le matin, installant mes appareils de projection et ma « sono », comme un professionnel, donnant une conférence l'après-midi, une autre le soir, terminant à minuit, voire 1 heure du matin. Repartant le lendemain par la route, accumulant les kilomètres. Ah ! je la connais sur le bout du doigt « ma » France. Je l'ai visitée du nord au sud, de l'est à l'ouest, je connais au minimum tous ses chefs-lieux de canton, et son réseau routier est gravé dans ma mémoire aussi bien que si j'avais appris par cœur la carte Michelin.

Et, ce soir-là, au cours de cette conversation avec Kiesgen qui se prolongea amicalement, je venais sans le savoir encore de m'engager dans une voie sans retour. J'entamais une nouvelle activité que je cumulerai désormais avec celles de journaliste et d'écrivain : j'allais devenir un conférencier à part entière de *Connaissance du Monde*.

— Bien sûr, me dit Kiesgen, nous n'avons pas eu le

succès que nous aurions pu espérer, mais tenir le public pendant deux heures en lui présentant simplement des diapositives représente un véritable exploit. Croyez-moi, vous avez une vocation de conférencier et votre sujet était excellent !

— Mon cher Kiesgen, sachez que je ne suis pas déçu. C'était ma première expérience devant un grand public et j'ai senti que je pouvais être écouté.

— Dommage que vous n'ayez pas été là la semaine passée. Gaétan Fouquet vient de projeter durant huit séances un magnifique film en couleurs naturelles, tourné lors de son voyage aux Indes avec une petite caméra portative, 16 mm. Le public a été soufflé par la beauté des couleurs. Il a eu la révélation d'un monde nouveau qu'il croyait connaître et dont il ne soupçonnait pas la beauté. Le film apportait le relief, le mouvement, la violence des couleurs, la vie et la connaissance intime de ce pays. Pourquoi ne reviendriez-vous pas me voir avec, cette fois, un film en couleurs sur le Sahara ? Je vous garantis le succès.

Je promis de réfléchir à sa proposition. J'y pensai tellement que j'en fis part à mon camarade Georges Tairraz, qui tenait à Chamonix sa fameuse boutique de photos de montagne.

— J'ai ce qu'il te faut, me dit-il, une petite caméra Paillard 16 mm à objectifs interchangeables, et un magasin contenant trente mètres de film. Facile à manipuler. Si tu en veux une...

— D'accord, je passe commande.

Je reçus cette caméra à Alger, et immédiatement j'allai l'essayer, par un beau dimanche, sur la plage des Pins maritimes où jouaient mes enfants. Le résultat était probant. Durant mes vacances d'été à Chamonix, on parla beaucoup de ce fameux film que je voulais réaliser. C'est alors que me vint une idée lumineuse.

— Et si tu venais avec moi, Georges ? Tu es l'un des meilleurs photographes de France. On partage les frais et les bénéfices. Kiesgen m'a promis une tournée à travers la France.

Georges Tairraz, l'homme le plus audacieux que je

connaisse en haute montagne où son sang-froid, sa technique alpine, son passé de guide l'ont rompu à une existence difficile, voire dangereuse, n'avait, chose étrange, jamais fait de grands voyages. Il tenta d'abord de se récuser.

— Tu sais, j'ai cinquante ans.

— Tu es en pleine forme.

— D'accord, mais, vois-tu, je n'aime pas beaucoup la
chaleur, et puis, dans le désert, on m'a tellement parlé de
scorpions, de puits asséchés, d'eau croupie. Pire encore, tu
m'as dit qu'on emportait les réserves d'eau dans des peaux
de chèvre. Or, je n'ai jamais pu supporter ni le lait de
chèvre ni l'odeur d'un bouc.

— Rassure-toi, les peaux des guerbas sont enduites de
beurre rance ou de goudron et, au bout de quelques jours,
elles ne sentent plus du tout le bouc.

Je mis deux mois à le convaincre. Mais j'y parvins. On
décida d'une expédition qui aurait lieu fin décembre 1949,
janvier et février 1950, avec retour probable en mars. Déjà
je savais ce que je voulais réaliser : un film retraçant la lente
méharée des nomades sur les pistes les moins connues du
Sahara central. On partirait de Tamanrasset, on travaillerait
dans la Koudia, à l'Asekrem, puis on prendrait l'abarreka
Amatataye, une piste presque délaissée qui traverse tout
l'est du Hoggar ; on rejoindrait le puits de Serouenout, en
contournant le volcan Tellerteba, puis par Fort-Gardel on
arriverait à Djanet. De là, traversant le Tassili des Ajjers qui
n'avait jamais été filmé, on atteindrait Rhat, la première
oasis du Fezzan, encore occupée par la France. Un beau
projet, plus de mille kilomètres à dos de chameau !

J'ai relaté ce voyage dans *Carnets sahariens* et je n'y
reviendrai pas.

Nous avons rapporté un film magnifique, *Le Grand Désert*, et sa présentation à *Pleyel* fut un très grand succès.
Cette fois, l'immense salle était pleine et nous dûmes faire
plusieurs séances supplémentaires. Il apportait au grand
public la révélation d'un Sahara jusque-là légendaire. Mais
il constituait pour Tairraz et moi un engrenage qui devait
nous conduire à réaliser d'autres films.

Après *Le Grand Désert*, nous fîmes successivement *Sur*

les traces de *Premier de cordée, Gens des neiges et vallées blanches*, et plus tard, après mon retour en France, je tournai *Les Lapons, ces hommes de trente mille ans* avec le fils de mon éditeur, Jacques Arthaud, *Les Jeux olympiques d'Innsbruck* avec Lesage, le film des *Missions Berliet au Ténéré* avec Montangerand ; enfin, en 1966, je fis un grand retour vers le film d'exploration totale avec *Peuples chasseurs de l'Arctique*, tourné dans le Grand Nord canadien avec Pierre Tairraz, fils de Georges et son digne successeur.

Les premiers conférenciers de *Connaissance du Monde* étaient réellement des pionniers. Ils avaient créé une nouvelle forme d'expression artistique et audiovisuelle. Gaétan Fouquet ayant donné le branle avec son film sur l'Inde, Samivel, Mahuzier, Vitold de Golish, Isy Schwartz, J.-C. Berrier, Merry Ottin, Villeminot, Christian Zuber et quelques autres assurèrent sa succession.

La sélection était sévère, films et conférences devaient être de bonne tenue, le sujet de grand intérêt. On présentait en 16 mm un film muet. Pour satisfaire aux exigences du fisc et rester dans le cadre d'une conférence filmée, c'était une condition indispensable. Elle exigeait également la présence sur scène de l'auteur des films ou d'un membre de l'expédition, condition qui par la suite devait se relâcher, certains conférenciers, peu soucieux de faire de longues et pénibles tournées en province, se faisant remplacer par une tierce personne n'ayant la plupart du temps d'autre connaissance des pays visités que le texte qu'on lui avait remis avec une copie du film et qu'elle lisait sur scène. Autant de conférenciers, autant de façons de présenter leur film. Certains auteurs comme Samivel préparent leur texte longtemps à l'avance et l'apprennent par cœur ; d'autres, dont je suis, se fient à leur inspiration. Le difficile est de ne pas doubler le film qu'on présente. L'image parle d'elle-même. Le texte qui l'accompagne doit la compléter, dire ce qu'elle ne contient pas ; le récit doit être intime, personnel, et dégager de l'image son abstraction philosophique. L'inconvénient d'un texte écrit, si beau et si littéraire soit-il (je pense à la perfection littéraire des conférences de Samivel), passe quelquefois au-dessus de la tête d'un public peu averti et c'est dommage. On ne s'exprime pas devant des scolaires comme devant un auditoire d'intellectuels ou de scientifiques. On ne parle pas le même langage devant le public de Lille, celui de Bordeaux, de Rennes, de Strasbourg ou de Marseille. Aucun d'eux n'aura les mêmes réactions. L'important, toujours, est de se faire comprendre. Il ne s'agit pas d'une concession au grand public, mais d'un respect de ce grand public venu vous écouter.

Ce métier difficile où l'homme est seul (*One man show*, comme disent ceux du show-business), je l'ai exercé durant quinze années. C'était à la bonne époque, celle où la télévision mondiale n'envoyait pas partout ses équipes déflorer, souvent sans les approfondir, les pays ou les ethnies les plus reculés de notre planète. Tout cela à coups de millions et avec un matériel hautement sophistiqué. Il est loin le temps où l'on pouvait encore parler du Sahara comme d'un désert, des régions arctiques comme de terres pratiquement inconnues. Je plains les jeunes qui veulent continuer la tradition. Pourtant, si la télévision était plus accueillante, si au lieu de réserver à un personnel privilégié la possibilité de paraître sur le petit écran, elle accueillait mieux les reporters *free lance* de notre corporation, je suis sûr que la qualité des reportages serait meilleure, plus humaine, moins « gonflée », plus vraie.

En 1950, les grandes salles de cinéma n'acceptaient pas nos conférenciers. On devait se contenter des salles de patronage ou des salles des fêtes des mairies, et si d'aventure un petit cinéma de province nous accueillait, son écran datant d'avant la guerre était si sale que la faiblesse de notre projecteur (1 000 watts) ne suffisait pas à faire éclater nos couleurs. A Dieppe, n'avons-nous pas dû, Tairraz et moi, coudre deux draps prêtés par les sœurs de l'hôpital pour recouvrir l'écran de la salle municipale ? A cette époque, une grande partie de la province française, surtout l'Ouest, le Nord et l'Est, avait été ravagée par la guerre. On logeait dans des baraques Adrian, on donnait notre conférence dans des hangars inconfortables. Le conférencier se déplaçait avec sa voiture personnelle, il devait tout apporter comme dans une auberge espagnole : son écran, son appareil de projection, sa sono et tout installer lui-même.

On roulait par tous les temps. Je me souviens d'être parti d'Epinal à 5 heures du matin, en plein hiver, avoir franchi le col de la Schlucht couvert de cinquante centimètres de neige fraîche en faisant la première trace, car j'avais une conférence à donner le dimanche matin à 10 heures à « l'Aubette » de Strasbourg. Plus tard, je me suis adjoint un aide, qui me relayait au volant et assurait la projection. Dès lors, la tournée devenait acceptable.

J'aurais dû aimer ce métier, et pourtant je ne lui trouvais aucun attrait. Je ne suis pas un homme de scène. Seules la recherche d'un sujet et la réalisation de l'expédition me passionnaient. Le film fait, j'aurais souhaité ne plus jamais en entendre parler. Pourtant, il était nécessaire de le financer, donc de donner des conférences — car nous ne recevions, bien sûr, aucune aide de l'Etat et il nous fallait tout acheter, films, caméras, et payer tous les frais de l'expédition. C'était mon tribut personnel. Grâce aux conférences, je pouvais continuer à parcourir le monde, délaissant, il faut bien l'avouer, mon métier de grand reporter à *L'Echo d'Alger* au profit de mes nouvelles occupations.

11

Le 16 octobre 1951, des événements très graves se produisent à Ismaïlia, sur le canal de Suez. Ils sont le résultat logique de la dénonciation par l'Egypte, le 8 octobre de cette même année, du traité d'alliance anglo-égyptien du 26 août 1936. Farouk est proclamé roi d'Egypte et du Soudan par Nahhâs Pacha, signataire du traité de 36 qu'il vient de dénoncer. L'Egypte devient de ce fait une puissance indépendante et les faits qui viennent de se produire laissent peser une lourde menace sur le canal de Suez et la liberté des communications entre l'Occident et l'Extrême-Orient.

A *L'Echo d'Alger*, Alain de Sérigny s'inquiète :

— Allez voir ce qui se passe là-bas.

En Algérie, nous sommes en effet échaudés. L'année précédente, trois ministres égyptiens ont visité l'Afrique du Nord, en détail. Reçus officiellement à Tunis, Alger, Casablanca et Tanger, l'un d'eux n'en a pas moins enfreint les lois les plus élémentaires de la diplomatie en répondant aux toasts de bienvenue des dirigeants français par l'annonce imminente d'un Etat musulman qui engloberait, depuis l'Egypte et la Tripolitaine, tout le Maghreb. Le vieux rêve d'expansionnisme arabe recommençait. Les émeutes d'Ismaïlia et d'Alexandrie en étaient le prélude.

Je débarquai dans la nuit au Caire.

Les formalités de douane et de police furent très longues mais sans brimades ; plutôt une force d'inertie désarmante. Aux premières heures du matin, je descendis à l'hôtel *Shepherd's*, sur les bords du Nil. Le palace était bondé de journalistes et de touristes. Chacun menait la grande vie et ne paraissait guère se soucier des événements. Je me renseignai immédiatement auprès des autorités chargées de l'information, et j'obtins un laissez-passer avec photo, qui me permettrait de circuler partout sans inconvénient, me dit-on. A quoi un de mes confrères, plus averti, me répondit :

— Surtout n'emporte aucun appareil photographique. Ils ont la manie de l'espionnite et, pour un oui ou un non, vous embarquent au « Caracola », la prison du Caire. Ce laissez-passer te permettra d'en sortir mais ne t'empêchera pas d'y entrer.

— Et pour visiter la zone du canal ?

— Il te faut un laissez-passer anglais, que tu obtiendras à l'ambassade. Pas de problème.

Muni de mes deux laissez-passer, je me sentis tout de suite plus à l'aise et, suivant une méthode bien personnelle, je commençai à déambuler en piéton à travers les rues du Caire. Il y régnait une ambiance déroutante. Tout était calme en apparence ; pourtant, je me faisais arrêter très souvent par des jeunes gens excités qui m'interrogeaient en anglais :

— *English ?*
— *No, French !*

Ils me laissaient partir à regret.

Depuis les événements d'Ismaïlia, les plus grandes précautions avaient été prises pour la sauvegarde des nationaux britanniques en butte à la xénophobie égyptienne. Celle-ci ne se manifestait encore que contre eux. Apparemment, Français et Italiens, ces derniers surtout, étaient encore des citoyens privilégiés.

A travers la rue Fouad et l'Esbekyeh, j'allai jusqu'au pont Kasr el Nil. Des groupes inquiétants se formaient. Un agent de police me conseilla :

— Rentrez à votre hôtel !

Dédaignant ses conseils, je poursuivis mon chemin et entrai dans une librairie pour y acheter un plan du Caire. La vendeuse européenne qui m'accueillit exprima ses regrets.

— Il est interdit de vendre aux étrangers les cartes et plans de l'Egypte et de ses villes.

Elle s'excusa gentiment :

— Que voulez-vous, monsieur, l'espionnite règne au Caire !

Encore !

Furetant dans les rayons de sa librairie, je découvris, bien en vue, un petit livre en français publié par l'Institut national des statistiques qui devait me fournir pour la suite de mon reportage les éléments comparatifs les plus précis et les plus intéressants sur la situation économique, agricole, industrielle de l'Egypte, sur sa population, sur les taux de natalité et de mortalité infantile (effrayante), sur les hôpitaux, le nombre des médecins, le kilométrage des routes goudronnées, de voies ferrées, etc. En bref, une documentation qui constituait à elle seule un rapport accablant sur l'Egypte.

A cette époque, le plus grand journal du Caire, *El Ahram*, faisait une campagne forcenée contre la présence française en Algérie, dénonçait la misère de ses indigènes, les méfaits de notre colonisation. De retour à Alger, je n'eus qu'à comparer chapitre par chapitre les statistiques de l'Algérie et celles de l'Egypte pour démontrer, chiffres en main, la fausseté des allégations du journal égyptien.

Très heureux de ma découverte, je rentrai à l'hôtel *Shepherd's*. Ce jour-là, il ne se passa rien de spécial. La poigne énergique du ministre de l'Intérieur, Serag Eddine Pacha, maintenait encore les émeutiers des faubourgs populaires, et cette soirée au *Shepherd's*, avec dîner dans les jardins luxuriants de l'hôtel, fut une soirée mondaine comme il est d'usage de la décrire dans les romans exotiques : smokings, robes du soir, élégance féminine. Chaque table portait sa petite lampe de couleur et le tout composait un éclairage discret qui ne perçait pas les ténèbres au-dessus des grandes frondaisons où les roussettes géantes piaulaient à qui mieux mieux, voletant sans bruit au-dessus des têtes des dîneurs.

Le lendemain, tout changea.

L'Egypte fêtait la « Journée de la Libération ». On nous conseilla vivement de ne pas quitter notre hôtel. Mon ami Flory, attaché culturel auprès de l'ambassade de France à Gizeh, m'avait téléphoné : « Viens plutôt à l'ambassade, et ne te mêle pas des événements ! »

Je suivis son conseil et, par la grande artère qui traverse Le Caire, atteignis le pont Kasr el Nil, seul pont qui à l'époque permettait de se rendre sur la rive gauche du fleuve, la route des Pyramides et de Gizeh.

Sur l'esplanade qui précède le pont, je fus rejoint par une bande d'émeutiers qui saccageaient les vitrines et lapidaient les passants sans rime ni raison. Je m'engageai sur le Kasr el Nil, marchant sans me retourner, un peu inquiet ; quelques pierres qui sans doute ne m'étaient pas destinées voltigeaient autour de moi. Le pont sur le Nil est d'une longueur démesurée, surtout lorsqu'on s'efforce de ne pas courir pour ne pas éveiller l'attention. J'arrivai au milieu du fleuve, lorgnant les eaux boueuses qui coulaient vers le delta ; j'y voyais une ultime retraite en cas d'accrochage car au même moment surgissait, venant des quartiers universitaires dans ma direction, une troupe hurlante et frénétique de jeunes émeutiers.

Les meneurs portaient de larges banderoles où étaient

écrits des slogans anti-anglais ; tous ces jeunes hurlaient et paraissaient déchaînés. J'étais pris entre ceux qui avançaient vers moi et ceux qui, derrière moi, continuaient leurs jets de pierres incontrôlés. Des deux côtés, la foule se rapprochait. Je continuai d'avancer, dissimulant mon émotion, allant à la rencontre des étudiants, et je fus bientôt entouré par les meneurs. L'un d'eux m'interrogea en anglais. Prudent, je fis celui qui ne comprenait pas. Un peu interloqué et après m'avoir dévisagé, il s'exprima en italien.

J'eus un éclair de génie.

— *Si, si, Italiano !*

C'était le meilleur passeport.

A l'époque, j'étais grand, maigre, efflanqué et très brun. Rien du physique anglo-saxon. Au Sahara, on m'a souvent pris, lorsque je portais le boubou, le séroual et le chèche des méharistes, pour un authentique Berbère, en tout cas un Latin.

Ayant esquissé un geste d'amitié, je poursuivis ma route et la bande s'écarta pour me laisser passer.

Le défilé terminé, la large voie du pont était libre et déserte. Je poussai un soupir de soulagement.

Je parvins sans encombre à Gizeh où je fus reçu courtoisement à l'ambassade de France par M. Couve de Murville. Je dînai avec mes amis Flory (qui vient de terminer sa carrière comme ambassadeur à Singapour) et nous passâmes une excellente soirée. Par eux j'appris les nouvelles de la journée. Un groupe de manifestants, évalué à plusieurs milliers, sorti de Bulak, avait envahi l'avenue Fouad et remonté ses deux kilomètres en direction de Zamalek, quartier de résidence dans l'île de Gesireh. De tous côtés, les familles isolées dans leurs villas ou leurs appartements téléphonaient à leurs consulats et ambassades. Serag Eddine Pacha, ministre de l'Intérieur, craignant que la journée ne dégénérât en émeute, avait, à grand renfort de policiers et de militaires, cerné les manifestants. Ceux-ci avaient riposté ; des policiers avaient été blessés. Il avait alors donné l'ordre de tirer sur la foule.

Dans la zone du canal, et principalement à Alexandrie et Ismaïlia, le danger avait été très grand. Les émeutiers avaient envahi les zones résidentielles des fonctionnaires britanniques et des cadres français de l'administration du canal. Il avait fallu replier femmes et enfants sous la protection de l'armée britannique. Heureusement, l'occupation massive et ultra-rapide des points critiques le long du canal et sur le pont unique d'El Kantara qui relie l'Egypte à la Palestine avait permis aux Anglais de maîtriser la situation. Les parachutistes venus de Chypre et une armée de cinquante mille hommes occupaient désormais toute la zone du canal.

Je ne savais pas encore à l'époque qu'un an plus tard la véritable révolution éclaterait, que le putsch des généraux Neguib et Nasser forcerait Farouk à abdiquer, qu'une vague de xénophobie saccagerait la ville européenne du Caire, que le *Shepherd's* brûlerait, que Neguib serait vite supplanté par Nasser, et que l'homme de fer de la révolution égyptienne, cinq ans plus tard, répondrait par un énorme éclat de rire aux menaces précises des Anglais, des Français et des Américains en nationalisant le canal de Suez. On connaît la suite.

Aux remous provoqués par la « Journée de la Libération » succéda une période plus calme. J'en profitai pour accomplir plusieurs voyages — dont l'un me mènera sur le canal, dans la zone occupée militairement et en force par les Anglais — et pour visiter, bien sûr, le musée du Caire, sous la conduite de son érudit conservateur, le chanoine Drioton, éminent archéologue français, qui, hélas ! fut rapidement évincé de son poste. J'ai revisité le musée du Caire ces dernières années. Quel contraste ! C'était un musée à l'abandon que je découvrais à nouveau, sale, poussiéreux, et dont beaucoup de pièces de grande valeur avaient disparu, victimes d'un pillage effectué à un haut niveau. Pauvre chanoine ! Il m'avait annoncé cette décadence peu de temps avant son renvoi.

Flory est un ancien grand alpiniste, et c'est par ce sport qu'il pratique dans le massif du Mont-Blanc et sur les cimes du Djurdjura que nous nous sommes connus. Il était donc normal que nous fissions tous deux l'ascension de la

Grande Pyramide sans oublier que c'est en descendant les blocs énormes qui composent un escalier de géant que se tua, dans les années 30, l'un des plus éminents alpinistes mondiaux, Rand Herron, visitant l'Egypte à son retour de l'Himalaya.

J'avais connu du Caire la vie de palace et d'intrigues du *Shepherd's*, les antichambres des ministères, les péripéties d'une ville en ébullition, mais je voulais me rendre en haute Egypte et avoir un contact direct avec les fellahs du fleuve. Officiellement, c'était chose impossible. Aucun étranger n'était toléré dans les villes et villages de l'intérieur, à l'exception de Louxor et d'Assouan, villes touristiques bien encadrées par la police.

Je pris donc, un certain soir, le train blanc qui remonte la vallée du Nil, pour un long voyage de neuf cent cinquante kilomètres. Le lendemain matin, je sautai du train, à la grande stupéfaction du contrôleur, à Kena, ville de trente mille habitants (ou davantage ?), sise sur une boucle du grand fleuve, à soixante kilomètres au sud de Louxor où normalement j'aurais dû m'arrêter.

Un missionnaire jésuite, tout vêtu de blanc, m'y attendait. J'avais un mot de recommandation pour lui. Il pilotait une vieille guimbarde, et les foules qui envahissaient le bourbier des rues où s'amoncelaient les détritus, me voyant sous sa protection, me firent comme à lui-même force salamalecs.

Nous étions en octobre, et la chaleur était encore très forte. J'étais vêtu d'un costume colonial de coutil blanc, et un chèche de mousseline blanche s'enroulait autour de mon cou. Détail vestimentaire qui prendra par la suite une importance capitale.

Je logeai quelques jours à la mission et, avec les pères jésuites, je visitai les villages de fellahs.

De l'aube au coucher du soleil, ils cultivaient les plantations de coton, les champs d'orge, entièrement nus, immergés à mi-corps dans l'eau fangeuse du fleuve ou des canaux d'irrigation, actionnant la longue perche des chadoufs qui puisent l'eau et la remontent sur les berges.

Je retrouvai l'Egypte de mes lectures, celle des pharaons.

Les pères jésuites étaient les seuls Occidentaux mêlés à cette plèbe misérable mais dont l'harmonieuse beauté rappelait la race élue des millénaires passés. J'assistai à la messe des coptes, les premiers chrétiens de tous les temps. Le père qui la disait ne put s'empêcher de m'exprimer son agacement :

— La messe copte dure trois bonnes heures, ils y viennent comme on va au cinéma. J'ai essayé de la raccourcir, de couper certains passages qui ne me paraissaient pas absolument utiles à la liturgie. Impossible ! Il y a toujours quelqu'un dans l'assistance qui se lève et me dit respectueusement : « Mon père, tu as oublié tel passage... » Que de temps perdu qui pourrait être employé plus utilement !

Ils faisaient tout, ces braves pères. Ils étaient infirmiers, médecins, et même chirurgiens, et personne ne songeait à leur venir en aide. Bien que prêtres catholiques, ils dispensaient charitablement leur assistance à part égale entre les villages musulmans et les villages coptes. Je les ai accompagnés dans l'exercice de leur ministère. Le prêtre passait au milieu des foules misérables qui envahissaient les ruelles de terre battue, et sa haute silhouette drapée dans une djellaba immaculée faisait incontestablement songer à Jésus de Nazareth parlant à ses disciples. Hommes et femmes accouraient, lui baisaient les mains, un pan de sa robe, et comme je l'accompagnais et que j'étais moi-même vêtu de blanc, il arrivait qu'on me prît la main et qu'on me la baisât en m'appelant *Baba* (père). Je me gardais bien de les dissuader. Ils étaient si heureux.

Mais ce pèlerinage qui m'avait projeté plus de quatre mille ans en arrière prit fin. Mon hôte me reconduisit en voiture à Kena et je repris le train pour Louxor.

Je retrouvai le palace, les touristes, les vieilles Anglaises d'Agatha Christie, les policiers et les guides obséquieux.

J'ai frété un taxi à Louxor. Il m'attendait sur l'autre rive du fleuve. Nous avons fait la traversée, mon drogman et moi (guide et indicateur de police évidemment), à bord d'une petite embarcation à voile habilement maniée par un batelier du fleuve. Par la jetée de terre battue, nous nous sommes dirigés vers l'occident, vers la Montagne des

Morts, et nous avons pénétré dans le domaine du souvenir.

Mon drogman me collait aux fesses avec la ferme intention de ne me montrer que ce qu'on lui avait dit de faire connaître aux touristes. Ayant épuisé les extraordinaires beautés de la Vallée des Rois et de la Vallée des Reines, je décidai de franchir la montagne qui sépare ces tombeaux du fameux Dar el Bahari. Visiblement l'homme répugnait à tout effort physique. Aussi accueillit-il avec satisfaction la proposition que je lui fis de faire le détour par la piste et d'aller m'attendre avec la voiture au relais Cook du Dar el Bahari.

Une courte escalade par un sentier rocailleux me permit d'atteindre le plateau supérieur.

J'étais entièrement seul avec mes pensées et, pour la première fois depuis mon arrivée en Egypte, je goûtais un intense sentiment de liberté.

Ici le passé et le présent se rejoignaient. J'avais sous mes yeux l'Egypte des pharaons et celle de 1951. Les temples s'étaient écroulés mais les terres étaient fertiles et, comme à l'époque, les fellahs les retournaient lentement avec des araires datant de quarante siècles, ensemençaient, irriguaient les champs que la crue avait fertilisés. Je vivais un passé prestigieux et, dans ma solitude et ma contemplation, j'oubliais que dans une heure d'auto je retrouverais à Louxor un îlot occidental, un hôtel de luxe.

J'ai retardé ce moment autant que j'ai pu. J'ai traversé la chaîne libyque, je suis redescendu par la plaine et j'ai retrouvé mon drogman endormi comme un bienheureux dans l'ombre fraîche du relais touristique.

12

Ce voyage en Egypte marquera la fin de mes grands reportages à travers le monde comme envoyé spécial de *L'Echo d'Alger*. Par contre, entre 1950 et 1955, j'ai parcouru l'Algérie, visitant les contrées les moins connues, les plus déshéritées : la région des chotts — ce désert salé des hauts plateaux où l'on faisait des expériences de captation de l'énergie solaire —, les Kabylies, le Sersou, l'Ouarsenis, le Hodna, les Aurès.

Tous ces voyages, je les ai effectués à bord d'une jeep de guerre américaine, rachetée aux stocks, et qui me permettait d'emprunter les pistes les plus mauvaises des Atlas tellien ou saharien. J'illustrais mes articles de photographies prises sur le vif, mais le papier journal de cette époque ne permettait que des clichages médiocres et j'eus l'idée de faire appel à mon ami Charles Brouty, dessinateur de très grand talent, un talent aussi grand que l'incognito qu'il s'est plu à conserver. Il travaille rapidement, traduit sur le terrain en quelques minutes une impression, un geste, une anecdote, avec la précision de l'œil humain qui très souvent est meilleur juge que l'objectif le plus perfectionné.

— Brouty, lui dis-je, tu devrais venir avec moi.

— Mon pauvre vieux, mon état de santé ne me permet pas de telles randonnées.

J'éclatai de rire. Brouty, c'était le malade imaginaire. Peintre lauréat de la Casa Velasquez, il n'a jamais voulu quitter l'Algérie pour la métropole, au détriment de sa carrière. Il se complaît dans les quartiers arabes, dans les ruelles de la casbah où il « croque » des silhouettes, des visages, des jeux d'enfants. Parfois il pousse jusqu'en Kabylie, mais c'est l'exception. Il vit frileusement engoncé sous des épaisseurs de lainages, peu en rapport avec le climat, le cou entorsadé de plusieurs cache-nez. Il geint constamment, donnant l'impression d'un grand malade. Une calvitie totale, sourcils compris, lui fait une tête de magot asiatique, étrange, aux yeux fureteurs, vifs et perçants. Brouty a la phobie des microbes et, durant nos premiers voyages, il ne se lavera qu'à l'eau de Cologne. Autant dire que nous étions faits pour nous entendre, moi qui ai goûté aux eaux de tous les puits et de tous les oglats du Sahara, sans souci des crottes de chameaux qui flottaient sur les rares points d'eau rencontrés, et cela sans avoir jamais attrapé une quelconque maladie.

Notre premier voyage eut lieu en 1949 et il devait être

décisif. J'avais, cette année-là, l'intention de visiter Aflou et la région trop peu connue du djebel Amour où l'on m'avait signalé dans la Rocaba d'intéressantes gravures du néolithique saharien.

— Tu verras, dis-je à Brouty. Il y a six ou sept mille ans, les hommes dessinaient et gravaient bien mieux que maintenant.

— Tu galèjes !

— Fais-moi confiance.

J'avais jeté l'hameçon. Découvrir l'art rupestre des cavernes et des abris sous roche sahariens devait forcément exciter la curiosité d'un dessinateur professionnel.

— Bon ! Passe me prendre demain matin.

Il faisait une très belle matinée d'hiver, fraîche et ensoleillée à souhait. Il descendit de son domicile lourdement emmitouflé dans un énorme pardessus descendant jusqu'aux chevilles, avec autour du cou deux ou trois écharpes de laine et, sur la tête, un étrange bonnet de laine acheté chez le Mozabite du coin. Il jeta un coup d'œil étonné sur ma jeep, fronça des sourcils imaginaires tracés au crayon sur son visage glabre.

— Comment ! C'est avec cet engin que nous partons ? Tu vas me faire crever de froid. Je ne marche pas !

Il fit mine de remonter l'escalier.

— T'inquiète pas, Charles, on va vers la chaleur. Tu ne voudrais pas manquer les rupestres ?

Il jeta derrière la banquette son sac de voyage, deux burnous, et une mallette de toilette.

Nous voici partis et, pour mieux l'aguerrir, je baisse le pare-brise. Le vent de la route nous fouette le visage, on respire à pleins poumons. On a dépassé le Sahel et la Mitidja, on escamote les collines de Miliana et du Cheliff, on traverse les plaines du Sersou et, par Frenda et Saida, nous entrons dans la grande solitude des hauts plateaux du Sud oranais. Les grands chotts miroitent de tout leur sel sur l'infini de l'horizon. A Bouktoub, nous prenons plein sud en direction de Géryville, puis remontons vers l'est par une piste mal tracée qui borde l'Atlas saharien. Réticent au départ, Brouty est conquis. Il craignait d'avoir froid, il est bien, il respire mieux. Adieu les inhalations, les tisanes, sa pharmacie de poche ! On boit du gros rouge de Mascara, on sirote des anisettes dans les très rares estaminets rencontrés sur cette piste du Far West algérien. La plaine d'alfa bruit comme un blé mûr et, dans les dayas argileuses, les disques verts des orges tranchent sur les terres ocre de ce désert inachevé. Séduit par l'environnement, Brouty dessine, croque, traduit d'un trait incisif comme une écriture cursive la solitude d'un ksar de torchis ruiniforme, dressé en sentinelle sur le vide naturel de la terre écrasée sous le ciel implacable. Brouty est heureux ; je n'aurai plus besoin de le convaincre. Désormais, il m'accompagnera partout, jusqu'au Hoggar où nous sommes allés, passagers inconfortables d'un camion de ravitaillement.

Il avait pris ses crayons, ses pastels, ses couleurs et, à mesure que nous pénétrions plus avant dans le Grand Sud tropical, son regard s'étonnait, s'inquiétait :

— Tu ne m'avais pas dit que le Sahara était noir ?

— Noir ? Comme toutes les terres volcaniques sans doute, mais la dominante est violet et ocre.

Il rugit.

— Pour traduire tout cela, il me fallait emporter de la couleur noire, beaucoup de noir ! Je vais être obligé de composer. Regarde, le feuillage des éthels est noir, les roches sont funèbres et pourtant tout est grandiose et lumineux dans cet univers de deuil !

Je le laissai dire. Je savais qu'il découvrirait la vraie couleur du plus étrange des déserts.

On parlait souvent, durant ces longues étapes, de son premier voyage sur les hauts plateaux, celui qui avait décidé de tout. Je l'avais conduit à la Rocaba et il avait pu se rendre compte, devant la gravure étonnante du grand bubale africain, espèce de bovidé dont la race est éteinte depuis plusieurs millénaires, de la beauté et de l'habileté des graveurs néolithiques. Puis nous avions traversé le djebel Amour, et nous avions passé deux jours dans le calme sanctuaire d'Aïn Madhi où nous avions appris, de la bouche du mokkadem, l'histoire belle comme une légende d'Aurélie Picard, fille d'un simple gendarme français, devenue l'épouse du grand maître de la confrérie des Tidjania, seule Française au Sahara avant la pénétration coloniale, et qui y mourut en 1934, vénérée de tous les musulmans bien que n'ayant jamais abjuré sa religion catholique. De cette découverte naîtrait trente ans plus tard, sous le titre de *Djebel Amour*, l'un de mes romans préférés.

Brouty n'avait plus besoin de moi. Il avait été conquis par le Hoggar et, l'année suivante, il y retournait, y séjournait près de six mois, adopté par une tribu touarègue, effectuant avec elle la nomadisation de l'Attakor vers la brousse sahélienne, rapportant de ce voyage une documentation étonnante et un album de dessins et de croquis d'une très grande beauté.

Lorsqu'on se retrouvait à Alger dans le calme d'un bistrot de la rue de la Liberté, ou chez Bitouche, le marchand de brochettes et de rognons blancs qui nichait tout près de là, nous évoquions sa transformation radicale. Brouty devenu saharien et coureur de brousse !

— Tu m'as sauvé la vie, disait-il. Sans toi, je grelotterais encore dans mes lainages et je me croirais foutu.

Je ne sais pas si je lui ai sauvé la vie. Je ne le pense pas car il avait une solide carcasse et il était increvable, mais je crois que le coup de fouet que lui a donné le désert a réveillé son inspiration. Il avait jusque-là, comme beaucoup de peintres algériens bourrés de talent, vécu dans la farniente et la vie facile d'Alger. L'exotisme était à la mode, ils vendaient très bien leurs toiles et à des tarifs qu'ils n'auraient jamais pu espérer en métropole. Mais, sans le savoir, ils se sclérosaient, entraient tout doucement dans l'oubli. Je pense au talent de ces peintres d'Alger restés pratiquement inconnus : Bouviolle, le grand Launois, Levrel, Galliero, Mondzin. Et que dire du malheureux Thomas Rouault, neveu du grand Rouault, écrasé par le nom qu'il portait, mort comme Launois, victime de la plus terrible maladie des peintres, l'alcoolisme, refuge contre la tristesse d'une vie ratée.

Brouty vivra en Algérie même après l'indépendance. Il accomplira en 1959-60 la première mission Berliet au Ténéré dont je parlerai plus tard.

1945-1955. Ce seront pour moi dix années d'une intense activité un peu brouillonne. Je touche alors à tout, comme si je cherchais mon second souffle. Je néglige mon métier de journaliste qui jusqu'à ces dernières années constituait ma profession privilégiée.

Il y a différentes raisons à cette mutation professionnelle : tout d'abord le succès de *Premier de cordée* qui, loin de diminuer, va en augmentant d'année en année, et ensuite le temps que me prennent mes conférences dans le cycle de *Connaissance du Monde*. Les deux vont de pair : les conférences me procurent une large audience et un contact direct avec mes lecteurs.

Etant donné cet état de choses, mon éditeur ne cesse de m'aiguillonner : « Il faut donner une suite à *Premier de cordée*, n'attendez pas trop longtemps, profitez de votre lancée ! »

Peut-être, mais si j'ai pu écrire *Premier de cordée* en trois mois, et le publier au jour le jour en feuilleton, il en va tout autrement lorsqu'il s'agit d'un deuxième roman. J'avais, me semble-t-il, tout dit dans le premier livre et j'aurai beaucoup de peine à terminer *La Grande Crevasse*. Bien qu'il ait connu à son tour un tirage important, je ne le considère pas comme un des meilleurs romans.

Hélas ! me voilà classé « écrivain de montagne » et je colle mal à cette étiquette. Je veux le prouver en renouvelant mon inspiration, en allant chercher mes sujets de romans très loin de cette montagne que j'aime par-dessus tout mais qui m'étouffe à force de trop m'aimer. Alors je me jette à corps perdu dans mes romans sahariens : une trilogie dans laquelle j'ai mis beaucoup de moi-même. Trois livres et me voilà classé « écrivain saharien » ! A désespérer ! Quand donc serai-je un « écrivain » tout court ? Les grands critiques — à l'exception de Kléber Haedens qui révéla *Premier de cordée* — m'ont toujours ignoré. Si je passe à la télé ou à la radio, c'est surtout ma personne qui est en cause et non mes livres. On parle de l'homme, on néglige son œuvre. Heureusement le public m'a suivi et me suit toujours avec une fidélité émouvante : depuis 1941, *Premier de cor-*

dée a épuisé la rage de lire de quatre générations. Je ne suis pour rien dans ce succès, j'ai toujours vécu à l'écart des grandes chapelles littéraires, je n'ai décroché aucun prix, et mes gros tirages, loin de m'ouvrir certaines portes, semblent m'avoir desservi auprès de l'intelligentsia littéraire.

Bref, à cette époque-là, mon métier d'écrivain et de conférencier commence à m'occuper considérablement et je constate chaque année davantage que, pour continuer, c'est en France que je dois revenir. Je perds trop de temps en déplacements, franchissant la Méditerranée pour un oui ou pour un non.

Alain de Sérigny, directeur de *L'Echo d'Alger*, se montre très compréhensif à l'égard de son grand reporter qui lui file entre les doigts comme une comète. Il m'a offert de nouveau le poste de rédacteur en chef. Je l'ai refusé. Mes idées sur la politique française en Algérie ne concordent pas avec les siennes. De plus en plus, le métier de journaliste en Algérie devient délicat.

Je n'ai jamais été diplomate, et j'ai toujours dit et écrit ce que je pensais. (N'ai-je pas, dès 1939, réclamé la citoyenneté française pour les Kabyles ?) Sans que la population en perçoive les premiers signes, des événements graves se préparent et la situation se dégrade. Il faudrait être aveugle pour ne pas le voir et pourtant personne ne veut le croire. Je tire le signal d'alarme et je ne suis pas écouté. Les Français d'Algérie, qu'on n'appelait pas encore les « pieds-noirs », ne peuvent envisager un seul instant qu'ils seront un jour obligés de partir de cette terre qu'ils ont fécondée, de ce pays qu'ils considèrent comme leur véritable patrie.

Nous ne sommes pas encore à la Toussaint de 1954, mais les prémices d'une insurrection générale sont en gestation irréversible. Lorsque je tiens ce langage à mes supérieurs, on refuse de m'entendre.

A leur décharge, il faut écrire que les Français d'Algérie ont été grugés par les politiciens de la métropole. Ils ont cru jusqu'au bout que l'Algérie resterait française comme on le leur avait promis. Ils ont négligé le travail de sape qui s'accomplissait.

Lorsque nous en discutons au journal, je suis en plein désaccord avec le comité de rédaction. On ne veut pas se poser de questions et, cependant, les « pourquoi » ne manquent pas.

Pourquoi n'a-t-on pas accordé aux musulmans, après la guerre de 1914-18, les droits qui avaient été octroyés aux juifs par le décret Crémieux dès 1870 ?

Pourquoi a-t-on, en 1938, rejeté le projet Viollette réclamant ces mêmes droits pour les musulmans ?

En 1918, la France victorieuse était une grande nation à l'échelle mondiale. En 1940, il était déjà trop tard ; nous avions perdu la face. Pourtant, malgré notre désastre de 1940 et après le débarquement allié de 1942, une chance s'offrait encore à nous. Ben Bella et les autres chefs de la future rébellion, pour ne citer que cet exemple, avaient servi loyalement et courageusement la France avec l'armée d'Afrique. Le cimetière de Cassino témoigne pour la fidélité des troupes musulmanes. Ils avaient largement payé le prix du sang pour être français à part entière. Pourquoi ne l'a-t-on pas fait ? Il était sans doute déjà trop tard, mais le geste eût été noble, et ce n'aurait été que justice.

« Vous serez français à part entière ! » Ils attendaient cette phrase depuis 1918. En vain. Ensuite ils avaient constaté notre déclin. La rivalité de nos grands chefs militaires après le débarquement de 1942 et la conduite dédaigneuse à notre égard de nos puissants alliés les avaient fortifiés dans la possibilité d'acquérir leur indépendance. Une véritable mutation était en train de s'effectuer, elle pouvait être très lente mais elle était inéluctable. Un jour ou l'autre, ce pays réclamerait une identité nationale. Je le disais parfois trop fort, mais j'ajoutais aussi qu'il n'était pas interdit de penser qu'une harmonieuse communauté franco-musulmane pouvait naître de cette indépendance.

Vingt années ont passé, et, malgré les combats, malgré les horreurs d'une guerre qui a frappé indistinctement dans les deux camps, les Algériens de la nouvelle République, et parmi eux les plus xénophobes, nous considèrent encore comme le seul interlocuteur valable. Qu'on se souvienne de l'émouvant message à la France de Boumediène, revenant de Moscou, portant déjà la mort en lui. Véritable testament de celui qui nous avait tant combattus.

Français et Algériens sont complémentaires, qu'ils le veuillent ou non.

L'Algérie est née avec l'occupation française en 1830. Nous avons créé de toutes pièces un Etat moderne. Nous lui avons donné son identité. Avec nous d'abord, contre nous ensuite s'est faite la soudure entre les différentes ethnies rivales ; avec nous ont disparu les guerres tribales, les rez-zous. Nous avons pacifié le pays, nous lui avons donné son infrastructure moderne : routes, voies ferrées, grands barrages d'irrigation et centrales thermiques, hôpitaux, réseau administratif. Les noms seuls ont changé, les préfectures sont devenues des willayas. Mais le nom même que nous avions créé : Algérie, est resté. Il vient d'*El Djezaïre* (les îles), le repaire des corsaires barbaresques. Par ceux-ci, il s'est étendu à la ville blanche, à la casbah, à la ville moderne ensuite qui se construisait sur le front de mer. Puis ce substantif a conquis tout le pays. L'Algérie était née qui gardera ce nom pour l'éternité.

13

Peut-on être aventurier et avoir une vie familiale ? On m'a souvent posé la question. Et je réponds oui.

Car j'ai toujours eu une vie familiale et elle nous a notamment rassemblés très étroitement dans les coups durs de notre existence.

Dans ce livre touffu, qui n'est pas seulement autobiographique mais se veut surtout témoin de mes rencontres avec des gens, avec des événements liés directement à l'histoire de ce siècle, je l'ai forcément négligée ; elle n'est apparue qu'en filigrane, car elle a toujours été la part secrète de ma vie, celle que je me suis réservée pour compenser ma vie publique, à mon avis trop exigeante.

Tout avait été bien pour nous jusqu'à cette sacrée dernière Grande Guerre. Jean et Danielle, nés en 1931 et 1933, faisaient notre joie. Le garçon était un bambin dégourdi, déjà passionné de montagne, lorsque nous arrivâmes à Alger en 1938, et tout de suite il nous accompagna sur les champs de ski de Tikjda.

C'était presque une aventure. Nous nous entassions dans les voitures des amis. La route est sinueuse qui d'Alger conduit à Bouïra, au seuil du Djurdjura. Sinueuse et belle, elle franchit les gorges de Palestro où l'oued Isser se fraie un cours difficile dans un maquis de verdure. Sur nos têtes, les rochers du Bouzegza sont remplis de singes qui nous observent. Le site est dramatique : un vrai coupe-gorge, pensions-nous à l'époque ; opinion qui devait se révéler très exacte durant les « événements » qui précédèrent l'indépendance de l'Algérie.

On arrivait très tôt à Bouïra, à l'*Hôtel de la Colonie* où un bon gros Kabyle portant moustache à la Carlos nous servait un copieux petit déjeuner. Jean avait dormi, bien calé entre deux grands sur la banquette arrière. Il était frais et dispos pour assister aux efforts des voitures qui s'époumonaient sur la piste en terre à forte déclivité qui conduit à Tikjda et qui, les jours de pluie, devenait glissante comme du verglas. On pénétrait dans le monde hostile du Djurdjura. Il fallait quelquefois abandonner la voiture à plus d'une heure de marche du chalet-refuge édifié à Tizi Bou Elma par le Dr Lavernhe, un fanatique du ski. On passait une magnifique veillée au coin du feu et, le lendemain, on astiquait les pentes débonnaires de la forêt de cèdres où nous avions tracé une piste de descente. Jean et Danielle s'en donnaient à cœur joie ; ma femme et moi vivions notre passion commune pour le ski et la montagne avec intensité. Rares instants de bonheur ! Le même soir, on rentrait fourbus et brûlés de soleil.

Puis il y avait eu l'arrivée de Martine qui avait bien failli naître sur le vieux *Sidi-Brahim* qui nous ramenait en Algérie après l'armistice de 1940.

Lorsque je revins en Algérie en 1945, après quatre ans d'absence, j'eus du mal à reconnaître mon petit monde.

J'avais laissé un écolier de onze ans, je retrouvais un candidat au bac. Danielle était devenue une petite fille de neuf ans, fine, élancée. Je conservais de Martine le souvenir d'un bébé de dix-huit mois que je ne reconnus pas dans cette petite boule de cinq ans adorant jouer avec son grand frère sur la plage de Surcouf, disparaissant sous les rouleaux de la mer, faisant surface à moitié suffoquée, bouche ouverte et riant aux éclats. On lui avait tant parlé de ce papa fantôme dont elle ne conservait aucun souvenir, qu'elle m'accepta d'emblée dans ses jeux et dans son cœur.

Il fallut me refaire à cette vie familiale.

J'ai eu la chance d'avoir à mes côtés une femme courageuse et énergique qui sut élever magistralement mes enfants durant mes absences répétées. J'ai toujours été un aventurier et, quoi qu'il lui en coutât, ma femme m'a laissé en toute liberté suivre ma vocation. Ce fut pour elle trop souvent un dur sacrifice.

En échange, notre vie familiale était réconfortante : un havre de paix après la tourmente. Et la gaieté de mon fils, l'enjouement de ses sœurs faisaient des heures que nous passions ensemble les journées les plus heureuses de notre vie.

L'été, nous nous réunissions tous pour les vacances de Chamonix. Encore trois mois de bonheur ! Les enfants me collaient aux pattes comme des arapèdes partout où je les entraînais et, avec eux, j'ai gravi les principaux sommets de la vallée de Chamonix. Jean était devenu un grimpeur remarquable et me secondait dans mes prises de vues. Parfois il me semblait qu'ils auraient pu rechercher des compagnons de jeu de leur âge, mais ils ne se sentaient vraiment bien qu'avec leurs parents. Il faut dire que nous leur faisions une vie rêvée. Par nous ils avaient été initiés au ski, à la haute montagne, aux randonnées familiales à bicyclette, toutes choses réunies que bien peu d'enfants peuvent s'offrir en famille.

Mais les enfants grandissent vite. Lorsqu'on s'en aperçoit, on est déjà grand-père en espérance.

Durant ces quatre années, Jean était passé du stade

d'écolier à Notre-Dame-d'Afrique à celui d'étudiant en lettres à Grenoble. Je ne crois pas que ce choix ait été particulièrement heureux car, après un échec à propédeutique, Jean nous confia que sa véritable vocation était l'aviation. Tout enfant, il avait rêvé d'être pilote, la guerre l'avait fortement marqué, sa chambre était pleine de gravures d'avions bombardiers ou chasseurs. Physiquement c'était un athlète fin et résistant sous des apparences fragiles. Bien qu'initié sur les pentes faciles de la Kabylie, il était rapidement devenu un skieur de compétition et avait représenté l'Afrique du Nord aux championnats de France à Val-d'Isère. Jean était un garçon doué, aimant la musique et les arts, écrivant des poèmes. Mais son destin l'entraînait vers l'aviation.

J'ai toujours accepté pour les miens qu'ils choisissent des voies difficiles ou dangereuses. Une vie ne vaut d'être vécue que si on la vit pleinement, si elle permet à l'individu de s'accomplir. Jean voulait être pilote de chasse. On ne fit rien pour l'en détourner.

Pour être aviateur, au début des années 50, il n'y avait qu'une solution, s'engager pour cinq ans dans l'armée de l'air. Ce qu'il fit.

Pour ce qui est de nos filles, l'une d'elles se détacha bientôt de la cellule familiale. A dix-huit ans, en 1952, Danielle épousait Georges Droz, camarade de collège de son frère. Il appartenait à une authentique famille de pieds-noirs. Son père a débuté comme notaire sur les hauts plateaux algériens et dans la Mitidja avant de devenir le premier notaire d'Alger. Sa grand-mère maternelle a connu Aurélie Picard, l'héroïne de *Djebel Amour*, à Laghouat, au début du siècle. Georges Droz, après ses études de droit à Paris, fera toute sa carrière dans le droit international privé. Il est devenu le secrétaire général de la Conférence de droit international privé et vit à La Haye depuis vingt-cinq ans. Sa femme trouve que la Hollande est un beau pays et les Hollandais des gens charmants. Cependant, comme le pays est un peu trop plat à son goût, elle rejoint chaque année avec plaisir son chalet de Chamonix pour de longues vacances prolongées.

Martine épousera dix ans plus tard à Chamonix, en 1961, Gérard Charoy, fils d'un cadre supérieur de l'industrie. Pour lui également, une grande partie de sa jeunesse s'est passée au Maroc, et ces jeunes couples ont gardé pour la terre d'Afrique du Nord un amour inconditionnel.

Notre union entre parents et enfants s'est continuée entre grands-parents et petits-enfants. J'ai eu la joie de les mettre tous les huit sur des skis et de pouvoir encore, maintenant que certains sont devenus adultes, les conseiller en matière d'alpinisme. Mais, s'ils me suivent toujours sur les sentiers de grande randonnée, ils m'ont largement dépassé pour les grandes courses. J'ai dû en effet renoncer à les guider en haute montagne. A mon âge, je n'ai plus le droit de conduire une cordée. C'est une terrible responsabilité que celle d'un guide de montagne. Ceux qui aspirent à exercer cette profession s'en rendent-ils compte ?

Alors, mes grands petits-enfants, je les confie à mes jeunes collègues de la Compagnie des guides de Chamonix, et je suis rassuré. Ils seront, l'expérience acquise, des alpinistes complets.

Parlons un peu de ces petits-enfants.

Danielle s'étant mariée très jeune, j'étais grand-père à quarante-sept ans ! Sophie est née à Chamonix en 1953, sa sœur cadette Emmanuelle est née à Nice, Olivier à Alger et Béatrice, la benjamine, à Chamonix. Tous sont désormais majeurs.

Sophie et Emmanuelle nous ont déjà donné deux arrière-petits-enfants : Charlotte et Olivia.

Martine Charoy a également bien travaillé en nous donnant quatre petits-enfants : Nathalie née à Paris, Jérôme et Stéphane nés à Annecy et la petite dernière, Marie, née à Londres.

Ne vous étonnez pas si j'ai fait construire depuis quelques années trois chalets à Chamonix pour y abriter le clan — ou la tribu — Frison-Roche.

Mais revenons à mon fils Jean.

Bien noté à l'école des élèves pilotes de l'armée de l'air de Challes-les-Eaux, Jean fut sélectionné pour effectuer un stage dans les écoles de l'U.S. **Air Force**. Ses qualités de pilote l'avaient désigné pour la chasse.

En 1953, l'entraînement de nos futurs pilotes militaires, qu'ils soient bombardiers ou chasseurs, se faisait dans les bases américaines. Les escadres aériennes s'équipaient en avions à réaction. Pour la chasse française, il s'agissait de Vampire et d'Ouragan. Ces derniers formeront le premier maillon d'une chaîne sans cesse perfectionnée qui conduira au Mirage 2000 de l'an 1981.

De ce stage aux Etats-Unis Jean devait rapporter des souvenirs diversifiés. Autant il avait été séduit par la gentillesse et la camaraderie des stagiaires rencontrés sur les différentes bases de Géorgie, du Texas et de l'Arizona où il avait effectué deux ans d'apprentissage, autant il avait été choqué par la ségrégation raciale qui lui interdisait, en dehors de la base aérienne, de fréquenter les pilotes noirs de son école. Ce qui l'avait surpris aussi, c'est la discipline rigoureuse observée dans l'armée américaine où les châtiments corporels, comparables à ce que l'on appelait autrefois la « pelote » dans nos bataillons disciplinaires, sont chose courante. Pour la moindre peccadille la punition est dure : chargé d'un gros sac et revêtu de son lourd équipement de combat, l'élève doit, sous un soleil torride et pendant de longues heures, manœuvrer sous le commandement de sous-officiers gardes-chiourmes, d'autant plus hargneux qu'ils envient ces jeunes gens qui sortiront officiers des stages qu'ils suivent. Pourtant, ayant accepté la discipline, Jean devait convenir qu'on en sortait aguerri et physiquement prêt. Il passa brillamment ses examens.

La vie dans ces écoles apportait quelquefois des compensations joyeuses. Les stagiaires venus de différents pays formaient un mélange pittoresque. Il y eut des quiproquos célèbres qui firent la joie de l'escadrille.

Jean aimait conter l'anecdote suivante :

Il y avait dans son stage cinq apprentis pilotes turcs parlant et comprenant très mal la langue anglaise, surtout lorsqu'elle est prononcée avec l'accent américain ; tous les ordres en vol, transmis par la tour de contrôle, l'étaient dans cette langue.

Un jour donc, les cinq pilotes turcs décollent sur leurs avions à réaction d'entraînement. Ils pilotent en solo car ils doivent être prochainement « lâchés » définitivement. Pendant un instant, ils obéissent correctement aux ordres que l'instructeur leur transmet depuis la tour de contrôle. Tout à coup, ce dernier s'aperçoit qu'une fumée noire anormale et devenant à chaque seconde plus épaisse se dégage de l'avion de queue de la patrouille. Le feu est à bord ! Il lance immédiatement un ordre :

— *Turkish pilot n° 5, your plane is in fire ! Jump ! in emergency !*

Son ordre ne semblant pas avoir été compris, il récidive :

— *Turkish pilot, jump ! You got fire aboard !*

Alors il assiste à un spectacle jamais vu sur une base américaine. Avec un ensemble parfait, les cinq pilotes sautent, abandonnent leurs appareils. Les corolles des parachutes s'ouvrent gracieusement et ils descendent lentement dans le ciel tandis que les avions s'écrasent dans la plaine brûlée de l'Arizona.

De retour en France, Jean, sorti n° 2 du stage, pouvait choisir sa base, soit Cambrai, Cognac ou Dijon. Il choisit Dijon car il savait que le groupe « Alsace-Lorraine » et l'escadrille « Guynemer » à laquelle il serait affecté recevraient très rapidement les premiers Mystère devant remplacer les Ouragan en service. Jean avait conservé toute sa passion pour l'alpinisme, et ses chefs l'encourageaient dans cette voie. Il entraînait régulièrement ses camarades dans les calcaires de la Côte-d'Or, aux rochers de Fixin. Il avait été également désigné pour suivre à Noël 1954 le stage de ski de Val-d'Isère afin de représenter son escadrille aux championnats militaires.

C'est à cette époque que je décidai de rentrer en France.

On aurait pu penser, car cette décision coïncidait avec la tuerie de la Toussaint dans les Aurès, que la gravité de l'événement avait provoqué cette décision. Il n'en était rien. Celle-ci était déjà prise depuis plus d'une année. Nous aimions l'Algérie comme si nous avions été d'authentiques pieds-noirs, et rien ne nous aurait obligés à la quitter, si, comme je l'ai dit, depuis quelques années mon travail ne m'amenait à séjourner de plus en plus en France. D'autre part, je le répète, je n'étais pas d'accord, sur les événements tragiques qui ensanglantaient l'Algérie, avec mes chefs directs à *L'Echo d'Alger*. Je choisis donc de mettre fin à ma carrière de journaliste et je décidai de m'installer à Nice et d'y chercher un appartement. Nice, pensais-je, c'est une belle ville au bord de la Méditerranée, au climat comparable à celui d'Alger, et comme Alger au pied des montagnes. Bien sûr, la logique aurait voulu que nous nous installions à Chamonix. Mais ma femme n'aurait-elle pas de la difficulté, après dix-sept années d'Algérie, à s'habituer aux hivers sibériens de Chamonix ?

Je partis donc en détachement précurseur à la recherche d'un appartement. Au passage, je m'arrêtai à Dijon et j'arrivai sur le terrain militaire de Longvic, juste pour assister au retour de l'escadrille Alsace-Lorraine.

C'était une époque tragique pour la base de Dijon. En quelques mois, plusieurs avions Ouragan s'étaient écrasés au sol. Jean nous avait écrit qu'il avait perdu ainsi, la semaine précédant mon voyage, l'un de ses meilleurs camarades. Mais, fidèles à la glorieuse tradition de l'escadrille, les jeunes pilotes avaient repris l'air le jour même et, depuis, continuaient leur entraînement intensif.

Les trois appareils de la patrouille de Jean, atterrissant simultanément, vinrent se ranger en un alignement impeccable sur l'aire de stationnement qui leur était réservée. Les capots se soulevèrent, et Jean se dressa hors du cockpit, casqué, vêtu de sa combinaison de chasse, cuirassé de ses parachutes, comme un chevalier des temps modernes. J'avouerai qu'en cette minute je fus particulièrement fier de lui.

Si j'étais fier, il était heureux, passionné par sa nouvelle existence. Le bonheur se lisait sur son visage. Excellent pilote bien noté de ses chefs, il était aussi, m'apprirent-ils, un animateur excellent. A la fois musicien, poète, alpiniste, tenant le livre de bord de l'escadrille et le couvrant d'annotations tantôt pleines d'humour, tantôt sereines et graves. Je sus que ses camarades l'aimaient sans restriction.

Ayant visité la base, conversé avec ses camarades de la

chasse, je ne regrettai pas qu'il se soit dirigé d'instinct vers cette dangereuse carrière de pilote de chasse. Je venais de constater un fait : Jean, à vingt-trois ans, s'était accompli dans son destin.

Mon train partait pour Nice vers minuit. Je passai la soirée avec Jean et trois ou quatre de ses compagnons. Il se confia à moi. Il allait passer par l'école de l'air de Salon pour en sortir officier. La fin de sa carrière militaire, il l'envisageait déjà :

— Je serai pilote des glaciers !

A cette époque, Geiger, le fin pilote valaisan, avait inventé une nouvelle manière de voler, d'atterrir et de décoller. Il n'était pas nécessaire pour cela de disposer d'un terrain plat. Bien au contraire, Geiger se posait sur une pente très raide à la montée et décollait comme les oiseaux en se jetant dans la pente. Très simple, mais il fallait y penser !

— Il vole comme un aigle ! Tu vois ça, papa ! Etre pilote sur nos glaciers de Chamonix !

Je montai dans mon wagon, baissai la vitre du compartiment. Il se tenait tout droit sur le quai, le bras levé en geste d'adieu. Je répondis à son salut affectueux jusqu'à ce que la mince silhouette s'effaçât dans la nuit.

Je ne le revis plus. Je ne le reverrai jamais plus !

21 décembre 1954. Le *Ville-d'Oran* trace sa route sur une mer déchaînée ; une véritable tempête s'est abattue sur le navire alors qu'ayant dépassé Minorque nous entrions dans le golfe du Lion.

Nous avions rendez-vous à Chamonix pour y passer les fêtes de Noël en famille. Pour cela, Jean avait renoncé à son stage de ski à Val-d'Isère et il devait nous rejoindre. On se faisait une joie de ces retrouvailles.

Il peut être minuit. Le bruit de la tempête m'a réveillé. Des coups discrets sont frappés à la porte de ma cabine. On insiste. Je descends de ma couchette, titubant d'une paroi à l'autre tant le navire roule et tangue. Le hurlement des vagues déferlantes est si puissant qu'il traverse les parois du navire et parvient jusqu'ici. Depuis l'aventure de l'*Istanbul* et le naufrage du *Lamoricière*, je sais la violence d'une grande tempête en Méditerranée. L'inquiétude commence à me tourmenter. J'ouvre péniblement la porte. Un officier est là, debout, visage grave, sa casquette galonnée à la main. En le voyant, ma première pensée est : « Le navire est en danger ! » Je la rejette immédiatement. Le *Ville-d'Oran* est un solide paquebot qui a fait toute la guerre transformé en croiseur auxiliaire ; il peut supporter n'importe quel gros temps.

— Le commandant vous prie de venir dans sa cabine ! me dit l'officier.

— Que se passe-t-il ? dis-je, la gorge serrée.

Il ne répond pas ; l'angoisse me noue les tripes. On ne réveille pas sans motif un passager à une heure aussi indue. Je n'insiste pas, je le suis. On longe les coursives bras écartés, comme des hommes ivres, pour résister aux coups de roulis de plus en plus violents. Là-haut, derrière la passerelle, dans sa cabine d'acajou et de cuivre, le commandant m'attend. Je l'interroge du regard.

— Soyez courageux, monsieur Frison-Roche, j'ai une très mauvaise nouvelle à vous apprendre.

Je pâlis et immédiatement je pressens le pire.

— Mon fils...

— Son avion s'est écrasé au cours d'un exercice.

Je reste sans voix, la gorge nouée. Je voudrais encore espérer mais je sais que c'est inutile. Il se passe un grand moment silencieux. Le commandant respecte ma douleur, il sait qu'en de pareilles circonstances aucun mot ne peut atténuer une peine aussi profonde. Mes pensées m'ont entraîné très loin, je reviens sur terre, je veux savoir.

— Comment cela est-il arrivé ?

— Je l'ignore. Votre ami d'Alger, Camille Stupfler, m'a prévenu par radio, sans donner de détails.

Camille Stupfler dirige l'agence de la Transatlantique à Alger.

— C'est tout ce que je sais, s'excuse le commandant. Je suis désolé. Acceptez mes condoléances. Mon second va vous raccompagner.

Devant la porte de ma cabine, j'hésite. Ma femme dormait et ne s'est pas aperçue de mon absence. Notre fille Martine dort dans une cabine mitoyenne. Vais-je détruire en une seconde le bonheur de toute une vie ?

— Reposez-vous dans cette cabine vide, me conseille l'officier en second, il sera toujours temps, demain matin, d'apprendre la triste nouvelle à votre épouse.

Je le remercie et, seul dans cette cabine anonyme, je sanglote. Minutes épouvantables où les éléments accompagnent ma peine. Les membrures du bateau gémissent, les coups de boutoir de la tempête claquent sur la coque comme des explosions d'obus. Je ne peux plus supporter ma solitude. Quand je retourne dans notre cabine, ma femme se réveille en sursaut, voit mon visage en larmes, mes traits bouleversés, et sur le moment, elle aussi, pense au naufrage. Hélas ! c'est pire qu'un naufrage, c'est la fin du bonheur, de notre bonheur familial. Je cherche mes mots, je me jette dans ses bras :

— Jean ! Jean s'est tué hier au cours d'un exercice.

— Non ! Non ! ce n'est pas possible. Dis-moi que ce n'est pas vrai !

Elle est comme pétrifiée, puis la réaction se fait, violente ; elle éclate en sanglots, s'agenouille au pied de sa couchette et prie, prie, cherchant dans sa foi profonde les mots qui délivrent et qu'elle ne trouve pas.

Nous pensons à Martine qui dort calmement à côté de nous, encore inconsciente et heureuse. Comment réagira-t-elle à la mort impensable de son grand frère bien-aimé ?

Le lendemain matin, nous approchons des côtes de France. La tempête s'est apaisée, les falaises de Cassis, les îles calcaires de Ratonneau et Pomègue, le château d'If se détachent comme des icebergs laiteux sur l'horizon terrestre. Accoudé à la rambarde, tendu, presque inconscient de douleur, je regarde sans le voir ce paysage que je connais si bien. Naguère, à la première heure du jour, lorsqu'il était enfant, Jean venait s'accouder à mes côtés et il fallait que je lui explique les îles, les caps. On regardait les mouettes danser un ballet autour du bateau, et déjà, en pensée, la terre se modifiait ; on s'imaginait là-haut, dans nos montagnes.

Pourquoi faut-il que le destin soit si cruel ! Mourir à vingt-trois ans, est-ce logique ?

Nous avons débarqué à Marseille. Le flot des passagers s'écoulait par l'échelle de coupée, des cris joyeux s'échangeaient du quai jusqu'aux différents ponts gorgés de monde. On était seuls, perdus dans notre douleur. Autour de nous, la vie continuait, mais pour nous elle s'était arrêtée. Des amis fidèles nous attendaient. Ils accomplirent pour nous les formalités du débarquement, nous firent prendre place dans le train paquebot. L'après-midi, nous étions à Dijon. Sur le quai de la gare, le haut-parleur grésillait : « M. Frison-Roche est prié de se rendre à la salle d'attente des première classe. M. Frison-Roche est... »

Je n'eus pas cette peine. Deux amis de Jean m'avaient reconnu. Le commandant de Royer, son chef, et l'aumônier du groupe Alsace-Lorraine nous attendaient, et tout de suite nous avons pu faire une prière dans la chapelle ardente où le veillaient ses camarades.

Le lendemain, la tempête sévissait sur terre. La messe de l'aumônier fut dite dans un des hangars métalliques de la base. Les tôles des parois frappées par le vent claquaient, se détendaient, gémissaient, accentuant le drame douloureux que nous vivions. C'est dans ce climat d'apocalypse que nous avons pris en convoi la direction de Chamonix. La neige nous a surpris alors que nous gravissions les Montées Pélissier. Les voitures patinaient, il a fallu pousser aux roues, et nous sommes arrivés avec peine au dernier rendez-vous. Jean a passé cette nuit dans la très vieille maison de famille, aux murs si épais que les bruits de l'extérieur n'y parviennent pas.

Le lendemain, les routes étaient impraticables et disparaissaient sous un mètre de neige fraîche. L'école militaire de haute montagne mit à notre disposition le traîneau tiré par un mulet avec lequel elle assurait son ravitaillement. Un drap tricolore recouvrait le cercueil de Jean qui glissait doucement et sans bruit, dans cet attelage montagnard qu'il aurait aimé, vers le cimetière au pied des aiguilles et des glaciers témoins des ascensions heureuses de sa trop brève jeunesse.

Ma femme prit une décision courageuse :

— Nous vivrons comme avant. On parlera de lui comme s'il était présent. On ne s'enfermera pas dans notre douleur, on portera le deuil dans notre cœur. On fera cela pour que la vie continue à la maison dans le cadre familial qu'il aimait tant.

Notre peine est immense, notre deuil cruel, mais notre consolation est de savoir avec certitude que Jean a vécu comme il avait voulu vivre. Chez nous, l'aventure et le goût du risque font partie de la vie toute simple que nous menons. Nous les avons acceptés avec tout ce qu'ils représentent. La vie de Jean a été brève. Il l'a réalisée pleinement. Il est mort heureux !

Bien sûr, il y a nous, nous qui restons. Pouvons-nous l'oublier ?

Pendant des mois nous marcherons dans un tunnel.

Il nous fallait du courage car, trois mois avant la mort de Jean, Martine et son guide avaient échappé de peu à la mort au cours de l'ascension de l'aiguille du Peigne, très belle escalade rocheuse d'altitude modeste : 3 192 mètres, mais aérienne et difficile.

Martine, comme ses aînés, avait déjà fait de nombreuses courses avec moi et c'était la première fois que son père ne l'accompagnait pas. J'avais en effet été gravement blessé, l'hiver précédent, en disputant les championnats d'Algérie de ski, et une cheville totalement délabrée m'avait tenu immobilisé toute l'année. Martine venait d'avoir quatorze ans ; comme cadeau d'anniversaire je lui avais promis une belle course avec guide, et j'avais choisi sans hésitation Fernand Tournier, mon vieil ami et fidèle compagnon de montagne, dont le calme, la technique et le sang-froid étaient légendaires. Avec lui, pas d'inquiétude à avoir.

Martine et son guide partirent donc par la première benne du téléphérique de l'aiguille du Midi qu'ils quittèrent au Plan de l'Aiguille pour entreprendre l'escalade.

Ce même jour, je devais accompagner à Genève mon ami Contou, directeur littéraire des éditions Arthaud, avec qui j'avais travaillé sur un manuscrit. Il faisait « grand beau » et ma femme avait décidé de nous accompagner.

Comme nous quittions Chamonix en voiture au début de l'après-midi, des rumeurs nous parvinrent, imprécises et alarmantes : une cordée était en difficulté à l'aiguille du Peigne et appelait à l'aide. Bien que je fusse sans inquiétude — pour Fernand Tournier, l'ascension du Peigne était une course d'entraînement —, je passai prendre des nouvelles à la gare de départ du téléphérique où se rassemblait la caravane de secours. Là aussi, les renseignements qui me furent donnés étaient flous. Les uns parlaient d'une cordée d'amateurs, les autres disaient qu'il s'agissait d'un guide avec une étrangère. Je hasardai :

— Et si c'était Fernand Tournier ?

— Penses-tu ! On le saurait déjà !

C'était absurde, en effet, et je n'insistai pas.

Je partis donc pour Genève mais, au fur et à mesure que nous nous éloignions de Chamonix, l'angoisse s'infiltrait en moi, que j'essayais de rejeter. Avec Fernand, pensais-je, rien ne pouvait arriver ! S'il y avait eu un accident, on m'aurait averti... Toutes les raisons possibles d'espérer, je les invoquais sans pouvoir cacher à ma femme un trouble qui ne faisait qu'augmenter.

Au retour, on s'arrêta à Bonneville. Nous voulions savoir, n'être plus dans cette incertitude qui nous rongeait les sangs.

— Je vais téléphoner à la maison, dis-je. A cette heure-ci, les caravanes doivent être redescendues, on aura des nouvelles...

Ma belle-mère était au bout du fil. Notre ami commun, Philippe Payot, lui avait apporté les dernières nouvelles. Oui, c'était bien Fernand Tournier et Martine qui avaient eu un accident.

— Grave ? demandai-je dans un souffle.

— Ils sont blessés mais leur vie n'est pas en danger. On les redescend en ce moment.

J'abrégeai la conversation.

Je conduisis à une allure folle jusqu'à Chamonix et me rendis directement à la gare de départ du téléphérique où régnait une grande animation. Une caravane de secours était déjà arrivée. Philippe Payot vint vers moi :

— Martine est à l'hôpital. Elle a pu en grande partie descendre par ses propres moyens. Elle s'en tire bien.

— Et Fernand ?

— Il est plus gravement atteint. Une fracture du fémur. La caravane qui le redescend n'est pas encore arrivée au Plan de l'Aiguille.

Je levai les yeux. Là-haut, les aiguilles s'étaient encapuchonnées et la neige « descendait ». Pourvu que les sauveteurs puissent arriver au bas de la paroi avant la nuit qui vient si vite en septembre.

A l'hôpital, Martine geignait, la tête entourée de bandelettes, le visage tuméfié, méconnaissable. Il paraît qu'elle m'avait appelé durant toute la descente, ne comprenant pas que son papa ne soit pas à ses côtés. Le médecin me rassura. Elle n'avait aucune fracture, mais elle avait été terriblement contusionnée par sa chute, et son corps était couvert d'hématomes. Cependant, il fit toutes les réserves qui s'imposent quand il s'agit d'un traumatisme crânien.

Plus tard, porté sur un brancard, Fernand Tournier arriva lui aussi à l'hôpital. Il avait un fémur brisé et souffrait beaucoup. Il avait été descendu à dos d'homme tout le long de la paroi du Peigne. Son sauvetage avait duré six heures.

Quand il me vit, des larmes jaillirent de ses yeux et, malgré ses souffrances, son premier mot fut pour s'inquiéter de Martine.

— Et Martine, comment est-elle ? Elle a été si courageuse.

Je le rassurai et il entra en salle d'opération.

Par lui et en interrogeant les guides de la caravane de sauvetage, je réussis plus tard à reconstituer le drame.

Ils étaient arrivés à dix mètres sous le sommet de l'aiguille et la course avait été menée rondement. Martine avait escaladé sans se faire tirer les pénibles cheminées du Peigne, notamment la dernière qui se termine sous le sommet par une fissure surplombante de quelques mètres de hauteur. C'est le dernier pas, le plus délicat, qui permet d'arriver à l'arête terminale. Au pied de la fissure, se trouve une petite plate-forme où deux personnes peuvent tenir debout ; elle sert de relais. Le guide avait mis de l'ordre dans leur corde d'attache de vingt mètres ; il en avait fait un rouleau d'une quinzaine de mètres sur lequel il avait dit à Martine de s'asseoir et de ne plus bouger. Pour franchir le dernier passage, il s'était auto-assuré, en ne gardant que la longueur de corde estimée suffisante pour arriver au prochain relais sur l'arête ; deux tours morts autour d'un becquet de rocher le retiendraient en cas de dévissage.

Au moment où il allait se rétablir au sommet de la fissure et franchir le léger surplomb, il avait été brusquement tiré en arrière, comme si sa corde s'était coincée, et il avait basculé dans le vide vertical de la facette sud du Peigne. Il avait fauché au passage Martine, qui avait été projetée dans la cheminée de la voie normale. Elle avait dégringolé d'une quinzaine de mètres, et sa chute avait été enrayée par la corde tendue entre elle et le relais de la plate-forme.

La situation était critique. Sur une dalle sans prises, Fernand gisait la tête en bas, le fémur brisé. Il lui fallut un très long moment pour se redresser et retrouver une position normale. Par bonheur, les tours morts de la corde avaient doublement rempli leur office. Il était suspendu dans le vide, mais incapable de se tirer d'affaire tout seul. Martine n'était plus sur la plate-forme. Il l'appela avec angoisse. Une petite voix calme lui répondit et, à sa stupeur, il vit émerger de la cheminée Martine ; elle s'était détachée et avait remonté sans assurance les quinze mètres de cette escalade athlétique. Elle avait le visage en sang et paraissait inconsciente.

Fernand craignit qu'elle ne tombât à nouveau. Il fallait absolument qu'elle s'encordât. Au prix d'efforts surhumains, il réussit à retirer de son sac à dos la corde de rappel, à en dénouer l'écheveau, à lancer une extrémité à Martine en lui demandant de s'encorder. Un dialogue tragique s'engagea entre le vieux montagnard grièvement blessé et Martine encore presque une enfant.

— Prends cette corde, Martine ! Attache-toi. Tu sais bien t'encorder ?

Bien sûr qu'elle savait faire un nœud d'attache, c'est la

première chose que je lui avais enseignée, mais elle ne comprenait pas.

— On va mourir, Fernand ?

— Attache-toi vite, as-tu compris ? Attache-toi !

Il sentait venir le moment où lui-même allait sombrer, pantin inerte pendu au bout de sa corde, et elle, têtue, ne voulait pas s'encorder.

— Pourquoi s'encorder puisque nous allons mourir ?

Il la rudoyait de sa grosse voix, la suppliait.

Pour lui faire plaisir, sans doute, elle passa le nœud autour de sa taille. Fernand, malgré sa situation précaire, réussit à faire un lancer de corde derrière une lame de rocher. Qu'importe ce qui pouvait dès lors arriver : Martine était assurée.

Alors, Fernand appela au secours et le miracle se produisit.

Trois cordées gravissaient une aiguille voisine, l'aiguille des Pèlerins, par la difficile arête Greuter qui domine le couloir du Peigne. Trois cordées conduites par trois jeunes loups de la Compagnie des guides de Chamonix : Marcel Burnet, Georges Belin et Louis Ravanel. Une quatrième suivait, menée par Joseph Burnet, le frère de Marcel. Ils entendirent les appels de Fernand et réalisèrent la gravité de la situation.

A vol d'oiseau, la distance est insignifiante entre l'arête des Pèlerins et le milieu du couloir du Peigne, cinquante mètres peut-être, mais qu'il faut traverser à l'horizontale par des plaques verticales et verglacées. Passage qui n'a encore jamais été tenté !

L'un d'eux ayant réuni en une seule cordée les clients de ses camarades les redescendit jusqu'au bas de la paroi, puis il alla donner l'alerte à la gare du Plan de l'Aiguille. Les trois autres, prenant des risques très grands, traversèrent presque sans assurance les dalles et atteignirent le couloir central au lieu-dit « la trifurcation » d'où ils purent s'élever directement jusqu'au lieu de l'accident.

Le sauvetage commençait. Martine était dans un état second, mais elle n'avait aucun membre brisé. Elle se laissa docilement encorder, puis redescendit normalement, bien assurée par l'un des sauveteurs. Par contre, les autres eurent énormément de mal à tirer Fernand Tournier de sa dangereuse position. Il fallut le ramener sur la plate-forme du lieu de l'accident, faire une attelle d'urgence, puis commencer l'interminable descente en rappels successifs, le blessé étant porté à dos d'homme. Le mauvais temps avait rejoint les sauveteurs et la neige commençait à tomber. Le lendemain, les aiguilles étaient recouvertes d'une épaisse couche de neige et il est certain qu'une nuit passée dans ces conditions aurait été fatale aux deux blessés.

De Chamonix, de nombreux guides étaient montés en renfort. Ils rejoignirent Georges Belin et Martine au-dessus de la rimaye et relayèrent le guide. Sur son brancard, Martine s'étonnait :

— Où est mon papa ? Mon papa va venir et on sera sauvés !

Pauvre papa qui ignorait tout du drame et qui, pour une fois dans sa vie, avait confié ses enfants à une tierce personne. Pauvre Fernand Tournier, guide irréprochable et de si grande expérience !

Il conserva de cet accident une infirmité qui lui interdit désormais les grandes courses.

Martine resta en observation quelques jours à l'hôpital. Elle n'avait subi aucun traumatisme crânien et, malgré d'énormes hématomes, elle se rétablit assez vite.

J'ajouterai que cet accident ne l'a pas marquée, elle a par la suite recommencé à grimper et est devenue une alpiniste expérimentée, aussi forte en rocher qu'en terrain mixte.

Extraordinaire hasard, l'accident avait eu lieu juste à l'endroit où, en 1937, j'avais moi-même fait sans dommage un saut de douze mètres dans la face nord du Peigne. Depuis, ma femme n'a jamais voulu que nos autres enfants retournent à l'aiguille du Peigne.

Martine rentra à Alger, la tête entourée de bandelettes, comme une momie.

Trois mois plus tard, Jean se tuait dans le ciel de Dijon. Triste, triste année !

Il fallait repartir avec courage dans la vie de tous les jours, maîtriser l'adversité. Sortir du tunnel !

14

Cette année 1955 commença dans la mélancolie. Ma femme et moi nous remettions difficilement du choc éprouvé par la mort de Jean. Un grand vide s'était fait en nous. On conservait de notre fils le souvenir d'un jeune homme souriant, plein de vie, bien dans sa peau.

Depuis, vingt-sept ans ont passé mais, lorsque nous pensons à lui, c'est sous les traits de cette jeunesse éternelle, qui est désormais la sienne, que nous le revoyons. Sa photo ne nous a pas quittés et contribue à entretenir cette ferveur irréelle. Parfois je rencontre des hommes mûrs qui me paraissent très âgés et qui avaient été ses compagnons de jeu ou d'études, et tout à coup je me dis : « Jean aurait cinquante ans ! » Je me refuse à le croire. Non, pour nous, Jean aura toujours vingt-trois ans !

Mélancolie accentuée par notre décision irrévocable de quitter l'Algérie. C'est fait, nous irons à Nice ! On déménagera après l'année scolaire, et il nous reste encore six mois à passer sur cette terre d'Afrique du Nord où nous avons connu tant de joies, tant d'amis sincères. En retrouverons-nous d'autres là où nous avons décidé de nous installer ? Et quelle tristesse aussi d'abandonner un pays où deux communautés complémentaires auraient pu vivre en bonne harmonie, et qui se trouvent désormais à la veille de la sécession !

J'ai la nostalgie des grands espaces sahariens ; eux seuls, me semble-t-il, pourraient apporter un peu d'apaisement à ma trop grande peine. Ma femme le comprend si bien que, lorsqu'un de mes amis, Gérard Prohom, m'annonce son prochain départ pour l'A.-O.F. et le Niger où il dirige l'agence Citroën et la compagnie Transafricaine, c'est elle qui me conseille :

— Tu devrais partir avec lui. Tu as besoin de réagir. Ce voyage te fera du bien.

Gérard Prohom a décidé de se rendre d'Alger à Niamey

en 2 CV Citroën par Tamanrasset, Agadès, Zinder, Birni n'Koni et Dosso : cinq mille kilomètres de désert et de savane ! Une piste transsaharienne défoncée par les lourds camions. Mille kilomètres entre Tamanrasset et Agadès dans une zone de fech-fech dont on ne peut prédire que notre petite voiture sortira vainqueur.

Gérard et moi ne comptons plus nos voyages sahariens à bord de voitures tout-terrain ou de lourds camions, mais faire traverser la moitié de l'Afrique à une petite 2 CV était encore en 1955 un projet difficile et un peu utopique.

C'est une voiture de série, de 325 centimètres cubes de cylindrée, carrossée en fourgonnette, sur laquelle rien n'a été modifié. On a simplement ajouté, et c'est une nouveauté, un large ski métallique qui recouvre hermétiquement tout le dessous du bloc moteur jusqu'au caisson de la carrosserie. Ainsi caréné, notre véhicule même s'il rencontre de trop profondes ornières, pourra glisser sur les frayées sans dommage pour le bloc moteur. La préparation la plus délicate sera l'équilibrage du poids transporté et des passagers. Le maximum est de 250 kilos, comprenant le poids du chauffeur et d'une roue de secours, moins l'essence. Il faut donc enlever de ce chiffre le poids du passager, et, comme je pesais à l'époque 85 kilos, il ne nous restait plus que 165 kilos pour l'essence, l'huile, les pneus de rechange, les pièces détachées, les outils, le matériel de camping, la nourriture et les bagages personnels. Encore fallait-il calculer l'augmentation possible de la consommation d'essence lorsque nous aborderions, après Tamanrasset, les sables mous, le fech-fech et autres pièges de la piste. Nous aurions alors mille kilomètres à parcourir avec un seul gîte d'étape à mi-chemin : In Guezzam, où nous savions trouver de l'eau et du carburant. Finalement, nous embarquâmes soixante litres d'essence, cinq litres d'huile, cinquante-cinq litres d'eau, et des provisions de secours pour cinq jours. Pas de tente, naturellement ! Je n'en ai jamais utilisé au Sahara où le sac de couchage suffit amplement.

A cela devait s'ajouter, précaution indispensable, le matériel de désensablement. Deux échelles d'acier me paraissaient trop lourdes et il n'était pas question d'emporter, comme pour un camion, les fortes tôles utilisées pendant la guerre pour préparer les pistes d'atterrissage. J'avais assez d'expérience pour savoir que très souvent le conducteur qui s'est sorti d'un ensablement doit rouler très loin, jusqu'à ce qu'il trouve du sable ferme pour s'arrêter. Dans ce cas, son compagnon doit charrier les tôles sur de longs parcours avant de le rejoindre. Nous découpâmes donc dans des rebuts de carrosserie d'autocars quatre planches de deux mètres, en tôle d'aluminium, ultra-légères et souples. Elles répondirent exactement à ce que nous attendions d'elles. Un seul homme pouvait facilement les porter toutes les quatre sur son épaule et, mises bout à bout, elles permettaient d'alterner un véritable chemin de roulement sans perte de temps.

C'est avec un grand soulagement que je quittai Alger et pris une nouvelle fois la route du Sud.

Les souvenirs de mes anciennes expéditions au Sahara m'accompagnaient et j'aurais pu faire la route les yeux fermés, rien qu'en me fiant aux odeurs parfumées des gorges de la Chiffa, à la fraîcheur du vent d'est sur les hauts plateaux, aux aboiements des chiens lorsque la route longeait un douar aux mechtas enfouies derrière des barrières de figuiers de Barbarie.

Je passe sur nos étapes habituelles : Djelfa, Laghouat, Hassi Fahl, El Goléa où l'on fit la révision aux mille kilomètres d'une voiture neuve. Depuis Ghardaïa, nous roulions sur une piste caillouteuse, par places encombrée de barkanes de sable apportées par le vent. On fit notre premier bivouac avant la montée du Tademaït. Quelques racines de jujubiers alimentèrent un petit feu et, sur trois pierres, je fis cuire la chorba des Sahariens. Le calme était absolu, on rêvait sous les étoiles, une immense paix était descendue en nous. Deux gerboises peu farouches vinrent grignoter les miettes de pain que nous leur lancions. A la fin du repas, elles mangeaient dans notre main.

Dès le début du plateau rocailleux du Tademaït, nous devions découvrir ce qui, au cours de notre raid, allait nous causer de graves ennuis. Les 2 CV de l'époque étaient équipées de pneus X à flancs métalliques souples ; si leur semelle était excellente dans le sable mou, les flancs ne résistaient pas aux nombreux silex enfouis dans le sable. Si bien que, tout au long de ce voyage, nous dûmes nous ravitailler en pneus et en chambres à air, malgré les trois roues de secours dont nous disposions au départ.

Cet inconvénient mis à part, notre route se continua sans incidents notables jusqu'à Tamanrasset, avec des bivouacs rudimentaires comme nous les aimions. Parfois, lorsque la lune était belle, nous roulions la nuit et le paysage saharien prenait alors un aspect irréel. C'est ainsi qu'en pleine nuit, et sans prévenir Gérard, je m'arrêtai en un lieu que je connaissais bien : Tiratimine, au sud d'In Salah, à l'entrée du massif montagneux du Mouydir.

— On baraque ici ? me dit-il.

Baraquer, en jargon de méhariste, signifie faire s'age-nouiller son chameau, et par extension s'applique à tout arrêt volontaire, à tout bivouac.

— Non ! On continue. Mais j'ai quelque chose à te mon-trer.

Malgré une belle lune, la paroi rocheuse vers laquelle nous nous dirigeâmes, à quelques dizaines de mètres de la piste et en contrebas, était plongée dans l'ombre. Lorsque j'arrivai à moins d'un mètre de la dalle de granit, je dardai sur elle le faisceau d'une torche électrique. Gérard poussa un oh ! d'étonnement.

Dans le cercle lumineux que je promenais sur la paroi, apparaissaient de nombreuses gravures d'iratimen, ces san-dales larges et plates des Touaregs. Il y en avait partout. Certaines, malheureusement, avaient été brisées par des vandales ayant cherché à détacher de la roche ces signes gravés du néolithique saharien. Figuraient également sur cette dalle des caractères tifinars, des caractères coufiques, marquant ce lieu de passage, depuis des millénaires, sur la piste du Mouydir.

Ainsi le Sahara réserve-t-il à ses initiés des découvertes inattendues ! N'est-il pas le plus grand musée du monde ?

Notre vaillante petite 2 CV traversa en souffrant les gor-ges d'Arak. Nous nous arrêtâmes juste quelques instants au bordj pour faire de l'eau. Plus haut, dans le grand cañon, les traces de vie secrète éclataient partout le long de l'oued qui avait coulé récemment : traces de chameaux, de chèvres, de gazelles, de mouflons et, moins fréquentes, de guépards. Un an auparavant, au même endroit, montant au Hoggar avec Brouty, nous avions dérangé un cinhyène, fauve très rare sous ces latitudes et en voie de disparition.

C'est un peu après la gara de Tesnou, là où avait commencé mon aventure saharienne en 1935, que je pus réussir un coup de fusil assez rare. Je le dis tout de suite, je ne suis pas un chasseur. Et, si j'ai tué au Sahara des gazelles, c'était toujours pour nourrir ma caravane. Toutes les fois que mes guides voulaient se charger de ce ravitaillement, je les laissais faire. Ils étaient d'ailleurs d'extraordinaires pisteurs et faisaient une approche qu'aucun Européen n'aurait su négocier, arrivant en terrain découvert jusqu'à moins de cent mètres des gazelles, qui sont parmi les animaux les plus craintifs du monde. Craintifs mais malheureusement trop curieux.

Comme nous venions de dépasser Tesnou et que nous foncions sur un reg bien uni et stable vers la gara d'In Ekker, énorme dôme granitique aux flancs desquamés par la sécheresse, Gérard aperçut à notre droite et à environ cent mètres une gazelle immobile, tête haute, qui, très curieuse, regardait rouler sans inquiétude notre véhicule. La gazelle a peur de l'homme. En revanche, le bruit du moteur et la vue d'une carrosserie ne l'effraient pas mais l'intriguent. Elle s'était donc arrêtée et nous regardait venir.

— On la tire ! dis-je à Gérard. On fera préparer les cuissots par le cuisinier de Tam, et ça nous fera de la viande fraîche pour les étapes suivantes.

Sans arrêter le moteur, je me glissai derrière la 2 CV et armai la carabine légère que j'avais emportée : un fusil de guerre italien 6 millimètres à tir tendu, avec baïonnette incorporée dans la crosse et formant trépied. Une arme de combat rapproché qui ne comporte pas de hausse. Je visai soigneusement le défaut de l'épaule et, du premier coup, réussis à abattre l'antilope. Nous nous approchâmes pour relever notre proie et quelle ne fut pas ma stupéfaction

lorsque je vis que j'avais tué non pas une gazelle mais deux !
Le mâle et la femelle se tenaient flanc contre flanc, et leurs
deux silhouettes se confondaient en une seule. Ma balle
douée d'une grande force de pénétration les avait transper-
cés de part en part. Nous nous trouvions devant une gazelle
de trop ! Ce qui aurait dû réjouir un chasseur m'attristait.

Il me fallut vider les deux bêtes, car la chaleur était très
forte, et leurs dépouilles, suspendues aux flancs de la 2 CV,
se boucanèrent très rapidement au soleil.

On fit une arrivée discrète à Tam. L'une des gazelles
alimenta la popote ; l'autre, bien cuite à la façon d'un
méchoui et ayant bénéficié d'une injection d'huile dans les
veines fémorales, nous procura deux cuissots savoureux
pour les étapes suivantes.

A Tamanrasset, mon ami Coquet, mécanicien hors pair
et saharien de plus d'un quart de siècle, révisa notre voiture
et nous mit en garde contre les cent premiers kilomètres au
sud de Tam. Le franchissement sur quarante kilomètres
des sables mouvants de l'oued Tedjerine, ravagé par les
crues, serait difficile.

— Il faudra vous alléger au maximum ! nous conseilla-
t-il.

Facile à dire lorsqu'on a déjà réduit le chargement au
minimum indispensable pour aborder cette traversée de
mille kilomètres où les sables du Tedjerine, les dunes et le
fech-fech de Laouni constituent des obstacles très sérieux.
Sur cette partie du parcours, de nombreux drames ont eu
lieu. Lorsqu'ils ne se soldaient que par la perte d'une
voiture, c'était le moindre mal. Hélas ! beaucoup d'automobilistes inexpérimentés s'y sont égarés et sont morts de
soif. Il y eut une époque tragique de l'après-guerre où de
nombreux émigrants anglais cherchaient à rejoindre
l'Afrique du Sud. Des familles entières s'entassaient à bord
de camions achetés aux rebuts militaires qu'ils surchar-
geaient de leur pauvre mobilier, et tentaient ainsi la traversée de l'Afrique. Très peu arrivèrent au paradis dont ils
rêvaient. Ils encombrèrent, durant près d'une année, les
relais sahariens, épaves humaines rejetées par le gouvernement britannique, n'ayant plus de nationalité puisqu'ils

avaient choisi le statut d'émigrants. Leur sauvetage et leur rapatriement posèrent de graves problèmes politiques et humains au gouvernement français.

Le soir, chez Lherpinière, l'hôtelier de Tamanrasset, nous rencontrons au bar, où se réunissent Sahariens et touristes, un colonel de l'armée belge se rendant au Congo. Je le connais de nom, il a déjà pris part à plusieurs rallyes « Alger-Le Cap » et possède une incontestable expérience de la piste. Il convoie cette fois une puissante voiture Volvo qu'il doit livrer à Léopoldville. Depuis le dernier rallye, la piste qui avait été refaite pour la circonstance a de nouveau été abîmée. Les crues, le vent de sable, le passage de lourds camions l'ont modifiée à un point tel que l'itinéraire est devenu un véritable parcours tout-terrain plein de chausse-trapes, rendu encore plus difficile par la destruction des chaussées et des radiers et le bouleversement des sols provoqué par les frayées profondes des poids lourds.

Le colonel examine avec curiosité notre petit véhicule. Il est à la fois admiratif et sceptique.

— Si je ne vous connaissais pas, me dit-il, je vous déconseillerais de partir. Puis-je vous aider ? Je crois que nous devrions voyager ensemble, tout au moins sur les premiers cent vingt kilomètres. On s'attendrait. Je pourrais vous dépanner si besoin était.

Sa proposition est accueillie de grand cœur.

— Si vous pouviez simplement nous décharger d'une quarantaine de kilos dans le Tedjerine, lui dis-je, je crois que notre voiture se tirerait très bien d'affaire.

— Qu'à cela ne tienne, ma Volvo peut emporter 600 kilos de charge utile, et j'en ai à peine 300.

Aussitôt dit, aussitôt fait. Jerricanes d'essence, provision d'eau changent de véhicule. Les ressorts de la 2 CV se détendent. Nous ne gardons pour le passage difficile qu'un sac de dattes, une guerba d'eau, le matériel et les outils.

Nous quittons Tamanrasset au début de l'après-midi. Dès le départ, la piste se faufile avec effort dans le chaos rocheux ; elle est ravinée, caillouteuse, mauvaise, malgré un excellent tracé. Le paysage est bouleversant, le désert pétré serre le cœur. On franchit des défilés entre des parois de rochers brûlantes où, de temps à autre, le feuillage gris-vert d'un acacia thala tempère la rudesse de cette nature en deuil.

Les Belges nous rejoignent au kilomètre 60, à l'entrée de l'oued Tedjerine. Leur voiture chaussée de gros pneus tout-terrain est passée sans encombre.

Nous abordons l'oued Tedjerine : quarante kilomètres de sable meuble constamment charrié par les crues dans le lit d'un oued large de deux cents mètres, encaissé entre des parois rocheuses qui ne permettent aucune échappée. Une multitude de traces, des frayées, des ornières laissées par les nombreux ensablements qui nous ont précédés exigent du conducteur une grande connaissance du terrain. Nous les franchissons avec beaucoup de difficultés. L'oued a été ravagé par les dernières tornades de l'automne, la piste est inexistante, un nouveau lit s'est creusé. Nous nous ensablons souvent mais, l'expérience aidant, nous réussissons à nous sortir d'affaire tout seuls.

La gorge de Tedjerine traversée, la piste réapparaît, tracée toute droite jusqu'à l'horizon sur un reg plat et uni.

— Je vous attendrai au kilomètre 120, au pied de la gara noire. On passera la veillée ensemble, nous dit le colonel qui disparaît à toute vitesse, traçant derrière lui une comète de sable et de poussière.

Je relaie Gérard au volant. La piste est devenue très belle. Un radier comble les dépressions, mais la présence de nombreux cailloux, aux angles coupants comme des rasoirs, nous incite à modérer l'allure. C'est tentant de rouler vite, mais au Sahara il n'y a qu'une règle : être peu chargé, rouler longtemps et lentement.

J'ai la vieille habitude de lire et d'interpréter les traces. A un moment donné, je vois que tous les véhicules qui nous ont précédés sont sortis de la piste bien qu'elle se continue toute droite et belle jusqu'à l'horizon d'une colline signalée par deux grands redjems. Ce long radier a été construit par le génie saharien, à l'occasion du dernier rallye du Cap, mais, depuis, la piste n'a plus été entretenue et je me dis que cette déviation doit avoir une raison.

— On sort ! dis-je à Gérard qui s'étonnait de me voir

quitter un sol très roulant pour une longue cuvette de sables mous.

On est très vite renseignés. Un peu plus loin, la piste a été emportée et tranchée net par la dernière crue de l'oued. La coupure est si franche que, vue de loin, rien ne la signalait. Pourtant, elle atteint huit mètres de largeur sur un mètre cinquante de profondeur.

— Ils auraient bien dû signaler ce passage ! dis-je en maugréant.

Ils, ce sont les irresponsables chargés de l'entretien, et mes jurons n'ont pour but que de soulager ma colère.

— Tu te rends compte, Gérard, quelqu'un qui arriverait dessus à pleine vitesse !

Je ne croyais pas si bien dire. Au même instant, Gérard, levant la main, me désigne sur l'autre rive la masse rouge de la Volvo. C'est inquiétant car nous avons rendez-vous à cent kilomètres au sud. On sort les jumelles. On découvre l'accident.

Il nous fallut un certain temps pour rejoindre les Belges car je dus éviter une zone de fech-fech et croiser de nombreuses traces profondes.

Le colonel était prostré, sa compagne gémissait, le visage en sang. La voiture semblait cassée par le milieu, mais la carrosserie était intacte en apparence.

Ce qui était arrivé n'était pas difficile à comprendre. Le colonel nous en fit un peu plus tard le récit.

Marchant à grande allure, nos amis belges s'étaient aperçus trop tard que le radier avait été emporté par la crue sur huit mètres de largeur. Ils avaient franchi cette brèche d'un mètre cinquante de profondeur d'un seul bond à 120 km/h mais leur voiture, redécollant en prenant contact sur la rive opposée comme elle l'aurait fait sur un tremplin, avait rebondi douze mètres plus loin avant de s'immobiliser. Miraculeusement, le conducteur agrippé à son volant n'avait rien eu. En revanche, la passagère avait été projetée dans le pare-brise et sérieusement blessée. La Volvo, en apparence intacte, reposait sur ses quatre roues dans l'axe de la piste ; elle avait décollé en deux bonds fantastiques sans se retourner mais son avant était enfoncé, son châssis tordu et, fait plus grave, la passagère, étendue à côté de la voiture, le visage en sang, la figure tuméfiée, prononçait des paroles incohérentes.

Nous sommes exactement à cent dix kilomètres au sud de Tamanrasset, avec, entre le poste et nous, les sables mous de l'oued Tedjerine. Mais il n'y a pas à hésiter, il faut faire demi-tour. Sans perdre une seconde.

Nous déchargeons complètement la 2 CV, ne gardant à bord qu'un jerricane d'essence, dix litres d'eau, et un sac de dattes. Gérard Prohom prendra le volant, il emmènera les deux Belges accidentés. Quant à moi, je l'attendrai sur la piste.

Vingt minutes après la découverte de l'accident, l'évacuation est terminée. La petite voiture disparaît à l'horizon, s'enfonce dans les gorges violettes des montagnes. Le silence revient. Il efface la phrase que prononçait comme un leitmotiv le conducteur de la Volvo :

« Tout allait si bien, la piste était excellente, j'ai oublié une seconde que j'étais au Sahara, j'allais trop vite ! Je voyais devant moi une ligne droite ininterrompue. Ce parcours, je l'avais franchi à toute allure lors du dernier rallye du Cap, et puis brusquement ce trou... J'avais oublié : au Sahara, le danger commence quand la piste devient trop facile ! »

Avez-vous déjà connu la solitude totale ? Celle de l'homme isolé dans sa faiblesse loin de ses semblables. Cette solitude qui faisait écrire à Saint-Exupéry perdu dans le désert de Libye et voyant venir vers lui un nomade sauveteur : « En le voyant, j'ai compris soudain la valeur de la présence humaine. »

Me voici donc seul ; mon compagnon accomplit sa mission de secours.

Seul !

La nuit va venir. Encore une fois, le miracle s'accomplit. Qui saura décrire ces heures merveilleuses du soir où rien ne vient troubler le flot lent et continu des pensées les plus secrètes ? Le désert pèse sur vous de toute son immensité. Le ciel vous enrobe de son scintillement, de la terre monte un silence extraordinaire et la conjonction de cette lumière stellaire et de ce silence vivant fait jaillir subitement un besoin de méditation et de prière ; on comprend tout à coup la révélation de Psichari, la conversion *in fine* de Michel Vieuchange agonisant. Oui ! En ces heures étranges, on a le sentiment d'une dissolution très lente du corps humain ; notre défroque de chaux, de sel et d'eau se désintègre et voici qu'il ne reste plus que l'âme : dépouillée, inquiète, quêtant sa vérité dans les signes du ciel.

A toutes ces révélations s'ajoute ce soir pour moi une angoisse poignante. Je sais quelque part dans cette nuit saharienne une toute petite voiture qui porte en elle tous les espoirs. Comment Gérard franchira-t-il les sables du Tedjerine en pleine nuit ? La blessée résistera-t-elle aux dures secousses de ce voyage ?

Tout, autour de moi, s'est statufié en ombres d'ébène : touffes de m'rokba, blocs épars sur le plateau. Et soudain la lune déborde des montagnes. Sa lumière déferle comme un blême raz de marée dans la cuvette ensablée. Lorsqu'elle m'atteint, s'évanouissent toutes mes angoisses. Dès lors, des gestes méthodiques, humains vont se succéder.

Sur quelques touffes sèches j'allume un feu avec quelques branches de bois flotté. La flamme jaillit, crépite, je ne suis plus seul.

Il a fait très froid durant cette nuit et, bien avant le lever du soleil, je m'extrais du sac de couchage et ravive les braises du foyer. Encore une fois je parcours à pied le reg uniforme qui m'entoure, lisant dans le sable l'histoire des gazelles qui, cette nuit, ont tourné sans que je m'en aperçoive autour de ma couche, ramassant une pierre taillée, cueillant une branche de chir odoriférant. Le temps s'écoule. Je lis l'heure à l'ombre de moi-même, je suis transformé en cadran solaire ! J'appartiens tout entier à ce monde minéral. Et, brusquement, le sortilège disparaît. Dans le lointain, monte la chanson métallique d'un moteur et, bientôt, vient en ricochant vers moi le flocon opaque de poussière qui pousse devant lui la tache blanche de la 2 CV.

Tout va bien, il est 8 h 30.

Gérard raconte brièvement son odyssée :

— La nuit nous a surpris dans le Tedjerine, on s'est pas

mal ensablé mais à 9 heures du soir on était à Tamanrasset.

— La blessée ?

— La radio n'a décelé aucune fracture. Quelques points de suture et, la commotion dissipée, il n'y paraîtra plus.

Le colonel est revenu avec Gérard sur les lieux de l'accident. Coquet, véritable saint-bernard des pistes, viendra dans la journée, avec une équipe, charger la Volvo sur une plate-forme et la ramènera à Tamanrasset.

Epilogue de cet accident ; quinze jours plus tard, à Zinder, nous retrouvons le colonel et... sa Volvo. Il ne nous cache pas son admiration pour les talents de mécanicien de Coquet.

— Sans outillage spécial, il a désossé ma voiture. Le châssis était tordu, mais l'acier suédois est solide, et il a, avec l'aide du forgeron local, réussi à la redresser, sans marbre, sans atelier. Huit jours plus tard, je pouvais continuer mon voyage !

Quant à nous deux, sitôt rassurés sur les suites de l'accident, nous reprenons la piste. Plus tard, alors que nous abordons les fameuses cuvettes ensablées et les dunes de Laouni, le vent de sable s'abat sur nous. La conduite devient très difficile. Imaginez de longues arêtes de pierre bleue sortant du sable comme une échine de saurien avec, entre elles, du sable pourri, du vrai fech-fech, qui tourne au noir à mesure qu'il est creusé. Nous poursuivons, malgré de nombreux ensablements, dans un paysage opaque, une atmosphère cuivrée à travers laquelle le soleil apparaît comme un disque de plomb fondu. A ras du sol, le vent chasse la marée des sables, des rafales nous secouent violemment. Nous atteignons ainsi un reg dangereux, balisé par des poteaux métalliques plantés de cinq kilomètres en cinq kilomètres.

Une nouvelle crevaison nous oblige à changer de roue. Dans cette tourmente, nous faisons le plein d'essence avec des ruses de Sioux. Nous avons faim et soif, mais nous ne nous arrêtons pas. A petite allure, nous continuons dans ce paysage irréel. Entre nous deux, nous avons placé un sac de dattes, ces dattes bien sèches des nomades, et nous y puisons chacun à notre tour.

Le vent redouble et souffle un rideau de sable épais jusqu'à un mètre de hauteur. Il uniformise les teintes, et il oblige l'un de nous à partir en reconnaissance à pied pour rejoindre une crête rocheuse où la progression sera plus facile. On peut affirmer comme une règle que le sable qui s'enfonce sous le pied humain ou le pas du chameau ne tiendra pas sous le pneu de l'automobile.

Les cent mètres qui nous séparaient de l'arête rocheuse, nous les ferons à coup de tôles, lentement, sans nous arrêter, coordonnant nos efforts : 1°) dégager les roues à l'aide de la pelle, 2°) poser les tôles, 3°) embrayer, monter doucement sur les plaques métalliques, 4°) parcourir les quatre mètres des tôles mises bout à bout, 5°) recommencer la manœuvre.

Notre équipe est bien soudée ; le passager a le rôle du navigateur, il ne perd pas de vue les repères, donne les indications indispensables :

— Fonce tout droit sur le rocher bleu !... Attention ! fech-fech sur cinquante mètres !... La première, bon sang ! passe la première !

Nous avons progressé de dix kilomètres et, du haut d'un tertre, nous apercevons à la jumelle, malgré la brume de sable, la ligne droite d'un poteau servant de balise. Sur cent kilomètres que nous franchissons dans le temps record de trois heures, les difficultés se succèdent, de cuvette sableuse en arête rocheuse. A part quelques dattes et un peu d'eau, nous n'avons rien mangé depuis 5 heures du matin. Nous ne ressentons pas la fatigue. La recherche de l'itinéraire nous passionne, et nous luttons dans les éléments déchaînés avec une joie décuplée par l'effort.

Le bordj de Laouni est atteint comme le vent de sable cesse. Désormais les balises sont bien visibles, le sable meilleur et nous espérons atteindre le bordj d'In Guezzam ce même soir. Une crevaison nous oblige à utiliser notre dernière roue de rechange.

Mais nous n'atteindrons pas In Guezzam. A huit kilomètres du bordj, nous nous ensablons une dernière fois, et renonçons à pousser plus avant dans l'obscurité.

On bivouaquera, harassés de fatigue, mais certains de la

réussite de notre voyage. La petite 2 CV, partie de Tam ce matin à 5 heures, a parcouru quatre cent quinze kilomètres de piste très difficile en quatorze heures de route !

Le lendemain, à 5 heures du matin, nous pénétrions dans la cour du bordj. Le radio chef de poste nous accueillit chaleureusement mais ne s'étonna pas :

— J'ai vu votre feu hier soir, donc tout allait bien. Vous allez vous reposer quelques heures ?...

Dame ! pour lui, les voyageurs de passage sont la seule distraction.

— On doit repartir sitôt nos réparations achevées. Vous pouvez prévenir Agadès de notre arrivée probable cette nuit !

Nous quitterons In Guezzam après une matinée consacrée à réparer les nombreuses chambres à air perforées par les silex. Nous avons refait le plein d'essence, le plein d'eau. Il nous reste environ cent vingt kilomètres de sable mou à parcourir.

La piste d'Agadès se réduit à un vague tracé balisé tous les vingt ou trente kilomètres par des poteaux plantés sur les buttes rocailleuses.

Dès le départ, commencent les difficultés : il faut gravir une haute butte mi-rocailleuse mi-ensablée, et à peine avons-nous fait cent mètres que nous nous ensablons jusqu'au moyeu. Alors recommence la minutieuse prospection du terrain. Pas à pas. De terrain solide en terrain solide. Sur la crête que nous atteignons avec beaucoup d'efforts se révèlent les radiers défoncés de la piste non entretenue qui parcourt le Sahara, de crête en crête, à la façon de la Grande Muraille de Chine. Nous risquons d'y laisser nos derniers pneus. Je décide, en plein accord avec Gérard, de tirer franchement vers l'est. Le temps est beau, le vent de sable est tombé, et nous devons éviter cette chebkra (filet) de traces, ce terrain haché et retourné, ces fossés capables d'engloutir notre petite voiture et qui ne sont que les restes des ensablements des gros poids lourds. Pour ne pas nous égarer et reprendre confiance, nous reviendrons de temps à autre jusqu'à la piste, effectuant ainsi une progression en feston, qui nous permettra de franchir sans accrocs les cent premiers kilomètres les plus meurtriers du parcours.

La lecture des traces est parfois très utile. Au bordj d'In Guezzam, le radio chef de poste nous a appris que le colonel Florimond, ancien chef de l'annexe du Hoggar, était parti le matin même avec deux camions en direction du sud. Le colonel, à la retraite depuis peu, n'a pas voulu quitter « son » Sahara. Il a monté un commerce ambulant et parcourt le désert du nord au sud, apportant aux tribus les denrées ou les vêtements qui leur manquent, faisant du troc et vivant librement dans son camion-salon très bien aménagé. Un original sympathique. Et voici qu'au moment où un doute se faisait dans mon esprit quant à l'exactitude de ma navigation à la boussole, je lis dans le sable les traces des roues jumelées et des roues à large section de son convoi.

— Florimond vient de passer ! Nous sommes sur la bonne route.

On peut lui faire confiance à ce vieux routier des sables. Il va son petit bonhomme de chemin, flâne à longueur d'année entre le Hoggar et le Sahel. Là où ses camions passent, nous passerons sans peine.

Dès lors, nous avançons en toute sécurité sur ce long parcours réputé meurtrier. Nous n'y connaîtrons que trois ou quatre ensablements !

Nous avons rattrapé Florimond, échangé le thé de l'amitié sur ce reg infini où chacun fait sa trace. Puis nous l'avons devancé, notant les changements imperceptibles du paysage. Nous allons sortir de la zone désertique absolue pour entrer dans le Sahel. La végétation réapparaît, en touffes, en bosquets autour de mares asséchées. Nous croisons notre première caravane : des Touaregs Dag-Rali remontant vers le nord. On échange des saluts :

— *Ma toulid ?* (Que veux-tu ?)

— *Elkhir ras !* (La paix, le bien seulement !)

Plus tard, nous arriverons à In Abbangarit, le premier puits du Niger ; un gros point sur la carte, une case de banco, un trou dans le reg, quelques Touaregs puisant de l'eau.

Nous sommes à deux cent quatre-vingt-dix kilomètres

d'Agadès mais Gérard Prohom, habitué du Sahel, décide d'y arriver ce soir. Il connaît mieux que moi les traîtrises de la piste en brousse. Nous sommes en saison sèche et les ornières très profondes creusées dans l'argile durant la saison des pluies se sont durcies et constituent des pièges sans cesse renouvelés. Il faut se méfier de tout : des troupeaux qui traversent lentement la piste d'un fourré à l'autre, des koris, ces oueds du Soudan qui ne sont plus que des fossés profonds. De vastes clairières au sol d'argile craquelé forment des disques parfaits sur lesquels on s'égare ; de nuit, les traces sont invisibles, il faut prendre un repère à la boussole, traverser le cercle dans la bonne direction et déboucher sur l'autre rive là où la piste reprend.

Une de nos roues se dégonfle régulièrement. La valve perd. Incident mineur en France. Nous regonflons avec une pompe à pied. Faisant un effort un peu trop violent, je casse un rivet de cette pompe sans y prêter attention. On repart.

Gérard conduit depuis sept heures d'affilée dans la nuit ; je reprends le volant. La piste devient très rocailleuse.

— Doucement, doucement ! murmure mon compagnon, nous n'avons plus qu'une roue de secours !

J'ai les yeux fixés sur le compteur. Nous roulons à trente-cinq à l'heure, de fortes secousses se font sentir.

— Doucement ! doucement ! répète-t-il.

Encore quarante kilomètres, encore trente... encore... Plus rien ! un pneu vient de rendre l'âme brusquement. A trente kilomètres d'Agadès. La fatigue, les deux journées dans la chaleur électrique du vent de sable ont raison de nos nerfs. On se fait de mutuels reproches.

— Tu allais trop vite !

— Je n'ai pas vu de cailloux !

— On est frais...

— Essayons...

— Essayons quoi, gros malin ?

— De réparer la pompe.

— Tu sais bien qu'elle est cassée.

— Attends, je vais la transformer en pompe à main.

Je la démantèle à coups de marteau et de burin, je la

transforme en pompe à bicyclette... C'est fait. Heu ! le cylindre est gros comme le bras. Impossible d'actionner le piston.

— C'était à prévoir, on ne peut pas se passer du bras de levier.

— Toujours ton esprit critique.

— Arrêtons-nous, on va finir par s'engueuler !

Gérard grommelle :

— Il y a des gens qui attirent la poisse...

Je ne réponds pas, on tire la voiture dans la brousse, on étend un tapis de sol pour se protéger des épines baladeuses du cram-cram et, harassés de fatigue, on s'endort.

De grand matin, je suis réveillé par les bruits étranges de la brousse. Quel contraste avec les pierres du silence que nous venons de traverser ! Partout la vie se manifeste : appels, froissements, reptations, bêlements, piétinements, aboiements, cris humains. Mille chants d'oiseaux se répondent mais tous ces bruits sont couverts par le jacassement des pintades, qui constitue le fond sonore de la brousse. Des centaines, des milliers de pintades courent à travers les herbes sèches. La brousse tout entière est chant de vie, d'amour et de délivrance, car la venue du jour a fait se terrer les bêtes de chasse.

La 2 CV repose intacte. Nous avons encore une roue saine avec sa chambre à air et un pneu neuf. Il ne nous reste qu'à le gonfler. Et nous sommes en panne. Tout ça pour un rivet. Dérisoire ! Et c'est ma faute ! C'est moi qui ai conseillé d'emporter une pompe à pied alors qu'on nous proposait des gonfleurs sophistiqués.

— La pompe la plus simple, avais-je décidé, une mécanique qui ne se déglingue pas !

— La preuve !

Comme nos propos risquent d'être acerbes, je prends mon fusil et vais à la recherche de quelque pintade pour un éventuel repas. Je m'égare avec volupté dans la brousse. Stoïque, Gérard somnole à côté de la voiture inutile.

Lorsque je reviens vers lui une heure plus tard, on en est toujours au même point. Tout à coup un bruit de moteur ! Une camionnette du cercle d'Agadès chargée de Noirs apparaît, s'arrête. Ce sont les ouvriers préposés à l'entretien de la piste.

— Auriez-vous une pompe ?

— Bien sûr ! nous dit leur chef, sourire d'ivoire dans sa figure d'ébène.

Ils ont en effet une pompe, mais ils ont perdu le raccord. Ils ne peuvent rien pour nous. Ils sont fatalistes.

— Il passera bien une autre voiture d'ici ce soir ! disent-ils.

Gérard fulmine. Le départ pour le Ténéré est fixé au plus tard à midi.

Nouveau bruit de moteur : quatre jeunes Français venant du Tchad. De vrais broussards.

— Une pompe ? disent-ils, non, mais nous avons une bougie gonfleur !

Simple comme bonjour ! Vous dévissez une bougie, vous mettez à la place le gonfleur, et hop ! quelques secondes et nos quatre roues sont à la pression voulue. Ils repartent, un peu ironiques. Gérard me regarde sans un mot. Un regard plein de reproches. J'avais refusé la bougie gonfleur qu'on nous proposait à Alger.

Une heure plus tard, en ce matin du 10 février, date anniversaire de ma naissance, nous sommes à Agadès.

Il est 10 heures du matin. Nous sommes exacts à notre rendez-vous. Dans la cour de la Transafricaine, le convoi composé de quatre camions est chargé, prêt à partir pour la traversée du Ténéré. Le chef des transports, Bourdon, nous accueille avec naturel, comme si nous venions du village voisin.

— Ça s'est bien passé ? Je vous attendais hier soir.

— A minuit, nous étions à une heure d'Agadès.

— Bon ! Eh bien, on repart dans deux heures. Laissez votre trottinette, on verra ça au retour.

Durant ces deux heures, je visite rapidement Agadès, sa fameuse mosquée au minaret pyramidal en terre glaise entrecroisée de branches d'épineux !

Une Morris toute neuve vient d'arriver du Kenya, pilotée par une jeune femme. Belle voiture, femme énergique. Avec elle, une jeune fille et deux Anglo-Saxons grands et musclés, représentant le type même du colonial audacieux et sportif. Dans l'ombre fraîche de l'hôtel où nous nous restaurons, on fait connaissance.

— Vous arrivez du nord ? Avec quelle voiture ?

Nous montrons la 2 CV un peu cabossée. Cette boîte de conserve les intrigue. Ils la comparent avec leur petite merveille, munie de quatre roues motrices, crabotage, grilles de protection contre les jets de pierre ou les rhinocéros..., et nous demandent poliment des renseignements sur la piste.

— Prenez vos précautions, dis-je. Après In Abbangarit, vous ne trouverez plus d'eau jusqu'à In Guezzam, et, ensuite, rien jusqu'à Tamanrasset. Vous avez sans doute des jerricanes de réserve ? Remplissez-les ! Sur ce parcours, il faut avoir au moins vingt litres d'eau de réserve :

La jeune femme nous rit au nez :

— Quatre cents kilomètre ! On les fera en six ou sept heures sans se presser. Notre véhicule est tout neuf.

— Avez-vous au moins des échelles de désensablement ?

— Pour quoi faire ? Une voiture tout-terrain passe partout, nous l'avons achetée pour ça.

— On ne sait jamais, madame, emportez au moins une réserve d'eau.

— On a chacun un bidon d'un litre rempli de thé. On ne boit pas plus. Au Kenya, on est habitués !

Pourquoi insister ?

La suite de l'histoire, je l'appris plus tard de la bouche de mon ami Brouty qui, à la même époque, nomadisait au Hoggar. Il la tenait d'un célèbre camionneur indépendant transsaharien, De Zorzo, véritable héros de ce drame de la soif.

De Zorzo avait dépassé In Guezzam vers le sud d'une soixantaine de kilomètres lorsque, vers 5 heures du matin, il trouva étendu sur le bord de la piste un homme épuisé, les yeux hagards, la bouche pleine de sable, le visage tuméfié. Il lui lava le visage, enroula son corps dans un burnous mouillé puis lui fit boire de l'eau par petites gorgées. L'ayant ranimé, il apprit qu'il se trouvait en face d'un jeune Anglais, venant du Kenya. Leur véhicule s'était ensablé à une trentaine de kilomètres de l'endroit où il s'était effondré. Il avait fait tout ce trajet à pied.

C'est en suivant ses traces que De Zorzo retrouva les trois compagnons du jeune homme à demi morts de soif : deux femmes (une institutrice d'une quarantaine d'années, propriétaire de la voiture, et un vétérinaire, miss Barbara Duthy) et un colon du Kenya.

Les ayant dépannés, De Zorzo leur conseilla de le suivre de près. Plus tard, les Anglais s'ensablèrent de nouveau. Il suggéra aux deux femmes de monter dans son camion. Miss Duthy accepta, mais l'institutrice préféra garder sa voiture. Plus tard, De Zorzo s'ensabla lui-même et, pendant ce temps, les Anglais disparurent vers le sud. Un peu plus loin, une piste secondaire se branche sur la piste principale qu'elle rejoindra une quarantaine de kilomètres plus au nord. A la fin du reg, à l'endroit où les deux pistes se rejoignent, De Zorzo chercha, en lisant les traces, à savoir si les Anglais étaient déjà passés. Pas de traces ! A ce moment, deux Anglais et un Alsacien passèrent, montant vers Alger à bord d'un Hillmann. De Zorzo leur signala la disparition des Anglais et leur demanda, s'ils les trouvaient, de les conduire à In Guezzam. Lui-même, comme la nuit arrivait, bivouaqua sur la piste et, à l'aube, reprit les recherches. Il coupa et recoupa la piste de long en large sur plus de cent kilomètres et retrouva leurs traces qui se dirigeaient vers le nord.

Persuadé qu'ils avaient décidé de rallier In Guezzam, il rentra, rassuré, sur Agadès, tomba en panne d'essence, et fit part tardivement de l'incident au commandant du cercle. Celui-ci ignorait tout du passage des Anglais qui ne s'étaient pas signalés comme le règlement le prévoit. On alerta In Guezzam. Une voiture radio poursuivit les recherches et trouva la voiture une nouvelle fois ensablée jusqu'au milieu de la carrosserie. Le colon du Kenya et l'institutrice entêtés étaient morts de soif. Par méconnaissance absolue de la conduite d'un véhicule dans les sables mouvants de la frontière algéro-nigérienne, et après avoir été sauvés une première fois par le courageux De Zorzo !

Il y a dans la vie des rencontres prédestinées.

Nous avons roulé plus de quatre heures en convoi par une ébauche de piste qui contourne, par le sud, le massif montagneux de l'Aïr, et brusquement, comme se déchire un voile, l'immensité du désert nous apparaît. L'incommensurable plateau du Ténéré rutile de son reg fin jusqu'à l'horizon sans limite. Il est là, ce désert des déserts. C'est une rencontre physique entre lui et moi, car il y a bien des années que par intuition je l'avais décrit tel qu'il est. Sans le voir ! C'est à travers sa solitude que se sont enfoncés les héros de mes romans sahariens, ceux de *La Piste oubliée* et de *La Montagne aux Ecritures.*

Cela fait un drôle d'effet de se trouver devant le paysage dont on a rêvé, et de constater que son rêve correspond exactement à la réalité.

Les traces de la dernière azalaï, la caravane du sel, jalonnent encore notre itinéraire jusqu'au fameux arbre du Ténéré. Au-delà, nous naviguerons à la boussole. Bourdon, chef des transports, responsable de la conduite mensuelle du courrier à destination du Kaouar, est un navigateur émérite. Il se dirige à l'aide d'un compas gyroscopique placé sur le plateau de bord du camion de tête. Il pourrait peut-être s'en passer, mais il contrôle toujours exactement sa position. Car son itinéraire, à travers les neuf cents kilomètres de reg et de dunes qui se termine à Bilma en passant par Dirkou, n'est pas une ligne droite. Loin de là ! Une fois pour toutes, il a tracé son chemin, changeant de cap comme un navire pour éviter les écueils de fech-fech ou les barkanes en formation. Il navigue sur du sable mais reste sûr de lui. Ses camions contiennent le ravitaillement et le courrier de nos postes les plus isolés du Sahara central.

On ne peut accéder à Bilma que par le Ténéré. La distance serait moindre qui le sépare du sud, mais l'énorme accumulation de sables alignés en cordons parallèles empêche toute liaison entre Bilma et N'Guigmi, sur le lac Tchad. Tout passe donc par Agadès. Au début, l'armée française effectuait elle-même son ravitaillement, mais l'expérience s'est révélée désastreuse et elle a trouvé plus rentable de le confier à une entreprise privée. Depuis, inlassablement, tous les mois, Bourdon effectue un aller et retour entre Agadès et Bilma. Mille huit cents kilomètres hors piste. A la boussole, avec une régularité absolue.

Gérard et moi n'avons plus le souci de la conduite.

Mon ami est dans le camion de tête, j'ai pris place dans celui de queue. Mon conducteur, un Noir sympathique, est peu bavard. Il suit le véhicule de tête et, tant qu'il voit ses traces, il sait qu'il n'a rien à craindre. Si par hasard l'un de nos camions tombe en panne, tout le convoi s'arrête ; si l'un d'eux s'ensable, chacun prête main-forte. Les camions sont des Berliet de cinq tonnes et bien conduits, ils passent partout. L'allure est lente.

Notre dernier repère a été l'arbre légendaire du Ténéré, un épineux de la famille des acacias, poussé comme par hasard au milieu de ce désert où l'on ne trouve même pas un brin d'herbe. Un puits a été creusé, et les centaines de chameaux qui rapportent le sel de Bilma s'y regroupent pour boire. Nous passons à courte distance sans nous y arrêter, car les alentours du puits ne sont pas précisément indiqués pour faire un bivouac agréable. Pauvre arbre du Ténéré ! Son histoire est terminée. Sur cette plaine sans fin large de cinq cents kilomètres d'est en ouest et longue de mille kilomètres du nord au sud, il était le seul repère visible de loin. Eh bien, un automobiliste maladroit l'a brisé il y a une quinzaine d'années en effectuant une manœuvre. Il n'y a plus d'arbre du Ténéré.

Nous mettrons trois jours et demi pour atteindre Bilma.

Nos bivouacs sur cette étendue lunaire sont empreints d'une grande émotion. On se groupe tous les trois autour d'un maigre feu. Le jour, le site représente un disque plat parfait. La nuit, en revanche, la terre disparaît et le ciel couvre tout. Les milliards d'étoiles des galaxies les plus lointaines scintillent sur nos têtes. Le ciel est parcouru par les traînées fulgurantes des astéroïdes qui le traversent et disparaissent.

Gérard et Bourdon discutent de leurs affaires.

Gérard est un travailleur infatigable. Il tient à bout de bras cette ligne transafricaine et aucun détail ne lui échappe. Son contrat avec le gouvernement du Niger est draconien. Il pourrait revenir du Kaouar avec ses camions chargés à ras bord de sel ; il n'en a pas le droit. Ce serait la fin des grandes caravanes composées de plusieurs milliers de chameaux qui, chaque année, rapportent les barres de sel. Il a cependant obtenu de lester ses camions de 1500 kilos de sel car, au retour à vide, les ressauts de la tôle ondulée sur certains points du parcours briseraient son matériel en quelques mois.

On pourrait atteindre Bilma sans passer par Dirkou qui se trouve bien plus au nord, en tirant plein est sur l'oasis de Fachi. Mais on aborderait alors une zone de dunes très difficile à franchir. Le kilométrage gagné serait perdu par la lenteur de la progression.

Dans la matinée du troisième jour, nous arrivons à Dirkou, l'une de nos principales bases aériennes, au sud de la Libye. Le même jour, nous atteignons Bilma.

L'arrivée du courrier est saluée avec joie par la petite garnison, comme devait l'être celui qui autrefois apportait aux habitants des îles lointaines des nouvelles de France.

Bilma est une oasis rachitique et, s'il n'y avait les mines de sel qui font travailler la population famélique de l'oasis, elle aurait rejoint depuis des décennies les oasis fantômes du Kaouar et du Djado : Chirfa, Aney, Seguedine, seules survivantes du dessèchement progressif et récent du Ténéré, devenu désert absolu, alors que, quelques centaines d'années seulement avant l'ère chrétienne, il était encore peuplé et vivant.

Nous avons visité les carrières de sel, où le minerai est dissous dans l'eau, que l'on évapore ensuite au soleil dans des cuvettes d'argile ; cela donne des pains de sel tronconiques, faciles à charger sur le bât rustique d'un chameau.

Notre retour se fera en deux jours et demi. Par la même route. Et nous retrouverons à Agadès notre petite 2 CV pimpante et révisée. Nous y ferons l'achat d'une pompe, et nous reprendrons la piste avec le sentiment, après avoir été durant six jours les passagers des gros poids lourds, que notre véhicule a encore diminué de taille.

Au départ d'Agadès, la piste est très roulante, le sol de banco durci par la sécheresse permet une bonne allure.

Passée la falaise de Tiguidi, nous pénétrons dans un paysage de brousse sèche, peuplée de bosquets d'acacias que broutent les girafes et de hautes herbes jaunes abritant de nombreuses autruches. Plus loin, le paysage sahélien devient plus verdoyant. Autour des mares à moitié asséchées et des puits se rassemblent par centaines bergers peuls et touaregs, abreuvant leurs bœufs ou leurs chameaux. Les Peuls sont une race superbe : bergers à moitié nus au profil grec absolu, hommes du néolithique tels qu'ils sont représentés par les gravures rupestres, femmes d'une grande beauté, aux allures de princesses, dressées dans des haillons bleus et avançant à pas lents d'une démarche souveraine.

Jusqu'à Tanout tout s'est bien passé, puis, alors que nous sommes à une centaine de kilomètres de Zinder, tout change. La piste, ravagée par les tornades, n'est plus qu'une succession de larges ornières, véritables tranchées profondes de plus d'un mètre qui nous obligent à marcher en crabe, la carrosserie inclinée à 45°, et à prendre d'infinies précautions pour ne pas briser nos ressorts de suspension.

— Pire que Laouni ! murmure Gérard.

Il me passe le volant : il conduit depuis quinze heures.

— Doucement, va doucement ! me dit-il. Nous n'avons plus de roues de secours !

Car nous avons crevé deux fois dans cette galère.

— Bah ! dis-je, maintenant nous avons une pompe, et des chambres à air.

— Où l'as-tu mise, cette pompe ?

— Heu !...

Nous vérifions le chargement. Point de pompe ! Cette belle pompe toute neuve que nous avions achetée à Agadès, à prix d'or, chez le marchand syrien, nous l'avons oubliée ! Moment de panique. On se rejette mutuellement la responsabilité de cet oubli. On va en arriver aux mots : ces phrases qu'on regrette et qui peuvent briser une amitié profonde. Il faut réagir pendant qu'il en est encore temps. Nous nous regardons et brusquement éclatons de rire.

— Ce qu'on peut être bête !

On vient de dépasser un poteau sommaire qui indique :
« Zinder 40 kilomètres ».

— On tiendra !

On a tenu, sans crevaison. Nous avons mis six heures pour franchir cent kilomètres. A 2 heures du matin, nous entrons dans Zinder.

Désormais nos malheurs sont terminés. Il nous reste encore un millier de kilomètres à parcourir de Zinder à Niamey en longeant la frontière du Nigeria mais la piste est bien entretenue, car elle dessert les plantations d'arachides de Maradi et de Birni n'Konni, et le gouvernement de l'A.O.F. fait de gros efforts pour que ces denrées transitent par son territoire et que les planteurs résistent à la tentation de livrer leur récolte à moindres frais aux ports de la Nigeria anglaise, beaucoup plus rapprochés.

A Niamey, au terme de cette équipée de cinq mille kilomètres, nous sommes reçus chez le gouverneur de la colonie, M. Ramadier, qui nous offre un succulent repas, minutieusement mis au point par sa charmante femme. Nous passons à table.

Conversation insolite sous cette latitude tropicale.

— J'ai fait préparer une tête de veau à la vinaigrette, nous dit Mme Ramadier. Ça vous changera des conserves et des dattes sèches.

Nous nous confondons en remerciements.

Elle fait tinter discrètement une clochette et un superbe Haoussa, tout de blanc vêtu, ce qui fait ressortir son teint d'ébène, fait son apparition. Serviteur bien stylé, il porte à bout de bras un lourd plat sur lequel repose une tête de veau bien blanchie, entourée d'une jardinière de légumes frais arrivés le matin par avion.

Un murmure appréciateur et étonné parcourt la table. Chacun de nous pense *in petto* : « Ils en ont des idées, ces coloniaux ! » mais ce murmure flatteur ne s'adresse pas au plat mais au brave Ali, le boy de Mme Ramadier. Ce magnifique Noir a orné son visage de persil. Il s'en est mis dans le nez, dans les oreilles, et il sourit, quêtant une approbation de sa maîtresse. Nous allons pouffer de rire, mais un sourire crispé de Mme Ramadier nous met en garde. Il se passe quelque chose d'anormal. Notre hôtesse ne perd pas son sang-froid :

— C'est très bien, Ali, pose le plat sur la table, je découperai.

Le serviteur disparaît ; elle pousse un soupir de soulagement.

— J'ai tellement eu peur que vous ne lui fassiez perdre la face ! Il a mal interprété mes ordres. Je lui avais dit : « Tu présenteras la tête de veau à la française : avec une touffe de persil dans les narines et autour des oreilles... » Il a pris ça pour lui. Ouf !

Le soir même de notre arrivée, la petite 2 CV remise en état, décabossée, lavée, graissée, reprenait la piste pour Cotonou, au Dahomey, à mille kilomètres plus au sud !

Et nous, le lendemain, l'avion pour Alger.

Six mois plus tard.

Les collines de la Bouzareah, la forêt de Baïnem s'effacent lentement sur l'horizon du sud. La terre s'enfonce dans la mer. On distingue encore dans le sillage du navire, très loin, les crêtes dentelées du Djurdjura dans le rougeoiement du soleil couchant. Puis le disque solaire à son tour plonge dans les flots.

C'est fini ! Une page est tournée.

Dans la nuit, le paquebot fonce. Et les images se pressent en foule dans ma mémoire.

Nous avons quitté l'Algérie, mais nous y laissons nos amis les plus chers. Cinq ou six familles, pas plus. Mais de véritables amis, ceux qui nous ont accueillis alors qu'ils ne nous connaissaient pas, qui nous ont soutenus pendant les heures cruelles de la guerre. Comment les oublier ? Grâce à eux, notre séjour prolongé pendant dix-sept ans a tenu ses promesses. Notre petit groupe a été soudé par les épreuves autant que par les joies prises en commun. Rien de ce qui atteignait l'un de nous n'était indifférent à l'autre.

Certes, chacun travaillait d'arrache-pied. Je n'ai, d'ailleurs, jamais rencontré une ville où l'on travaillait autant qu'à Alger. Dès 5 heures du matin, l'activité était grande dans les rues. Si j'avais mes occupations de journaliste, mes amis avaient les leurs : les uns étaient ingénieurs, agents généraux d'assurance, les autres négociants, commerçants, petits propriétaires terriens, etc. Donc, chacun travaillait mais savait vivre. Cet art de vivre en partie oublié aujourd'hui. Qu'un ami de France vînt nous rendre visite et on lâchait tout pour l'accompagner, le guider, lui faire connaître le pays. Tant pis, on rattraperait le travail après son départ. On était toujours disponible !

Ainsi, alors que nous voguons, ma famille et moi, vers la France et que les derniers rivages du Maghreb s'enfoncent dans la nuit, nos pensées reviennent sans cesse vers ce petit groupe d'amis fidèles que nous laissons derrière nous.

La rébellion n'a pas dépassé les Aurès et quelques centres du Constantinois, et, pour les pieds-noirs, ce n'est encore qu'une révolte interne, un cas particulier. Ils rejettent toute idée que le mal soit déjà en profondeur. Algériens de plusieurs générations, ayant fertilisé ces marécages et ces steppes incultes de leur travail et de leur sang, ils ne conçoivent pas qu'on puisse un jour les chasser de ce pays qui est le leur. Leurs ancêtres ont fait l'Algérie, indubitablement. Chers pieds-noirs de l'Algérie de papa, ils sont très loin de se considérer comme des colonialistes. Depuis l'école, on leur a répété que l'Algérie c'était la France. Vont-ils renier la géographie de leur enfance ? L'histoire même de la conquête de l'Algérie leur montre que les combats menés pour la pacification du pays ont abouti à cette période prospère qu'eux et leurs ascendants ont vécue depuis plus d'un siècle. Ils ragent de voir et de lire qu'on ne présente qu'une seule face de la colonisation, et qu'on néglige tout l'apport de la France aux pays qu'elle a placés d'autorité sous sa protection.

Privilégier la révolte, c'est pour les pieds-noirs oublier la part énorme que la France a prise à l'émancipation des peuples africains. Non ! disent-ils, et je pense comme eux. Nous n'avons pas simplement apporté aux peuples que nous avons colonisés l'alcool ou les maladies vénériennes. Au contraire, la France a ouvert partout des écoles, des hôpitaux, construit des barrages, des lignes de chemin de fer, des routes, des ports. A l'exception de l'Algérie, nos colonies nous ont rapporté très peu et coûté beaucoup. Cet asservissement que l'on nous reproche a été en fait le levain même qui a fait naître la nouvelle Afrique. En instruisant, en éduquant, on a forgé une âme nationale aux différents peuples qui composaient cet empire disparate. Il en est sorti douze nations fabriquées par la France, avec des frontières malheureusement calquées sur celles des anciennes colonies et non sur les peuplements et les ethnies. A cette erreur près, tous les Etats francophones africains nous doivent leur autonomie.

Dans la clarté lumineuse de l'aube méditerranéenne, les falaises blanches des calanques et des îles se découpent sur l'horizon. La nuit nous a séparés d'un autre monde, d'une autre vie.

Adieu l'Algérie ! Bonjour la France !

SEPTIÈME PARTIE

LES ANNÉES QUI PASSENT

1

Depuis deux années, nous habitons Nice. C'est une ville agréable, dans un site remarquable. Les montagnes y sortent de la mer, l'arrière-pays est de tout beauté, et le climat est sensiblement le même que celui de l'Algérie. Les stations de ski sont proches, les escalades nombreuses, et les camarades de montagne et de ski, retrouvés, nous ont chaleureusement accueillis. D'autre part, Nice est aussi une ville de cheval, et l'équitation constitue un de mes sports préférés, après le ski et la montagne. Tous ces atouts me font une vie agréable. Mais ce n'est pas le cas de ma femme qui s'habitue difficilement à Nice. Elle n'en goûtera pleinement le charme que bien des années plus tard, lorsque, à son tour, elle se sera fait des amitiés valables, et surtout lorsque l'exode des pieds-noirs aura amené dans la ville quelques-uns de nos plus fidèles amis de là-bas.

Tous les étés, nous les passons à Chamonix ; comme il se doit. Et, au fil des années, nous nous apercevons, ma femme et moi, que ce n'est pas à Nice, malgré ses attraits, que nous aurions dû nous fixer, mais à Chamonix. A Nice, ma vie est trop calme, trop régulière, trop bourgeoise, et j'éprouve le sentiment de m'enliser dans une confortable torpeur. Un écrivain de montagne — puisque c'est cette étiquette qu'on m'a hâtivement accolée —, on va le chercher à Chamonix ! J'en ai la preuve durant l'été, quand je me retrouve parmi des milliers de lecteurs fidèles, sollicité par la télévision, par la radio, pour des conférences, pour des interwiews.

En 1957, a eu lieu le drame de Vincendon et Henry : l'agonie terrible des deux hommes égarés sur le Grand Plateau au cours de leur tentative hivernale au Mont-Blanc par le versant de la Brenva, l'échec des sauveteurs, l'échouage dramatique de l'hélicoptère de sauvetage sur le même Grand Plateau suivi d'une polémique ardente, envenimée par les médias, entre alpinistes et guides, entre le courageux Lionel Terray et la Compagnie des guides de Chamonix. On m'a fait venir de Nice comme médiateur. Maurice Herzog et moi avons réconcilié les deux parties : Lionel est redevenu l'ami qu'il n'a jamais cessé d'être pour moi et pour ses compagnons, les guides de Chamonix. Peu après, j'étais appelé à la présidence du syndicat national que j'allais assumer durant de nombreuses années.

Pourtant, à Nice, ma vie d'aventures continuait malgré mes apparences paisibles. Aventure française avec le tour de France des conférences, aventure intérieure avec la rédaction de mes romans et d'un essai sur le Mont-Blanc aux sept vallées, enfin l'aventure tout court avec la découverte de la Laponie et du Grand Nord européen.

Jacques Arthaud, fils de l'éditeur, et sa femme Anne-Marie avaient, un an auparavant, effectué un long séjour en Laponie et suivi la migration des Lapons norvégiens, de l'intérieur des terres jusqu'à la mer. Jacques avait tourné quelques images en 16 mm et il désirait compléter son film. Je fus sollicité pour mener à bien cette tâche avec lui et, un certain jour de fin février 1957, je pris l'avion à Nice pour Stockholm, captivé par cette nouvelle découverte du monde que j'allais faire à plus de cinquante ans.

L'avion fit escale à Copenhague. En attendant un changement d'appareil à destination de la Suède, je faisais les cent pas dans la salle d'attente lorsque je rencontrai Thirard, vieil ami de Georges Tairraz et l'un des meilleurs cameramen de l'époque. Il revenait de Suède avec les techniciens et les artistes qui avaient tourné dans ce pays des scènes de *Till Eulenspiegel*. Gérard Philipe en était la vedette. J'eus l'occasion de passer un moment très agréable en sa compagnie. J'admirais ce jeune acteur et je le lui dis ; il m'apparut comme un être mélancolique, brûlé par une flamme intérieure. Son sourire nostalgique, je ne l'oublierai pas.

— Vous allez en Laponie ? me dit-il. Quel rêve ! Comme j'aurais aimé mener votre vie !

Cher Gérard Philipe !

Je retrouvai Stockholm et mes curieux souvenirs de 1947. Mais, cette fois, j'avais un billet en poche, et le train du Nord m'emmena rapidement à travers la campagne suédoise enneigée. La voie ferrée traversait de larges rivières gelées. Les arbres (le fameux spruce, l'épicéa de nos Alpes) diminuaient de taille à mesure que nous montions en latitude. A partir de Kiruna, tout changea. La grande steppe arctique s'étendait à l'infini. Le vide était immense, et cette vision de terre morte produisit en moi un premier choc visuel : je découvrais le Grand Nord !

Le train arriva à Narvik avec plusieurs heures de retard et je ne pus aller me recueillir au cimetière militaire où reposent beaucoup de mes camarades de la 27ᵉ division alpine. Un taxi me conduisit directement au port où je pris place... dans un autocar qui traversait le fjord de Narvik sur un bac. Cette curieuse navigation se poursuivit tantôt sur la terre ferme, tantôt sur d'autres bacs, et j'arrivai ainsi à Harstadt, port important où je rattrapai le navire côtier que j'aurais dû emprunter à Narvik.

Dès lors, j'allai de découverte en découverte. La côte septentrionale de la Norvège, découpée de mille fjords, n'est qu'un énorme labyrinthe où les navires se faufilent entre des montagnes dominant l'Océan de quelque quinze cents mètres. Ces grandes parois granitiques étaient plaquées de neige verglacée, elles plongeaient directement dans la mer, libre en raison du Gulf Stream. Parfois, dans les criques les plus abritées, une mince pellicule de glace se formait que l'étrave du bateau brisait facilement. Je participai activement à la vie des Norvégiens du Finnmark. Le navire côtier est un service journalier qui part de Bergen dans le sud de la Norvège, dessert tous les petits ports de cette côte en dentelle, double le cap Nord et se termine à Kirkeness, à une encablure de la frontière soviétique. Les petits navires affectés à ce service sont de solides coques de 1 500 tonneaux tenant admirablement la mer, mais ne comportant qu'une dizaine de cabines et d'immenses salons où les passagers prennent place dans de confortables fauteuils. La plupart de ces passagers ne font qu'une courte traversée, vont et viennent d'une île à l'autre. Les haltes sont longues ou brèves selon l'importance de l'escale : ici on embarque une vache, là on descend sur le quai des caisses de produits alimentaires. Les gens du village apportent leur courrier qu'ils remettent de la main à la main au facteur. Tout se passe comme sur les petites lignes d'autocars qui desservent la province française. Seule différence : le trajet du navire approche les deux mille kilomètres ! Et il monte jusqu'au-delà du 71e parallèle. Sans doute le point le plus élevé en latitude où la mer ne gèle jamais, où la navigation se poursuit tout l'hiver.

Je débarquai à Hammerfest et, tandis que le service côtier continuait sa route vers le cap Nord, je pris un caboteur qui redescendit le fjord jusqu'à Alta.

Durant tout ce voyage où l'on avait longé constamment la côte, j'avais été frappé par le curieux peuplement du pays. On ne voyait pas de grandes agglomérations ; simplement, çà et là, au pied des falaises, des chalets norvégiens isolés en bois peint de couleur vive, des maisons de pêcheurs bâties sur un promontoire face à l'Océan. Une famille vivait là, dans l'isolement absolu, n'ayant de contact avec la bourgade la plus proche que par la mer. Toutes ces maisons étaient neuves car, durant l'occupation de la Norvège par les nazis, tout avait été brûlé et les habitants du Finnmark et du Tromsö, les deux provinces les plus septentrionales, avaient été repliés dans les provinces du Sud. Après la guerre, le gouvernement norvégien songea à établir ces réfugiés dans des provinces plus accueillantes, et notamment dans le Trondelag où la terre ne manquait pas, ni les possibilités de pêche. Ces marins-paysans du Grand Nord refusèrent avec la dernière énergie d'abandonner leurs terres hostiles et glaciaires où ils vivotaient de leur pêche, élevant une vache ou deux, quelques moutons et, grâce au jour perpétuel de l'été arctique, pouvant cultiver un jardin potager et engranger trois récoltes de foin pour l'hiver.

Bien que leur maintien sous ces latitudes constituât une lourde charge, le gouvernement norvégien les laissa remonter dans le Nord, où chacun rebâtit sa maison sur son promontoire battu par les flots, dans l'isolement complet, où seul le téléphone les relie au reste du monde. Le téléphone le meilleur marché du monde. C'est par téléphone que l'institutrice fait ses cours aux élèves disséminés sur la côte, par téléphone qu'elle corrige les devoirs ; par téléphone que le docteur donne ses consultations, toutes les fois qu'une urgence ne l'oblige pas à faire le court mais difficile déplacement par mer.

Ils mènent sur ces côtes inhospitalières une vie étrange et paisible, faite de contemplation, de paix, d'amour de la nature, ce qui n'exclut pas une lutte journalière pour leur survie. Les pêcheurs, en effet, sortent par tous les temps à bord de solides petites embarcations en bois, profondes comme une coque de noix, non pontées, et disposant à la poupe d'une guérite à travers les vitres de laquelle le pilote peut naviguer par les froids et les vents les plus cruels.

Aussi blasé que l'on soit, on ne peut qu'admirer et aimer un peuple aussi raisonnable et aussi courageux.

Alta et sa ville jumelle Bossekop occupent une situation privilégiée au fond du golfe, au pied de hautes collines rocheuses qui les protègent des vents dominants. Par endroits, dans des criques encore plus abritées, poussent les dernières plantations de pins, les plus septentrionales de l'Europe. Un miracle dans ce pays d'arbustes rabougris.

C'est d'Alta que part le courrier spécial et insolite qui relie le port à Kautokaino, capitale des Lapons du Vestfjellet. Le trajet s'effectue sur un snowbile « Bombardier », à travers la vidda dénudée de la Laponie.

Ce snowbile est une extrapolation des autochenilles Kegresse Citroën, transformées en autobus des neiges par un certain mécanicien canadien du nom de Bombardier. Le véhicule, monté sur chenilles en caoutchouc, est muni d'un train directionnel sur ski. Il peut passer partout à travers les champs de neige. Son efficacité me permettra d'atteindre le centre de la Laponie norvégienne en une journée .

Nous avons gravi par une route escarpée la chaîne côtière et débouché sur d'immenses plaines. La route s'arrête au seuil de ce désert, et brusquement je me suis aperçu que les dernières maisons de la côte avaient disparu. Je n'avais jamais vu frontière marquée aussi nettement entre le monde habitable et le désert sans vie apparente que les Lapons nomment la vidda. C'est une région qui offre les caractéristiques de la toundra de l'Arctique, à cette différence que, sur sa plus grande partie, la terre gelée assez profondément durant l'hiver dégèle totalement durant l'été. Il n'existe pas en Laponie de pergélisol comme en Sibérie ou dans le Grand Nord canadien. Des ébauches de taïga, formée de bouleaux et de saules polaires, bordent les rives des puissantes rivières qui drainent l'intérieur du pays.

La vidda, c'est le pays privilégié des Lapons.

En y parvenant, j'eus l'impression de franchir une nouvelle étape dans la connaissance de notre planète. Pourtant, ce désert apparent et hostile connaît une vie secrète. Le snowbile y traçait sa route sans hésitation, fonçant dans les congères, franchissant les lacs gelés en suivant des balises plantées de distance en distance dans la glace, escaladant les collines mollement arrondies. Parfois l'horizon était circulaire et le ciel d'un gris laiteux encapuchonnait la terre, et entre ces deux éléments notre véhicule poursuivait son chemin, comme un navire traverse l'océan. Les changements de temps étaient fréquents : une brume recouvrait le paysage et tout devenait irréel, puis le pâle soleil dissolvait les traînées et, de nouveau, aveuglante et nue, la vidda sans cesse recommencée reculait, reculait jusqu'à l'horizon.

Des attelages de contes de fées parcouraient des sentes invisibles ; d'étranges équipages comme en a décrit Selma Lagerlöf, des traîneaux tirés par des rennes enfouis jusqu'à mi-corps dans l'épais manteau neigeux qu'ils brassaient à larges foulées. De ces animaux on ne voyait de loin que leurs bois magnifiques se détachant sur le ciel, comme les pinces de gigantesques lucanes. Nous avancions, le convoi surréaliste se rapprochait, les monstrueux insectes tirant leurs charges se dressaient sur une crête et la féerie disparaissait. Une « cita », c'est-à-dire une famille lapone, émigrait vers quelque point inconnu de la vaste étendue. En passant, ils nous lançaient de joyeux « Boriz-Boriz », ce qui veut tout dire : bonjour, bonsoir, bienvenue, etc. Un langage riche dans cette langue agglutinée des Samisks.

Plus loin, notre chauffeur arrêta son véhicule dans une légère dépression où se distinguait le cours immobile d'un torrent figé par le froid. Il déversait sa cascade de glace dans un lac invisible sous le manteau neigeux qui le recouvrait. Quelques bouleaux y formaient une oasis. Nous y fîmes une rencontre aussi insolite que le lieu dans lequel elle se déroulait : un homme grand et bien découplé, vêtu de drap sombre, les oreilles masquées par une casquette à revers feutrés, attendait le passage du courrier. Sa musette qu'il portait en bandoulière était bourrée de perdrix blanches, ces lagopèdes que les hommes du Nord appellent des rupés. Il était sans doute là depuis plusieurs heures, attendant debout, indifférent au froid, son fusil à l'épaule, ses skis plantés dans la neige, fumant sa pipe avec sérénité.

— Un finsk ! me dit mon compagnon de voyage. Un trappeur et chasseur terrien familier de la vidda.

A Kautokaino, on préparait les fêtes de Pâques. Quelques touristes privilégiés étaient venus assister au grand rassemblement annuel des citas du Vestfjellet. C'est en effet l'époque des mariages, des courses de rennes, des concours de ski, qui préludent à la grande migration de printemps vers la côte.

Kautokaino est une ville créée par les Norvégiens, sur les bords de la rivière Elv, dans un large cirque où, de temps immémoriaux, se réunissaient les Lapons de l'Ouest, en opposition à ceux du Oestfjellet, de l'Est, dont le centre était Karajosk, plus près de la frontière finlandaise. L'agglomération ne comportait en 1957 que quelques bâtiments administratifs : celui de la police, l'école, le dispensaire, la salle communale et le presbytère. Le pasteur luthérien était en réalité le maître tout-puissant du pays. A la fois craint et respecté, il luttait pour faire abandonner par les Lapons leurs croyances mythologiques, djinns, démons et autres puissances mystérieuses de leur paganisme ancestral. Il combattait l'influence des chamans, leur pouvoir occulte. Il avait fort à faire.

Nous avions du temps devant nous, et Jacques Arthaud me proposa d'aller loger dans la hutte de la famille Siri, l'une des plus importantes citas du Vestfjellet, avec laquelle il avait, une année auparavant, effectué la grande migration annuelle et commencé les prises de vues.

Depuis l'après-guerre, tout a été reconstruit en Laponie, car les vieilles huttes lapones aux toits couverts de mottes de terre ont été brûlées par les nazis. Le gouvernement norvégien a reconstruit ce pays en maisons préfabriquées, mieux adaptées et plus confortables. Les Siri avaient rebâti la leur à une vingtaine de kilomètres à l'ouest de Kauto-kaino, sur un petit affluent de l'Elv. Leur important trou-peau broutait le lichen à une distance assez grande de la hutte, sous la garde des bergers. A proximité de l'habita-tion, une vingtaine de rennes d'attelage, castrés, attendaient qu'on les employât à tour de rôle pour les transports. C'est à bord d'un traîneau tiré par un renne indocile, et que j'eus quelque peine à diriger, que je ralliai la maison Siri.

Nous y passâmes plusieurs semaines, et je vécus une intéressante expérience de la vie privilégiée des Lapons.

Dans ce chalet sans étage composé de deux pièces s'en-tassait toute la famille. La salle principale était à la fois la cuisine et le dortoir de la famille Siri. Deux lits superposés recueillaient : celui du bas les maîtres de maison, celui du haut, simple couchette, une charmante petite fille d'une douzaine d'années, Karin. Elle y restait étendue de longues heures, écoutant les conversations des hommes. Ceux-ci, accoudés sur une table de bois brut, suçaient la moelle des os de renne qui avaient cuit longtemps dans une grande bassine remplie d'eau bouillante. De la vapeur de la cuisson se dégageait une odeur fade et écœurante. Le poêle, ali-menté par le bois des bouleaux nains ramassé le long de la rivière, entretenait une confortable chaleur. Dans cette cabane, les heures s'écoulaient douces et égales. Dehors, le froid givrait les fenêtres. Aucun bruit ne parvenait de l'extérieur, sinon, de temps à autre, l'aboiement d'un chien signalant quelque passage.

Nous couchions, avec le berger et un chasseur de lagopèdes, dans la deuxième pièce, sorte de réserve sans mobilier. Elle n'était pas chauffée et nos sacs de couchage n'étaient pas de trop. Mais l'ambiance était agréable. Le plus difficile était de communiquer avec nos hôtes. Le Lapon est gai et rieur et il aime discourir. Tout lui est prétexte. Mais comment se faire comprendre ? Jacques, ayant déjà effectué un séjour, était considéré comme un familier. Il avait appris le norvégien et possédait quelques rudiments de samisk. Karin et le père Siri comprenaient et parlaient le norvégien. Je ne connaissais aucune de ces deux langues et je fus réduit à chercher mes mots dans un dictionnaire anglo-norvégien, puis à traduire le norvégien en samisk avec l'aide du dictionnaire scolaire appartenant à Karin. Un exercice qui devint une sorte de jeu.

Déjà les nuits étaient très courtes et, par beau temps, le ciel de l'Arctique apparaissait dans toute sa luminosité, comparable aux ciels constellés du Sahara. Ici il y avait, en plus, la majesté lumineuse des aurores boréales. Leur fantastique éclairage illuminait la taïga, développant ses franges phosphorescentes en rideaux de lumière, en draperies étincelantes. Des signes mystérieux s'inscrivaient dans le ciel en une mouvance étonnante. Signes qu'interprétaient les chamans et qui régissaient les départs en migration, les changements de pâturages, les décisions des nomades de la neige.

J'aimais cette terre boréale où la vie et la mort se côtoient sans que jamais disparaisse un instant sa pathétique beauté. Déjà, je le devinais, je m'attacherais à ces terres du Nord comme j'avais été envoûté par les immensités sahariennes. Notre vie à la hutte était enrobée de poésie. Le plus infime geste participait à cette perpétuelle création artistique issue du froid, du givre et du vent.

J'accompagnais souvent Karin lorsqu'elle allait relever ses pièges, puiser de l'eau dans deux grands seaux qu'elle portait au bout d'une perche formant balancier. Par elle, j'appris à recouvrir la surface liquide des seaux d'une petite couche de neige, moyen efficace pour ne pas s'éclabousser au cours de la marche. Karin, comme tout enfant lapon, avait ses propres richesses. Elle savait poser des lacets dans les buissons de saules ou de bouleaux, des pièges bien camouflés, tendus sur le passage des perdrix dont elle relevait la trace légère sur la neige. Avec elle, je dégageais les oiseaux figés par le froid, au-delà de la mort, dans une rigidité minérale. Karin revenait vers la hutte, alerte et légère, glissant sur ses skallers en peau de renne, dansant sur la neige durcie du torrent. On rentrait dans la cabane, elle remettait sa chasse à l'homme qui travaillait pour les Siri. Elle empochait les couronnes avec une évidente satisfaction. Ce pécule accumulé lui permettrait d'acheter un renne femelle, d'augmenter son troupeau personnel qui avait commencé à se multiplier dès sa naissance. Ce jour-là, comme à tout petit Lapon, quelques couples de rennes lui avaient été attribués en toute propriété et portaient sa marque. Ainsi se constituait le troupeau qu'elle apporterait en dot à son futur époux.

Parfois un chasseur inconnu, skis aux pieds, arrivait à la hutte. C'étaient alors de longs dialogues que nous écoutions, Jacques, Anne-Marie et moi, sans y prendre part. De la marmite en ébullition permanente la maîtresse de maison sortait une poignée de tibias de mouton, et chacun suçait goulûment la moelle rose, sorte de lombric recueilli de l'os fendu dans toute sa longueur. Un coup de couteau net suffisait, directement donné sur la tête de l'os tenu à pleine main. Une simple maladresse et on pouvait se trancher le poignet !

Les Lapons pratiquent ce jeu depuis leur plus tendre enfance. Ils ont reçu, sachant à peine marcher, le poignard lapon indispensable pour tailler les peaux, achever un renne blessé, dépouiller une carcasse, écorcer un bouleau, trancher les lanières d'un attelage emballé. Vivre enfin. Comme on vivait il y a trente mille ans.

En 1957, dix-huit mille Lapons norvégiens répartis en citas formaient une ethnie bien définie nomadisant sur cette gigantesque presqu'île du bout du monde que forme la Scandinavie au-delà du cercle polaire. La famille Siri est l'une de ces grandes familles, non pas la plus puissante du Vestfjellet, mais avec son troupeau de près de cinq mille rennes elle occupe une place enviable dans la hiérarchie des nomades de la neige.

La cita des Siri, chaque année après Pâques, charge ses traîneaux de l'indispensable : vivres, lourdes bâches et longues perches pour le dressage des tentes, réserves de bois de chauffage car l'on risque de ne plus en trouver dans la traversée de ce désert du froid. Une large pierre plate prend place sur un traîneau, c'est la pierre du foyer. Poussant lentement son troupeau vers le nord, la famille au grand complet : femmes, enfants et bergers, se déplace avec son troupeau dans un large couloir, traditionnellement délimité par les coutumes locales, jusqu'aux montagnes de la mer. Vers ce Lyngen Fjord où quelques pêcheurs norvégiens du Finnmark se sont fixés dans une crique baptisée Nordreisa. Le site est admirable, les aiguilles de granit du Lyngen sont comparables aux aiguilles de Chamonix ; leurs névés glaciaires descendent jusqu'à la mer.

Du centre de la Laponie partent ainsi en éventail vers le nord des terrains de parcours appartenant depuis des temps immémoriaux aux mêmes familles ou groupes de familles. La migration dure environ un mois. Elle n'est pas sans risques, et Karin parle encore avec terreur de cette tempête qui les bloqua près d'une semaine sous la tente il y a quelques années. Leur réserve de bois était épuisée. Pour se chauffer et cuire les aliments, ils durent brûler des traîneaux. Pourtant la distance n'est pas grande, comparée aux milliers de kilomètres des migrations sahariennes : environ trois cent cinquante kilomètres — la distance que parcouraient naguère les moutonniers de Provence. Mais, au rythme lent des rennes broutant le lichen des collines chauves de la vidda, elle acquiert une autre dimension. Une sorte de marche en dehors du temps.

D'étape en étape, on dresse les tentes coniques, drapées autour des perches de bouleau entrecroisées, et laissant libre le sommet du cône par où se fait l'évacuation de la fumée. A l'intérieur, les places sont attribuées selon l'ancienneté et le rang du personnage. La maîtresse de maison trône au fond de la tente devant la lourde pierre du foyer, symbole de la migration. La tente est celle des peuples du Nord, celle des Euro-Asiatiques de la Scandinavie, de l'immense Sibérie. Celle aussi des Indiens chasseurs de l'Amérique du Nord. La tente de la taïga, qui exige du bois pour la dresser, pour s'y chauffer et pour se nourrir.

Trente jours après son départ, si tout va bien, le grand troupeau des Siri, suivant docilement un vieux renne à clochette, débouche des montagnes sur la mer. Les traîneaux sont déchargés. Dans une crique où s'abritent les rares maisons des pêcheurs norvégiens, on emprunte une barque. Le maître berger y monte, tirant derrière lui le renne conducteur à la clochette et l'obligeant ainsi à nager. Sur le rivage, les Lapons, aidés de leurs amis norvégiens pour qui ce jour est une grande fête, entourent le troupeau, le poussant vers la mer avec force gestes et cris. Finalement, formant un triangle roux hérissé de bois cornus, les cinq mille rennes se déplacent épaule contre épaule, comme un radeau de bois flotté, vers l'île proche où, après une traversée de quelques kilomètres, ils passeront tout l'été. Sur l'île, propriété millénaire de la cita, une gamma de pierres sèches, l'habitation la plus primitive du monde, remplace la tente de la migration et la confortable hutte de la vidda de Kautokaino.

La harde demi-sauvage grimpe allégrement sur les sommets de l'île où le lichen abonde, où le vent marin chasse les moustiques. C'est pour les Lapons une période agréable. Des contacts sont nombreux entre leur peuple et les pêcheurs norvégiens. Puis, dès l'automne, qui vient très tôt sous cette latitude, c'est un nouveau départ. Il faut faire retraverser le détroit au troupeau. Les traîneaux étant devenus inutiles, on les démonte et on les charge sur des rennes de bât. Souvent la neige surprend la migration avant son retour à la cabane d'hivernage.

Tout cela, je l'avais appris, déchiffré plutôt, dictionnaire en main, de ma petite amie Karin, à l'intelligence éveillée. Cette vie primitive, cette migration qui par bien des points

264

s'apparentait aux « remues » des paysans alpagistes de Savoie, me révélaient bien des affinités entre les peuples éleveurs de troupeaux. Sans comprendre leur langue, j'assimilais leurs pensées, leurs réactions. Comme les nomades du désert, et comme tous les peuples pasteurs, les Lapons sont tributaires de la nature et du climat. Ils sont soumis aux fluctuations du temps, des saisons et des pâturages. Ils n'ont qu'une richesse, bien vivante celle-là, à laquelle on ne touche pas mais qu'on accroît sans cesse : le nombre de têtes du bétail ambulant. Il en est ainsi chez les Lapons, chez les Tchoukches, les Arabes Chaamba, les Touaregs du Sahara, les Peuls du Sahel.

Je rentrai en Europe très impressionné par la découverte de cette ancienne civilisation née directement du paléolithique et poursuivie jusqu'aux temps modernes. Il en résulta un film, *Ces hommes de trente mille ans*, et un roman, *Le Rapt*. L'histoire du rapt, je la tenais des récits que me traduisait, durant nos longues veillées d'hiver, Karin. Elle était véridique. De tout temps, les rapts de troupeaux entre citas opposées ont eu lieu. Semblables aux rezzous sahariens, ils se déroulent, ici, dans l'obscurité de la longue nuit arctique lorsque les bergers transformés en guetteurs et engourdis par le froid somnolent dans leurs trous de neige.

Les années passèrent. *Le Rapt* avait été bien accueilli et je désirais donner une suite à ce roman. Sept ans plus tard, en 1964, je repartis pour la Laponie. Ma fille Danièle m'accompagnait.

Comme autrefois, je me rendis à Kautokaino.

Au cours de mon périple sur le vapeur côtier, je remarquai de nombreuses transformations. Sur le navire lui-même, les touristes étaient plus nombreux. Tromsö, où se trouve le plus grand port baleinier de la Norvège, était jadis une île ; on gagnait de là le Spitzberg pour des safaris à l'ours polaire. Mais Tromsö, désormais, n'est plus une île ; on a construit un gigantesque pont qui relie la ville au continent. Au-delà du fjord, une route toute neuve et bien dégagée relie Tromsö à la Suède et à la Finlande en longeant le « doigt finlandais » jusqu'à Enontekio. Toute la Laponie intérieure est mise à la portée du simple touriste. Débarquant ensuite à Alta, j'appris à ma stupéfaction qu'une belle route reliait ce port à Kautokaino. Finie l'épreuve des snowbiles ! Les autocars avaient remplacé les « Bombardiers ». Kautokaino était devenue la station de tourisme privilégiée de la Laponie ! Je pressentis que j'irais de désillusion en désillusion. Kautokaino avait beaucoup changé : écoles, hôpitaux s'étaient multipliés ; malheureusement le *gest-giverei* avait brûlé. En revanche, à travers la vidda, des parcours bien balisés permettaient aux skieurs de randonnée de trouver environ tous les trente kilomètres un gîte d'accueil confortable et bien organisé. La route enjambant la rivière sur un pont en béton traversait le sud de la Laponie, créant ainsi une artère nord-sud, jusqu'à la ville suédoise de Karasuendo, reliée elle-même à Kiruna. Un autocar faisait le trajet régulièrement.

La construction de ces routes avait bouleversé les conditions de vie de tout un peuple. Le même phénomène s'est produit dans nos Alpes de Savoie : partout où la route est arrivée, l'hivernage a disparu.

Il y avait un cabaret à Kautokaino et un juke-box où l'on remettait inlassablement *Lily Marlene*. La visite aux troupeaux de rennes se faisait en caravanes de traîneaux, avec escale dans une tente montée pour la circonstance. Une vieille Lapone y distribuait à chacun, moyennant finance, un brouet de viande de renne plus que spartiate. Les touristes femmes revêtaient des costumes lapons. Les coutumes étaient devenues du folklore !

— Et la migration ? ai-je demandé à Karin, devenue une jeune femme vive et alerte, après la traditionnelle course de rennes où elle avait complaisamment prêté son attelage à ma fille.

Elle a ri.

— La migration ? La famille ne la fait plus. On gagne si facilement la côte par autocar, soit par Tromsö soit par Alta, qu'il est inutile d'aller passer un mois de l'année dans les tentes inconfortables de jadis.

— Alors, comment vit le troupeau ?

— Comme toujours ! Le berger suit son troupeau ; il

dispose désormais d'un tracteur à chenille qui tire une caravane. Nous, pendant ce temps-là, on reste bien tranquillement chez nous jusqu'à ce que les moustiques nous chassent vers la mer.

La Laponie n'était plus un monde privilégié, pouvant se tenir à l'écart des pulsions économiques et politiques du monde occidental.

Ses habitants avaient pourtant prouvé leur faculté de vivre par eux-mêmes lorsque, après l'occupation allemande du nord de la Scandinavie en 1940, leurs maisons brûlées, leurs troupeaux décimés, ils avaient échappé comme par enchantement au génocide et disparu dans les solitudes glacées de la vidda. Durant quatre ans, on ne sut pas ce qu'ils étaient devenus. La guerre terminée, les Norvégiens les avaient retrouvés, plus florissants que jadis, leurs citas reconstituées. Dépositaires de la civilisation du renne, ils avaient vécu sans dommage dans ce monde glacé inaccessible aux Européens. Le renne les avait sauvés. Il leur fournissait la viande, le lait, les fourrures, les peaux, les tendons ; les os se transformaient en outils, en pointes de flèches, le cycle naturel se refermait sur les conditions indispensables de vie. Le peuple lapon avait vécu de sa propre culture, de ses propres traditions trente fois millénaires. Il avait été autrefois peuple chasseur et, après la fin de la période glaciaire, il avait suivi le renne, son gibier principal, qui, délaissant Lascaux, Altamira, remontait vers le nord à la bordure des glaces. Le dégel de la calotte glaciaire l'avait acculé dans ces terres du bout du monde qui s'étendent de la Norvège à la presqu'île de Kola à travers la Suède, la Finlande et la Russie. Peuples chasseurs, ils avaient depuis dix siècles domestiqué le renne et réussi ce que ni les Indiens au Canada ni les Eskimos n'avaient pu faire du caribou.

Leur exemple est à méditer. Les Lapons seraient l'un des rares peuples de la terre à survivre si une catastrophe atomique détruisait toute notre civilisation technique avancée. Alors pourquoi vouloir faire d'eux des citoyens à part entière de cette même civilisation occidentale aujourd'hui si menacée ?

En 1964, agissant comme pour ses ressortissants du Grand Nord, le gouvernement norvégien offrait aux Lapons du Finnmark des conditions de vie avantageuses dans les provinces du sud ou du centre de la Norvège. Comme les pêcheurs de la côte déchiquetée du Finnmark, les Lapons refusèrent de quitter le pays de leurs ancêtres.

C'est l'histoire de ces tractations entre la Norvège et les Lapons, la transformation regrettable de ce petit peuple issu des âges géologiques, que, de retour à Nice, je décrivis dans *La Dernière Migration*.

2

Ça y est ! Nous avons pu acheter un terrain à Chamonix, sur le versant du soleil, bien sûr. Au pied du couloir du Brévent, face à la haute chaîne du Mont-Blanc. Il ne reste plus qu'à bâtir et cela prendra encore deux années. Nous avons en effet décidé, ma femme et moi, de retourner à Chamonix. Cela se fera en 1960. Martine a passé ses bacs à Nice et décidé de poursuivre ses études à l'école d'interprètes de Genève. En attendant ce retour aux sources, je ne chôme pas. Les six mois d'hiver se passent en tournées de conférences, l'été à filmer, l'hiver comme l'été à noircir du papier. De cinquante à soixante-quinze ans, j'ai en effet écrit la plus grande partie de mon œuvre : romans, essais se succèdent, sur la montagne, sur le Sahara, sur l'Arctique. J'ai affiné durant dix ans cette encyclopédie de la montagne que sont les deux volumes in quarto des *Montagnes de la Terre*. Ce que j'ai commencé à Nice, je le terminerai sans coupure à Chamonix.

Le Sahara est toujours présent dans mon subconscient. Aussi vais-je accueillir avec joie l'offre que me fait Paul Berliet de participer à la grande expédition scientifique qu'il organise pour l'hiver 1959-60 sous le sigle des « Missions Ténéré ». Il ne s'agit plus cette fois de parcourir les immensités sahariennes à dos de chameau comme en 1935 ou

1937, pas même de guider un convoi routier sur la piste impériale du Tanezrouft, mais de participer à des recherches d'itinéraires à travers le Ténéré, entre le Hoggar et le Tassili, le Tibesti et le Tchad.

Les missions Berliet comporteront un matériel imposant, dont des véhicules tout-terrain à trois ponts moteurs — les fameuses « gazelles » qui équiperont l'armée française —, un avion Cessna de reconnaissance, un hélicoptère. Vingt-huit personnes y seront chargées de la marche de la mission proprement dite, douze formeront l'équipe scientifique représentant toutes les disciplines ; y participeront également des correspondants de presse. En tout, soixante personnes.

Des contrats passés pour des conférences m'empêchèrent de prendre le départ d'Alger le 9 novembre 1959 avec l'ensemble de la mission. J'effectuais à l'époque un tour de France et je ne pus me libérer que le 20 décembre.

J'avais rendez-vous avec la mission Berliet-Ténéré quelque part au nord du Tchad. L'Afrique est un curieux pays. On s'y donne rendez-vous sur un territoire grand comme quatre fois la France.

— Nous serons dans le secteur nord de N'Guigmi, m'avait dit Maurice Berliet.

Comme c'est simple ! Imaginez qu'un ami dise : « Cherchez-moi quelque part entre l'Auvergne et les Pyrénées ! »

Il me fallait rejoindre à N'Gourti une mission partie depuis plus d'un mois d'Ouargla et qui, ayant atteint Fort-Lamy en traversant le Ténéré du nord au sud sur mille kilomètres, entreprenait la deuxième partie de son programme d'exploration : la traversée nord-sud N'Guigmi-Bilma par l'antique piste des caravanes à travers l'erg de Bilma. Mille kilomètres d'un parcours tout-terrain extrêmement délicat.

La brume de sable ayant empêché le Super-Constellation d'Air France de se poser à Fort-Lamy, nous avons fait escale mille kilomètres plus loin, à Bangui, au Centrafrique ! Et, reprenant le même avion venu de Brazzaville, nous avons pu nous poser dans la nuit à Fort-Lamy, après deux mille kilomètres supplémentaires.

Le lendemain, ayant troqué mon complet veston pour le costume saharien, je prends place dans le petit Cessna de la mission qui m'attend depuis vingt-quatre heures.

Un vol effectué à basse altitude au-dessus des marécages du Tchad me permet de mieux connaître cette région lacustre où des îlots d'ambadjes flottent et dérivent, obstruant les canaux ; ils forment un lacis inextricable. Cette traversée complète du Tchad n'a été réussie qu'une fois, en canot à moteur, en 1941, par Roques, Lewden, Chasseloup-Laubat et sa femme Betty ; ils ont erré durant cinq jours avant de trouver l'embouchure du Chari. En saison sèche, le rustique terrain d'aviation se trouve à quarante kilomètres au sud de N'Guigmi. Un camion nous y attend.

Nous longeons les marécages qui bordent le lac et croisons la piste des éléphants du Tchad, bien marquée dans la glaise, quand tout à coup le camion s'arrête. A quelque distance de la piste, en pleine brousse, un homme étrange nous fait signe. Il porte chapeau et pantalon de brousse, cachabiah du Sud algérien, et range prestement pliant et chevalet. De loin j'ai reconnu la silhouette familière de Brouty. A soixante-trois ans, Brouty est devenu le peintre officiel de la mission. Le voici qui agite son chapeau et hurle sa joie de me retrouver, montrant un crâne lisse comme un œuf d'autruche. On le prend à bord. On s'arrête à N'Guigmi juste le temps de déjeuner à la popote et de rencontrer le général Laurent, directeur des missions Berliet, venu d'Agadès à bord de l'avion Cessna de liaison.

On repart à bord d'une Land-Rover pilotée par une espèce de chat sauvage maigre et racé dans un survêtement de sport. Plus tard, j'admirerai la conduite étonnante de Canton, pied-noir d'Oranie, l'un des meilleurs chauffeurs de l'expédition. Et, au cours de la deuxième expédition, je ferai souvent équipe avec le « chat sauvage ».

De nuit, nous avons rejoint l'expédition au puits de N'Gourti, à deux cents kilomètres au nord du Tchad.

Brusquement, du haut d'un col, entre deux immenses dunes mortes, apparaît le campement. J'en demeure pantois. Un grand cercle de lumière délimite son emplacement : les camions sont formés en carré, la bulle blanche de l'hélicoptère scintille sous les feux des projecteurs accrochés aux branches des épineux. Deux moteurs « Bernard » halètent dans la nuit. L'un d'eux entretient le camion isofrigo des vivres frais ; le second maintient les films de l'équipe cinématographique à température constante. Un générateur fournit chaque soir le courant électrique à cette ruche bruyante, si différente des campements sahariens. Soixante personnes vont et viennent, affairées. On m'entoure, je serre des mains, je ne vois que des visages inconnus. Arrive Maurice Berliet.

— Enfin, Frison ! On désespérait de vous voir. On va s'occuper de vous, vous distribuer votre campement individuel.

J'ai très vite fait de découvir, un peu à l'écart, le coin de sable où j'étendrai mes couvertures, mon sac de couchage.

— Vous couchez par terre ? s'inquiète Maurice.

— Toujours ma vieille habitude !

— Attention au cram-cram, aux scorpions... Enfin si vous y tenez !

Si j'y tiens à mon indépendance ! Et puis, dormir sur un lit picot, je déteste ! Le froid de la nuit saharienne vous prend par en dessous. Rien ne vaut de dormir à moitié enterré dans le sable, sur un bon tapis de sol.

Le lendemain, a commencé la délicate traversée de mille kilomètres du sud au nord entre le lac Tchad et Bilma, l'oasis la plus isolée du Sahara central.

L'itinéraire choisi suivra, pour atteindre le Kaouar, la piste chamelière. Notre navigateur, le commandant Armand, du service géographique de l'armée, le connaît par cœur sans l'avoir jamais parcouru. Il guide la mission uniquement en interprétant la couverture photographique aérienne au 1/50 000e de l'Afrique française qui vient d'être achevée dans la région du Ténéré. Avant le départ, il trace sur les photos l'itinéraire idéal et n'a plus qu'à le suivre. Il navigue au compas solaire fixé sur l'aile droite de sa Land-Rover. Il ne se trompe jamais. Parti en précurseur un bon moment avant l'expédition et conduit par le « chat sauvage », il suit sa route avec précision, cette route qu'il a préparée minutieusement dans son bureau de Paris plusieurs mois auparavant.

Nous n'aurons plus qu'à emprunter ses traces. Les quelques voitures qui avaient tenté la traversée de l'erg de Bilma par les oasis abandonnées d'Agadem et de Dibella avaient connu les pires difficultés. Armand fera franchir les soixante-treize cordons de dunes parallèles qui défendent l'arrivée sur le plateau du Kaouar à tous les camions de la mission, avec une précision étonnante. Mais cette traversée durera sept jours. Et parfois, pour gagner vingt kilomètres en latitude, nous serons obligés de zigzaguer sur plusieurs centaines de kilomètres d'est en ouest. Il devient évident que ni la route du sud du Ténéré parcourue à l'aller, ni celle du Tchad à Bilma ne pourront être empruntées par des convois ou des véhicules commerciaux. Nous devrons chercher ailleurs, plus au nord, un itinéraire reliant l'Afrique du Nord au Tchad. L'idée d'une deuxième expédition prend corps.

Dans la mission Ténéré, j'étais plus particulièrement chargé des reconnaissances de caractère montagnard et de la recherche des gravures rupestres et sites préhistoriques. Dix jours plus tard, nous étions à Chirfa, dans le Djado aux oasis pillées, aux ksours en ruine envahis par une végétation tropicale ; les fortins bâtis par la France avaient été abandonnés en raison de leur insalubrité.

Nous y rencontrâmes le lieutenant Moreau, commandant un groupe nomade effectuant une tournée de renseignements dans les monts Toummo. Moreau nous raconta comment, en compagnie du lieutenant Lamothe, il avait, un jour qu'il parcourait la région de l'enneri Domo, été séduit par l'étrange solitude azoïque de l'enneri Blaka, véritable fleuve de sable coulant entre deux falaises ruiniformes. Au centre de l'enneri, se dressait un étrange rocher émergeant des sables comme un sous-marin de la mer ; il en avait les mêmes proportions : fuseau allongé et arrondi sur lequel s'érigeait une tour en forme de kiosque. Les méharistes résolurent d'y passer la nuit, bien qu'il n'y eût en ces lieux ni eau ni pâturages pour leurs montures. Se promenant sur la coque du sous-marin, ils firent alors la découverte d'une peinture rupestre, une fresque représentant une biche-robert, la grande gazelle du Sahara central ; l'animal était peint en blanc et ocre avec une fidélité étonnante. Ces peintures sont très rares. Levant leur bivouac, les officiers ne cherchèrent pas plus avant. Il y avait aussi des gravures, nous dit Moreau, mais s'il fallait recenser toutes les gravures rupestres du Sahara !

Il nous indiqua l'itinéraire à suivre pour se rendre dans l'enneri Blaka. Il s'agissait d'une akba, passage rocheux escarpé permettant d'accéder aux plateaux supérieurs. Sur vingt kilomètres, les difficultés seraient grandes ; ensuite il suffirait de suivre le cours des enneris, ces fleuves taris du Sahara Tibbou.

A l'aller, le commandant Armand se débattit contre les difficultés du parcours. En trois heures nous fîmes vingt kilomètres, les Land-Rover devant parfois surmonter des roches en escalier aux marches irrégulières et glissantes.

Primitivement nous devions revenir le soir même à Chirfa, mais devant l'importance de la découverte je sollicitai l'autorisation de passer au Blaka la journée, la nuit et la journée du lendemain. Berliet, Armand et le lieutenant Moreau repartirent immédiatement.

Nous restions seuls dans ce Blaka lunaire et sans vie. Et, immédiatement, Montangerand le cinéaste, Legall qui conduisait notre véhicule et moi-même nous mîmes au travail.

Bientôt nous eûmes la conviction que le Blaka constituait un site d'une richesse exceptionnelle, et j'entrepris d'en faire la description minutieuse agrémentée de photos. Dans les cavernes et les abris sous roche, la vie avait été intense. Les ateliers montraient les signes évidents des tailleurs d'outils du néolithique ; burins, grattoirs, haches et pointes de flèches abondaient. Les gravures rupestres s'étageaient sur plusieurs époques. Nos recherches aboutirent à la découverte, sur un grand bloc éboulé, d'une splendide girafe haute de 2,60 mètres, admirablement gravée et qui s'apparentait aux plus belles gravures de l'Adrar Ibaren au Fezzan. Nous sommes ici à l'apogée de l'art rupestre ; les formes, les détails anatomiques sont reproduits avec une fidélité digne d'un grand peintre animalier. Le dessin de la girafe est incisé en V très profondément, mais des martelages de qualité différente reproduisent le brillant des sabots, les taches du pelage, le détail des naseaux et des petites cornes.

Cette chasse aux rupestres m'a toujours passionné depuis ce mois de mai 1935 où je participais, avec la mission Coche, aux étranges et belles découvertes de l'oued Mertoutek dans la Tefedest !

Le lendemain, l'hélicoptère nous rend visite. Il nous apporte un croquis du commandant Armand nous proposant un itinéraire plus facile pour revenir à Chirfa. Nous avions mis cinq heures à l'aller pour parcourir quatre-vingts kilomètres, nous reviendrons en moins de trois heures.

Nous quitterons les oasis de Djado pour une nouvelle traversée du Ténéré. Là encore, le commandant Armand innovera. La piste normale reliant Djanet à Chirfa et Seguedine utilisait un parcours rocailleux difficile longeant les montagnes du Nord. Sans nous en écarter vraiment, nous ferons notre trace à cinquante kilomètres au sud et à l'ouest de l'itinéraire habituel, sur un reg parfaitement uni où les camions roulent aisément à plus de 60 km/h.

Nous ferons notre dernier bivouac avant Djanet au cœur du Ténéré. L'atmosphère est joyeuse. Les savants se concertent, essayant de résoudre un problème géographique qui les intrigue. A l'ouest, des collines inconnues s'élèvent progressivement, terminées par des sommets aigus. Cette petite chaîne de montagnes s'étend du sud au nord sur près de cent kilomètres. Nous avons longé ce relief pendant près de trois heures sans y prêter attention, et le commandant Armand vient de constater qu'aucune carte, aucun croquis saharien ne le mentionnait. Sur les photos aériennes, il apparaît distinctement, séparant le Ténéré de l'ancien lit du Tafassasset.

On se penche sur les cartes. Découvrir une chaîne de montagnes inconnues en 1959 n'est pas à la portée de tout le monde ! On vérifie les photos aériennes. Incontestablement, personne à ce jour n'a mentionné ces sommets, ni Toubeau de Maisonneuve ni Conrad Kilian. Ils se trouvent en dehors des itinéraires possibles et c'est la raison de cet inexplicable oubli. A ces montagnes lunaires nous devons donner un nom. Il y a déjà dans ces parages la gara Toubeau, l'erg Kilian ; on pense à Capot-Rey mais il aura son erg ! Finalement, je propose le nom d'E.F. Gautier, l'un des plus éminents géographes sahariens. Les scientifiques se rallient à ma proposition ; le commandant Armand fera aboutir notre décision au Service géographique. Les monts Gautier sont baptisés. Ils sont désormais portés sur les cartes les plus récentes.

Nous serons à Alger le 7 janvier 1960 après un périple de dix mille kilomètres dans les régions les plus inhospitalières du Sahara central.

Les seules difficultés que nous rencontrerons seront des chutes de neige importantes dans la traversée de l'Atlas et des hauts plateaux algériens, et la nécessité de rouler sous escorte dans ce périmètre exposé aux raids journaliers des fellagas.

Certes, je m'y attendais et la décision de Paul Berliet ne m'a pas surpris. En octobre prochain, une seconde mission, plus légère, plus mobile, repartira pour le Ténéré.

Paul est venu à Chamonix me proposer d'en faire à nouveau partie. Il m'a trouvé à « Derborence », le grand chalet tout neuf qui sera désormais le point central de mon existence. J'ai planté des arbres autour de la pelouse, des petits bouleaux à peine plus grands que ceux que j'avais rencontrés en Laponie. Mais à Chamonix petit bouleau devient vite grand ! Mon jardin, entouré de ces arbres miniatures, a l'air d'un jardin japonais. Rien ne masque la vue. Le glacier des Bossons cascade de toutes ses glaces du sommet du mont Blanc jusqu'à la vallée. Les aiguilles de granit hérissent le ciel. Ma maison est adossée au versant du soleil, celui du Brévent, et c'est pourquoi elle porte le nom de « Derborence ».

Je considère C.F. Ramuz comme un maître. Ce précurseur de Giono mériterait d'entrer dans la collection de « La Pléiade ». Son œuvre est un chant puissant, un hymne panthéistique. Dans son style rocailleux, il trace avec la précision fidèle d'un burin d'acier paysages et portraits. Paysan et esthète, critique d'art, ami des peintres et des musiciens, compagnon de Stravinsky, Ramuz cache sous le velours brut du vigneron vaudois une extrême sensibilité.

Sans que je l'aie jamais rencontré, il était un de ces êtres dont j'aurais aimé être l'ami.

Ramuz a écrit de nombreux ouvrages et les critiques ne pensent pas que *Derborence* soit son meilleur roman. Pourtant, le récit traduit tout au long la peur latente et cachée, la croyance aux mythes et aux forces maléfiques des montagnards des hautes vallées, ces hommes soumis depuis toujours aux convulsions d'une montagne vivante, race exposée aux avalanches de fond qui peuvent détruire en quelques secondes des forêts entières aux arbres séculaires, des villages paisibles, des alpages, éteignant subitement toute vie, couvrant le bruit des clarines et le murmure rassurant d'un torrent.

Ainsi disparut autrefois sous l'un des plus grands éboulements des siècles passés l'alpage valaisan de Derborence. Sa combe rassurante connut un jour le cauchemar des grandes convulsions terrestres. Très haut, les cimes des Diablerets craquèrent de toutes leurs fissures agrandies par une secousse sismique, projetèrent dans le cirque inférieur de grands pans de leur versant sud ; ces Diablerets porteurs de légendes à odeur de soufre venaient d'engloutir, sous un chaos de rocs gigantesques, sources, hommes et troupeaux. Seul survivant, un berger coincé sous le toit écrasé de son chalet, sauvé par la solidité des énormes poutres de mélèze mais prisonnier sans espoir dans une caverne sans lumière. Il y survécut plusieurs mois, se nourrissant du fromage de sa cave, buvant l'eau qui s'écoulait à travers les fissures de l'éboulement. Patiemment il gratta, creusa, rampa, et réapparut au jour trois mois plus tard. Véritable spectre épouvantant les populations.

Derborence, symbole de la mort et de la résurrection !

Mon chalet, je l'ai construit au pied de ce Brévent d'où coulent tout l'hiver de puissantes avalanches. A l'époque, on ne parlait pas de zones bleues ou rouges. On laissait le montagnard choisir l'endroit où il bâtirait sa maison, et il le faisait toujours avec discernement. Naturellement je savais : j'avais même été témoin d'une grande avalanche de fond qui, un jour des années 30, avait coulé jusqu'à la route départementale, passant à une centaine de mètres au sud-ouest du terrain que j'avais acheté. C'était pour moi la certitude que, ce jour-là, l'avalanche avait choisi la route la plus longue et qu'il pouvait se passer plusieurs siècles avant qu'elle ne revînt. De plus, on pratique désormais le ski au Brévent, les pistes sont damées, on fait sauter les corniches à l'explosif, et le grand bassin d'alimentation de la combe du Brévent, neutralisé, stabilisé, est désormais contrôlé efficacement.

Un peu par admiration pour Ramuz, un peu par provocation, un nouveau chalet baptisé *Derborence* s'élève donc dans la vallée de Chamonix.

Le 23 octobre 1960, la seconde mission Berliet « Ténéré-Tchad » est rassemblée à Ouargla.

Elle se propose de rechercher un meilleur itinéraire commercial à travers le Ténéré en direction de Fort-Lamy. Les expériences de l'hiver précédent ont servi. La route la plus directe n'est pas forcément la plus courte. Nous nous proposons de retraverser le Ténéré jusqu'à Seguedine, de continuer sur Zouar au Tibesti, de contourner par le sud le massif jusqu'à Largeau (Faya) et de là, remontant vers le sud, à travers le Djourab, le cours invisible du Bahr el Gazal, rallier Fort-Lamy.

L'équipe scientifique est plus réduite. La plupart des grands travaux ont été effectués lors du dernier voyage. Je conserve de cette merveilleuse entente entre scientifiques de toutes disciplines un souvenir de remarquable coopération. Bien des travaux ont été concluants. Grâce à la présence simultanée sur le même site d'un géologue, d'un archéologue, d'un préhistorien et d'un botaniste spécialisé dans l'étude des pollens fossiles, on a pu reconstituer le climat du Sahara néolithique, aboutir à des conclusions inattendues, tel le rapide dessèchement du Ténéré. Le carbone 14 a permis de dater les outils de la pierre taillée et ceux de la pierre polie ; l'analyse des pollens fossiles sur le même site nous a appris quelles espèces botaniques poussaient sur ce qui est actuellement le désert le plus absolu du monde. Nos chercheurs ont trouvé notamment une grande jarre remplie de graines de micocoulier, cet arbuste du maquis provençal. Ainsi, il apparaissait avec netteté qu'à une époque relativement récente le Sahara central était encore une savane.

La mission Berliet-Ténéré a accompli en trois mois un travail qui aurait nécessité cinquante années de recherches et de confrontations scientifiques. L'hydrogéologue Cornet, n'ayant pas de sources à découvrir, a réussi ce prodige, grâce à l'hélicoptère de la mission, de relever le point magnétique tous les cinquante kilomètres, et ceci sur dix mille kilomètres de parcours !

Mais le chiffre de soixante personnes exige une logistique trop compliquée. La seconde mission, allégée, n'en comprendra donc que vingt-sept. Les conducteurs des camions seront, pour la plupart, ceux qui provenaient des succursales Berliet d'Algérie : Canton, le « chat sauvage », et Salmeron, son compère d'Oran, auront la lourde responsabilité des véhicules. Ils ont fait leurs preuves. Leurs camarades sont des Sahariens confirmés, se contentant de peu. Enfin il a été prévu qu'une antenne pourrait se détacher du convoi pour opérer des reconnaissances sur le terrain. Nous n'aurons plus d'avion de liaison ni de voiture-radio, mais l'hélicoptère de Voïrin, qui a rendu de si grands services, nous accompagnera durant tout le trajet. L'équipe scientifique sera réduite à six personnes, complétant les recherches de la première expédition sur des sites bien définis. L'étonnant commandant Armand nous dirigera comme par le passé. Le Dr Cohen sera le médecin de l'expédition ; nouveau venu au Sahara, il aura tendance à javelliser un peu trop l'eau du camion-citerne. Hugot et Mauny, préhistoriens de l'I.F.A.N. et du C.N.R.S., et Quezel, remarquable spécialiste de la botanique fossile, assumeront la partie scientifique proprement dite. Quant à moi, je me suis proposé deux buts principaux : explorer les monts Gautier que nous n'avons fait qu'entrevoir, et surtout gravir le mont Greboun, dans l'Aïr, pour éclaircir le mystère de son altitude réelle.

Le convoi suit sa route de balise en balise sur cette incommensurable plaine de sable fin et il n'est pas question de le détourner de sa route pour entreprendre l'exploration des monts Gautier. Pourtant, leurs aiguilles rocheuses pointent derrière la banquette tabulaire et ensablée qui les limite à l'est.

— Maurice ! dis-je en pointant le doigt vers le fugitif élancement de pierre déjà disparu, les monts Gautier, tu m'avais promis...

Maurice Berliet est bon bougre.

— On y passera au retour.

Je me méfie de ce « au retour ». Quand nous reviendrons, nous serons aussi pressés par le temps.

— Un petit coup d'hélicoptère pour savoir...

— Allez ! Vas-y !

Laissant le convoi continuer son cap à 280°, je décolle, piloté par Voirin, et nous piquons plein ouest. Les aiguilles qui semblaient toutes proches sont en réalité à plus de vingt kilomètres de notre itinéraire. Bientôt nous pénétrons à l'intérieur d'un très large cirque, sorte de cuvette d'effondrement, rappelant un immense cratère et parsemé d'étranges aiguilles de grès noirs très délités, fichées comme autant de chicots sur le reg et le sol gréseux. Alors que les massifs bordant le Ténéré sont largement ensablés jusqu'au faîte, le sol à l'intérieur du cirque protégé des vents est nu, souvent couvert de plaques de roches vives.

Nous nous dirigeons vers le plus important des cinq groupes rocheux et Voirin se pose délicatement au pied de la plus belle des cimes. J'éprouve une incroyable émotion à descendre de l'appareil sur ce sol inconnu, dans un silence qui n'est déjà plus de notre monde, puis à découvrir le paysage hostile qui nous entoure. Sur nos têtes, la paroi se dresse à une hauteur qui rend au massif ses prérogatives ; ce qui était un chicot noirâtre devient un pic à l'aspect dolomitique.

— Si nous mesurions la hauteur exacte de l'aiguille ! propose Voirin.

Nous décollons après pointage de l'altimètre de précision et nous nous élevons en spirale. Voirin fait du vol stationnaire à hauteur exacte du sommet de l'aiguille la plus élevée ; cela donne trois cents mètres de la base au sommet. Les autres cimes sont légèrement moins hautes : deux cent cinquante à deux cent soixante-dix mètres, mais plus déchiquetées.

Cette précision acquise, nous piquons plein est pour recroiser les traces du convoi que nous avons beaucoup de mal à découvrir, la brume de sable faisant écran entre le sol et notre appareil. Une fois retrouvé le fil conducteur, nous fonçons en rase-mottes et apercevons enfin à notre grand soulagement le convoi immobilisé en plein Ténéré à la corne sud des monts Gautier.

Un mois et demi plus tard, au retour de notre périple Tibesti-Tchad, j'ai pu enfin visiter les monts Gautier.

Nous avons fait, Paul Berliet et moi, une reconnaissance préalable de quelque soixante kilomètres en pénétrant par le sud à l'intérieur du cirque. Le camp de la mission a été installé à la corne nord, près d'un col. De cette façon, les camions ne risquaient pas de s'ensabler et nous nous trouvions à proximité des sites à prospecter. Ces groupes d'aiguilles constitueraient un excellent terrain d'escalade pour les alpinistes, ai-je pensé à l'époque. Je ne me trompais pas. Depuis, le guide dauphinois Bernezat a réalisé avec sa femme les principales ascensions de ces différents pinacles. Il m'a fait l'honneur de baptiser de mon nom le sommet principal, et la seconde cime du nom de pic Berliet. Ces dernières années, les monts Gautier, l'un des sites les plus curieux du Ténéré, sont devenus le rendez-vous des alpinistes.

J'ai eu la joie de gravir mon propre pic en 1974, au retour d'un périple d'adieu au Sahara qui avait conduit notre groupe de visiteurs de Tamanrasset à Iferouane et d'Iferouane à Djanet, à travers ce Ténéré sans cesse recommencé.

Les savants qui nous accompagnent ont fait une moisson fructueuse aux monts Gautier. Ils ont passé au crible l'humus des abris sous roche. Il a livré ses secrets : déchets de nourriture, ossements, graines, piquants de porc-épic, tessons de poteries et traces d'affûtage d'outils lithiques. Ici également vivaient les hommes du Ténéré. Il fut un temps où les monts Gautier étaient peuplés et sans doute le sont-ils restés très longtemps car à la corne sud, sur le versant du Ténéré, un alignement de tombes ressemble étrangement aux tombes garamantiques du Fezzan. Dans le même massif, Paul Berliet devait trouver de magnifiques meules dormantes polies dans un conglomérat qui, à l'usure du vent, s'était transformé en une étrange dentelle de pierre.

Le trajet de retour de Fort-Lamy à Djanet fut malheureusement marqué par un accident grave. Nous faisions étape à Sherda, en lisière du Tibesti. Voirin avait posé son hélicoptère dans la cour intérieure du bordj. Il devait redécoller avec le cinéaste mais il jugea plus sage de faire un saut de puce à vide par-dessus les hauts murs du fortin, et conseilla à Montangerand de l'attendre dehors. Voirin franchit l'obstacle et s'apprêta à se poser sur un vaste terrain nu qui entourait le bordj, un reg couvert d'une fine pellicule de sable doré. Les patins de son hélicoptère touchaient à peine le sol qu'un nuage opaque de poussière blanche s'éleva, aveuglant le pilote. Une pale du rotor accrocha la terre, l'appareil rebondit et se disloqua. On retira des débris Voirin très choqué. Montangerand, qui attendait, échappa de peu à la mort. Un débris de pale s'incrusta comme un projectile dans le Rolleiflex qu'il portait constamment suspendu à son cou.

L'étude des causes de l'accident révéla qu'à l'endroit où Voirin s'était posé d'anciens travaux avaient eu lieu, notamment la fabrication du plâtre ; puis le vent du désert avait unifié les teintes, ne laissant rien deviner du piège. C'est cette épaisse poussière de plâtre soulevée par le vent du rotor qui avait aveuglé Voirin.

Alerté par radio, le « broussard » de Largeau vint chercher le blessé. Le médecin décela un traumatisme crânien. De Largeau, Voirin fut transporté par le service régulier jusqu'à l'hôpital de Fort-Lamy. Il survécut à son accident mais sa carrière sera à jamais compromise. Quant à nous,

nous perdions un excellent compagnon, ami des bêtes comme en témoigne la petite histoire suivante.

Un jour, sur la piste de Koro-Toro à Fort-Lamy, au sud du Djourab, Voirin avait racheté à un chasseur nomade un jeune addax ligoté sur un chameau de bât, que l'homme se proposait d'aller vendre à la ville. On marchanda, le nomade se fit payer un bon prix. Voirin accepta. Qu'allions-nous faire de cette antilope ?

— Viens avec moi, tu vas m'aider, me dit alors Voirin, je vais tâcher de retrouver les traces d'où venait la caravane, on relâchera l'addax dans la région où il est né.

On suivit les traces pendant une cinquantaine de kilomètres puis on sortit de la bulle de l'hélico le petit addax, on le débarrassa de ses entraves, on le déposa doucement sur le reg. La jeune bête s'ébroua, leva le nez, flaira l'air du désert, examina d'où venait le vent, tous signes qui lui étaient perceptibles, puis brusquement, rassemblant ses forces, elle partit au petit galop vers un point du désert connu d'elle seule.

Voirin évacué, les incursions que nous comptions faire en hélicoptère dans l'intérieur du Tibesti et notamment dans le grand cratère du « Trou au Natron » durent être abandonnées. On rejoignit Seguedine par la piste et le rond-point de Gaulle ! Une piste étonnante par les souvenirs qui s'y attachent. Dans ce désert parfait, a eu lieu le rassemblement insolite des Français libres rejoignant depuis l'A.-O.F. la colonne Leclerc. Qu'une armée se prépare en un tel lieu à envahir le Fezzan dépasse l'imagination du stratège le plus imaginatif.

Et pourtant !

La mission Tchad arriva le 30 novembre à l'Adrar Bous, ayant traversé le Ténéré d'est en ouest sur le reg sans limite. Trajet remarquable de cinq cents kilomètres sur un tracé vierge extrêmement roulant et riche en témoignages de la grande époque néolithique du Ténéré, notamment ce véritable « éventaire » d'un négociant en pointes de flèches, silex taillés, racloirs en serpentine et autres outils lithiques, alignés sur le reg et abandonnés il y a un peu plus de deux mille ans. Comme si le marchand trop confiant avait attendu l'extrême limite de l'assèchement du territoire pour fuir ces lieux maudits.

Avant d'arriver, nous avons franchi un erg sans difficulté et balisé l'itinéraire le plus simple pour se rendre d'In Azaoua au Hoggar, à Seguedine et à Bilma.

L'intérêt scientifique commande à Hugot et Mauny de séjourner au Bous où les sites méritent une fouille approfondie. L'intérêt géographique exige une reconnaissance dans les monts Greboun pratiquement inconnus. Ce sera mon travail.

Le Ténéré brille comme un plat d'étain dans le silence lunaire. Le silence ! Le silence absolu ! Ce silence des déserts, enveloppant comme un fluide, vient de s'établir brusquement couvrant le chant mystérieux de la terre endormie. L'hymne des ténèbres porté par la brise ne module plus ses phrases à travers les orgues de basalte de l'Adrar Greboun. Ce chant m'a bercé jusqu'alors : il était à la fois doux et puissant comme une respiration, régulier puis tout à coup brisé, haletant. Parfois il me caressait le visage, en écartait la fièvre et la fatigue.

J'avais mis longtemps à m'assoupir, mais son rythme envoûtant avait eu raison de mes pensées, de mes angoisses, et d'un corps fatigué par un long et pénible effort ; j'avais dû sombrer dans le sommeil comme on s'endort sous l'effet d'un narcotique et soudain je m'éveillais avec la sensation d'avoir dormi un siècle ; je renaissais à la vie dans un silence total. D'où provenait cette lumière qui se diffusait sous le capuchon du burnous ? Pris de crainte, j'hésitai à le relever. Puis brusquement je dressai le buste, me délivrai du sac de couchage. La lune m'aveugla. Un air frais chargé d'oxygène me pénétra et je me sentis tout à coup éveillé et lucide. Ce bivouac du Greboun tenait ses promesses merveilleuses.

Un aventurier vit des nuits pareilles une ou deux fois dans son existence. Il y a un peu plus de vingt-cinq ans, c'était la nuit de la Garet el Djenoun : la montagne des Génies. Nuit dramatique, épuisante, à la limite de la résistance nerveuse et à laquelle s'ajoutait l'angoisse d'une difficile ascension.

L'escalade actuelle ne présente aucune difficulté. Nous n'avons eu à accomplir, hier, qu'une interminable et harassante marche d'approche, sept heures de gymnastique laborieuse dans un chaos granitique avec pour seul aiguillon l'inconnu de cette énorme montagne isolée comme une île dans un archipel de sable. Là, à l'extrémité nord-est de l'Aïr, ce vieux massif se prolonge très loin dans l'absolu du Ténéré.

Le bruit a repris.

Immobile comme un chasseur à l'affût, j'écoute et je contemple. J'écoute des sons qui ne s'entendent pas d'ordinaire. La grande voix de l'univers pénètre en moi. Elle parcourt le vide du Ténéré, ce vide total, cette plaine sans autre limite que le cercle parfait de l'horizon et qui, sous l'étrange clarté lunaire, apparaît comme une terre irréelle, une autre planète : sables blancs, sables gris, sables opalins, avec des récifs sombres pointant de-ci de-là, des atolls de diatomite bordés d'une ceinture de dunes vives, houleuses comme les vagues venues du large se briser sur l'écueil.

Un rêve de vingt années se réalise. Tant de fois j'ai songé à cette marche qui me conduirait en ce coin précis du Sahara où j'ai rendez-vous avec la sérénité.

L'altimètre nous a donné une altitude ridicule pour les alpinistes : le bivouac est à 2 100 mètres ! De quoi sourire ! Pourtant, oui, comment se fait-il que nous nous sentions si haut, à mi-chemin entre le néant de la terre et l'absolu du ciel ? Pourquoi si ce n'est que notre existence ici même, sur cette terre morte, est fonction d'artifices et de moyens précaires dus à la science des hommes et dont la durée dépend de notre provision d'eau : sept litres. De quoi tenir un jour, pas plus. Après quoi, si nous ne redescendions pas, il faudrait mourir malgré la technique, malgré la science, malgré le progrès.

Etrange aventure qui est la nôtre. Elle touche à la facilité par les moyens puissants dont je dispose et elle rejoint les plus audacieuses méharées de ma jeunesse.

Me voici, en 1960, dormant paisiblement au sommet d'une montagne dont le nom était inconnu et légendaire voici un quart de siècle, dont les limites assez vagues n'ont pu être définies qu'à l'aide de la photographie aérienne, dont l'altitude portée sur les cartes est fausse. Notre marche d'approche de la veille a été habilement conduite sur un itinéraire tracé au mètre près sur les photos aériennes qui nous servent de carte. En bas, à sept heures de marche en dessous, dans un cañon de la montagne, nos camarades du camp de base nous attendent. Ils ont la radio, des réserves d'eau, trois véhicules tout-terrain. Ils représentent la vie et nous sommes liés à eux plus sûrement que nous ne le voudrions. Etant donné l'extrême limite des charges que nous devons porter, il nous faut redescendre demain, qu'il y ait ou non réussite. Il peut y avoir un échec, nous ne risquons plus le désastre. Un message radio et tout s'arrangera. Délivré de toute inquiétude, cette nuit s'écoule comme un rêve merveilleux que je vis tout éveillé.

Nous sommes arrivés en ce lieu hier après-midi, une heure avant le coucher du soleil qui, sous cette latitude, précède la nuit de quelques instants seulement. Pas de crépuscule, mais pas d'obscurité non plus : de la lumière éblouissante du jour nous sommes passés à la clarté de la lune, de l'or à l'argent. Nous, c'est-à-dire Quezel — le botaniste sportif, le jeune savant plein de fougue qui, à peine arrivé au bivouac, est redescendu plus bas chercher du bois pour la nuit, est remonté, a chanté, mangé et s'est endormi comme un mouflon dans une cavité à l'abri du vent —, Montangerand, le cinéaste et le photographe de la mission, toujours disponible, résistant comme un bœuf, et moi.

Complètement éveillé, je vais et viens sur la corniche où nous nous sommes arrêtés, écoutant les bruits de la nuit, dressant des caps imaginaires sur l'infini du Ténéré : Djanet à 380 grades, Djado à 45, Grein à 85... ! Survolant ce paysage étrange de planète morte, un homme éveillé, debout, pour qui le temps usuel n'a plus de signification. Que représente-t-il en ces lieux retournés au néant après six cent mille ans d'occupation humaine ? Car c'est bien là l'obsession qui me poursuit. Depuis six cent mille ans et jusqu'à une époque historique, il y avait de la vie et des hommes, des lacs et des animaux, et le visage de cette terre était riche et accueillant ; à croire, si ce n'était de l'orgueil, que je suis le dernier des hommes, debout sur la dernière montagne.

Le départ pour le sommet a eu lieu à 6 heures 30. La pente est très raide mais facile et nous sommes très vite à la dernière crête. Le sommet, très vaste, ressemble à une étoile de mer posée à plat sur le sable du Ténéré. L'altimètre indique 2 310 mètres. Nous allions nous réjouir de cette première saharienne lorsque tout à coup nous avons découvert la vérité. Quelqu'un était venu ici avant nous. Au centre et à chaque extrémité des trois branches de l'étoile sommitale, se dressent des « redjems », petits cairns pyramidaux érigés de main d'homme. Je suis déçu, profondément déçu de voir une partie de mon rêve se déchirer. Les autres n'y attachent aucune importance : Quezel s'intéresse aux végétaux, Montangerand à ses films.

Je remets à plus tard la résolution de cette énigme. On fait un tour d'horizon photographique, on recueille des échantillons de roches. Le temps presse, il faut redescendre, refaire en sens inverse la longue marche de la veille, regagner le camp de base et, si possible, rejoindre ce soir l'Adrar Bous à quatre-vingts kilomètres plus au nord.

Une dégringolade dans les éboulis nous ramène au bivouac ; nous chargeons nos dernières réserves d'eau : cinq litres, puis nous reprenons la descente. Quezel désire visiter une insolite plantation d'oliviers, découverte la veille au cours de l'ascension. Ils sont là, écrasés, disloqués, coincés dans les blocs. De loin on dirait des arbustes et il faut toute l'étrangeté d'un rejet verdoyant pour attirer l'attention. Les oliviers sont essaimés en petits groupes jusqu'à 1 900 mètres d'altitude. Ces arbustes sont des géants. La partie visible de l'un des troncs n'est rien comparée à celle cachée sous l'amoncellement des blocs. Il a résisté à l'écrasement de la montagne et autour de lui s'enchevêtrent, comme des veines, les nœuds, les racines et les branches torturées. Il doit faire cinq à six mètres de diamètre, autant que je puisse l'évaluer en pénétrant dans une sorte de caverne formée par les blocs accolés contre lui.

— Quatre mille ans ! s'écrie Quezel au comble de l'agitation, nous sommes devant l'un des plus vieux arbres vivants du monde !

Nous rêvons tous trois devant ce phénomène ; sur un squelette de montagne où ne s'accroche plus aucune terre, aucun humus, où il n'a pas plu depuis près de dix ans, le vieil olivier est là qui nous nargue. Sous ses ombrages se sont reposés les hommes du Ténéré.

Il m'a fallu près de trois mois de recherches pour apprendre qui avait fait la première ascension et construit les redjems du sommet. C'est à l'éminent géographe, directeur à l'époque de l'Institut de recherches scientifiques d'Alger, M. Capot-Rey, que je dois la clé de l'énigme. L'ascension du Greboun a été réalisée les 7, 8 et 9 juin 1943 par le célèbre explorateur Conrad Kilian ; la note concernant cette expédition a paru dans le tome III de 1945 du bulletin de l'I.R.S. Kilian avait quitté Agadès le 7 janvier 1943 avec sept Touaregs et quinze chameaux rapides et résistants. Après l'exploration du Fadei, du Greboun et de Tin Galène, il avait rejoint le Hoggar par Issalane Tazerouk et Tamanrasset. Tombé malade à son arrivée, Kilian n'avait publié ses notes que plus tard. Kilian avait noté la présence des « Oléo Laperrini », étage méditerranéen le plus avancé en latitude sud et marquant la jonction des climats de la savane tropicale et du maquis méditerranéen. Son rapport avait été classé et oublié. On était en pleine guerre !

3

Me voici installé définitivement à *Derborence*. Il me reste à raconter vingt années de mon existence qui ont passé sans que je m'aperçoive que je vieillissais, et qui ont fait de moi un arrière-grand-père !

J'ai fait de tout durant ces vingt années : des films, des romans, des récits, des tournées de conférences, des ouvrages techniques ; j'ai pratiqué intensément l'alpinisme pour mon plaisir et communiqué cette passion à mes enfants et petits-enfants ; j'ai participé à deux jeux Olympiques d'hiver : en 1964, à Innsbruck, comme réalisateur avec André Lesage d'un film que j'ai présenté l'automne de la même année à travers la France, et, en 1968, aux Jeux d'hiver de Grenoble comme juge national au tremplin de saut à skis. Réminiscence de ma jeunesse, bonheur de voir évoluer les hommes-oiseaux sur le grand tremplin de Saint-Nizier.

Vingt-cinq ans après, j'ai cru pouvoir écrire sans déformer la vérité un roman sur la Résistance dans le Beaufortin : *Les Montagnards de la nuit*, et, pour écrire, j'ai renoué avec mes anciens camarades sortis de la clandestinité et revenus à la vie civile.

J'ai vraiment repris contact avec la montagne. A Chamonix, on ne peut faire autrement ; elle est là qui s'impose, conditionne l'existence, les relations, les loisirs et les activités. Depuis 1958, je l'ai dit, je suis président du syndicat national des guides, tout en restant membre de la commission des guides de Chamonix. Cette présidence n'est pas une sinécure. Il s'agit de définir et d'organiser juridiquement la profession de guide de haute montagne. Travail en profondeur qui s'accomplit au cours de colloques tenus à l'école nationale de ski et d'alpinisme de Chamonix. Travail absorbant et intéressant. Chaque année, à l'issue des stages, nous faisons passer les examens des futurs guides. Les élèves travaillent en atelier sous la direction de professeurs-maîtres. Pour les examens, je fais souvent équipe avec Armand Charlet et nous nous partageons l'histoire de l'alpinisme et les descriptions géographiques des différents massifs alpins.

Il y a aussi d'autres obligations : représenter le syndicat national à toutes les manifestations et à tous les colloques qui intéressent la profession.

Du fait de mon mandat, j'ai été mêlé directement au milieu alpin européen et j'ai dialogué avec l'élite des alpinistes du monde entier. Auprès des jeunes stagiaires de l'école nationale, j'ai fait une véritable cure de rajeunissement, et la confiance que m'ont témoignée ces jeunes guides, leur affectueuse camaraderie m'ont procuré des joies profondes. Hélas ! aussi, des peines cruelles.

288

Jamais, je crois, président des guides n'aura connu durant l'exercice de son mandat autant de drames de la montagne, beaucoup frappant cruellement la Compagnie de Chamonix et l'école nationale en ses élèves et professeurs-maîtres. Par exemple, le drame de l'aiguille Verte, en 1964, où professeurs et stagiaires aspirants-guides furent emportés par une plaque à vent qui se détacha sous leurs pas alors qu'ils gravissaient la calotte terminale. Treize victimes ! Et combien d'autres sont morts ou ont disparu brutalement durant mon septennat. Les uns de maladie ou de vieillesse comme Alfred Couttet, Armand Charlet, Camille Tournier et Fernand Tournier ! Cruels étés montagnards où j'ai dû prononcer l'éloge funèbre de tant d'amis. J'ai accompagné ceux de la Verte et les autres : Otto Fuhrer de Zermatt, Toni Gobbi, Ulysse Bruno, Paneï de Courmayeur, plus récemment Lionel Terray, Martinetti et Marcel Burnet, mon fidèle compagnon de cordée et le guide de mes enfants.

Oui, la profession de guide est difficile et dangereuse.

Depuis mon arrivée à Chamonix, en 1923, quarante-huit guides de la Compagnie ont trouvé la mort en montagne. Et ces morts m'atteignaient directement. A Chamonix, on vit, l'été, dans un climat dramatique. Le mont Blanc et son massif connaissent une importante fréquentation ; les progrès et la technique permettent des ascensions qui auraient été impossibles de mon temps. Il y a aussi cette soif de vivre intensément, dangereusement, des jeunes d'aujourd'hui. Ils veulent franchir en quelques mois les étapes qui séparent le débutant de l'expert et la mort frappe terriblement chez ces adolescents. Beaucoup, certes, sont d'excellents grimpeurs, habitués des écoles d'escalade et virtuoses des nouvelles techniques de la glace, mais il leur manque les connaissances essentielles : apprécier la longueur de l'ascension projetée, interpréter localement les prévisions de la météo, étudier attentivement avant d'entreprendre une course exceptionnelle les itinéraires qui permettent un repli, savoir renoncer à temps. Beaucoup, sinon la majorité de ces jeunes, sont des citadins et ne possèdent pas l'expérience de la haute montagne enneigée, ce que nous appelons le terrain mixte, neige et roc, sur lequel circulaient avec sérénité les alpinistes en culotte de drap et bandes molletières d'autrefois.

C'est sur une intention d'entraide amicale entre guides des différents pays alpins que nous avons créé, il y a une douzaine d'années, l'Union internationale des associations de guides de montagne dont le siège est à Sion (Valais). Pendant deux années, on s'est réunis chez Maurice d'Allèves, membre de la commission d'examen des guides du Valais. Dans sa propriété des Mayens de Sion, on étudiait statuts, règlements applicables aux formes de gouvernement des différents pays réunis, projets d'entraide et obligations des secours, unification des tarifs des courses. Une grande idée germait. On préparait l'Europe des guides, ce rêve aussi fou que celui qui a donné naissance à la Communauté européenne. On dialoguait fraternellement. Autour de la table, Hermann Steuri, Gottlieb Perren, Félix Julen et Xavier Kalt représentaient la Suisse. Gobbi, Ulysse Bruno, Carrel et Bich l'Italie. Camille Tournier, Pierre Perret et le bureau du syndicat national la France.

L'union devint une association régulière avec des statuts élaborés par le secrétaire général actuel de la conférence de droit international privé de La Haye. On décida d'une présidence tournante d'une durée de quatre années, attribuée successivement et dans l'ordre de leur adhésion à l'un des pays associés. Xavier Kalt reste depuis sa fondation le secrétaire général de l'association dont j'eus l'honneur d'être le premier président. Notre idée fit boule de neige. D'Allemagne, Anderl Heckmaier, le vainqueur de la face nord de l'Eiger, vint en observateur assister à nos réunions de travail. En Allemagne fédérale, le diplôme de guide était donné parfois abusivement, et sans examen probatoire comparable au nôtre, par les soins des divers clubs alpins. La même situation anarchique régnait en Autriche. Partout où cela n'existait pas encore, on obtint que fût créé sur le modèle de la Suisse ou de la France un diplôme d'Etat échappant au paternalisme des associations alpines. Après bien des colloques parfois difficiles, ce diplôme est désormais acquis pour l'Allemagne et l'Autriche ; et, tout en conférant au Club alpin italien une délégation de pouvoir, l'Italie s'aligne aussi sur les autres pays alpins. Ces dernières années, la renommée et l'utilité de l'association se sont étendues au loin. Le Canada a demandé son admission, puis l'Angleterre et, en 1980, la Nouvelle-Zélande. Une commission technique dont font partie les meilleurs guides du monde étudie avec un grand sérieux la sécurité en montagne, l'organisation des secours, la fiabilité du matériel : cordes, crampons, piolets ou mousquetons. Son but est de réduire le plus possible les accidents de montagne tout en conservant à l'alpinisme son esprit libéral et son indépendance. Sur ces deux points fondamentaux, professionnels et amateurs se rejoignent : il ne saurait être question de réglementer l'alpinisme. On arriverait aux rigueurs excessives des pays de l'Est où l'alpinisme individuel est formellement interdit, où l'encadrement collectif est tellement rigide qu'il ne laisse aucune place à l'initiative personnelle, que ce soit sur le choix des ascensions projetées ou sur celui de la composition d'une cordée. A ce dirigisme total nous opposons notre concept philosophique : *la montagne est pour l'homme une terre de liberté*. Sport ou passion, la pratique de l'alpinisme permet à l'homme en tant qu'individu extrait de la masse de s'exprimer entièrement. Elle développe des qualités exceptionnelles d'audace, d'endurance, de sang-froid, de courage. Elle est bénéfique.

Il y a des morts, certes ! Il y a des morts et des drames car l'alpinisme reste, de par le terrain sur lequel il s'exerce, une passion dangereuse. Mais beaucoup moins que ne le pense le grand public. Malheureusement, les accidents de montagne intéressent au plus haut point les médias : la presse, l'audio-visuel. Ils sont très spectaculaires et suffisamment rares pour présenter un intérêt renouvelé. On oublie de signaler que, proportionnellement, ils sont moins nombreux que les noyades en mer et bien sûr, les accidents d'automobile ou de moto qui valent à notre pays d'être obligé de prévoir désormais des logements, des véhicules, des bâtiments administratifs spécialement conçus pour accueillir l'armée des handicapés de la voiture.

Le massif du Mont-Blanc a le triste privilège d'avoir chaque année le record des accidents de montagne en

France. Noblesse oblige. N'est-il pas le plus fréquenté de tous les massifs alpins ? Les deux tiers des alpinistes du monde entier ne s'y retrouvent-ils pas tous les étés ?

Le métier de guide attire de plus en plus les jeunes venus de tous les coins de France ; il n'est plus réservé aux habitants des hautes vallées. Ce serait une bonne chose si une nouvelle loi réglementant la profession de la montagne ne rendait de plus en plus difficile à ces derniers l'accession au diplôme de guide. La profession de guide a été assimilée aux métiers sportifs. C'est oublier que le guide a la responsabilité totale des alpinistes de sa cordée et, par là, se détache nettement de toute qualification professionnelle. On veut l'assimiler à un professeur d'éducation physique, on exige de lui les ineffables diplômes sans lesquels un jeune Français se voit barrer tout avenir. Tout juste si on ne réclame pas le bac ! C'est oublier que la pratique de la montagne en toute saison, qualité héréditaire des jeunes montagnards de souche, leur parfaite connaissance du milieu alpin et leur sens de l'itinéraire valent bien des diplômes. Il y a là un barrage regrettable que n'a sans doute pas prévu le législateur. L'apprentissage des métiers de la montagne commence très jeune et s'étend sur une bonne dizaine d'années. Il aboutit d'abord au titre d'accompagnateur de montagne, qui consiste à conduire des gens sur des chemins muletiers avant de prétendre accéder, par un sérieux concours d'entrée, au stage d'aspirant-guide qui lui-même précédera celui de guide. Des tas d'examens, oraux et écrits, sanctionnent cette progression. De quoi décourager le jeune montagnard des hautes vallées, souvent peu doué pour s'exprimer par la parole ou par l'écriture, mais remarquable dès qu'on le laisse en liberté dans son élément naturel : la montagne. Nous, les anciens, qui avons travaillé plus de quinze ans pour créer un diplôme de guide équilibré, modifié régulièrement par des décrets l'adaptant au monde moderne, n'avons pas vu sans amertume ce travail minutieux barré d'un trait de plume par une loi votée trop hâtivement par le Parlement, lui-même mal renseigné par un ministre pressé d'y attacher son nom.

Désormais, si je pratique toujours l'alpinisme, l'âge m'a

rendu prudent et je ne m'attaque plus qu'à des sommets de moyenne altitude et de terrain mixte. J'éprouve autant de joie aujourd'hui à gravir l'aiguille du Tour qu'à faire autrefois la traversée des Drus. Je pourrais encore gravir le mont Blanc si je n'étais pas rebuté à l'idée de passer la nuit au refuge de l'aiguille du Goûter où deux cents et parfois trois cents alpinistes ou pseudo-alpinistes s'écrasent les uns sur les autres, alors que cette cabane est prévue pour trois fois moins de monde. J'avoue sans honte que, depuis quinze années, j'ai renoncé à escalader en tête tout ce qui dépasse le 3e degré dans l'échelle des difficultés. Or, ne pas être en tête de ma cordée est pour moi une chose impensable. Je n'ai jamais su grimper en second.

Il arrive un moment où, brusquement, tel passage que l'on gravissait avec aisance l'été précédent devient impossible à franchir. C'est le signal d'alarme. Il conviendra désormais d'analyser ses possibilités physiques et morales. Renoncer, voilà le moment le plus cruel dans la vie d'un alpiniste.

Je n'ai senti le poids des ans qu'une fois, il y a une quinzaine d'années.

Je gravissais avec mes enfants l'arête nord de l'aiguille de l'M, courte mais belle escalade granitique présentant deux ou trois passages entre le 4e et le 5e degré. Bien que j'aie failli y être foudroyé dans les années 50, j'aimais refaire cette course d'un accès facile et ne nécessitant qu'une très courte marche d'approche. J'étais donc en tête et je m'apprêtais à gravir la grande fissure du dièdre, haute de vingt mètres, que l'on rencontre aux deux tiers de l'ascension. Ce passage, je le connaissais par cœur. C'est une fissure dans laquelle il ne faut pas trop s'engager mais progresser par petits verrous du pied, complétés par une très nette opposition à la dülfer, c'est-à-dire avec le corps rejeté au-dehors. Passage technique qui demande surtout de l'expérience. Grimper directement dans la fissure aboutirait à un épuisement rapide des forces du grimpeur. Sortir sur la dalle permet d'utiliser quelques rares grattons, de franchir les derniers mètres en équilibre sur le bout des doigts et la pointe du soulier.

Jusque-là, tout avait bien marché, et tout à coup je ne me sentis pas le courage d'aller plus haut. Bien au contraire, je me coinçai solidement dans la fissure, cherchant à « ramoner », et surtout à éviter la sortie aérienne qui se fait en voltige. Pour cela il fallait avoir confiance en soi. Et j'avais perdu cette confiance ! Sur la plate-forme de départ, le reste de la cordée suivait mes mouvements avec inquiétude. Ils étaient tellement habitués à me voir escalader en souplesse les passages les plus scabreux qu'ils ne comprenaient pas mon hésitation. Chers enfants ! Ils oubliaient qu'à soixante ans moins des poussières on ne grimpe plus comme à vingt ans. Je redescendis la fissure sans faire de rappel de corde, en me laissant glisser lentement, freinant la descente par des verrous successifs de l'avant-bras, et je rejoignis la cordée sur la plate-forme. Sans dire un mot, je m'assis un peu à l'écart, les pieds pendant dans le vide, et je restai seul, seul avec mes pensées. Les enfants ne posèrent aucune question ; ils cachaient leur émotion et je ne voulais pas qu'ils me voient pleurer. Puis, très vite, je chassai les tristes pensées qui m'envahissaient et me relevai.

— C'est maintenant trop dur pour moi, leur dis-je, on va contourner la difficulté par le versant est.

J'escamotai le passage mais personne ne pipa mot. Utilisant des vires plus faciles, je terminai l'ascension.

On ne parla plus jamais de cet incident.

4

Février 1966.

Cela se passe comme je l'avais rêvé à l'âge de dix ans !

Les attelages de chiens convergent vers le centre de Snowdrift où Pierre et moi formons notre convoi devant la hutte des Affaires indiennes. Les aboiements joyeux, les tintinnabulements des colliers à grelottières s'accordent aux cris perçants des femmes et des enfants rassemblés sur la plage face à l'immensité gelée du Grand Lac des Esclaves.

Les chasseurs vont partir pour plusieurs semaines dans la forêt, il faut fêter l'événement. A l'horizon, quelques îles panachées d'épinettes, ces épicéas rabougris du Grand Nord canadien, émergent de la banquise.

Oui ! Tout y est, depuis les chiens jusqu'au paysage ! Tout comme mon rêve d'enfant l'avait imaginé.

Le vent du large souffle sur nos visages, accentuant la brûlure du froid, et bien que le thermomètre enregistre sous abri — 30° Celsius, nous sommes heureux, Pierre et moi, protégés par nos toques de rat musqué, emmitouflés dans nos survêtements européens en duvet calculés pour les froids des ascensions en haute altitude, chaussés de « mukloks », légers mocassins en peau de caribou dans lesquels on enfile d'épaisses et légères bottes en feutre blanc.

Mon rêve d'enfant est devenu réalité. Les chasseurs de caribous ont accepté de nous prendre avec eux pour filmer la grande chasse de printemps. Ils appartiennent à la grande tribu des Chipewyans de la fédération indienne des Creeks.

Joe Mitchell, Napoléon Mitchell, Henri Catholique et Ralph Enzio chargent minutieusement les traînes et répartissent les attelages.

La traîne des Indiens, sorte de toboggan, est la légèreté même. Elle n'a pas de lugeons ; sa partie glissante est faite d'une seule planche de hickory de trente centimètres de largeur, recourbée vers l'avant et d'une extrême souplesse. Cette planche est carénée par des flancs de toile soutenus par des haubans, et l'ensemble peut se comparer à une barque. Le conducteur se tient debout sur une plate-forme à l'arrière de la traîne et la dirige grâce à deux poignées placées comme des mancherons de charrue.

J'ai bénéficié du privilège de l'âge ; on m'a donné le plus bel attelage, celui de Nap, huit chiens attelés en file indienne. Un attelage de chef !

Et c'est ainsi qu'à soixante ans je m'enfonce vers le nord à travers le Grand Lac des Esclaves dont la superficie avoisine celle de la Hollande. Depuis tout gosse, je rêvais de la grande forêt canadienne, des trappeurs, des Indiens, des ours, des loups ! Je lisais et relisais Jack London, Fenimore

Cooper, les récits d'expéditions polaires, tous les ouvrages traitant du Grand Nord, même les plus arides, même les plus scientifiques. A dix ans, j'imaginais la forêt arctique impénétrable, constellée de lacs immobiles et mystérieux ; je m'y perdais avec délices. Et puis, brusquement, c'est vers la montagne qu'a basculé mon destin. La montagne, puis l'Afrique, le Sahara. Je m'y suis complu au point d'oublier la forêt canadienne. Trois ans plus tôt, mon voyage en Laponie a réveillé dans mon subconscient la nostalgie des terres englacées, des ciels chargés de la fulgurance électrique des aurores boréales scintillant de toutes leurs draperies dans l'infini du cosmos. J'ai alors songé à une expédition vers les terres froides du Grand Nord canadien. Les préparatifs ont duré plus d'une année.

Les Canadiens sont des gens charmants et hospitaliers mais on dirait qu'ils répugnent à correspondre autrement que par téléphone. Nos échanges de lettres se poursuivaient depuis plusieurs mois sans résultat positif, ça traînait et je résolus de forcer le destin : aller voir sur place et décider en conséquence.

— Tu es d'accord pour venir avec moi ? dis-je à Pierre Tairraz.

— On sera combien dans cette aventure ?

— Nous deux !

— Alors ça me botte !

Entre nous, pas besoin de contrat-association ! Le pacte est scellé à mains nues.

Pierre a l'âge de mes enfants et la moitié du mien ! C'est avec regret que j'ai dû renoncer à emmener son père, mon fidèle et vieil ami Georges Tairraz. Je craignais pour sa santé déficiente les aléas d'une campagne polaire menée avec des moyens rudimentaires. Avec Pierre, l'équipe se reconstituait et les mêmes clauses d'amitié désintéressée continuaient.

A Ottawa, les dirigeants des Affaires indiennes et des Territoires du Nord-Ouest (N.W.T.), prévenus et contactés par l'ambassade canadienne à Paris et stimulés par un fidèle ami, l'historien québécois Jean Palardy, avaient convoqué une table ronde des chefs de leurs différents services.

J'expliquai à ceux-ci un programme copieux et prétentieux : vivre avec les Indiens chasseurs de la forêt subarctique canadienne, puis, cette première partie achevée, me rendre dans l'archipel arctique pour y partager si possible la vie des derniers Eskimos chasseurs, réfractaires à toute civilisation occidentale et vivant encore comme leurs ancêtres du paléolithique.

L'exposé de ce programme provoqua surtout des sourires incrédules. Cependant, mon passé de guide et mes voyages au Sahara et en Laponie plaidaient en ma faveur. On m'écouta avec bienveillance et les questions fusèrent.

— Combien de temps comptez-vous consacrer à ce voyage ?

— Trois mois, quatre s'il le faut.

— Vous auriez dû venir en été. Les froids sont terribles à cette époque de l'année. Attendez-vous à trouver du - 40° Celsius et des pointes à - 60° ! Comptez-vous chasser ?

— Non ! Nous n'emporterons aucune arme. En revanche, ce que nous voulons, c'est vivre avec les chasseurs et les suivre dans leurs longues migrations.

— Cela nous ennuie de vous laisser partir seuls dans la forêt avec les Indiens. Ils sont primesautiers, ils ne tiennent pas leur parole et aussi... (un petit silence)... ils ne nous aiment pas tellement !

— Nous prenons toutes nos responsabilités.

— Et le financement de tout ça ?

— Nous ne vous demandons que peu de choses : des lettres d'introduction auprès des directeurs des parcs nationaux, des administrateurs des Territoires du Nord, des fonctionnaires des Affaires indiennes et de la Chasse, avec si possible l'accès aux cabanes et « lodges » jalonnant les territoires parcourus.

Il se fit un grand moment de silence et de réflexion. Il fallait forcer la décision.

— Naturellement, dis-je, nous prenons à notre charge nos frais de transport, nous paierons les Indiens et les Eskimos que nous engagerons selon les tarifs officiels.

Dès l'instant où je ne demandais aucune aide financière,

l'affaire était résolue. On me prodigua de très utiles conseils, on multiplia les coups de téléphone et les télex officiels annonçant notre arrivée.

Fin février est la période de la grande chasse au caribou, telle que la pratiquent les Indiens de la région du Grand Lac des Esclaves. Les caribous, qui s'étaient dispersés en petites hardes pour hiverner dans la forêt d'épinettes, remontent vers le nord, au-delà de la « tree-line », la limite des arbres, et se rassemblent sur la prairie de la toundra arctique en immenses hardes groupant plusieurs milliers d'animaux.

Cette migration de printemps en des endroits précis de la forêt détermine les conditions de la chasse. Chasse indispensable pour procurer aux Indiens leur provision annuelle de pemmican. Ce composé de viande séchée réduite en poudre et mélangée avec de la graisse est l'aliment de base des hommes de la forêt.

On me conseilla donc à Ottawa de me rendre en premier lieu à Yellowknife, sur le rivage nord du Grand Lac des Esclaves.

Pour s'y rendre, un seul moyen de transport : l'avion.

Ce fut un voyage aux dimensions du Canada, deuxième puissance territoriale du monde avec dix millions de kilomètres carrés.

Après la traversée de l'Atlantique à bord d'un Super-Constellation, les avions que nous eûmes à prendre diminuaient de taille à mesure que nous avancions vers le nord ! On franchit d'abord les 3 600 kilomètres qui nous séparaient d'Edmonton, capitale de l'Alberta, à bord d'un DC6. On décolla du centre même de cette ville de 400 000 habitants (imaginez un terrain d'aviation au centre de Paris !) à bord d'un petit bimoteur qui fit du rase-épinettes jusqu'à Fort-Smith, à l'époque capitale des immenses N.W.T., Territoires du Nord-Ouest, à eux seuls d'une superficie égale à l'Europe et peuplés en 1966 d'un peu plus de 25 000 habitants, c'est-à-dire qu'ils constituaient le plus grand désert humain de la planète.

Fort-Smith fut pour nous le premier relais de la chaîne amicale qui devait durant quatre mois assurer la réussite de nos projets ambitieux. Nous y fûmes reçus par le père Pochat, missionnaire O.M.I. natif de La Clusaz et ayant fait ses études au séminaire de Thônes avec Pierre Tairraz ! Sa présence valait tous les passeports, tous les documents officiels, toutes les autorisations. Grâce à lui, on fut accueilli aimablement par M. Olson, directeur du « Wood-Buffalo National Park » et nous eûmes ainsi l'occasion rarissime de survoler en plein hiver la plus grande réserve de bisons de l'Amérique du Nord (140 000 kilomètres carrés) où évoluent vingt mille bisons miraculeusement épargnés en raison de l'impénétrabilité des marécages et des forêts dans lesquels ils vivaient à l'époque où furent totalement massacrés leurs congénères des prairies du Far West américain.

Nous étions à bord d'un « Beaver », robuste avion monomoteur lent et solide, et nous survolions la grande forêt aux innombrables lacs formant autant de clairières enneigées.

Sur ces lacs gelés recouverts de plus d'un mètre de neige poudreuse, nous filmions les charges des buffalos galopant dans un nuage de poussière de neige irisée, brassant jusqu'au ventre cette farine pulvérulente et glaciale de leurs masses monstrueuses de plus de deux tonnes. Dans ce désert humain, le bruit de notre moteur dérangeait parfois une meute de loups occupés à ronger un cadavre de bison. Un grand loup gris, debout sur une carcasse à moitié dévorée, défendait sa proie, hurlant à la mort, faisant tête à l'oiseau monstrueux qui le survolait. Il était le gardien de la nourriture de sa meute qui s'était dispersée dans les fourrés.

Les yeux pleins de cette vision magnifique, nous nous apprêtions à regagner notre base.

— Encore un passage, Chris, dit Pierre au pilote, voici une harde admirablement composée pour la photo.

Les buffalos affouillaient la neige au centre d'une large clairière. Le carrousel recommença. Pierre filmait, donnait ses ordres au pilote, lequel longeait à quelques mètres de hauteur la masse compacte des bisons qui fuyaient. On avait l'impression qu'on allait les toucher du rebord de l'aile. Hop ! Encore un brusque virage à la verticale. Un grand coup de froid envahit la cabine et je me retrouvai avec la moitié du corps dans le vide, suspendu par les pieds car j'avais, en un ultime réflexe, écarté les jambes lorsque la portière de l'avion avait cédé, et s'était ouverte sous mon poids. Je me raccrochai au fuselage, hurlai ! Les deux compères se retournèrent et... que croyez-vous qu'ils firent ? Ils rirent aux éclats. Chris joua du palonnier avec sang-froid et, utilisant la force centrifuge qui m'avait projeté au-dehors, inversa celle-ci et me réintégra dans la carlingue. Je me retrouvai coincé dans la trappe photographique aménagée dans le plancher de la cabine et simplement obturée par une légère plaque de contreplaqué qui céda à nouveau sous mon poids. Je me dégageai comme je pus et, ces dix secondes d'émotion écoulées, je fis comme les autres : je ris ! Je n'avais pas eu le temps d'avoir peur et, comme eux, je considérais l'incident comme une bonne blague. Je rattachai la portière avec un bout de ficelle. Tout semblait normal pour ce « free-lance pilot » qui volait par tous les temps au-dessus de la forêt sans limites.

Cette halte à Fort-Smith n'avait eu pour motif que les visites de courtoisie aux différents services officiels et, peu de jours après, nous volions vers le nord à bord d'un avion encore plus petit que celui qui nous avait amenés jusqu'ici. Cet avion-courrier faisait le cabotage le long des rivages du Grand Lac des Esclaves et nous déposa à Yellowknife où, à défaut des administrateurs et officiels des départements fédéraux de la Chasse et des Affaires indiennes convoqués en conférence à Ottawa, à cinq mille kilomètres de leur circonscription, un missionnaire français, le père Marec, nous accueillit amicalement et, ayant étudié notre projet, prépara minutieusement notre expédition.

Le père Marec avait vécu plusieurs décennies au cœur même de la forêt, notamment à Snowdrift où nous devions nous rendre. Il trouva notre équipement, si bien adapté aux courses alpines, trop fragile pour vivre dans la forêt où l'on est constamment renversé dans les fourrés, traîné par les chiens. A son avis, rien ne valait une épaisse pelisse en fourrure de caribou, et il insista énergiquement pour que nous abandonnions le port de nos magnifiques « brodequins pour ascensions hivernales ».

— Enlevez-moi ça et achetez des « mukloks », les mocassins des Indiens en peau de caribou, dans lesquels on introduit les bottes en feutre. Poids insignifiant, souplesse, légèreté et chaleur ! Je ne vous vois pas courir derrière les chiens avec vos lourdes godasses, encore moins chausser des raquettes !

— On avait pensé à prendre des skis.

— Croyez-moi, je ne suis pas skieur mais je me demande comment vous feriez pour avancer sans traces dans le lacis des branches recouvertes de neige poudreuse. Les raquettes, par contre, peuvent se dégager verticalement de n'importe quel piège du sous-bois !

Le père Marec avait raison, nous avons écouté ses conseils et nous en sommes bien trouvés.

— Achetez un harmonica, m'avait aussi conseillé le missionnaire à qui j'avais confié que je jouais de cet instrument. Les Indiens adorent la musique et vos réunions sous la tente seront de ce fait encore plus amicales.

Snowdrift est derrière nous. Les chiens trottent sur le Grand Lac d'une allure régulière et les conducteurs, immobiles comme des statues, debout sur la plate-forme arrière de la traîne, les dirigent à coups de langue. Trois onomatopées suffisent : « Hit-et ! » pour aller tout droit, « Tcha, tcha, tcha ! » pour aller à droite, « Yi, yi, yi ! ! » pour aller à gauche. Les Indiens suivent un cap connu d'eux seuls ; la brume de neige recouvre le paysage monotone. On a fait halte sur un îlot qui émergeait de la banquise, on a abattu quatre ou cinq épinettes. La halte de midi s'appelle *the fire* (le feu). Il s'agit en fait d'un véritable brasier autour duquel chacun se réchauffe. Pour les Indiens, le feu est un présent de Dieu. La forêt est inépuisable ! Grâce au feu, jamais nous n'avons souffert du froid, même en couchant sur la neige par des températures extrêmes.

Les chiens reposés, on repart et, après de longues heures, le rivage opposé du lac se dessine sur l'horizon, nous offrant le même paysage subarctique toujours recommencé. Nous abordons une crique au pied d'une échine rocheuse disparaissant sous la forêt primaire. Une forte épaisseur de neige

pulvérulente recouvre l'amas de branches mortes entrela-
cées, de débris de végétaux formant humus. Les chiens se
faufilent habilement dans le labyrinthe des arbres où parfois le passage est tellement resserré que nous devons nous
étendre dans le traîneau pour ne pas être décapités par les
basses branches. Le silence de la forêt vierge n'est troublé
que par un très rare chant d'oiseau, une variété de pic qui
n'émigre pas et passe l'hiver dans ces régions. La traversée
se poursuit, accompagnée par le son joyeux des grelots des
attelages. Nous vivons un conte féerique et, s'il n'y avait pas
le froid, ce froid terrible attisé par un vent d'est impitoyable
qui nous surprend brusquement lorsque nous sortons du
couvert de la forêt et débouchons sur un nouveau lac long
et étroit comme un fjord, ce voyage aux sources des temps
géologiques serait l'un des moments forts de notre existence.

En fait, nous n'avons traversé qu'une partie du lac des
Esclaves et franchi simplement une interminable presqu'île
qui, sur plus de cent cinquante kilomètres, sépare en deux
branches le Grand Lac. Nous longerons ce fjord durant de
longues heures et, les membres engourdis par le froid, nous
verrons avec soulagement la fin de cette première étape de
plus de soixante-cinq kilomètres. Sur la rive nord, une
cabane de rondins nous accueille. C'est la hutte d'hivernage du frère aîné d'Henri Catholique, robuste Indien, trappeur et chasseur. Il nous annonce le blizzard pour la nuit.
Chose courante en des lieux où, la semaine précédant
notre arrivée, le thermomètre est descendu à - 60° cen-
tigrades !

Nous coucherons pêle-mêle sur le plancher de la hutte et
les palabres dureront toute la nuit. Nos chasseurs ont recueilli de précieux renseignements : les caribous viennent
de passer à une journée de traîne plus au nord. Le lendemain et les jours suivants, nous suivrons les traces de cette
harde invisible, sans parvenir à la rejoindre.

Ce voyage dans la grande forêt durera trois semaines.

Très vite la routine journalière s'installe dans l'expédition
où chacun a une tâche à accomplir. On fait *the fire*, le feu de
midi, et sur l'énorme brasier rôtissent des pièces entières de

302

venaison. Le soir, on dresse le campement en un endroit abrité du vent selon un rituel très précis.

Les attelages arrêtés, chaque chien est attaché individuellement par une chaîne de fer à une épinette. Son maître lui fait un tapis de sol formé de quelques branches de sapin ; lorsque le blizzard souffle, les chiens se laissent recouvrir par la neige qui les isole de la température extérieure. Chaque animal reçoit sa part de nourriture : un énorme morceau de caribou, extrait d'une cache connue des Indiens en attendant que la chasse fournisse le nécessaire. L'étape a été rude et les chiens lèchent les plaies vives de leurs pattes usées par les cristaux de neige de la piste. Ils sont attachés assez loin les uns des autres pour éviter qu'ils ne se battent dans des joutes mortelles. Bien repus, ils somnolent enroulés sur eux-mêmes, le nez dans la fourrure de leur queue, et tout à coup se redressent, s'assoient sur leur arrière-train et se mettent à hurler. Dans la forêt, très près de nous, un loup répond. Il appelle à la louve et les chiennes de l'attelage tirent sur leur chaîne, répondent à cet appel venu du plus profond des âges en gémissant de plaisir. Puis tout se tait, la forêt redevient silencieuse. Autour du campement, les loups tournent à distance, mais nous ne connaîtrons d'eux que leurs traces. Jamais ils ne nous attaqueront. Non ! Ils participent à la chasse des Indiens. Ils savent que ceux-ci vont tuer beaucoup de caribous, en blesser davantage et que ces bêtes blessées constitueront pour eux une proie facile.

Les Indiens chipewyans en expédition de chasse n'utilisent pas la tente conique à entrelacs de perches laissant un passage au sommet pour la fumée, le « tipee » classique des grands nomades de la forêt. La leur est une simple bâche quadrangulaire en forte toile, soutenue par un mât central reposant sur deux perches d'épinette. Pour cela, dès leur arrivée sur le site choisi, ils se mettent à bûcheronner. Les épinettes gelées jusqu'au cœur se brisent net sous les coups de hache. La hache est avec la poêle à frire l'un des instruments indispensables du trappeur ou du chasseur. Ces épinettes brûlent comme du bois sec.

La tente dressée est aménagée ; des branches de sapin

forment un épais et souple matelas sur lequel nous étendrons une toile de sol. Dans un angle, près de l'ouverture triangulaire de la tente, les Indiens creusent dans la neige une petite fosse bordée par quatre bûches reposant directement sur la neige ; on équilibre sur ce socle précaire un fût d'essence vide de cinquante litres, comportant des ouvertures aménagées pour transformer le bidon en un poêle rustique. Les tuyaux d'évacuation de la fumée passent directement à travers la toile de tente. Dès qu'on allume le feu, le tuyau est chauffé au rouge et pourtant la tente n'a jamais pris feu ! Expliquez ça aux compagnies d'assurances ! Sous le bidon-poêle, la neige fond doucement, ménageant une cavité, et cet espace cubique constituera la poubelle commune.

Henri Catholique cuisine. Il met beaucoup de « fat », de la graisse de porc qu'il affectionne, et en raison du froid cette très riche alimentation n'est pas à dédaigner.

Pierre et moi couchons sous sa tente. Les deux autres chasseurs sous celle de Joe Mitchell. Leur étonnement est grand de nous voir partager la tente et la nourriture d'un Indien. Henri nous le fait savoir.

— *It's the first time I see a white man sleeping in my own tent, eating my proper meals ! Generally, Frison, Canadians or Yankees prefer their own accommodation ! Really, it's the first time !* (C'est la première fois qu'un homme blanc dort sous ma tente, mange ma propre nourriture ! Généralement, Frison, les Canadiens ou les Yankees préfèrent leurs propres aménagements de camping. Réellement, c'est la première fois !)

C'était en effet la première fois. Mais, pour avoir enfreint la ridicule ségrégation dont ils sont l'objet, en vivant comme eux, en mangeant comme eux, en leur faisant confiance en tout, nous avons passé un mois dans le « wild » sans qu'il y ait eu un seul accrochage entre nous. Ces chasseurs cruels et indisciplinés qui tirent à vue et massacrent le gibier jusqu'à l'épuisement de leurs munitions ont accepté de poursuivre une harde sans tirer, par amitié et pour permettre à Pierre de filmer tout à son aise. Ils l'ont prévenu chaque fois qu'ils ont pressenti une occasion favorable et ils ont été pour nous les plus prévenants des camarades. Si nous avons pu rapporter des images merveilleuses de ce raid, c'est à leur intelligente perception de ce que nous voulions filmer qu'on le doit.

Plus tard je me souviendrai d'eux lorsque, chez les Eskimos, j'aurai à affronter la mauvaise foi évidente de mes guides pourtant traités avec la même égalité amicale que nous avions pratiquée avec succès chez les Indiens chipewyans.

La chasse nous amènera très haut dans le nord, jusqu'à la limite de la « tree-line », la ligne des arbres, qui suit approximativement sur près de six mille kilomètres une tangente partant des confins de la mer de Beaufort, dans le delta du Mackensie, et se poursuivant jusqu'à Terre-Neuve à travers le Québec et le Labrador. C'est la plus grande forêt continue du monde. Toujours la même : lacs, forêts, forêts, lacs, sans cesse recommencés, sans relief apparent. C'est le « bouclier primaire » des géologues, un pays à travers lequel ne circulent que des chasseurs nomades indiens et quelques vieux trappeurs blancs dont la race s'éteint doucement. Ils y progressent l'hiver sur leurs traînes à chiens, l'été à bord de leurs canots d'écorce.

La première harde de caribous, nous l'avons rencontrée sur un petit lac, en réalité aussi grand que le lac d'Annecy.

Dès qu'ils ont senti puis aperçu les caribous, les chiens se sont lancés en une folle poursuite, secouant durement les traînes sur les congères du lac en forme de vagues gelées aussi dures que de la pierre. J'ai été vidé le premier de mon traîneau par une secousse et ma traîne a continué sans que le conducteur s'inquiétât de mon sort. Aussi ai-je passé une grande partie de la journée, droit comme une quille plantée au milieu du lac, suivant à vue ou à l'écoute la folle chasse à courre menée par la meute furieuse de nos vingt-sept chiens poursuivant la harde.

Les coups de feu succédaient aux coups de feu. Les Indiens achevaient les bêtes blessées d'un terrible coup de hache derrière la nuque, repartaient à la poursuite d'une nouvelle proie. Joe Mitchell, conducteur de la traîne de Pierre Tairraz, fut lui aussi vidé sans douceur de sa plate-forme par un cahot et, avant qu'il ait pu attraper la corde de sécurité qu'on laisse traîner sur une dizaine de mètres derrière chaque attelage, les chiens étaient partis au galop, redevenus loups, hurlant à la mort derrière un malheureux caribou qui, à bout de forces, haletant, épuisé, fit face courageusement. Pierre resté seul à bord était dans l'impossibilité de se faire obéir des chiens et il continua à filmer l'hallali sauvage. Les images qu'il a prises ce jour-là sont certainement uniques car les chiens, véritables fauves, chassaient pour eux. Ils rattrapèrent le caribou, le mordirent cruellement. Malgré une patte antérieure arrachée, celui-ci leur échappa sur une courte distance, puis fit front à nouveau. La meute se jeta sur lui, et les chiens commencèrent à le dévorer vivant. Nap, ayant été témoin de l'incident, arriva à temps pour disperser à coups de fouet les chiens devenus furieux et donner le coup de grâce à la malheureuse bête.

Ces images cruelles de notre film, on nous les a parfois reprochées, elles heurtent notre sensibilité occidentale. C'était oublier que nous n'étions pas les chasseurs, que dans cette forêt boréale la cruauté règne en maître. Dans ces solitudes, tout être lutte pour son existence. Les hommes comme les loups tuent les caribous pour se nourrir, uniquement pour se nourrir, bien qu'ils ne le fassent pas avec discernement et massacrent plus de gibier qu'il ne leur en faudrait. Dans la taïga, l'échelle alimentaire des espèces s'étend des plus infimes rongeurs jusqu'à l'homme.

Parlons un peu de la cruauté des chiens indiens.

C'est une race abâtardie par différents croisements entre toutes les espèces du Grand Nord. Il n'y a pas eu de sélection véritable. La seule chose qu'ils ont tous, c'est du sang de loup dans les veines, car la coutume veut qu'on attache une chienne en chaleur dans la forêt afin de la faire couvrir par un loup. Le loup dévore les chiens mais prend volontiers une chienne pour compagne.

Cruels d'instinct, les chiens des Indiens, qui servent uniquement à la chasse et à la traîne, sont, lorsqu'ils ne travaillent pas, très peu nourris. Plusieurs jours avant le départ pour la chasse, on les laisse jeûner. Ce qui pourrait paraître paradoxal ne l'est pas. Les chiens affamés se laissent atteler et aboient joyeusement car ils savent d'instinct que le départ pour la chasse signifiera pour eux bombance et nourriture. Ils tirent donc d'autant mieux qu'ils ont faim. Cependant, ces chiens ne connaissent en général aucune marque de tendresse ou d'affection.

Des quatre Indiens que nous avions, seul peut-être Ralph Enzio avait élevé ses chiens en douceur. Les autres bêtes étaient rouées de coups, et dangereuses pour quiconque n'était pas leur maître. Nous avons essayé au début, sans succès, de les caresser, Pierre et moi, et après deux ou trois morsures nous avons dû, pour nous faire obéir, les traiter durement, bien à contrecœur.

Henri Catholique était le plus cruel de tous, battant ses chiens à mort lorsqu'ils rechignaient à tirer. J'ai essayé de lui inculquer d'autres méthodes, sans résultat. Il ne comprenait pas. Henri était une splendide brute humaine, il n'avait pas la finesse des trois autres.

Henri Catholique et Napoléon Mitchell sont morts l'automne qui a suivi notre départ. Une tempête a renversé leur canot et ils ont fait naufrage sur le Grand Lac des Esclaves. Etant parvenus à prendre pied sur un îlot boisé, ils ont vainement essayé de faire du feu ; on les a retrouvés gelés, avec autour d'eux les allumettes mouillées et inutiles dispersées sur la neige. S'ils avaient conservé dans leur anorak la pierre à briquet de leurs ancêtres, il leur eût été facile de faire du feu en utilisant soit la fine écorce du bouleau, soit les mousses qui pendent aux branches des épinettes.

Ils ont été trahis par le progrès.

Dans ces régions, seules les coutumes primitives permettent à l'homme de vivre. Nous autres Occidentaux ne pourrons jamais qu'y survivre.

« Ptarmigan Bill » nous avait prévenus par radio. La météo s'améliorait vers l'est.

— Tenez-vous prêts !

Prêts, nous l'étions depuis une semaine ; nous avions fait trois fois nos adieux. Ce départ, on n'y croyait plus. Nous étions condamnés à rester des semaines à Snowdrift dans l'attente d'une éclaircie. On avait songé un instant à faire le grand tour par le sud, sept mille kilomètres au lieu de deux mille quatre cents, pour atteindre Igloolik. Tout compte fait, avec les changements d'avions et les risques de mauvais temps multipliés par trois, autant attendre sur place. Nous étions acclimatés au froid, à notre nouvelle vie, et les Indiens de Snowdrift, heureux de leur chasse en notre compagnie, nous considéraient comme des membres à part entière de leur communauté.

Au départ de Yellowknife, nous avions contacté « Ptarmigan Bill », pilote free-lance très connu dans le Grand Nord, possesseur de plusieurs avions et parcourant les barrenlands comme un taxi traverse Paris. Le prix demandé était à l'échelle du continent : le voyage jusqu'à Igloolik nous reviendrait à près d'un million d'anciens francs. Encore avions-nous choisi, malgré les conseils prodigués, le plus petit avion possible, un Cessna 180 monomoteur à ailes hautes, tout neuf et capable de franchir sans escale les terribles barren-lands, les terres stériles, la toundra du nord-est canadien, l'endroit le plus froid du continent américain. C'était là la meilleure solution car, si nous devions refaire le trajet par le sud, c'est-à-dire retraverser le continent canadien d'ouest en est et remonter au 70e parallèle, cela nous ferait perdre quinze jours et coûterait aussi cher.

Bill met le contact. Le moteur du Cessna vrombit agréablement. Son chant métallique est rassurant. De ce petit moteur dépend notre long voyage. Il y a seulement une dizaine d'années, entreprendre un pareil vol eût été considéré comme téméraire. Nous savons qu'en cas d'atterrissage forcé il pourra se passer de longues semaines avant qu'on ne nous retrouve. D'ailleurs, ce même printemps, un petit avion s'est perdu dans les barren-lands, et n'a été retrouvé que bien des semaines après. Le pilote avait survécu mais sa passagère avait péri de froid et de faim.

Si Bill consent à partir après nous avoir fait attendre une semaine, c'est que tout se passera bien. Nous allons vers l'est et le temps médiocre sur le Grand Lac deviendra meilleur. Ce soir, nous nous poserons à Baker Lake après un vol de cinq heures sans possibilité de radioguidage, car les stations de radio sont alignées sur deux grands axes nord-sud, le premier reliant Edmonton à Cambridge à l'ouest, le second, à l'est, traçant sa ligne de sécurité de Churchill au cap Columbia. Entre les deux couloirs radioguidés, c'est le vide absolu, une navigation difficile au compas sur la toundra uniforme et sans relief apparent.

En une heure de vol depuis Snowdrift nous atteignons la corne est du Grand Lac : un fjord sinuant dans un archipel d'îlots boisés. Dans le nez de l'appareil apparaissent deux bâtiments sur l'un desquels flotte le drapeau canadien. C'est Fort-Reliance. Ici vivent trois *mounties* et un trappeur blanc. Les trois membres de la police montée canadienne nous font des signes amicaux ; on leur lance le courrier au passage puis nous nous posons dans une petite crique où, sur une plage enneigée, sont entreposés de nombreux barils d'essence.

— On va faire le plein ! dit laconiquement Bill.

Les pilotes qui voyagent dans ces régions ont constitué un stock de carburant qui a été transporté en ce lieu par bateau durant l'été. Au-delà, vers l'est, jusqu'à la baie d'Hudson, c'est le grand désert blanc. Nous aidons Bill à faire son plein et repartons.

— O.K. ! dit-il, nous sommes parés pour cinq heures de vol.

On décolle au nord-est. Les collines deviennent de plus en plus chauves, les épinettes diminuent de taille ; bientôt, seuls quelques sapins rabougris dans le lit des rivières rappellent un semblant de végétation. Puis plus rien ! blanc partout !

Nous avons franchi la « tree-line ». Les rivières et les lacs s'inscrivent sous nos yeux comme sur une carte. Bill s'élève à plus de mille mètres. Nous sommes maintenant dans la zone morte des ondes. Nous ne pouvons plus nous diriger au radio-compas. Bill pilote carte sur les genoux, fait ses corrections, se fie à sa connaissance de la région. Nous survolons le « sanctuaire de la faune » de la rivière Thelon. La toundra bosselée se répète à l'infini, cisaillée de gorges, de cuvettes lacustres. Paysage de désolation. La visibilité est mauvaise. La brume de neige au sol estompe tout ; au-dessus de nous, des bancs de nuages masquent le ciel, couvrent la terre d'une chape de plomb sous laquelle passent, filtrés, les rayons du soleil.

Tout à coup Bill pique au sol.

— *Musk-oxen !* (Les bœufs musqués !)

Une harde d'une dizaine de têtes s'est formée en hérisson sur le sommet d'une colline. Pierre sort sa caméra. Par la vitre ouverte de l'habitacle, un froid terrible pénètre et nous glace. Les bœufs musqués, effrayés par l'avion qui décrit des cercles au-dessus d'eux, partent au galop, chargent dans la neige poudreuse. Pour bien filmer, il faudrait atterrir, mais la visibilité est trop mauvaise et la neige trop profonde. Ce serait un suicide.

On continue vers le nord-est. Les heures coulent, longues et monotones, sur ce désert où rien ne change. Bill cherche des contacts radio, calcule sa dérive, modifie ses caps, appelle sans se lasser : « Baker Lake ! Baker Lake ! »

— Ici Baker Lake ! dit enfin une voix amie.

Ouf ! On nous donne notre position exacte, les bœufs musqués nous ont fait dériver vers le sud. Bill est maintenant tiré, guidé par le fil invisible de la radio. Dans une heure, nous serons à Baker Lake.

Baker Lake est une des plus importantes bases de la « D.O.T. », l'organisation des transports dans l'Arctique. Les Eskimos s'y sont agglomérés en un village de cinq cents âmes ; ce sont les « Eskimos du Caribou », ceux du main-land, familiers des barren-lands. La piste, praticable aux plus gros porteurs et dégagée nuit et jour par des chasse-neige, longe leurs cabanes misérables. Les bâtiments officiels sont reliés les uns aux autres par des tunnels creusés dans les énormes congères de neige. Le contraste avec Snowdrift est saisissant. Bien qu'étant à la même latitude, l'absence d'arbres, la vigueur du froid, stabilisé à - 40º, nous font comprendre que nous sommes entrés dans les régions polaires.

Baker Lake est une base militaire. On signe en entrant sur un registre, on déclare la durée du séjour.

— Une nuit ! disons-nous au sergent major.

Ironique, il répond :

— Ou une semaine !

Qui peut prévoir la durée d'une escale en ces régions les plus tourmentées du globe ?

Bill a fait le plein, amarré solidement son appareil par des cordes reliées à des piquets de fer fichés dans la glace et recouvert le moteur d'une solide bâche. J'aimerais rendre visite à la mission, mais elle est à l'autre bout de la piste, et sortir par ce temps de chien n'est pas pensable. Nous ne nous attarderons pas au mess et dormirons pour la première fois dans une chambre très bien chauffée électriquement.

Le lendemain, Bill passe une heure à écouter la météo, à prendre conseil par radio avec les stations de radioguidage qui désormais jalonnent l'itinéraire le plus fréquenté vers le nord que nous devons suivre.

On lui répond de Hall-Beach, de la « Dew Line » ! Tout va bien.

Décoller un moteur par ces froids terribles pose un problème résolu techniquement. Une génératrice d'air chaud, mue par un petit moteur à essence, envoie par le système d'une cagoule étanche qui recouvre tout le capot et le moteur du Cessna de l'air chaud en quantité suffisante pour réchauffer le bloc moteur. Au bout d'une heure de ce traitement, le Cessna vrombit joyeusement. Je règle ma note, à la stupéfaction de l'intendant de la base.

— Vous êtes les premiers clients payants que j'enregistre à la base. En général, tous les civils qui atterrissent à Baker

Lake sont en mission officielle et font payer leurs déplacements par leur administration ou par la société qui les emploie !...

— Nous aussi, nous sommes des free-lance, dis-je.

Sept heures de vol plein nord nous permettront de nous poser à Igloolik, sans que cette fois nous courions le risque de nous égarer sur les barren-lands ; nous avons été pris en charge par les stations qui s'échelonnent sur la grande ligne sud-nord, de Churchill à Resolute.

Bill pilote sans doute le plus petit avion qui ait tenté un vol aussi long, en plein hiver boréal, sur les régions désertiques du nord-est canadien.

Bill vole à mille mètres.

Une véritable carte géographique se déroule sous nos ailes : nudité cruelle de la terre arasée, nettoyée, curetée, soufflée par les vents éternels. La neige n'y tient que dans les creux. Quelques fjords gelés tracent une curieuse dentelle sur l'implacable manteau blanc et gris. Les heures passent.

Nous entrons successivement en liaison avec les stations radios de la « Dew Line » qui tracent tous les cent miles, sur le 68e parallèle, un réseau serré de détection et de protection du continent américain contre une éventuelle attaque venant de l'autre côté de la calotte polaire. Ces amis invisibles suivent notre progression minute par minute et nous renseignent sur notre position. Nous sommes tirés par un fil invisible et tout à coup, devant nous, en plein nord, une nappe brillante rutile au soleil. Un « floe-edge », une eau libre comme on en trouve jusqu'au pôle Nord, sorte de canal allongé sur lequel flottent des vapeurs. On survole l'un des postes de la « Dew Line » et Bill les remercie pour leur aide, puis nous volons au-dessus de la côte ouest de la péninsule de Melville découpée de nombreux fjords. Le relief disparaît. Monotonie des terres plates. On cherche l'approche du rivage qui nous signalera Igloolik. Bill hésite, interroge par radio. La réponse vient, légèrement ironique :

— Igloolik ? En face de vous, à quinze miles environ. Vous ne voyez pas ?

Quelques taches sur la neige grossissent à mesure qu'on

s'approche. Bill pique dessus. Ces points noirs dans l'immensité de la mer gelée, c'est Igloolik, le plus important rendez-vous des Eskimos de l'archipel arctique canadien.

Nous nous posons ; les bâtiments grandissent, s'élèvent, s'allongent. L'avion glisse sur les congères de la banquise le long d'un balisage sommaire. On saute à terre. Un homme encore jeune et souriant nous serre la main.

— *Be welcome, gentlemen ! My name is Jim Hennings, Northern Affairs Officer !*

On nous attendait depuis une semaine. Sans impatience car Mr. Hennings connaît le Nord, il y vit depuis vingt ans. Il est toutefois étonné d'apprendre que nous venons de Snowdrift par les barren-lands sur un si petit appareil. Il félicite Bill pour sa performance puis donne des ordres pour notre installation dans la « Transit Case ».

Nous prenons congé de Bill. Notre pilote désire s'avancer sur le chemin du retour. Comme il n'y a pas de relais d'essence à Igloolik, il doit faire un détour jusqu'à Hall-Beach, cinquante miles plus au sud, sur le bassin de Foxe. De là, il espère se poser avant la nuit à la Pelly Bay pour gagner le lendemain Cambridge puis piquer plein sud sur Yellowknife : deux mille six cents kilomètres de vol.

Bill considère qu'il a fait le plus dur.

— Sur le 69ᵉ parallèle, dit-il, je suis tiré tous les cent kilomètres par une station radio.

Je règle le coût du voyage — une petite fortune — aussi simplement que si je payais une course en taxi. Merveilleuse confiance et honnêteté des gens du Nord. Bill ne nous avait demandé aucun acompte. Une fois le prix convenu, il nous avait donné sa parole comme nous lui avions donné la nôtre.

Bill décolle, prend de la hauteur et file plein sud. Nous revenons à pas lents vers les cases d'Igloolik. Ici doit commencer notre deuxième aventure.

L'administrateur Hennings a très bien organisé notre séjour. Le même soir, nous dînons chez lui, un bâtiment préfabriqué, confortable et semblable aux autres bâtiments officiels.

Nous lui expliquons ce que nous voulons filmer. Il a l'habitude des demandes de ce genre. Igloolik est un rassemblement provoqué d'Eskimos autour du village factice créé sur ce banc de sable au milieu de la mer. Son accès depuis Montréal se fait en une journée par les gros avions de la Nord-Air, ligne commerciale desservant le Grand Nord jusqu'à l'extrémité de la terre d'Ellesmere, à Alert Point, près du cap Columbia, par 83° de latitude nord. La ligne fait escale à Hall-Beach ; un snowbile « Bombardier » assure la navette entre cette base et Igloolik.

Igloolik est la plus grande concentration d'Eskimos de l'archipel canadien mais c'est aussi la plus sophistiquée. Pas du tout ce que nous cherchons.

— Ce que nous voulons, Jim (adoptons la coutume anglo-saxonne et appelons-nous par nos prénoms), dis-je à l'officier des affaires du Nord, c'est entrer en contact avec les derniers Eskimos polaires, non pas ceux qui vivent dans les maisons préfabriquées que vous leur avez généreusement allouées à Igloolik, mais ceux qui ont hiverné au loin, dans leurs igloos...

— Excusez-moi de vous interrompre, dit Jim, mais pourquoi vous donner tant de mal ? Je vais vous faire construire un igloo sur mesure sur cette île, on reconstituera la vie d'autrefois. J'ai l'habitude et les Eskimos s'y prêtent volontiers moyennant finance. D'ailleurs, Pâques approche et vous les verrez à l'œuvre. Il y a au programme un concours de construction d'igloos.

Nous devinons, Pierre et moi, qu'il ne faut pas brusquer les choses.

— Je ne parle pas la langue française, ajoute Hennings. Excusez-moi. Je vis depuis vingt années dans le Grand Nord et, avant d'être administrateur, j'étais directeur de comptoir à la « Bay ». Cependant, vous pourrez vous entretenir avec un de vos compatriotes, le père Fournier ; comme il connaît aussi bien que moi les Eskimos des différentes familles de la région, il pourra sans doute vous donner de précieux conseils. Personnellement, avec l'organisation des fêtes de Pâques et l'arrivée de nombreux visiteurs officiels, dont un évêque de l'Eglise anglicane, je vais avoir fort à faire. Si vous avez besoin de quoi que ce soit, voyez mon intendant Bartels, c'est un ancien prisonnier de guerre allemand. Une fois libéré, il a pris la nationalité canadienne et épousé par correspondance une Péruvienne ; tous deux vivent ici et s'y plaisent. Bartels sait tout faire.

A la mission catholique, nous trouvons le père Fournier discutant en eskimo avec un groupe de jeunes gens. C'est un homme aux cheveux grisonnants, vêtu d'un gros chandail noir à col roulé et d'un pantalon de drap sombre qui s'enfonce dans des mukloks en peau de phoque. Il porte barbe en pointe et large sourire sur une figure tannée. Tous ses traits accusent les qualités de l'homme du Grand Nord, la volonté et la bonté. Originaire de la Lozère, le missionnaire a conservé l'accent chantant, un peu rugueux des paysans des Cévennes. Nous lui exposons le but de notre séjour.

— Vous voudriez vous rendre à Agu Bay ? C'est loin. Les tempêtes de printemps sont mauvaises en cette période de l'année. Avez-vous déjà fait du traîneau à chiens ? Etes-vous équipés ? Pourquoi ce raid ? Il y aura un concours de construction d'igloos, et à la rigueur il reste un campement à vingt miles d'ici ! Vous tenez tant que ça à ce voyage ?

— Nous savons que les Eskimos d'Agu Bay vivent à l'écart et ne viennent à Igloolik qu'une ou deux fois par an pour échanger leurs fourrures.

— On ne les voit pas souvent. Je n'irai pas jusqu'à dire qu'ils n'aiment pas les Blancs, mais c'est tout comme.

— Vivent-ils en igloos ?

Le père Fournier interroge autour de lui. Oui, ceux d'Agu Bay vivent encore en igloos ; ils hivernent sur l'île du Kronprinz-Frederik dans le golfe de Boothia, avec les femmes et les enfants.

— C'est bien là que nous devons aller, père !

— C'est loin. Pacôme, combien faut-il de jours avec les chiens ?

Pacôme est le gérant de la « Coopé » fondée par le père Fournier. Il est aussi le chef de la communauté d'Igloolik. Autrefois le meilleur chasseur, il préfère désormais conduire les engins motorisés et notamment le « Bombardier » de la communauté.

— Trois jours ou une semaine, répond Pacôme, ça dépend !

— Trois jours pour les Eskimos, cela signifie trois fois vingt-quatre heures. Ils sont capables de marcher tout ce temps sans se reposer, sans manger. Mais, si l'envie les prend de flâner, vous mettrez dix jours. Pour eux le temps ne compte pas, ni l'argent !

— Pourriez-vous nous organiser ce voyage, père ? Mr. Hennings doit s'absenter.

— Et moi-même après-demain. Bon ! On verra. Le chef d'Agu Bay est ici, il se nomme Tabatiak, je vais le faire contacter ; il vous faudra deux traînes. Patientez, j'ai ma messe de minuit à assurer, et demain les grandes fêtes. Mais rassurez-vous, on sait déjà dans tout le village que vous cherchez des guides.

Le père Fournier s'est occupé de tout. Il nous a prêté la grande peau d'ours qui servait de tapis sur les marches de l'autel et qui nous sera précieuse pour dormir sous igloo, il m'a donné son parka en fourrure de caribou, il a vérifié les détails de l'alimentation et de l'habillement. Le voyage que nous allons entreprendre est sérieux. Nous serons livrés à la merci de nos guides et il nous faut un interprète. Le père Fournier nous le présente :

— Voici Giuseppi Tatigat. Il parle très bien l'anglais. C'est un bon élève très doué mais paresseux comme un loir. Son père sera le chef de l'expédition. Il a la charge de vous emmener aux igloos de Tabatiak et de vous ramener à Igloolik. C'est un homme très sûr.

Derniers conseils :

— Soyez toujours gais, adoptez comme les Eskimos le masque du sourire. Ne vous mêlez pas de la conduite des traînes. Celles des Eskimos n'ont rien à voir avec celles des Indiens. Le pack est dangereux. Méfiez-vous des chiens !

Quelques heures plus tard, le père Fournier prenait la piste du Sud, il allait à Provognitung, à quelque deux mille kilomètres d'Igloolik. Hennings était parti la veille. Il nous semblait tout à coup que nous étions livrés poings liés à ces petits hommes aux yeux bridés, mystérieux et inquiétants. Tant pis, on l'avait voulu !

Pierre et moi avons longuement veillé dans notre chambre cabine de la Transit Case. Par les baies largement vitrées on apercevait dans la nuit laiteuse des reflets de lune sur la glace de mer. Des attelages de chiens s'enfonçaient dans ces solitudes. Demain nous ferions comme eux. Des rafales de vent secouaient notre maison ; la tempête s'était levée, le thermomètre marquait - 35 degrés.

Ça promettait !

Les chiens escaladent à grand trot la colline d'Igloolik. Je suis étonné par leur puissance, par la rapidité de l'allure. Ils tirent un fardeau considérable ; ils sont attelés en éventail, chaque chien à l'extrémité d'une lanière de cuir longue d'une dizaine de mètres. Tatigat commande à dix-huit chiens, Tabatiak à quinze. Des huskies magnifiques, en pleine forme, et qui obéissent au moindre claquement de fouet de leurs maîtres.

Le froid et la fatigue se conjuguent pour m'engourdir comme un colis sur ma traîne. Pierre, plus résistant au froid, saute de la sienne et court un moment à côté des chiens. Pas longtemps. L'allure est rapide, la neige irrégulière et le froid trop vif : - 35° ! A moitié asphyxié, le coureur se jette à nouveau sur la traîne. Tatigat, imperturbable, les yeux fixés sur l'horizon sans limites, excite ses chiens : « Oet ! Oet ! »

Le traîneau des Eskimos est lourd et inconfortable. Deux larges patins en bois d'épave, entretoisés et pontés, sans rambarde ni protections, supportent l'accumulation de nos bagages et du ravitaillement indispensable à l'expédition. On s'assied comme on peut sur le tout, en équilibre instable.

Le soir, j'ai pu consulter la carte. Nous étions dans un long fjord qui s'incruste dans la terre de Melville.

Au pied d'une haute falaise volcanique, Tatigat et Tabatiak, une sonde à neige à la main, recherchent longtemps un endroit favorable à la construction d'un igloo.

Nous préparons notre premier camp. Les Eskimos détellent les chiens. Ils n'attachent qu'une bête, une chienne qui traîne la lourde chaîne de l'ancre fichée dans la neige ; autour d'elle, se rassemblent les autres chiens qui, libérés, s'ébattent et se roulent dans la neige.

Une heure et demie après notre arrivée, l'igloo est terminé. Cette coupole de neige qui dépasse à peine le niveau des congères sera notre unique abri. De sa solidité, de son étanchéité dépend notre confort. A l'intérieur, à l'abri du vent, le froid est supportable. Nous avons étendu la peau d'ours qui nous servira d'isolant sur la banquette de glace. Giuseppi se couche et s'endort, malade. Tabatiak s'est réservé le coin de droite, face à l'entrée, la place du chef. Nous nous installons sur le côté gauche. Sous cette voûte de glace translucide, les bruits du dehors arrivent calfeutrés : aboiements des chiens, longue plainte du vent, bruit de porcelaine brisée que fait la neige en rafale soufflée sur notre igloo.

Pierre a fait cuire une soupe en sachet. Les Eskimos font du thé, ils ne mangent pas. Surpris, j'interroge Giuseppi qui semble complètement amorphe. Joue-t-il la comédie ? Il répond péniblement à ma demande. Comme s'il ne comprenait pas bien l'anglais. Où donc est le bon élève de l'école ?

— Ils mangent comme vous ! dit-il enfin dans un soupir.

Tiens ! Le père Fournier nous avait assuré que les Eskimos préféraient leur viande de phoque et leur poisson cru. Ils n'ont absolument rien emporté. Nos partagerons donc la soupe, le thé, les sardines.

Sous l'igloo bien calfeutré et réchauffé par la flamme du réchaud, la température remonte à - 15º. C'est idéal lorsqu'il fait - 40º à l'extérieur. Nous dormirons comme des loirs, réveillés au matin par une sérénade qui deviendra traditionnelle. Les trois Eskimos, pris d'une violente quinte de toux, expectorent, vomissent, toussent, crachent, et cela dure près d'une heure. Tabatiak fait signe qu'il est fatigué. J'apprendrai par la suite qu'ils sont tous atteints de trachéo-bronchite.

Tatigat a découpé au couteau une ouverture dans l'igloo, il rampe dehors.

Le froid nous saisit : - 40°. Tout est prêt, Tatigat démêle une dernière fois les traits ; Giuseppi, décidément très malade, s'est allongé sur la traîne. Tatigat décolle l'avant des lugeons d'un coup de pied. C'est le signal. Les chiens s'élancent avec fureur. Il faut faire vite, sauter en voltige, se raccrocher comme on peut sur la traîne en folie.

Il a fallu cette nuit pour que nous pénétrions dans ce monde extraordinaire des solitudes polaires. Sensation primitive d'être redevenu une sorte de bête agissant uniquement par réflexe. Solitude provoquée par le vide et le néant de tout ce qui nous entoure. Car tout est figé : les cascades de l'été sur les falaises, la glace des lacs et de la mer, dressée en vagues, brusquement, comme si à un moment donné tout s'était arrêté de vivre et de bouger. Il n'y a plus de mouvement. Le trottinement des chiens, exaspérant de régularité, se poursuivra durant des heures et, à la fin, notre esprit s'évadera, nous flotterons sur notre traîneau comme si nous étions emportés à la dérive et que seul le mouvement de la terre nous faisait avancer. Et constamment la morsure cruelle du froid...

Nous avons atteint un petit col balayé perpétuellement par les vents et où la neige ne tient que dans les creux. Les chiens peinent mais tirent avec la même ardeur. Le soleil court sur l'horizon, au ras du sol. La fumée permanente de la neige en suspens fuit comme si la terre était embrasée. C'est un incendie de froid, de neige et de gel. Les rafales sont si violentes que parfois on ne distingue plus les chiens. Vers l'ouest s'étend maintenant la mer, couverte d'un pack abominable sur lequel tranchent les masses grises des vieux icebergs. Nous avons rejoint les détroits de la Fury et de l'Hékla, à l'est de l'île d'Amherst qui se confond avec les reliefs de la terre de Melville. Au nord, les rivages de la terre de Baffin se confondent, molles étendues blanches, avec les nuages d'un ciel de neige. Paysage grandiose et épouvantable.

Enfin notre guide arrête sa traîne. D'un large coup de fouet qui ondule et siffle au-dessus de la tête des chiens sans les atteindre, il les fait se coucher dans la neige.

Tabatiak et Tatigat, sonde en main, cherchent l'emplace-

ment favorable. Chaque soir, les mêmes gestes se reprodui-
ront. Le site idéal est enfin trouvé entre deux énormes
séracs. Tabatiak prépare les blocs, Tatigat construit ; il a
enlevé son parka et travaille à moitié nu ! Le jeune Giuseppi
est de plus en plus mal en point. Allongé sur le traîneau, il
tousse et crache à fendre l'âme. La vie scolaire d'Igloolik ne
l'a pas préparé à la dure chasse de l'Arctique. Nous sommes en plein détroit et le froid empire jusqu'à devenir
insoutenable : - 40° à 10 heures du soir lorsque, après trois
heures d'attente sur place, nous avons enfin pu pénétrer
dans l'igloo terminé.

Cette nuit du 14 au 15 avril sera l'une des plus froides
que nous aurons à supporter. La tempête s'est abattue sur
les détroits avec une violence monstrueuse. Nous sommes
très inquiets. Giuseppi gémit, s'agite et tousse sans arrêt
malgré les soins et les boissons chaudes que nous lui admi-
nistrons. Tatigat et Tabatiak paraissent très abattus. Tabatiak est pris d'une violente crise de toux qui lui arrache des
râles épouvantables. Pierre et moi sommes miraculeusement préservés.

La tempête nous tiendra confinés douze heures sans
pouvoir sortir de l'igloo.

Profitant d'une accalmie, on découpe la porte de sortie.
On n'aperçoit plus les chiens recouverts de neige et c'est à
peine s'ils lèvent le nez à notre approche. La neige tombe
abondamment, le vent n'a pas cessé. Nous aidons de notre
mieux les Eskimos à charger les traîneaux. Pierre a réussi à
passer les harnais aux chiens. Au contact des Eskimos, nous
nous sommes imprégnés de leur odeur. Les chiens nous
acceptent.

Ce jour-là, nous ne franchirons pas une grande distance.
Dans la neige et la semi-obscurité, Tatigat dirige sa traîne
avec autorité. La visibilité ne dépasse pas cinquante mètres.
J'ai l'impression de chercher ma voie dans un glacier tour-
menté. La neige poudreuse masque les crevasses, les arêtes
de glace vive. Bientôt je ne suis plus qu'une masse inerte
sur mon traîneau, un bloc de glace soudé aux fourrures.

Au milieu du pack, nous avons dû nous arrêter. Les
chiens avaient emmêlé leurs traits. J'aide Tatigat à les

démêler. Pour faire ce travail, on est bien obligé de marcher au milieu des traits. Le travail terminé, je m'apprête à reprendre ma place sur la traîne lorsque, tout à coup, nos chiens s'élancent au galop. Il y a des rivalités entre chiens, ils n'aiment pas être distancés. Ceux de Tabatiak étant partis, les nôtres veulent les rattraper. Tatigat, plus agile, s'est dégagé d'un bond. Je reste pris dans les traits qui s'enroulent autour de mes jambes. La moitié des chiens tire à droite, l'autre à gauche. J'ai la sensation d'avoir la jambe droite arrachée, d'être écartelé. Tabatiak réussit à arrêter les chiens. Pierre se précipite ; je reste étendu dans la neige, la douleur est si vive que j'ai peur de m'évanouir. Surtout ne pas bouger !

— Qu'as-tu ? Réponds !

— Mes gants, Pierre, mes gants ! Pour le reste on verra !

J'ai perdu mes gants et voici de longues minutes que je gis mains nues dans la neige ; elles sont déjà toutes blanches jusqu'au poignet. Je remets mes gants qui ne sont plus que des gangues de glace. Malgré une forte douleur au genou et à la hanche droite, je n'ai rien de cassé. Le genou flanche. Une entorse !

— Tes mains ?

— Gelées, mais je vais les frictionner.

On repart. J'ai par moments le cœur qui faiblit. La circulation revient lentement. C'est un supplice chinois, l'onglée. Surtout ne rien dire. Je m'en veux d'avoir crié tout à l'heure. Il faut garder le sourire.

Ce même soir, j'ai aperçu sur le rivage une sorte de perche au sommet de laquelle flottaient des lanières. Deux défenses de morse ornaient l'entrée d'un igloo. Nous étions arrivés au campement d'été de Tatigat.

A vrai dire, il s'agit d'une tente recouverte de neige et protégée par une murette. Devant nous : le rivage du détroit, des débris d'embarcations, le fouillis habituel d'un campement de nomades. Le jeune Tatigat est si malade que son père nous annonce que nous allons rester ici un jour de plus. Depuis longtemps, Giuseppi a renoncé à servir d'interprète. Comme s'il avait oublié tout ce qu'on lui a fait apprendre. Les deux Eskimos ont déterré une cache de viande. Sous un amas de pierres, gisent une douzaine de cadavres de phoques soudés par le gel. Ils en détacheront un à coups de hache et feront avaler cette viande crue et à moitié pourrie au jeune malade. Nous ne pouvons plus rien pour lui, nous avons épuisé notre provision d'aspirine. Le même soir, le jeune va mieux mais c'est au tour de Tabatiak de transpirer abondamment sous un accès de fièvre. La tente-igloo est chauffée par une lampe à huile de phoque qui dégage une odeur nauséabonde, mais cela épargne notre provision de kérosène.

La matinée du lendemain est splendide. On devrait partir mais rien ne bouge. Tabatiak somnole. J'attends quelques heures puis j'interroge Giuseppi :

— *We go ?* (Nous partons ?)

Le gamin jette un regard à son père, un autre à Tabatiak. Il me traduit leur réponse.

— Vous êtes le patron. Si vous décidez de partir, nous partons.

— *Well, Giuseppi, we go !*

Nous préparons nos bagages, roulons nos sacs. Assis sur la banquette de la tente, Tatigat me regarde fixement. Je suis surpris de la lueur métallique de son regard. Après un très long silence, il dit :

— *You, not good !* (Vous, pas bon !)

Je sursaute. C'est une accusation. Qu'ai-je pu faire ? Elle me blesse profondément. Attristé, j'interroge Giuseppi qui, boudeur et renfermé, hésite à me répondre.

— Que veut dire ton père ? Pourquoi me traite-t-il ainsi ? Tu m'as répondu que c'était moi qui décidais, j'ai donc décidé de partir. Mais, s'il y a une objection, il faut me le dire.

— *It was a joke !* dit-il en détournant la tête. (C'était une plaisanterie !)

Je soupçonne le jeune interprète d'avoir dénaturé ma question. Toutes les fois que je lui ai demandé des renseignements sur la route, sur les étapes, sur le relief, il n'a jamais répondu que deux phrases : *I don't understand !* (Je ne comprends pas !) ou *I don't know !* (Je ne sais pas !). Giuseppi ne veut pas parler anglais !

— Laisse tomber, dit Pierre, ce gamin est insupportable. Hier, il semblait mourant, aujourd'hui il est vigoureux. Seulement il a la flemme de continuer.

Finalement, si Tatigat avait décidé de ne pas partir, c'est qu'une tempête se préparait, bien que la journée s'annonçât merveilleuse. Lorsqu'il comprend que son fils a volontairement trahi ma pensée, tout va mieux. L'abcès est crevé.

La tempête apaisée, nous avons repris notre route vers l'ouest, traversé le détroit jusqu'à la terre de Baffin, pénétré dans la baie d'Autridge. Puis, ayant traversé un cap, nous avons rejoint le golfe de Boothia.

Il est très tard lorsque nous nous arrêtons à dix miles du rivage. Allons-nous bivouaquer ? Giuseppi, assagi, vient nous traduire les réflexions des deux chefs :

— *Are you tired ?* (Etes-vous fatigués ?)

Nous avons fait depuis le matin onze heures de traîne et nous commençons à sentir un engourdissement général dû au froid et à l'immobilité, mais pour rien au monde nous ne voudrions contrarier nos hommes.

— Non ! dis-je. Pourquoi cette question ?

— Tabatiak dit que, si l'on marche encore quatre à cinq heures, on pourra arriver directement aux igloos de l'île.

Le crépuscule s'éternise sur la mer et la boule rouge du soleil court à la surface de la banquise sans jamais disparaître. L'île, on l'aperçoit proche et lointaine. Mais le pack qui la ceinture est si enchevêtré qu'il nous faudra en effet plus de quatre heures pour y arriver. Tabatiak mène la danse, sûr de lui. Est-ce une hallucination ? On dirait trois feux qui brillent dans la nuit. Trois lucarnes éclairées au ras de la neige sur un amoncellement de taupinières blanches. Les chiens se mettent tout à coup au galop et foncent en aboyant joyeusement ; je distingue le désordre habituel aux campements eskimos : les traîneaux renversés, les chiens en liberté. Des ombres s'agitent, crient, appellent, des enfants jouent dans la nuit. Une femme échevelée, son nouveau-né dans le capuchon du parka, court en direction du maître.

Tabatiak, roi des igloos de l'île du Kronprinz-Frederik, est de retour dans son domaine.

Pierre et moi, hébétés de fatigue, attendons debout dans le froid de la nuit. Enfin Tabatiak nous désigne l'entrée d'un igloo. Giuseppi traduit.

— Vous coucherez là avec moi. Il dit qu'il faut rentrer tout de suite, le froid est trop vif !

Une petite porte basse en planche, scellée par la glace dans une double murette de neige, permet de pénétrer dans une sorte d'alcôve à ciel ouvert qui protège l'entrée de l'igloo. Une deuxième porte, très basse celle-là, qu'on franchit en rampant, nous fait gagner l'igloo aux réserves. Nous y cheminons à quatre pattes sur des cadavres de phoques, sur des harnais, puis, par une chatière taillée dans la belle glace bleue et dure comme du marbre, nous apercevons la lumière faible du grand igloo. Il faut ramper encore. On arrive ainsi la tête à la hauteur d'un mur de glace de cinquante centimètres, légèrement en retrait de l'entrée. C'est la banquette sur laquelle, accroupie devant la lampe à huile de phoque, une femme, jeune sans doute mais au visage creusé, rit de toutes ses dents en nous accueillant. Elle est seule.

Etrange présentation. Je suis agenouillé à ses pieds et dois lever la tête pour la saluer. Je m'extirpe à grand-peine du tunnel et peux enfin me dresser dans une étrange coupole tendue de noir, de cinq mètres de diamètre, dont tout l'espace est rempli par le banc de glace sur lequel vivent les hôtes de céans : des pierres plates isolent de la glace les vieilles couvertures et les fourrures de caribou qui servent de couche. La lampe à huile brûle régulièrement devant la femme agenouillée. Derrière le foyer, un amas de viande à moitié putréfiée suinte doucement, dégageant son odeur de charnier ; une grande boîte de conserve pue l'urine fermentée qui servira à adoucir les peaux que mâche, pour les tanner, toute femme eskimo ; dans un chaudron, la neige se transforme lentement en eau.

Comme je me déplace maladroitement sur la banquette — une jambe ankylosée est vraiment ce qu'il y a de moins pratique pour ramper dans des tunnels ou vivre accroupi —, je pose la main sur un amas de fourrures qui se met à bouger. Il en sort une délicieuse fillette de trois ou quatre ans, toute nue dans sa combinaison en fourrure de caribou ; elle se dresse sur son séant et nous regarde avec étonnement. La surprise me fait rire aux éclats, et la femme rit avec nous quand tout à coup du capuchon de son parka sortent la tête et le buste d'un petit garçon de deux ans brusquement réveillé dans son sommeil.

D'un seul coup, il me semble que cette caverne de glace tendue de toile autrefois blanche mais noircie par la suie est devenue un foyer humain plein de tendresse. Il a suffi d'un sourire d'enfant pour dissiper la cruauté du lieu : le sol de glace souillé de sang et de détritus, les odeurs, la saleté, l'éclairage mystérieux de la lampe à huile.

Tatigat nous a fait passer nos sacs et nos couvertures. Nous étalons la peau d'ours sur le côté gauche de la banquette, près de l'entrée de l'igloo. Giuseppi couchera avec nous et servira d'interprète. Quant à Tabatiak, à peine arrivé, il est entré dans son igloo. Nous ne le reverrons pas de deux jours.

Il est très tard quand nous nous glissons dans nos sacs de couchage et nous apprêtons à dormir. Jamais nous n'avons eu aussi chaud. Dans cet igloo, la température oscille la nuit entre - 5° et - 2°. La chaleur s'y concentre vers le haut. La cheminée d'aération est au-dessus de la fenêtre ; celle-ci est obturée par la membrane translucide d'une vessie de phoque ou de morse.

Nous dormons profondément lorsque nous sommes réveillés par un rire homérique. Une tête hirsute s'encadre dans l'entrée et nous contemple avec une expression joyeuse qui découvre une denture carnassière très développée, des canines saillantes et des incisives usées. Kopak est le maître de l'igloo. Il ne s'étonne pas de trouver trois hommes étendus à côté de sa femme à 4 heures du matin. Il a des choses beaucoup plus importantes à conter. Ce qu'il lui dit, je l'ignore, mais ce doit être bien drôle car la femme rit à son tour. On entend les « Hiiiiih ! » et les « Oooooh ! » que se renvoient les interlocuteurs.

Le lendemain, Giuseppi nous explique qu'il s'agissait d'un véritable drame. Kopak est un chasseur de phoques. Il les tire sur les « floe-edges », les eaux libres du pack, et, pour aller chercher ses victimes, il utilise un canot léger transporté sur sa traîne. Hier, le canot est parti à la dérive et il ne l'a pas retrouvé. S'il ne le récupère pas, ils ne pourront plus chasser le phoque car la glace est partout coupée de courants et de plans d'eau qui nécessitent l'utilisation d'une embarcation légère.

Le lendemain, la tourmente ravageait le golfe de Boothia, et nous avons passé notre temps à filmer l'intérieur de l'igloo. Giuseppi a mis de la mauvaise grâce à nous aider, mais heureusement Tatigat, qui s'est pris d'amitié pour nous et à qui son fils a parlé de nos prises de vues, discute avec nos hôtes et obtient leur acquiescement. Ces prises de vues les amusent énormément.

Comme la tempête a repris, nous avons organisé une petite veillée, nous avons joué aux cartes. Giuseppi a très vite appris. Les bébés de l'igloo s'amusaient, rampaient sur nos corps. Les enfants sont sacrés, ils dorment quand ils veulent, mangent quand ils veulent, que ce soit à minuit, 3 heures du matin ou de l'après-midi. Le jouet préféré du petit garçon est un cadavre de bébé phoque gelé, dur comme pierre, à la belle fourrure blanche. Rosa me fait visiter le village et ses petits amis. Elle n'a pas peur des chiens qui errent en liberté.

Cette nuit, les hommes valides du campement sont tous repartis à la recherche du canot. Ils rentrent très tard sans l'avoir trouvé. Le lendemain, temps très beau avec blizzard. Tabatiak reste toujours invisible. Il y a du mépris dans son attitude.

En revanche, Tatigat est réellement devenu un ami, et surtout Kopak, le plus fruste de tous ; lui et sa femme se prêtent de bonne grâce aux exigences de la caméra, refont les mêmes gestes sans se lasser. Le lendemain, Tatigat a passé la tête dans l'ouverture du tunnel, donné un ordre à son fils.

— *We go to the floe-edge !*

Nous allons participer à la chasse au phoque dans les eaux libres. Dehors l'animation est grande, tout le village attelle les chiens. Les traînes s'élancent avec habileté dans le chaos monstrueux du pack ; on chemine longtemps avant d'atteindre enfin la nappe d'eau libre. Kopak nous abandonne pour poursuivre ses recherches. Tatigat, avec la patience qui est la qualité principale des Eskimos, se met en observation, immobile au bord de ce lac paisible.

Je le regarde faire, encoigné entre deux blocs de glace, abrité du vent. Il fait - 25° ! C'est merveilleux de douceur. La Côte d'Azur !

Tatigat a épaulé. J'ai vu à deux cents mètres un point noir gros comme une tête d'aiguille qui sortait de l'eau. La bête touchée a provoqué un remous puis a coulé à pic. Elle est perdue pour le chasseur.

— *No fat !* commente Giuseppi.

Pas de graisse ! Un phoque maigre ne flotte pas.

Nous sommes rentrés bredouilles, mais tard dans la nuit Kopak nous a réveillés par un long éclat de rire. Il avait retrouvé le canot ; la vie redevenait possible aux igloos de Tabatiak. Avec tous, nous avons fait chorus : « Hiiiih ! Oooooh ! »

Le lendemain, nous préparons notre départ. Tabatiak répartira entre la communauté le surplus de nos provisions : une grosse quantité de farine, du sucre, du thé en abondance. En échange et spontanément, il nous apporte un gros saumon gelé comme cadeau personnel.

Tout le village a décidé de nous accompagner et de profiter de l'occasion pour faire une nouvelle chasse au phoque.

Les équipages longent l'île du Kronprinz-Frederik en direction de l'ouest. C'est l'endroit le plus chaotique du pack mais l'eau libre se trouve derrière cette interminable barrière de glaces. Nous voyons pointer de-ci de-là la tête noire et menue des phoques qui viennent respirer. Les Eskimos tirent. Un phoque est touché, il se débat, coule et réapparaît flottant sur l'eau. Enfin un ! On pousse le canot à l'eau. Nous filmons la scène. Pierre est satisfait. Ce jour-là, un seul phoque sera récupéré. Un seul pour une communauté de trente personnes.

Nous avons quitté les chasseurs. Il a fallu chercher longtemps un passage à travers le pack pour gagner la glace ferme au centre du golfe.

Le retour s'est passé très rapidement, quatre jours avec un arrêt d'un jour au campement d'été de Tatigat. Le dernier bivouac a été très dur. Nous avions effectué en une seule traite et en dix heures de traîne près de soixante miles. Les Eskimos ont mis trois heures pour construire l'igloo tant les conditions de neige étaient difficiles. Vide de toute énergie, je me suis allongé sur la traîne, essayant de dormir. Pierre est venu vers moi.

— Tu devrais marcher, il fait - 35°.

— J'en suis incapable.

Lui, infatigable, prend des photos, escalade la montagne la plus proche, se détache sur la crête sommitale, au grand étonnement de nos compagnons. De là-haut, il découvre un paysage bouleversant de solitude et de froid.

La dernière journée sera rude. Vent sur les crêtes, vent sur les lacs, vent de face, vent partout ! Traînes couvertes de glace, hommes givrés à blanc sous leurs fourrures ; seuls les chiens avançaient, museau au ras du sol, lappant la neige, geignant parfois sous l'action du fouet. Plus tard, les gorges de la montagne se sont ouvertes sur un grand fjord parsemé d'îles. Giuseppi a retrouvé tous les éléments de la langue anglaise pour nous expliquer :

— Quand nous serons à ce cap, nous verrons très loin une île : Igloolik !

Il fallut quatre heures pour l'atteindre. On s'engagea dans une baie profonde. De partout convergeaient les traces de traîneaux et de skidoos. On gravit la colline : le village était en dessous et, dans le crépuscule, quelques lumières brillaient.

Bartels nous a accompagnés à la Transit Case, a vérifié le fonctionnement du chauffage, puis nous a entraînés chez lui pour nous cuisiner un repas merveilleux. On pouvait à peine parler. J'étais anéanti de fatigue. Pierre mangeait à belles dents. A minuit, je pris un bain. Quand j'eus enlevé mes fourrures, mes vêtements en duvet, mes sous-vêtements et que je me vis maigre et décharné, je compris qu'il m'était arrivé quelque chose. J'avais tout simplement maigri de quinze kilos en treize jours ! Pierre allait et venait, énervé, excité, tournant en rond. Il m'avoua ne s'être couché qu'à 3 heures du matin. Il fait bon avoir trente ans de moins !

Igloolik est vide. Hennings est absent. Le père Fournier n'est pas de retour, Pacôme assure la direction de la coopérative.

Le père Van de Velde, un Belge, est venu de la Pelly Bay pour assurer le service de la mission. Il est depuis plus de trente ans dans ce coin le plus terrible de l'Arctique. En vingt-cinq ans, il n'a pas vu la mer dégeler une seule fois. On fête notre retour en buvant du vin de messe. Il y en a suffisamment et le vieux missionnaire nous dit en riant : « Ça me rappelle quand j'étais enfant de chœur ! »

Déjà nous pensons à la suite de notre expédition. Nous avons filmé les caribous, nous avons vécu les dernières années de la plus ancienne civilisation humaine, mais il manque à notre tableau les morses, les ours polaires et les bœufs musqués pour que notre film soit achevé.

Le père Didier, un Savoyard stationné à Coral Harbour dans l'île de Southampton, que nous contactons par radio, regrette que la saison soit trop avancée :

— A Southampton, c'est déjà le commencement de la débâcle, nous dit-il, les ours sont partis. Dommage ! Un mois plus tôt, vous en auriez trouvé beaucoup.

On dépose sur ma table un télégramme venu de Montréal. Notre ami Jacobsen nous conseille de nous rendre à Resolute, sur le 75e parallèle. Il a obtenu pour nous l'autorisation de séjourner dans cette puissante base aérienne, créée par les Américains sur l'île de Cornwallis et maintenant gérée par les Canadiens. « Il y a des ours sur la banquise du détroit de Barrow, et vous pourrez ''charter'' un petit avion pour vous rendre à Eureka, au 80e parallèle, où abondent les bœufs musqués ! »

Beau programme que nous nous empressons de réaliser.

— Tu vas voir, dit Pierre, si ça continue, on se retrouvera au pôle Nord !

6

Pacôme pilote avec dextérité le « Bombardier ». Bartels nous accompagne. Le snowbile semble voler sur la glace. On traverse la baie d'Igloolik puis on met le cap droit au sud et on atteint Hall-Beach, station de la « Dew Line » et aérodrome praticable aux long-courriers. Nous y attendrons vingt-quatre heures l'arrivée de l'avion de Montréal qui arrive en pleine nuit chargé de voyageurs harassés de fatigue. Le père Fournier en descend. Il n'a qu'une hâte, reprendre la piste, retrouver Igloolik et ses Eskimos.

Le 4 mai, après une heure de vol, nous traversons le golfe de Boothia où nous cherchons naïvement nos traces, puis l'avion survole la partie nord-ouest de la terre de Baffin, paysage lunaire et gris, fjords immobiles dans leur linceul d'hiver. A nouveau la mer, la banquise, les longs chenaux d'eau libre. Le Regent Inlet traversé, c'est au-dessus de Somerset que se projette l'ombre de notre avion. Durant plus de deux siècles, les navigateurs ont vainement cherché dans ce chaos glaciaire le fameux passage du Nord-Ouest qui aurait permis de relier l'Atlantique au Pacifique par le nord du continent américain. Jusqu'en 1905 où l'extraordinaire navigateur polaire norvégien Amundsen réussit la traversée après trois années et trois hivernages.

L'avion descend régulièrement, on dépasse les falaises englacées de l'île de Cornwallis reflétant le soleil. Et, tout à coup, je découvre la baie de Resolute. Hangars rouges, tours, réservoirs de carburant, coupoles bordent une immense piste dirigée nord-sud qui coupe en deux un petit plateau à cent mètres au-dessus du niveau de la mer. Nous voici posés sur le 75e parallèle. Malgré l'heure, 2 h 45 du matin, et le froid très vif, une grande animation règne sur la base. Les passagers descendent, tous fonctionnaires ou employés.

Le télégramme de notre ami Jacobsen nous vaut d'être traités en hôtes de marque : nous sommes logés dans des chambres confortables où tout est climatisé. Pierre et moi découvrons avec stupéfaction cette ville de science-fiction, avec son caravansérail, son grand hall central, son restaurant, la salle des fêtes, la salle de cinéma. A 4 heures du matin, nous retrouvons des gens qui fument, qui lisent, qui jouent. Le restaurant fonctionne vingt-quatre heures sur vingt-quatre. Le jour est constant. Nous venons de faire d'un seul vol un trajet de mille cinq cents kilomètres en direction du pôle Nord, et nous nous retrouvons dans la plus moderne des casernes. Il n'y a plus ni jour ni nuit.

Nous commençons une nouvelle aventure. Au nord de Resolute, il n'y a plus d'Eskimos, plus rien que les terres sauvages et glacées, les ours, les bœufs musqués et trois ou quatre bases scientifiques ou météorologiques.

Dehors règne un froid polaire. A l'intérieur je parcours des salons chauds, propres et bien tenus, comme à New York et Montréal.

Le directeur administratif de la base est Mr. Kingan. Il connaît déjà nos intentions. Il sera d'une efficacité totale car il est séduit par notre réussite avec les Indiens et les Eskimos. Il comprend nos efforts ; ce fonctionnaire a fait carrière dans les territoires du Nord-Ouest, il a passé toute sa vie dans les régions arctiques du Mackenzie et de la mer de Beaufort, il a conduit des traînes de chiens.

— Jacobsen nous a télégraphié que nous pourrions filmer ici les fameux bœufs musqués. Nous n'avons pu que les survoler dans les barren-lands.

— Pourquoi ne filmeriez-vous pas une chasse aux ours ? nous dit-il.

— Des ours polaires ! Il n'est pas trop tard ? On nous a dit à Southampton qu'ils émigraient déjà vers le nord, sur la banquise.

— Nous sommes au nord et, la semaine passée, les Eskimos du village ont tué une dizaine d'ours. Justement Idlout, le plus grand chasseur du village, doit repartir ce soir.

— On pourrait ?...

— Je vais arranger ça.

Un coup de téléphone et voici venir son homme de confiance, un Canadien français, timide, réservé, discret, efficace.

— Saint-Jean, est-ce vrai qu'Idlout part ce soir pour l'ours ?

— *Yes, Sir.*

— Alors, prenez un snowbile, descendez ces messieurs au village et faites en sorte qu'il les emmène dans sa chasse.

— Bien, monsieur.

C'est tout et ça suffit !

Le village eskimo bâti sur la plage à six ou sept miles de la base n'existait pas avant la construction de celle-ci. A cette latitude, seuls les Eskimos peuvent travailler utilement. Attirés par de hauts salaires, ils sont venus d'un peu partout, transplantés depuis les communautés de la baie d'Hudson, du bassin de Foxe ou d'Igloolik. C'est ainsi qu'Idlout est arrivé un jour en traîneau à chiens, venant de Coral Harbourg, dans l'île de Southampton, après un raid de trois mille kilomètres sur la banquise.

Saint-Jean nous a conduits au village où l'instituteur, sa femme et leurs deux enfants sont les seuls Blancs à demeurer. Sur le toit de chaque cabane de préfabriqué, logeant une famille dans un confort tout à fait occidental, sont mises à sécher des peaux d'ours.

Idlout est ravi de nous voir. Une seule ombre au tableau : il chasse en skidoo, cette moto des neiges, et nous aurions préféré des traînes à chiens. Qu'importe ! Un autre chasseur l'accompagne, David Windgot, vingt ans, qui possède une meute admirable. Les palabres durent longtemps. Idlout nous paraît porté sur la boisson. David est silencieux et sympathique, il ne boit pas. C'est entendu, Idlout s'occupera du matériel de campement. Nous n'avons plus qu'à passer à la base et prendre les provisions pour tout le monde, le chef a l'habitude.

Le chef des cuisines de Resolute est un Vénitien onctueux comme un prélat. Il a certainement l'habitude des Eskimos car nous sommes effarés par l'accumulation de provisions qu'il nous remet : de quoi nourrir dix hommes pendant une semaine.

— Les Eskimos mangent beaucoup lorsqu'ils chassent !
nous dit-il.

A moins, pensons-nous, qu'ils ne jeûnent parfois huit à
dix jours, au bord de la famine, comme ceux d'Agu Bay.
Non ! Ici, ces Eskimos ont peut-être conservé leurs traditions mais ils vivent à l'occidentale, vendent régulièrement
le produit de leur pêche et de leur chasse à la coopérative
de la base.

A 20 heures, Saint-Jean nous conduit à nouveau au
village. Idlout palabre chez un voisin. Il est en train de vider
la énième bouteille de rhum ou de whisky. L'alcool est
interdit sur la base, mais les Eskimos sont les seuls à savoir
s'en procurer, n'insistons pas.

— Partez avec David, nous dit-il, je vous rejoindrai ; les
chiens font dix miles à l'heure, le skidoo quarante !

Nous nous installons sur la traîne de David. Idlout a
chargé les provisions sur la petite luge qu'il traîne en remorque derrière son skidoo, puis a disparu à nouveau pour
fêter son départ dans une maison amie.

L'attelage de chiens de David est superbe. Nous savons
qu'en une semaine le jeune Eskimo a tué à lui seul sept ours
polaires. Il est bien parti pour devenir le meilleur chasseur
de la communauté.

Nous piquons plein sud sur la banquise du détroit de
Barrow. Une vieille chienne efflanquée nous suit en liberté,
discutant en langage chien avec ses congénères. Elle est
tellement maigre que nous pensons : « Au bout d'une heure
elle va rentrer ! » Erreur, elle sera la reine du voyage.

La soirée est très froide, les chiens tirent allégrement et
leur jeune conducteur les manie adroitement et en douceur. Il n'élève pas la voix et ils comprennent merveilleusement.

Vers l'ouest, les falaises de l'île Griffith plongent dans la
mer. Avec le soir, la brume s'étend sur la banquise, signe
manifeste de nombreuses eaux libres. Les heures passent,
longues et pénibles. Vers 3 heures du matin, je ressens une
grosse défaillance. Assis inerte sur la traîne, mains et pieds
au chaud, je gèle pourtant progressivement. La température de mon corps a dû baisser, je suis en hypothermie, cela

devient grave. Je n'ai plus la force de marcher. Un peu de thé bouillant me ferait du bien. Malheureusement, Idlout a pris toutes les provisions et il n'est pas là. Nous n'avons rien à manger, rien à boire sinon un peu de neige fondue sur le réchaud que nous allumons. Pierre s'inquiète et, me trouvant très mal en point, propose de rentrer ! Non ! j'essaierai de tenir. C'est mon raid précédent qui m'a complètement épuisé, car, si le froid est vif, le thermomètre ne marque que — 28°. Serait-ce alors l'humidité de la mer ?

On continue. Je m'arrange une couche sur la traîne et je sombre dans une grande prostration. Les violentes secousses du traîneau ne suffisent pas à me sortir de ma torpeur.

A 6 heures du matin, la vieille chienne noire qui trotte librement aboie rageusement et fonce au galop devant la traîne. Un ours polaire, surpris à moins de cinquante mètres, détale à travers les séracs.

Immédiatement tous nos chiens partent au galop, nous entraînant dans une course effrénée. David les encourage du fouet. Il a dégainé son couteau et le pique sur l'armature de la traîne à portée de main.

L'ours se joue des obstacles du pack et nous distance. Il nous a pris environ un mile. Alors, David coupe la traîne de deux chiens qui, libérés, partent en aboyant sur les traces. Les autres, fous de rage, tirent avec une force peu commune. En franchissant une barre de glace, nous versons, les bagages tombent, le traîneau ne s'arrête pas. Pierre a sauvé le sac aux appareils.

La poursuite dure depuis plus d'une heure. L'action m'a sorti de ma torpeur, réaction salutaire qui m'a sans doute sauvé la vie.

Deux chiens reviennent : la petite chienne et un compagnon. La petite chienne noire parle aux chiens de la traîne, émet des jappements, des aboiements rageurs. Dialogue subtil. Nos chiens démarrent sans nous prévenir. Rien ne les arrête, ils sautent un banc de glace d'un mètre de hauteur. La chienne noire nous a précédés et, au détour d'un banc de glace, nous voyons l'ours, acculé contre un bloc, tenant tête aux autres chiens. Les deux messagers étaient simplement venus nous prévenir.

Une lutte étrange et silencieuse commence entre les chiens et l'ours. Un seul chien attaque et toujours par derrière. L'ours se retourne alors avec une agilité surprenante et bondit, mais déjà un autre chien relaie le premier. Une nouvelle charge amène l'ours à moins d'un mètre de Pierre à qui je passe les objectifs et qui filme posément comme s'il était en studio. L'ours s'épuise, accumule les charges. Enfin, David, le trouvant trop dangereux, tire et le fait bouler à nos pieds. Le fauve se redresse, menaçant. Une deuxième balle l'étendra dans la neige. La meute se précipite sur le cadavre et le mord à pleines dents.

Il est 7 heures du matin, le froid est toujours aussi vif mais le soleil dissipe les brumes. J'ai oublié ma fatigue, je me réveille d'une dangereuse léthargie.

Nous revenons sur nos traces, récupérant sur la banquise ici une caisse, là une fourrure, ailleurs un sac. Il est midi passé et Idlout ne nous a toujours pas rejoints. David, qui avait dépouillé l'ours avec maestria et découpé des morceaux de viande, les fait bouillir légèrement dans de la glace de mer et nous les donne à manger presque crus. Je n'arrive pas à avaler un morceau et me contente de boire le bouillon.

Il faut prendre une décision, car nous n'avons avec nous aucun matériel de campement, aucune autre nourriture que la viande de l'ours et Idlout n'arrive pas. On décide que, si le grand chef n'est pas là vers 14 heures, nous reprendrons le chemin du retour.

Idlout est arrivé sur ces entrefaites, bondissant sur son skidoo comme un cavalier sur sa monture. Il bredouille de vagues excuses, mais nous ne sommes pas dupes : il a cuvé sa cuite. Aussitôt il allume un réchaud, sort des provisions, fait du thé, du café, de la soupe. La fatigue ne l'a pas marqué. Il paraît vexé de constater que David a tué un ours en son absence, nous accorde à peine une heure d'arrêt et repart. Plein sud en direction de la grande île de Somerset, qui dissimule à sa base le mince fjord par lequel Amundsen a réussi à forcer le passage du Nord-Ouest.

J'étais très bien sur le traîneau de David mais Idlout m'a fait prendre place sur la petite traîne remorquée par le skidoo et je connais maintenant les joies et les angoisses d'un sport nouveau. On se tient à califourchon, en équilibre instable, sans avoir rien à quoi se raccrocher ; on joue à saute-mouton avec les obstacles. Parfois la cordelette qui attelle la remorque casse. Idlout continue, s'aperçoit de mon absence au bout d'un kilomètre, revient me chercher. Souvent son skidoo s'étouffe. Idlout s'arrête, démonte et nettoie ses bougies, les change, démonte le delco, repart, débranche l'arrivée d'essence, souffle dans la tubulure... On reste ainsi en panne, cinq minutes ou une demi-heure. Pierre chemine plus lentement mais sûrement sur le traîneau de David. Il nous a rejoints, nous dépasse. On repart, on le devance. La panne nous arrête, David nous rejoint.

La banquise est couverte de traces d'ours. C'est l'époque où ils sont affamés et dangereux. Remontant vers le nord sur la banquise, ils se laissent porter par les blocs à la dérive.

Vers 20 heures, nous avons dressé le camp. Au sud, à quelque distance, apparaissaient les falaises de Somerset. Idlout est un Eskimo moderne, qui gagne beaucoup d'argent. Il est équipé d'une tente isothermique de l'armée, sur le tapis de sol de laquelle il étale une magnifique peau de bison noire, insolite au pays des ours blancs.

Le réchaud allumé, en quelques minutes la chaleur et la buée sont insupportables. On nage dans la sueur. On éteint le réchaud et le froid glacial revient. La tente est adossée à un vieil iceberg qui nous procure la glace d'eau douce. Il y a tellement de traces d'ours autour de nous que je suis sourdement inquiet. Pierre partage ce sentiment. Pourtant, la désinvolture des Eskimos devrait nous rassurer. Ils ont enchaîné tous les chiens de l'attelage devant l'ouverture de la tente, et la chienne noire laissée en liberté va et vient, gardienne fidèle de notre sommeil.

Impression de me retrouver sous la tente des Indiens.

Le lendemain, les traces nous emmènent très loin vers l'ouest, jusqu'à l'île Lawther. Nous sommes pratiquement arrivés au pôle magnétique. Sur le tard, Idlout m'a fait signe, après cette journée de vaines recherches, de monter sur la traîne de David. Il nous devance et disparaît au loin sur son skidoo. Nous sommes restés perplexes devant son comportement, mais David mène sa traîne plein nord. Il connaît sans doute les desseins secrets de son chef, laissons-nous guider.

David possède la vue perçante des peuples primitifs, il peut distinguer à plus d'un kilomètre le point noir d'un lemming sur la neige, et tout à coup, alors qu'il somnolait, le voici qui se redresse et crie le mot tant attendu :

— *Nanook ! Nanook !* (L'ours !)

Spectacle ahurissant. Au loin, voici Idlout qui revient vers nous, chevauchant son skidoo et poussant devant lui un magnifique ours blanc qui galope, fait des feintes, s'arrête, repart. L'ours se rapproche. Idlout a l'air d'un fermier texan chassant devant lui un bœuf échappé du pacage !

Jusque-là, c'était complètement idiot cette chasse, mais l'ours a aperçu les chiens et tout change. Il devient furieux et cherche à fuir. David coupe sans hésitation les lanières des chiens et part en courant derrière eux. Pierre le suit, me lançant une dernière recommandation :

— Prends le sac aux objectifs !

Me voici tenant à la main le fourre-tout, telle une ménagère revenant du marché, et trottant derrière un ours polaire...

L'ours, épuisé, s'est adossé contre un mur de glace. Il est beaucoup plus grand que le premier. L'hallali recommence, puis Idlout le foudroie d'une balle en plein cœur. La splendide bête mesure trois mètres de long.

On a dépouillé l'ours. Il est 15 heures. La journée est calme, nous allons prendre le chemin du retour.

Sur ce détroit de Barrow encore figé par les glaces, le pack forme un dangereux labyrinthe chaotique, les crevasses sont nombreuses, les couloirs d'eau libre plus nombreux. En vue de l'île Griffith, nous découvrons les plus beaux icebergs que nous ayons rencontrés jusque-là, descendus des glaciers d'Axel Heiberg. Notre progression devient difficile. Nous avons perdu de vue Pierre, David et leur traîne. Vers 21 heures, nous nous arrêtons au pied d'un imposant iceberg. Je l'escalade et contemple, impressionné, l'ensemble du détroit de Barrow dans ses eaux figées par le froid, les séracs du pack, les collines enneigées des vieux icebergs des années précédentes érodés par le temps.

David et Pierre nous ayant rejoints, on va dresser le camp. La journée a été longue et harassante. Idlout monte la tente, David n'a pas encore dételé ses chiens, et tout à coup il lance le cri du chasseur :

— *Nanook, Nanook !*

A deux cents mètres, un énorme ours polaire nous regarde, intrigué par nos allées et venues. Il n'a pas encore senti les chiens mais le rouge de la tente l'a attiré de loin.

Le cri de leur maître a réveillé l'attelage. Les chiens qui somnolaient se dressent et aboient furieusement. David saute sur son traîneau et je l'y rejoins en vitesse. Le sac aux caméras n'a pas été déchargé. Pierre a sorti ses appareils. Idlout, carabine en bandoulière, se précipite sur son skidoo qui refuse de partir.

La chasse commence, nous perdons du terrain, et David coupe toutes les lanières pour libérer les chiens. Pierre à son tour engage la poursuite. Je suis leurs traces très loin derrière, un cabas au bout de chaque bras. Je n'ai rien oublié : caméras, batteries, appareils photos, réserve de films !

L'ours va et vient d'un monticule à l'autre, s'arrête, fait face, échappe aux chiens, se dirige vers moi au petit galop. Je fais une drôle de tête ! Curieuse situation. Je suis seul devant ce plantigrade furieux, et sans autre arme qu'un téléobjectif ! Voici mon sauveur, Idlout passe à côté de moi, pétaradant sur son skidoo. Je l'appelle, il ne répond pas, continue sa route. Décidément cette chasse à courre est originale. A condition que je ne sois pas devenu le gibier. Je ne vois plus rien, mais j'entends les aboiements des chiens derrière une colline de glace. Je rejoins la chasse ; l'ours s'est réfugié sur le sommet d'un vieil iceberg. Les chiens de David l'entourent et le tiennent en respect. Idlout veille, carabine à la main. Pierre filme, se retourne, et calmement, demande :

— Passe-moi un chiffon propre, j'ai de la buée !

Il essuie posément ses objectifs, mesure l'éclairage, met au point. Il m'étonnera toujours, ce cher Pierre. Quand il filme, plus rien n'existe autour de lui.

Plusieurs chiens ont abandonné la lutte et pansent leurs blessures, allongés ou assis dans la neige ; quatre ou cinq huskies tiennent bon. A plusieurs reprises, l'ours a failli s'échapper. Une fois il a bondi sur nous et le chien poursuivi passe entre les jambes de Pierre. Nous pouvons voir à moins de deux mètres les crocs menaçants, la gueule de velours noir, la langue pendante d'essoufflement, mais je crois que le plus impressionnant est le silence dans lequel se déroule ce combat entre chiens et ours. L'ours est une bête silencieuse. Aucun son ne sort de sa gueule. Les attaques et les charges, qu'il ne ménage pas, prennent de ce fait une puissance surnaturelle.

Idlout est inquiet. A diverses reprises, l'ours s'est montré trop agressif. Nous tenons l'animal en respect depuis plus d'une demi-heure et cela ne pourra durer.

— *Have you finished, Pierre ?* demande Idlout. *He is now very dangerous.* (Avez-vous terminé, Pierre ? Il devient très dangereux.)

— Allez-y ! dit Pierre.

Idlout tire. Une seule balle et l'énorme plantigrade s'affale sur la neige, foudroyé. Il mesure plus de six pieds, soit 3,35 mètres.

Le soleil de minuit éclaire en plein cet étrange spectacle.

Le lendemain, nous sommes revenus à la base, ayant couvert sur la banquise quatre cents kilomètres en soixante-douze heures presque ininterrompues de chasse !

Nous étions à Resolute pour filmer les étranges bœufs musqués et nous avons exprimé le désir de louer un avion pour nous transporter à Eureka, au nord de la terre d'Ellesmere.

Mais l'homme propose et la tempête dispose. Que faire sinon patienter ?

Et puis, un jour, alors que nous désespérions, Phipps, notre pilote, vient vers nous, radieux. Il a une mission à remplir à Greely Fjord, sur le 82e parallèle, entre Eureka et

Alert Point, dans les montagnes pratiquement inexplorées de la chaîne des Etats-Unis. Si les gens de Greely acceptent de nous recevoir, il nous prendra dans son avion très peu chargé. Un télégramme est envoyé, la réponse arrive : les gens de Greely seront heureux de nous accueillir mais nous signalent que les bœufs musqués sont très loin de leur base, dans une région difficile à atteindre à cette époque, même avec un « Bombardier » ou un « Wesel ». Ils nous conseillent de nous poser à Eureka où d'importantes hardes sont plus facilement accessibles.

La tempête a continué encore plusieurs jours puis Phipps est venu nous prévenir. Son Otter va décoller dans une heure pour Greely Fjord.

Au nord de Resolute, il n'y a plus de présence humaine permanente, rien que des montagnes vides, des îles glacées, des bras de mer pris dans le pack. Seuls les hommes des bases y séjournent par roulement et y vivent artificiellement en utilisant toutes les ressources de la technique la plus avancée.

Nous mettrons trois heures pour atteindre Eureka. Un vol inoubliable, une navigation délicate. Nous volons entre deux plafonds de nuages et parfois, dans une déchirure, nous apercevons des glaciers, des montagnes qui scintillent. A mesure que nous avançons vers le pôle, la terre nue apparaît, ventée, décharnée. Le relief s'y inscrit en arêtes de rocs. Il y a de moins en moins de neige.

Sur la rive nord du Slidre Fjord, une haute coupole et deux ou trois bâtiments insolites surgissent dans cette solitude. Nous interrogeons Eureka par radio. La réponse arrive, pleine d'humour :

— *French cameramen are welcome at Eureka although we should have prefered French girls !* (Les cinéastes français sont les bienvenus à Eureka, encore que nous eussions préféré des filles françaises !)

Sur le terrain minuscule, Phipps se pose en virtuose. Le chef de la « Weather Station » nous accueille. Dans cette station météorologique du bout de la terre, vivent et travaillent douze météorologistes, dont les observations servent à établir la carte du temps à travers le monde. Leur long hivernage vient de se terminer. Ils ont connu la nuit la plus longue du pôle, des températures atteignant — 70°, des vents terribles.

Peu après le départ de Phipps, la tempête commence et nous confine quarante-huit heures dans la station. Enfin nous pouvons quitter Eureka à bord d'un « Wesel » piloté par l'un des radios de la base, au repos. Un de ses compagnons, armé, assure notre sécurité. Il nous faudra à peine une heure de recherche sur la péninsule de Fosheim pour découvrir une trentaine de bœufs musqués disséminés comme des vaches sur un alpage de neige. La harde est très calme, les jeunes veaux gambadent, les taureaux broutent. Nous continuons à pied, de façon à encercler le troupeau et l'obliger à se former en hérisson, selon sa tactique habituelle de défense. Tactique valable contre les loups, mais qui avantage le chasseur européen et qui a provoqué la disparition presque totale des bœufs musqués sur le continent canadien au siècle dernier. Le bœuf musqué est un « ovibos ». Il s'apparente beaucoup plus au mouton qu'au bœuf. Ses cornes sont des pointes osseuses acérées recourbées vers l'avant et sortant directement d'un bouclier frontal comme chez le buffle africain. L'épaisseur extraordinaire de sa fourrure le fait paraître plus gros qu'il n'est en réalité.

Notre approche sera longue et précise. Tairraz et moi marchons de front, portant tout notre attirail de prises de vues. Les deux Canadiens se séparent, contournant le troupeau, l'un par le nord, l'autre par le sud. Nous arrivons au pied de la colline ; le troupeau s'agite ; les taureaux ramènent les vaches et les veaux, les obligent à se rassembler sur une butte. Pierre et moi, un peu essoufflés par la longue marche, sommes parvenus à quelques mètres du bloc compact des animaux. Les bœufs musqués nous font face ; leurs yeux phosphorescents brillent dans l'épaisseur du pelage. Nous les admirons mais notre présence ne leur plaît pas, et ils se réfugient au galop sur un autre tertre. Nous les poursuivons sans précaution et ils se serrent flanc contre flanc, formant un hérisson compact, un seul bloc de fourrure, une sorte d'hydre à trente têtes. Ce bloc d'animaux soudés par la peur oscille, avance, recule sans jamais se désunir. Parfois, entre les pattes d'un adulte, on voit apparaître les petites têtes curieuses de trois ou quatre jeunes veaux. Les taureaux, au nombre de trois, se sont placés de façon à surveiller tous les azimuts. Nous sommes à dix ou douze mètres du troupeau. Le vent souffle très fort et la brume de neige court entre les pattes des animaux. Des flocons de duvet se détachent et s'envolent sous le souffle du blizzard.

Nous travaillerons ainsi durant deux heures. Pierre est satisfait. Le document que nous rapportons sera l'une des plus belles séquences de notre film.

Pour que les bœufs musqués puissent rompre leur formation et partir, nous nous portons tous les quatre du même côté, laissant le champ libre vers l'est. Les taureaux vont et viennent, flairent le sol, piaffent. Je jette quelques cailloux et tout se décide. Un vieux taureau se détache, fonce au galop. Le troupeau suit, bien encadré par les vieux mâles. Leur charge ressemble à celle des bisons : les bêtes les plus fortes pressent entre leurs flancs les jeunes, les soulèvent, les portent.

Vision d'un autre âge. Ces bêtes sauvages et libres, les plus anciens mammifères du monde apparus au pléistocène, s'enfoncent dans les montagnes et disparaissent dans les neiges du pôle.

Je suis revenu en France sans savoir que je portais en moi un virus inguérissable : j'avais été atteint par la magie des contrées polaires ! Et déjà je songeais à y retourner.

Le film *Peuples chasseurs de l'Arctique* sera très bien accueilli. Il apportait une vision nouvelle et sincère sur la vie des Indiens et des Eskimos.

De même qu'Henri Catholique et Napoléon Mitchell étaient morts gelés sur le Grand Lac des Esclaves, victimes après leur naufrage des allumettes mouillées qui remplaçaient le briquet et la mousse de leurs ancêtres, Pacôme, le grand chasseur d'Igloolik, séduit à son tour par la civilisation occidentale, est mort deux ans plus tard au volant de son snowbile, alors qu'il traversait la glace perfide de la baie d'Igloolik pour se rendre à Hall-Beach. La banquise a cédé sous le poids du véhicule.

Même aventure est arrivée, à peu près à la même époque, à Idlout, le chasseur d'ours, l'enragé du skidoo. Il a lui aussi disparu dans une fissure du pack, sur ce détroit de Barrow qu'il sillonnait à longueur d'année.

David Windgot continue, lui, à conduire sa traîne. Il n'a pas été corrompu par les apports occidentaux de Resolute. C'est un sage.

En revanche, et cela je l'ai appris il y a trois ans, il n'existe plus d'Eskimos réfractaires dans l'archipel arctique canadien. Nous avons filmé les derniers en 1966. Le clan Tabatiak a déserté les igloos de la terre du Kronprinz-Frederik. Désormais le peuple eskimo, rassemblé dans les bases, ayant perdu l'usage et les traditions de sa race, ayant abandonné l'élevage des chiens, ne peut plus vivre que sous notre forme occidentale de civilisation.

C'est sans doute la raison pour laquelle le gouvernement fédéral canadien, en la personne du directeur de la cinémathèque nationale, nous a acheté une copie de notre film en nous écrivant :

Nous venons de nous apercevoir qu'il n'y a plus d'Eskimos réfractaires dans le Grand Nord, et que votre film est le seul qui relate de façon véridique la vie sous igloo de ces nomades des glaces.

Ce sera notre fierté, à Pierre et moi, d'avoir pu aller si loin, si longtemps, et si haut en latitude en direction du pôle avec d'aussi faibles moyens.

7

1969. Trois ans ont passé depuis notre voyage aux régions polaires et nous voici survolant de nouveau la grande forêt canadienne des territoires du Nord-Ouest à bord d'un Cessna piloté par Cowie, « free-lance pilot » de Fort-Simpson, petit poste administratif situé au confluent de la rivière

Liard et du Mackenzie, l'un des plus grands fleuves du monde : 4 600 kilomètres.

Sous nos ailes nous contemplons les innombrables méandres de la rivière Liard à travers l'impénétrable forêt de spruces. A l'ouest, la première barrière des montagnes Rocheuses s'allonge, rectiligne, sur des centaines de kilomètres. Nous avons retrouvé le pays sans limites, les terres de l'infini. Nous sommes heureux comme des collégiens en vacances, Pierre Tairraz et moi.

Depuis plus d'un mois, nous attendions dans la vallée du Mackenzie, encore prise par les glaces, et que nous avons visitée jusqu'à son grand delta d'Inuvik et d'Aklavik, sur la mer de Beaufort, que la débâcle ait enfin libéré les grands fleuves et les rivières que nous devons utiliser pour notre projet.

Si le Mackenzie est encore en partie encombré par les glaces, la rivière Liard, qui prend sa source dans la Colombie britannique, est en pleine débâcle. Le spectacle est fascinant. Les blocs de glace, repoussés par les eaux plus puissantes du fleuve, s'entassent en pyramides de plus de vingt mètres de hauteur ; les berges, sapées, s'écroulent et, avec elles, les blocs de glace qui éclatent comme des coups de canon.

Mais nous allons vers le sud, et par conséquent au-devant des eaux libres.

Notre projet est de remonter la Nahanni jusqu'aux chutes Virginia, qui sont, paraît-il, les plus hautes de l'Amérique du Nord, avec une chute de cent trente mètres. Mais la South Nahanni, c'est aussi la rivière des chercheurs d'or, des légendes, des morts étranges. Toutes les personnes à qui nous exposerons notre projet auront la même réaction. La Nahanni n'a été descendue qu'une fois, il y a une année, par quatre Français qui se sont fait parachuter aux sources mêmes de cette rivière longue de six cents kilomètres. Ils ont réussi de justesse, après avoir plusieurs fois frôlé la catastrophe et failli mourir de faim.

La Nahanni, c'était avant eux la rivière aux quarante morts et déjà, cette année, trois nouvelles victimes sont à ajouter à la liste funèbre. De quoi faire réfléchir !

— En tout cas, nous ont dit nos amis, et surtout le père Pocet que nous avons rencontré à Simpson (toujours la chaîne amicale des missionnaires français des N.W.T.), si vous voulez réussir, contactez le père Mary.

— Où pouvons-nous le rencontrer ?

Sourire amusé.

— Peut-être à Nahanni-Butte, le plus important village indien de son secteur. A moins qu'il ne se trouve à son poste officiel de Fort-Liard, à deux jours de canot plus au sud, ou bien dans la forêt à visiter ses ouailles. Le père Mary est infatigable, il parcourt sans cesse son secteur, aussi grand que la France et moins peuplé qu'une petite commune française. Tâchez de le joindre.

Nous restons perplexes. Retrouver un missionnaire français quelque part dans cet immense désert forestier peut se comparer au voyage de Stanley recherchant Livingstone quelque part dans le Centrafrique.

— Vous devriez contacter Cowie, le pilote d'avion-taxi, a conseillé le père Pocet. Il vous déposera à Nahanni-Butte, et les Indiens sauront bien retrouver le père Mary là où il se trouve.

Nous avons attendu que la tourmente qui régnait, paraît-il, sur Nahanni-Butte s'apaise et que le décollage de Fort-Simpson soit praticable, et nous voici volant plein sud.

Cowie est un pilote expérimenté ; il évoque pour nous Ptarmigan, Chris, Bill, Phipps de nos raids passés.

Il survole en rase-mottes la forêt. Nous sommes surpris de la grande taille des spruces, contrastant avec les maigres perches d'épinettes qui bordaient la « tree-line », au nord du Grand Lac des Esclaves. Nous sommes à l'abri des Rocheuses, et la végétation arborescente remonte vers le nord presque jusqu'aux bouches du Mackenzie, à la limite de la mer de Beaufort. Phénomène unique dans le Grand Nord américain.

On vient de survoler un marécage où deux grands élans, des « mooses » dépourvus de bois, enfoncés jusqu'au ventre dans une mare, broutent les plantes subaquatiques dont ils sont friands. Nous volons à toucher la première chaîne des

Rocheuses : une sorte de coupole calcaire, un anticlinal bien marqué sur les flancs duquel la forêt de spruces se termine par un maquis d'arbustes polaires. Sous cette latitude, cinq cents mètres d'altitude modifient étrangement la végétation. La limite des arbres se retrouve en altitude comme dans les Alpes. Elle est à cinq cents mètres et, à Chamonix, oscille entre mille cinq cents et deux mille mètres.

— Nahanni-Butte ! dit laconiquement Cowie.

On descend progressivement à frôler la crête des sapins. Nous survolons deux grands bâtiments bien construits, en rondins, dans le style trappeur.

— *The trader !* confirme Cowie.

Un couple anglais vit ici depuis des années, à l'avant-garde de la civilisation. Il commerce avec les Indiens et, jusqu'à l'arrivée du père Mary, il était bien placé pour acheter les fourrures à très bas prix, vendre ou échanger vivres, armes, vêtements dans les meilleures conditions. Il n'avait pas de concurrent.

C'est de bonne guerre, mais par la suite nous apprendrons que « Father Mary » a monté une coopérative gérée par les Indiens ; il assurera ainsi l'écoulement des fourrures à des taux plus avantageux pour les trappeurs de cette région riche en castors et rats musqués.

Nous ne nous sommes pas posés sur le terrain du « trader » Dick Turner, où est amarré au sol son petit avion personnel. Le village indien se trouve sur la rive droite de la Nahanni, dans le bec formé par le confluent de la Nahanni et de la rivière Liard. Un terrain vague de deux à trois cents mètres, débroussaillé et n'ayant pour toute infrastructure qu'une manche à air, constitue « l'aéroport » de Nahanni. C'est sur cette piste rustique que Cowie pose en souplesse son Cessna surchargé par nos bagages.

Les moteurs arrêtés, le silence surprend. Un silence inquiétant, car parfois contrarié par une sorte de grondement puissant et sourd, apporté par le vent. Les eaux grossies par la débâcle des deux grandes rivières le produisent en se rejoignant.

Notre arrivée est passée inaperçue.

— Pas de service d'accueil, ironise Pierre.

Cowie nous désigne une brouette métallique, seul mobilier visible sur cette lande bordée par un bush épais, formé de grands arbres de la famille des peupliers, les liards, qui ont donné leur nom à la rivière et au district.

— Pour vos bagages, dit-il. Je dois repartir immédiatement : *storm is coming !*

En effet, de lourds nuages d'orage roulent sur le sommet de la Butte qui nous domine de près de mille mètres.

— Nous aurons besoin de vous au retour, lui dis-je.

— Le « trader » me préviendra, il a la radio. Puis il nous désigne du doigt l'une des extrémités de la piste : le village est par là.

On charge nos bagages dans la brouette. Heureusement, nous n'avons que du matériel photographique, ayant jugé au-dessus de nos moyens une expédition cinématographique sur les grands cañons de la Nahanni, ce qui aurait nécessité la location pour la durée de l'expédition d'un hélicoptère. Pas question !

Le village groupe une vingtaine de « cabins », sortes de huttes rectangulaires en rondins de spruce, non équarris, couvertes de tôles ou de papier goudronné. Il n'y a pas de rues. L'ensemble repose sur une prairie aux herbes rases. Nous arrivons au bon moment : la neige a disparu et les moustiques ne sont pas là. Nahanni est réputé comme l'endroit des territoires du Nord où l'éclosion des moustiques prend parfois allure de fléau.

Quelques enfants jouent, rieurs et nullement étonnés de nous voir. Un vieillard bine un jardin minuscule. On l'interroge. Il répond vaguement :

— *Father Mary ? He shall come.* (Il doit venir.)

— *When ?* (Quand ?)

Question stupide. Il hausse les épaules. Le père Mary viendra quand il aura envie de venir, ce soir, demain, dans huit jours.

L'instituteur n'est pas là. Il se promène en avion avec le fils du « trader ». Mais un jeune Indien botté, à veste de cuir noir, ceinture à boucle et chapeau texan, s'avance vers nous. Il parle un très bon anglais.

— Le père Mary sera sûrement là demain. C'est dimanche et il doit dire sa messe.

— Où est-il ?

— Il a conduit à Hot Springs le « welfare officer » et une dame.

Hot Springs est la cabane d'un chercheur d'or perdue à quelque cinquante miles en amont et à l'entrée des cañons de la Nahanni. Un Allemand, Gus Kraus, y vit dans un isolement total avec sa femme indienne Mary et son fils adoptif Mickey.

— Où pourrions-nous loger ?

— On va voir le « genitor ».

Ce vieux mots français sert à désigner le responsable de la petite communauté. C'est un jeune Indien vêtu lui aussi en Texan. Il prend l'initiative des opérations et nous dirige vers une curieuse construction conique dont le toit, soutenu par des troncs d'arbres entiers, abrite un espace circulaire d'une quinzaine de mètres de diamètre. C'est la maison commune. Deux cents personnes y tiendraient à l'aise.

Cowie avait raison. L'orage a éclaté, la pluie ruisselle et nous sommes heureux d'avoir un toit. On range nos affaires, je fricote un bon repas, et nous entamons une partie de belote. Les heures coulent, l'orage augmente de violence. Il ne nous reste plus qu'à attendre. Nous voici à pied d'œuvre. Mais comment le père Mary nous accueillera-t-il ? Comment pourrons-nous remonter les gorges de l'étrange Nahanni ? Engoncés dans nos sacs de couchage, nous écoutons la pluie déferler sur la toiture. Impression curieuse d'être dans la hutte d'un chef africain à la saison des pluies !

Nous sommes réveillés en sursaut en plein milieu de la nuit. La porte s'ouvre en claquant. Un homme vêtu d'un anorak et semblant sortir tout droit des eaux de la rivière pénètre dans la salle. Nous nous levons. Il est déjà sur nous, tendant les mains, parlant fort. Sans l'avoir jamais vu, nous reconnaissons le père Mary. Il rejette son capuchon, découvre une tête carrée, énergique, un visage glabre, une joue ravagée par les cicatrices des gelures de l'hiver, une stature d'athlète. Ses yeux sont rougis par le froid. Il parle, il parle, comme s'il voulait se défouler d'une trop grande concentration d'esprit.

— C'est vous les Français ? Quel temps de chien ! J'ai bien cru ne pas pouvoir arriver, je n'aurais pas dû quitter Hot Springs avec cet orage. La rivière n'a jamais été aussi dangereuse : partout des troncs d'arbres entraînés par la crue, neuf heures à tenir la barre face au vent, visibilité nulle, on s'est échoués plusieurs fois...

Neuf heures pour couvrir quatre-vingt-dix kilomètres ! On comprend mieux son agitation.

Nous nous présentons.

— Prenez un coup de whisky, mon père, ça vous réchauffera.

Il réfléchit, oublie de boire.

— Frison-Roche, vous avez dit ? Répétez-moi votre nom. C'est bizarre comme un souvenir d'enfance... Ah oui ! *Premier de cordée*.

Un large sourire.

— Vous n'allez pas rester ici, ça flotte de tous côtés. Vous logerez chez moi.

— Comment avez-vous appris notre arrivée ?

— Vous qui avez été au Sahara, vous connaissez le téléphone arabe. Ici c'est pareil. Chez Gus, à Hot Springs — c'est un fana de la radio —, j'ai appris de Fort-Simpson que Cowie avait lâché deux Français à Nahanni-Butte. J'ai cru un moment que c'était mon évêque, mais je ne l'attends que plus tard. Deux Français sans mission officielle, ça valait le coup de partir tout de suite. D'autant plus que le « welfare officer » (l'aide aux Indiens) était pressé de rentrer... comme toujours !

Le père Mary a construit sa maison lui-même. En rondins comme celles des Indiens. Il a refusé une construction plus confortable. « Je dois vivre comme les Indiens ! » a-t-il dit à son évêque. La hutte comprend deux pièces rectangulaires en enfilade et la blondeur des troncs de spruce bien écorcés y apporte une note de chaleur et d'intimité. On passe la nuit à bavarder.

— Ainsi vous voulez remonter la Nahanni ! Ah oui ! Les hommes scalpés, les disparitions, les hors-la-loi...

— Cette rivière nous intrigue. Est-elle aussi meurtrière que sa réputation ?

— Pour ça oui, et elle n'a pas fini d'en faire voir à ceux qui voudront la visiter. Tout ça, c'est très beau mais il faut me laisser le temps d'y réfléchir. De combien de temps disposez-vous ?

— De tout le temps nécessaire.

— J'ai un très bon canot, rapide, mais il a été construit pour naviguer sur la rivière Liard. La Nahanni, c'est autre chose. Il faudra trouver une autre embarcation. J'ai un moteur de rechange. On avisera. Demain nous remonterons la Liard jusqu'à Fort-Liard. Le policier a une belle barque et grande envie de voir les Virginia Falls.

On déplie un lit de camp. Une vieille banquette d'automobile fera une deuxième couchette convenable.

Le sommeil ne vient pas. On parle, on parle ! de la Nahanni, de la Liard, des Indiens, des hommes sans tête... Father Mary raconte :

— Tout a commencé avec la ruée vers l'or à la fin du siècle dernier. Dès lors, pendant plus de vingt années, les aventuriers vont se ruer vers ce nouvel eldorado. Par Skagway, sur la côte Pacifique de l'Alaska, le White Pass, et la descente du Yukon, ils atteindront Dawson et le Klondike. Plus tard, délaissant la voie du Yukon, des hommes pensèrent trouver une voie plus courte par le Mackenzie et ses grands affluents qui coulent vers le nord. Tous les rescapés de la rivière, comme Gus, Turner ou Fayler, venaient du sud ; les disparus aussi. Arrivés au confluent de la Liard et de la Nahanni, ils se sont aperçus que la rivière coulant du nord au sud semblait pénétrer fort loin dans les montagnes. Ils la remontèrent, se heurtant aux terribles rapides qui commencent à Hot Springs. Des hommes disparaissaient dont on ne s'inquiétait pas. Un jour, le prospecteur Charles McLeod résolut de retrouver la trace de ses frères disparus dans la vallée sans hommes. Il franchit le premier cañon, déboucha dans une très vaste vallée intérieure et découvrit sur un éperon de la rive gauche la cabane de ses frères à l'intérieur de laquelle gisaient deux squelettes décapités. Persuadé qu'ils avaient été scalpés par les Indiens, il revint annoncer la nouvelle. La vallée fermée porte depuis 1905 le nom de « Deadmen Valley », la Vallée des hommes morts.

— On a parlé de hors-la-loi.

— Je défie un hors-la-loi de vivre sans contact avec le reste du monde plus d'une année dans la Nahanni supérieure. J'ai lu dans le récit des quatre Français, paru en 1968 sous le titre *Victoire sur la Nahanni* (1), la liste des victimes connues. Premières victimes : les « hommes sans tête », les frères William et Frankie McLeod, morts en 1904, retrouvés en 1905 ; le professeur Jorgensson mort au confluent de la Flat River vers 1910, retrouvé avec une balle dans le corps, probablement assassiné par un prospecteur désireux de lui voler son or. En 1926, c'est la disparition d'une femme, Annie Laferté ; en 1928, Fisher dont on retrouva le squelette ; en 1929, Hall ; en 1931, Powers dont les ossements ont été découverts dans une cabane incendiée, à la Flat River : crime ou accident ; en 1936, disparition de Eppler et Mul Holland ; en 1940, Ollie Homberg meurt de faim ainsi que Schebach en 1949. Que sont devenus Horly, Adlard, Christian disparus en 1950 ? Jusqu'à preuve du contraire, tous ceux dont on a pu retrouver les traces sont généralement morts de faim. Ceux qui ont été assassinés l'ont été par leurs rivaux et non par les Indiens. On parle d'une vingtaine d'autres disparus non identifiés. Et la liste tragique continue. Trois explorateurs suisses, Wolfgang Mahmeke, Fritz Weisman et Manfred Wutrich sont morts dans les rapides en franchissant « Hell's Gate », la Porte de l'Enfer, en aval des chutes Virginia. Un solitaire nommé Mackenzie s'est noyé récemment et, voici un mois, trois jeunes gens de Fort-Smith qui survolaient de très près les chutes Virginia se sont écrasés sur une montagne à proximité des « Falls ». Quarante-quatre victimes ! Ça ne vous donne pas l'envie de renoncer à votre projet ? conclut le père Mary.

(1) Pierre-Louis Mallen, *Victoire sur la Nahanni*, coll. « L'aventure vécue », éd. Flammarion.

— Notre ambition n'est que de remonter jusqu'aux chutes Virginia.

— C'est faisable mais pas toujours possible. Tout dépend du niveau des eaux. Si les eaux sont hautes, le courant est terrible, mais on peut mieux choisir son passage. Si les eaux sont basses, la navigation est très dangereuse dans les rapides et, comme ça varie chaque jour, c'est une affaire de nez... Demain je dois aller à Fort-Liard. Voulez-vous m'accompagner ?

Le lendemain, nous embarquons dans une barque solide à fond plat, sur laquelle le père Mary a fixé deux puissants moteurs hors-bord de 35 CV. La barque appartient à Natitou, un jeune Indien qui la lui a prêtée. Avec cet engin, nous pourrons atteindre Fort-Liard en cinq ou six heures. Si tout va bien naturellement.

Nous remontons le cours de la Liard, longeant l'interminable barrière des Rocheuses. La forêt recouvre tout. Le fleuve — peut-on parler de rivière lorsque celle-ci dépasse les mille cinq cents kilomètres de longueur et que sa largeur est plus importante que le Rhin à Strasbourg ? —, le fleuve ne comporte pas de rapides à proprement parler, simplement des biefs en eaux moins profondes signalés à l'attention par le friselis des courtes vaguelettes qui s'y produisent.

Nous atteindrons dans les délais Fort-Liard, village administratif type des territoires du Nord-Ouest : confortable maison du chef de la police montée, école, comptoir de la « Bay » et mission. Celle-ci domine la rivière. Elle donne l'impression d'un confortable presbytère de la province du Québec. Le parloir est, comme il se doit, envahi par les Indiens. Il y a plusieurs chambres, un atelier, un salon et même une salle de bains, mais sans eau chaude, dernier souci du père.

Le père Mary branche sa radio personnelle. On entre en contact avec toutes les missions à des milliers de kilomètres d'ici. Nous retrouvons nos amis Simpson, de Yellowknife, de Fort-Smith et d'Inuvik ! On échange les dernières nouvelles, c'est chaque soir l'heure agréable des conversations.

Demain nous irons voir le policier. Le télégraphe de

brousse n'aura pas manqué de lui annoncer notre arrivée.

— C'est un brave type, le « mounted », constate le père Mary. Il a surtout un bon bateau et un bon moteur, l'administration ne se refuse rien. Depuis le temps qu'il désire voir les chutes, c'est l'occasion ou jamais !

L'après-midi, nous nous présentons au logis du brigadier de la R.C.M.P. (police montée) dont nous avons admiré avec envie la belle embarcation amarrée au ponton. Comme entrée en matière, nous exhibons les lettres d'introduction officielle aimablement données par l'ambassade du Canada à Paris. C'est suffisant. Puisque nous sommes couverts par une haute autorité, nous pouvons aller où nous voulons.

Le policier est très tenté de venir avec nous. Malheureusement, sa femme voudrait assister à un bal qui doit avoir lieu à Yellowknife. Qui l'emportera ?

Father Mary nous a ramenés à Nahanni-Butte et, le soir, nous avons été faire une visite de politesse à Dick Turner, le « trader ». C'est certainement le commerçant le plus isolé du Grand Nord canadien. Il a construit sa maison et son comptoir sur la rive gauche de la Nahanni. On ne peut s'y rendre qu'en canot. Il ne peut s'en échapper qu'en avion ou par la rivière. Une femme d'une cinquantaine d'années, distinguée d'allure, nous invite à entrer. Nous abandonnons nos bottes dans le sas d'entrée, pénétrons dans la grande salle à manger au plancher bien ciré, aux meubles confortables, aux parois ornées de splendides trophées d'ours, de chèvres blanches et de big-horns. Le père et le fils nous reçoivent amicalement. Bien que le père Mary mette en place un projet de coopérative indienne qui risque de leur enlever une bonne partie de leur clientèle, ils le reçoivent aimablement. Ils ne nous cachent pas qu'ils vont bientôt quitter Nahanni, se fixer quelque part plus au sud, à Nelson, en Colombie britannique. Ils ont visiblement fait fortune et l'ancien chercheur d'or a bien mené sa barque. Quant à sa femme, elle est restée anglaise et victorienne jusqu'au bout des ongles. Sa maison est un véritable home anglais.

Le père Mary repart demain pour Liard. Il nous laisse la garde de sa maison et la charge de nourrir les chiens de sa traîne hivernale, qui logent dans des niches individuelles, solidement enchaînés, derrière le presbytère. Ce sont de magnifiques huskies de forte taille, admirablement soignés, mais farouches. Il nous faudra, au début, prendre beaucoup de précautions pour les approcher mais, au fil des jours, ils nous reconnaîtront et s'apaiseront.

Avant de partir, le père Mary nous confie un canoë métallique que lui a prêté à notre intention l'un de ses administrés, Konisenta. Il nous indique les règles de base de la navigation sur ces rivières du Grand Nord :

— Si vous désirez traverser la rivière, remontez d'abord dans le contre-courant provoqué par les remous de la berge le plus haut possible et ensuite traversez en biais. Sinon vous vous retrouverez à un mile en aval.

Nous avons suivi ses conseils et abordé la rive gauche de la Nahanni dans une petite crique rocheuse, au point précis où la falaise de la Nahanni-Butte, que nous avons l'intention de gravir, vient plonger dans la rivière. La ligne de crête de cette falaise constitue le chemin d'accès. Il y a une vague trace suivie par les Indiens. On pourrait se passer d'armes car, selon Dick Turner, nous ne risquons que de rencontrer des ours noirs, nullement dangereux. Pour plus de sécurité, le père Mary m'a confié sa 22 long rifle, à balles blindées.

— Ne tirez que si vous êtes en danger... Mais surtout évitez toute rencontre insolite !

La butte étant à 1 526 mètres et la rivière à 200, nous avons à faire un long cheminement sur la crête de la falaise. Montée pénible dans une forêt dense de spruces et de peupliers. Les arbres morts de vieillesse ou écrasés par le poids de la neige forment un sous-bois presque impénétrable et nous devons nous rabattre sur la corniche rocheuse de la falaise.

Le paysage que nous découvrons devient de plus en plus étonnant. Jamais la phrase « à perte de vue » n'a été mieux appropriée pour le décrire. Vers l'est, l'immense plaine boisée s'enfuit jusqu'à l'infini, on pourrait dire jusqu'à la courbure de la terre. Quand on songe que le paysage sera le même sur près de six mille kilomètres, on a le vertige. On continue, on franchit comme on peut les obstacles ; on se fait griffer par les ronces.

Il aurait fallu une machette, pour tailler notre piste dans cette forêt primaire.

Les traces des bêtes sauvages s'entrecroisent. Traces d'ours, traces d'élans. Plus haut, vient une zone clairsemée où seuls résistent à l'altitude des buissons de saules en bourgeons. Nous abordons bientôt la carapace même de la montagne faite de plaques de calcaire nues, recouvertes d'éboulis instables. Vers le nord, la falaise prend de belles proportions. Sous le sommet, de larges terrasses permettent un repos prolongé car la chaleur et la sécheresse de l'air nous déshydratent. Dans ce paysage aérien, les dimensions de la plaine deviennent planétaires et le cours des rivières dessine un trait de lumière qui se perd dans la brume. Les contreforts des Rocheuses barrent l'horizon de l'ouest. La Nahanni sort de ces montagnes par une cluse gigantesque taillée dans la chaîne principale.

Pierre me distance dans les cheminées rocheuses. Je grimpe plus lentement sur les vires où passent les moutons de montagne, ces « big-horns » à gros poil laineux. A mes pieds, Nahanni-Village n'est plus qu'un tout petit carré défriché et la piste d'aviation un simple trait pâle dans la forêt. Pierre s'est élevé vers le nord et je décide de le rejoindre. Je passe d'une brèche à l'autre par une cheminée rocheuse de dix mètres de hauteur et c'est à cet instant que se produit l'incident qui aurait pu ruiner tous nos espoirs. Une pierre se détache. Je me raccroche par les mains, mais une douleur fulgurante me fait savoir que je viens d'abîmer ma cheville gauche. Elongation du tendon d'Achille, avec rupture de nombreux ligaments secondaires sans doute. Accident banal partout ailleurs. Pas sur cette montagne, à des heures de marche de tout secours. Impossible de marcher, mon pied ne porte plus, la cheville cède, la douleur est très vive.

Pierre est sur le dernier sommet, il photographie sans souci du vide et ne m'entendra qu'après plusieurs appels. M'ayant rejoint, il déchire des sacs de plastique, fabrique une bande, serre ma cheville.

— Pourras-tu marcher ?

— Me traîner, sûrement !

Nous regardons tout en bas le minuscule village indien. Nous avons mis cinq heures pour atteindre le sommet, il est 5 heures du soir, la nuit vient à 10 heures. Comme il n'est pas question de suivre la crête de la falaise, nous allons descendre directement la face sud de la Nahanni, immense versant arrondi, aux pentes herbeuses très raides. J'ai fait cette descente en me traînant sur les mains et les fesses, soutenu par Pierre dans les passages délicats. Nous avons retrouvé le bush où Pierre m'a taillé une solide perche de saule.

Une barre rocheuse nous arrête, et des vires herbeuses nous ramènent jusqu'à l'aplomb d'un grand couloir très raide envahi par des pousses de saules nains. La roche affleure en plaques brillantes. Il ne nous reste plus qu'à rejoindre la corniche gravie le matin. Cette descente peu conformiste m'a épuisé et je sollicite une pause avant la grande traversée où je vais être obligé de marcher, coûte que coûte.

Au bout d'un moment :

— Partons, dis-je à Pierre, ça va mieux.

— Un ours ! me dit à voix basse mon compagnon.

Une masse sombre remue à quatre cents mètres de distance en contrebas. Elle remonte vers nous.

C'est bien un ours de grande taille et nous nous demandons s'il nous a aperçus car le vent est favorable. La splendide bête va d'un saule à l'autre, se régale des bourgeons, disparaît dans un bosquet, puis réapparaît mais jamais au même endroit. Nous pouvons distinguer la couleur de son pelage. C'est un grizzly, incontestablement. Sa robe foncée s'éclaircit sur la tête. La nuque et les reins forment une bande argentée qui brille au soleil. Le grizzly est le seul ours qui attaque, et nous sommes très inquiets.

— Il nous a vus ! dit Pierre.

— Ne l'inquiétons pas. Quoi qu'il arrive, je ne peux pas me remuer.

Je charge la 22 long rifle du père Mary. A bout portant on peut faire mouche... L'ours a disparu.

— Regarde, il est à notre droite maintenant.

— Eloignons-nous doucement sur notre gauche, à flanc de montagne. Dès qu'il cesse de manger, nous nous immobilisons. Toi, tu le surveilles car ma cheville fléchit de plus en plus.

Le bruit d'un caillou qui roule : l'ours a entendu, il lève la tête, il nous suit à distance.

Une traversée doit nous permettre d'atteindre la corniche qui ne se trouve qu'à cinq cents mètres à vol d'oiseau. Nous mettrons une heure et demie pour la parcourir pas à pas, nous arrêtant au moindre bruit suspect.

Nous avions envisagé le pire avec sang-froid. Tirer in extremis était la solution à éviter.

Notre lent déplacement nous éloigna de la bête. Elle avait décrit un large cercle autour de nous et, comme nous atteignions le rebord de la falaise, je l'aperçus qui partait au petit trot dans une direction opposée, traversait avec agilité un ravin rocheux très escarpé et se perdait dans la forêt de saules. Le soleil l'éclairait magnifiquement.

Nous regretterons de n'avoir pu la photographier. Nous avons continué notre descente en utilisant les pistes des bêtes sauvages ; des élans étaient passés par là et aussi des ours laissant des fumées encore fraîches.

Deux heures plus tard, ma dernière acrobatie sera pour rejoindre le canot amarré au pied de l'escarpement rocheux de la berge. Nous avons enfoncé les pelles dans les eaux grises et pagayé avec ardeur. Le chant de la rivière nous berçait de sa voix apaisante et amicale. Il y avait encore une faible lueur crépusculaire lorsque nous sommes arrivés à la cabane du père Mary.

Une rude et bien belle journée.

A 10 heures du soir, le dimanche, après une semaine d'attente, le père Mary fait son entrée. Il vient de descendre une fois de plus la Liard.

— Le policier s'est dégonflé, annonce-t-il, je m'y attendais, sa femme a été la plus forte. Il y a aussi un pépin. Mon évêque devait venir me visiter ; aux dernières nouvelles, il est parti pour l'Europe...

— Mais si le policier ne vient pas, quel bateau ?...

— C'est tout arrangé. Gus est un ami fidèle ; je l'ai contacté par radio, il me prête le sien. Demain on rallie Hot Springs avec ma barque et là-bas on change. Gus viendra avec nous, il connaît admirablement la Nahanni jusqu'aux chutes. Il faut compter une semaine aller et retour... Ça vous va ?

Je bondis de joie, ce qui m'arrache un cri de douleur.

— Vous boitez ?

Nous racontons l'accident, la rencontre avec l'ours. Ça occupe la soirée.

— Tu pars quand même ? me dit Pierre, un rien narquois.

— A quatre pattes s'il le faut.

Il aura fallu près de quinze jours de démarches et l'inépuisable dévouement du père Mary pour obtenir ce résultat.

8

Les amarres larguées, le père Mary lance son moteur et s'installe, assis très haut sur un fût d'essence dressé, ce qui lui permet de surveiller, par-delà la proue, le lit semé d'écueils de la rivière. Souvent un mince sillage argenté signale un sapin immergé dangereusement la pointe en avant. Autour de la barque, les épaves descendent le courant. Les eaux affouillent constamment les rives, qui s'éboulent, entraînant dans la rivière des pans entiers de forêt.

Nous avons fait escale dans une crique, à Twisted Point. D'une grotte dans la falaise calcaire qui nous fait face sort une fumée qui nous intrigue ; les Indiens considèrent ce lieu comme sacré, « c'est la source de tous les vents », disent-ils. En fait, c'est un dépôt de sable argileux qui s'effrite en tourbillon sous l'action des courants aériens.

A partir de ce point, le cours de la Nahanni devient sévère. Abandonnant la plaine, nous pénétrons à l'intérieur du massif. La rive gauche, recouverte d'une épaisse forêt, tombe par un à-pic rocheux d'une cinquantaine de mètres directement dans la rivière. Sur la rive droite débouchent de petits torrents. Partout la forêt est souveraine, s'accroche aux moindres aspérités. La lumière est grise avec des fulgurances orange qui passent sous les nuages et ajoutent à la gravité du site : falaises, éboulis, spruces dressant leurs piliers sur les crêtes, fouillis de peupliers et de saules sur les replats inondés défilent à droite et à gauche de la Nahanni.

Quelques miles avant Hot Springs, la rivière se transforme en rapides, et devant nous apparaît l'entrée du premier cañon : c'est une coupure franche dans les hautes parois calcaires, une porte par où s'échappent les eaux de la Nahanni après cinq cents kilomètres de parcours dans les montagnes inconnues qui séparent le bassin du Yukon de celui du Mackenzie.

Sur la rive opposée, une petite cabane découvre son toit moussu, puis une autre. Enfin apparaît, minuscule dans ce paysage, la maison pimpante et fraîchement vernie de Gus Kraus.

L'ancien prospecteur a bâti celle-ci sur l'emplacement même des sources chaudes ; une désagréable odeur d'œuf pourri ou de soufre stagne au-dessus de la rivière. Il n'y a pas de débarcadère, on s'amarre où l'on peut, selon l'humeur de la Nahanni, la violence des courants, la hauteur des eaux.

Pierre lance à Mickey, le jeune Indien fils adoptif de Gus, un filin pour que nous puissions arrêter le moteur sans être emportés par le courant.

Un homme grand et sec, en vêtement de bush, descend allégrement le talus de galets et nous fait un signe d'amitié.

— *Hello Gus !*

— *Hello Father, Gentlemen !*

Gus nous précède sur un sentier herbeux jusqu'à sa maison. Celle-ci est un véritable bungalow colonial long d'une quinzaine de mètres avec de belles ouvertures taillées à même les énormes troncs de spruces. Face à la rivière, une véranda permet de surveiller la Nahanni. Le grondement de la rivière joint à la vision des eaux qui fuient vers l'aval donne une impression de puissance surnaturelle.

L'intérieur de la maison est d'une propreté méticuleuse, avec cuisine bien équipée, eau courante sur évier et lumière électrique fournie par une génératrice à essence !

La femme de Gus, Mary, est une Indienne de la tribu des Slaves de Nahanni-Butte.

Gus et le père Mary discuteront une partie de la nuit, écouteront la radio. Le lendemain, le père Mary se baigne dans les sources chaudes. Dans leur périmètre, la terre ne gèle pas, le sol est ferme sous la maison, les arbres atteignent une grande taille et le sol est si fertile que Gus fait pousser des légumes.

— On partira dans l'après-midi, dit Gus, car le Water Service doit venir mesurer la hauteur et la force des eaux.

C'est avec un soin méticuleux que les deux hommes préparent l'expédition, discutent mile après mile du parcours de la Nahanni jusqu'aux chutes Virginia. Gus n'a plus remonté la rivière depuis dix ans. Il l'avait fait alors, ce qui est un exploit, avec un canot poussé par un petit moteur de 10 CV. Il avait hiverné à plus de cent miles d'ici vers le nord.

Gus est arrivé en 1934 après avoir prospecté dix ans la Peace River. Il a épousé à Nahanni-Butte Mary, qui le suivra partout. L'Indienne, au tir d'une rare précision, parcourt la forêt et la montagne. Elle lui a fait connaître cet étrange pays. Gus, c'est le casseur de cailloux, le géologue autodidacte. Mary, c'est le chasseur à l'état pur, sachant relever une trace, piéger, poursuivre le grand loup gris, le lynx, le mouton sauvage, l'ours, le castor ! C'est Mary qui tue, dépouille le gibier, fait sécher le poisson, prépare les trophées et les fourrures, lesquelles sont entreposées dans une cache sur pilotis de trois mètres, à l'abri des visiteurs nocturnes. Deux magnifiques chiens montent la garde et éloignent les loups et les lynx trop entreprenants l'hiver.

Le père Mary a installé et jumelé les deux moteurs de 35 CV fixés sur l'arrière de la large barge de Gus Kraus. Tous ses éléments sont renforcés, notamment le fond et les plats-bords reliés par des entretoises. Un léger pontage à l'avant permet d'abriter le matériel précieux. Un fort tolet d'amarrage permet d'y recevoir une corde de quarante mètres en nylon.

L'hydravion du Water Service vient d'amerrir sur la rivière en remontant le courant. Accostage difficile et maîtrise du pilote qui maintient son avion à la force du moteur sur ce flot qui descend à deux miles à l'heure.

Tandis que Pierre nettoie ses caméras, que Gus et le père Mary transbordent notre matériel, je visite les taillis alentour de la maison de Kraus ; sous les feuilles mortes, je vois pointer une, deux, trois morilles aux petits cônes bruns bien développés. Mes compagnons n'ont pas voulu y goûter bien que Mary leur ait affirmé qu'ils étaient bons. L'Indienne a partagé avec moi une excellente omelette.

Enfin libéré des exigences du Water Service, Gus annonce le départ. Il faut que ce soir nous ayons dépassé le premier des trois cañons de la Nahanni. C'est par une véritable tranchée taillée dans le roc que la rivière sort ici des montagnes ; ses rives sont formées de murailles verticales de plusieurs centaines de mètres de hauteur. La Nahanni mesure dans ce défilé environ cent cinquante mètres de largeur. Les eaux, comprimées dans leur lit étroit, s'en échappent à grande vitesse et le père Mary, qui tient la barre, fait donner toute la force de ses moteurs. Gus, nonchalamment assis, surveille la rivière. Le cañon décrit un virage prononcé, la vallée disparaît, masquée par une haute falaise calcaire. Nous venons de quitter les terres habitées. Le bruit des moteurs lancés à plein régime domine à peine le tumulte des eaux se précipitant avec force contre la paroi rocheuse, une irruption liquide toute de remous, de tourbillons, de vagues courtes et sèches. La navigation devient dangereuse. Le père Mary et Gus contrôlent chacun un *kicker*, accordent leurs moteurs au ralenti ; nous nous maintenons en ligne sans avancer. *Go !* crie Gus. Les deux engins sont lancés à plein régime, la barque charge les vagues, et sa quille plate les survole à la façon d'un hors-bord. Le risque imparable serait une panne de moteur totale qui rendrait la lourde et solide barge ingouvernable.

L'impressionnant rapide ne mesure pas plus de cinq cents mètres de longueur mais comporte deux ressauts sous-marins : le premier obstacle vient d'être franchi habilement. Gus l'a trouvé plus difficile en raison de la baisse des eaux qui les a concentrées dans un couloir tortueux, véritable conduite forcée.

A pleine crue, la rivière s'étale largement et on a le choix pour passer.

En amont de ce point, nous avançons à petite vitesse. Gus sonde sans arrêt avec une règle graduée peinte en couleurs alternées rouge et blanc. Curieuse impression d'être au fond du cañon du Verdon, mais sur une rivière aussi grosse que le Rhône à Lyon !

La remontée du premier cañon, long de vingt miles, nous prendra plus de trois heures. Un dernier rapide se présente, plus violent que les autres.

— Attention ! dit le père Mary, couchez-vous, ça va secouer !

Il s'agit de se faufiler, par un cheminement délicat, entre le plein courant brisé, heurté et coupé par des rocs affleurants et les bancs de gravier sur lesquels un échouage serait très dangereux. C'est dans ce couloir très incliné que le père Mary dirige l'embarcation. Notre barge se soulève de l'avant, retombe lourdement, se soulève encore, retombe. Le passage est très long, il s'étale sur plus de mille huit cents mètres. Le courant est de vingt miles à l'heure (36 km/h). Deux énormes vagues nous ont fait rebondir une dernière fois puis nous sommes arrivés dans des eaux relativement calmes. La montagne s'est brusquement ouverte, dévoilant un vaste cirque bordé à l'horizon par une nouvelle chaîne de hautes montagnes enneigées.

— Deadmen Valley ! dit Gus. Maintenant tout va bien jusqu'aux Portes de l'Enfer. C'est beaucoup moins difficile.

La Vallée des hommes morts s'étale sur une quarantaine de kilomètres entre deux chaînes de montagnes parallèles. Cette vallée au nom sinistre semble paisible et accueillante. Aussi loin que porte le regard, la forêt sans limites se hausse graduellement jusqu'à la cime des montagnes. Cette Vallée des hommes morts n'a d'autre issue que la rivière. Celle-ci y pénètre par un cañon encore plus haut et plus étroit et s'engouffre dans ce dernier.

— Gus ! Où se trouvait la cabane des hommes scalpés ?

— La cabane était au pied de cet escarpement rocheux.

Il se tait, nous écoutons le râle profond de la rivière dont les eaux secouent la barge immobile.

On a remis le moteur en marche. Gus nous a dirigés avec précision, remontant les bras les plus favorables, contournant des îles, évitant le piège des sapins retournés pointe en avant, souche dans l'eau, véritables défenses meurtrières de la rivière.

Tout à coup Pierre a crié :

— Un ours !

L'animal traversait un bras de rivière, faisant jaillir l'eau sur son passage.

— Où donc ? a dit le père Mary, dont l'instinct chasseur se réveille.

Gus l'interrompt d'une voix ferme :

— Barrez à gauche, *Father* ! On va s'échouer. Des ours, on a le temps d'en voir.

Une heure plus tard, nous venons à toucher la haute muraille qui barrait l'horizon. Le soleil a disparu, nous entrons dans une zone d'ombre, et brusquement la montagne s'ouvre devant nous.

La porte étroite par où s'échappe la Nahanni, c'est l'entrée du deuxième cañon.

Le lieu est grandiose et inquiétant. La banquise de l'hiver n'a pas fondu entièrement et il reste un banc de glace sali par les boues qui résonne lourdement sous nos pieds. Il faut toute la longueur de la corde pour amarrer la barge. En face, sur la rive droite, une coulée de boue et de rocs dévale la pente. C'est la rançon du dégel. Le « permafrost » vient de couler subitement. Nous préparons un bivouac rudimentaire, allumons un grand feu. Sur l'argile de la berge nous avons relevé des traces d'ours et de loup, dont ne se soucient pas nos compagnons. Pierre et moi sommes un peu angoissés. Gus Kraus, malgré ses soixante-douze ans, est merveilleux d'activité, de compétence. Il va et vient, organise tout, fume sa pipe, rêve devant le feu. Il est heureux, il est dans son élément. Il nous fait ses confidences.

— Sur cette montagne en face, il y a de l'or, et aussi du cuivre, et sur la chaîne derrière nous aussi. Mary et moi, on a couru partout dans ce secteur.

— Comment nomme-t-on cette longue chaîne de montagnes ?

— « Funeral Range » ! (La chaîne des Funérailles.)

— Pourquoi ?

— Va savoir, on l'a toujours appelée ainsi. Qui a été le premier ?...

La nuit trop courte découpe ses ombres sur la falaise, la rivière exhale sa plainte continue, les eaux rapides s'écoulent avec une telle continuité que le vertige s'empare de moi. Le vertige de la rivière, je ne savais pas que ça existait.

Le deuxième cañon est plus facile, coupé d'un seul rapide, mais le courant y est très violent. Par une entrée majestueuse en coup de sabre, nous pénétrons dans des gorges sinueuses. La dernière neige crête les sommets de la chaîne des Funérailles, quelques épicéas flottent sur les îlots de la Nahanni. Le cours de la rivière n'est qu'une suite de courbes à grand rayon, le courant se précipitant avec violence d'une paroi sur une autre, de concavité en convexité. Après une douzaine de miles de navigation, les montagnes s'écartent, nous débouchons sous des cieux plus vastes. Nous remontons la rivière dans une vallée longue et encaissée. Devant nous, la montagne barre à nouveau l'horizon sans qu'on y distingue aucune brèche.

Le troisième cañon est large, plus accueillant et sa coupure moins profonde. Et voici que tout à coup se dresse devant nous une falaise de quelque quatre cents mètres de hauteur, absolument verticale, au pied de laquelle la rivière bouillonne. Le nouveau rapide est délicat à franchir. La barge fonce en rugissant. Le père Mary évite les rochers, Gus Kraus le dirige, et après une dernière difficulté nous voguons en eaux tranquilles ; on se croit dans un cul-de-sac, et tout à coup la falaise découvre son secret : une mince entaille bordée par des plis rocheux verticaux. Nous sommes arrivés à « The Gate », « La Porte », à mi-chemin des Virginia Falls. C'est bien d'une porte qu'il s'agit. Elle s'ouvre comme une écluse, sa largeur ne doit pas dépasser quarante mètres, les parois sont dix fois plus hautes. Nous faisons halte sur la rive gauche. Sur le sable argileux, un drame a dû se jouer juste avant notre arrivée ; on lit les traces ; un jeune élan poursuivi par un loup a galopé, un ours est venu boire ; les traces se perdent dans la forêt. Elles sont récentes.

— Dix minutes au moins, une heure au plus ! déduit Gus.

Le troisième cañon est très beau. Les falaises ont des plissements fantastiques, en casques, en berceaux ; la roche présente d'étranges alvéoles, certaines roches érodées ressemblent à des têtes humaines. Là-haut, sur une vire, Gus a découvert avec ses jumelles deux moutons sauvages.

Jusqu'à l'entrée des chutes, il n'y aura plus de défilés. La Nahanni divague d'îles en îles sur un haut plateau boisé, se divise. Les courants divergent dans plusieurs bras morts. Le paysage est dramatique et, pour en accentuer le caractère lugubre, un énorme grizzly bondit à quelque deux cents mètres et traverse un bras de la rivière. Plus loin, un magnifique élan vient boire, bien silhouetté à contre-jour. En amont, le lit de la Nahanni s'étale dans une combe. Dans cet endroit marécageux, nous dérangeons dans un courant secondaire deux élans et, après cet intermède, reprenons le lit principal. La falaise s'enfonce directement dans la rivière comme un mur concave sur lequel les eaux viennent se briser. La rumeur augmente, les moteurs forcent. Le rapide est très court mais l'étroitesse du passage nous oblige à franchir deux barres rocheuses transversales cachées sous les eaux.

— Attention aux hélices ! commande Gus.

On bascule les moteurs, l'espace d'un dixième de seconde. Nous avons l'impression de gravir un escalier liquide, une échelle à saumons, puis le cours de la rivière redevient normal.

Nous voici au confluent de la Flat River et de la Nahanni. Gus est mélancolique ; il n'est pas revenu en ce lieu depuis dix années !

— Mary et moi, nous avions construit une cabane à trente miles à l'ouest. J'y ai hiverné plusieurs fois. Chaque jour, on lavait les alluvions, je récoltais une once d'or par jour en moyenne, ça ne valait pas la peine. (Il est ému mais se reprend immédiatement.) Bon ! On va tâcher d'arriver à « Hell's Gate » avant la nuit, nous en sommes à six miles environ !

Peu après, la montagne nous cacha le soleil, et je perçus à nouveau le grand bruit de la rivière que j'avais oublié. C'était un feulement de fauve en colère. Nous échouâmes notre barge sur un banc de sable et sautâmes à terre. Un loup et un ours s'étaient promenés ici même peu de temps avant notre arrivée.

— Où sommes-nous, Gus ?

— Au portage de « Hell's Gate », les Portes de l'Enfer. Les rapides sont derrière cette falaise, à quelques centaines de mètres. Ecoutez !

On distinguait un sourd grondement.

— Nous allons dormir ici et, ce soir, nous irons reconnaître à pied le passage.

J'ai allumé un grand feu, commencé à préparer le souper.

— Plus tard ! a dit Gus fébrilement. Allons d'abord voir la rivière.

Par une sente forestière, nous parvenons sur le rebord d'une falaise de trente mètres de hauteur au pied de laquelle la Nahanni se précipite sur les rochers avec de terrifiants coups de boutoir. La rive droite, par le caprice d'une faille, est ici perpendiculaire à la rive gauche. La Nahanni se heurte d'abord sur le mur rocheux où nous sommes et toute sa force se brise ainsi en des remous impressionnants. C'est d'un véritable maelström qu'il s'agit ! Ici se sont noyés les trois Suisses en 1964. Quant aux quatre Français, ils se sont abandonnés au courant dans leurs dinghys circulaires en caoutchouc après avoir fermé les dômes de toile qui les recouvraient. Véritables toupies indirigeables, ils ont tournoyé dans le courant, rejetés plusieurs fois, aspirés, rejetés, et se sont retrouvés sains et saufs dans les eaux calmes. Une aventure téméraire à ne pas renouveler.

Nous devons remonter à contre-courant ce véritable piège liquide. Gus dit que c'est possible, le père Mary est persuasif.

— La largeur du courant n'est que d'une vingtaine de mètres, dit-il, sa vitesse entre 35 et 40 km/h. J'ai une puissance de 70 CV, et en lançant la barque à toute vitesse la dérive ne doit pas être importante.

— O.K. ! dit Gus, si les eaux ne changent pas d'ici demain.

Au matin, Gus est allé reconnaître la hauteur des eaux. Le niveau n'a pas varié durant la nuit. Pierre ira se poster sur la falaise, face au grand rapide, et nous verra venir de loin. Pour nous la barque est prête, le père a vérifié les moteurs, démonté et nettoyé les bougies, ça doit tourner rond. C'est le cœur un peu serré que je m'accroupis à l'avant. Les moteurs sont poussés à fond, nous longeons la rive gauche presque au ras des rochers, la barge file et d'un seul coup nous sommes pris dans le courant principal, chahutés, aspergés. Cela ne dure que quelques secondes, nous sommes déjà passés. Nous dérivons à grande vitesse sur la falaise de la rive droite. Nous nous croyions arrivés. Erreur, la barge se met à toupiller !

— Tout droit ! hurle Gus. Coupez les moteurs ! (Puis, s'adressant à moi :) Prenez la corde et sautez !

J'obéis.

Sur notre lancée, nous venons de nous échouer sur la rive opposée. La barque, reprise en cet endroit par le contre-courant, serait inévitablement rejetée si je ne la maintenais à grand-peine. Le père Mary saute à terre, me rejoint, m'aide ; nous fixons la corde à une souche. Ouf !

— Plus haut, les eaux sont trop basses, on ne pourra remonter le courant qu'en tirant la barque. A nous quatre, ça doit marcher. En avant pour le halage.

A diverses reprises la barge s'échoue. Nous faisons de gros efforts pour doubler une pointe de galets, puis la rivière s'apaise un peu. Gus sonde.

— Ça devrait passer !

Ce sera un passage extrêmement délicat. La barque, malgré les moteurs, commence à dériver, puis l'équilibre s'établit et nous voguons normalement sur des eaux agitées.

Nous ne sommes plus qu'à quatorze kilomètres des chutes et nous mettrons plus de quatre heures pour y parvenir !

Nous nous engageons dans le quatrième cañon, celui dont on ne parle pas et qui reste le plus beau. C'est le massif de la « Sunblood Mountain », « le Sang du Soleil », culminant à plus de 2 000 mètres. Plus haut, nous avons talonné et brisé une pale de l'hélice d'un des moteurs. Il faut encore haler la barge, véritable travail de forçat. Mais nos épreuves sont terminées, le cañon s'évase en une sorte de cirque majestueux, nous découvrons les chutes et entendons leur puissant tumulte.

Elles sont encore à plus d'un mile de distance et nous les croyons toutes proches. Peu après, nous échouons notre barge sur une plage de galets, et l'amarrons solidement à une souche.

Nous sommes arrivés au terme de notre voyage.

Les chutes ont environ cent trente mètres de hauteur, soit trois fois celle des chutes du Niagara ! Dominées par de hautes montagnes, il est difficile d'imaginer une telle grandeur. Le courant de la Nahanni supérieure est divisé en deux chutes distinctes par une véritable aiguille de roc. A leur base, un nuage d'eau vaporisée s'élève très haut ; les milliards de tonnes d'eau se brisent sur des blocs de rocher, dans un bruit comparable à la plus forte des explosions. Ce tumulte permanent dure depuis le début des ères géologiques au cours desquelles s'est formé le puissant soulèvement des montagnes Rocheuses. Le grondement emplit le cirque où la Nahanni s'étale, apaisée.

Nous passerons la journée à visiter le site. Une piste primitivement tracée par le prospecteur Fayler, qui sans doute atteignit le premier les chutes Virginia, permet de remonter par la rive droite jusqu'au sommet de celles-ci. Nous l'empruntons et découvrons le cours supérieur de la Nahanni. La forêt de spruces s'arrête en ce point, le paysage devient dénudé. A l'ouest, les montagnes chauves sont capelées de neige ; la végétation polaire, le maquis de « raisin d'ours » et de saules polaires remplacent la forêt subarctique. Un autre monde est devant nous. C'est la toundra au sol gelé en profondeur, les déserts glacés des hauts plateaux qui comblent les dépressions entre les chaînons parallèles des montagnes Rocheuses, le domaine privilégié des grizzlis !

Pierre photographie, mitraille, devrais-je dire, ce paysage que peu d'hommes peuvent se vanter d'avoir contemplé !

Gus est resté au pied des chutes. Il s'est étendu sur un lit de mousse et nous avons respecté sa rêverie.

Plus tard, ce sera le périlleux retour. Ayant brisé une hélice à la montée, nous ne disposerons plus que d'un kicker. Tant pis ! Le courant complétera la puissance qui nous manque. Le passage des Portes de l'Enfer réclamera de la part de Gus et du père Mary plus de précision, car pour gouverner un canot à la descente il faut aller plus vite que le courant !

Et ça allait tellement vite que nous avons été projetés dans les Portes de l'Enfer presque sans nous en rendre compte. Father Mary a bien manœuvré, il a franchi le passage à plus de 60 km/h, et nous avons cru un instant que nous nous écraserions contre la muraille de rocher ; la vitesse aidant, nous avons triomphé des remous et de la dérive. Quand on a repris nos esprits, on était déjà hors de danger, la barge flottait sur un bief apaisé où la Nahanni se reposait avant de s'engouffrer dans les grands cañons.

Trois jours plus tard, à Hot Springs, nous prenions congé de Gus Kraus et de Mary. Nous laissions un ami et les départs sont toujours mélancoliques. Father Mary remonta son moteur sur son embarcation et le courant nous emporta jusqu'à Nahanni-Butte.

De ce voyage dans les montagnes vides du Grand Nord canadien je retiens certes l'étrangeté des paysages, leur solitude humaine, leur beauté et leur mystère : ce sont des terres de légende captivantes et difficiles à visiter, mais tout cela est secondaire. Car je suis revenu en France avec la certitude d'avoir rencontré une âme exceptionnelle, un véritable ami : le père Mary. Treize ans plus tard, cette amitié dure toujours. Nous ne nous sommes revus qu'une fois mais nous correspondons régulièrement chaque fin d'année, et le père Mary me tient au courant de ce qui se passe dans les « North West Territories » devenus finalement une province nouvelle dans l'Etat canadien.

C'est ainsi qu'en 1970 la Nahanni, après un voyage mouvementé du Premier ministre Trudeau, a été déclarée parc national. Ce qui a provoqué un afflux de visiteurs, s'arrêtant en grande majorité après le premier cañon, donc une surveillance accrue de la rivière, et par cela même fait fuir Gus Kraus de sa thébaïde. Trouvant l'endroit trop fréquenté, il a abandonné Hot Springs et s'est replié beaucoup plus au nord, sur la Red River, affluent du Mackenzie. Son fils adoptif Mickey est devenu chauffeur de taxi à Fort-Simpson ! Seul le père Mary résiste et parcourt inlassablement, l'été sur son canot, l'hiver avec sa traîne à chiens, le territoire grand comme la France qui compose son diocèse et où vivent quelques centaines d'Indiens slaves, trappeurs et chasseurs.

Cet homme extraordinaire, exerçant son apostolat dans l'immensité de la forêt canadienne, loin de tout, seul avec Dieu et ses Indiens dont il est à la fois le père spirituel et le conseiller, et, s'il le faut, le charpentier, le mécanicien, l'infirmier, incarne pour moi la charité comme elle se doit d'être pratiquée. Il donne tout et ne retient rien !

Les dernières nouvelles que j'ai de lui datent de la fin de 1980. Sa lettre accusait une certaine mélancolie. On se souvient du jeune Indien, vêtu en Texan, qui m'avait accueilli à Nahanni-Butte en son absence. Il était devenu l'adjoint du père et dirigeait réellement la petite communauté indienne. Hélas ! il venait d'être poignardé alors qu'il tentait d'apaiser un jeune Indien de sa race devenu fou par l'absorption d'un breuvage alcoolisé à base de cirage et autres ingrédients dangereux, distillés clandestinement. Un meurtre stupide. Avec ce jeune Indien évolué, mais resté fidèle aux traditions de sa tribu, disparaissaient les espoirs et les efforts poursuivis depuis plus de dix ans par le père Mary pour amener les Indiens de Nahanni-Butte à résoudre eux-mêmes leurs problèmes.

ÉPILOGUE

A travers mes souvenirs, je viens de rejoindre mon âge !
A vrai dire, depuis cette expédition à la Nahanni je n'ai plus
fait de véritable exploration. Simplement des voyages, intéressants certes, qui ont complété ma connaissance des régions arctiques et subarctiques du continent nord-améri-
cain et m'ont permis d'écrire deux longs récits de voyage,
trois romans et un grand album sur la faune canadienne.
Ces terres glacées ont été pour moi une nouvelle source
d'inspiration. J'ai recommencé à soixante ans une seconde
jeunesse.

J'ai revu les montagnes Rocheuses plusieurs fois. Notamment en 1974, où, chargé par mon éditeur de rédiger le
texte d'un album sur les *Seigneurs de la faune canadienne* et
principalement sur les ours et les loups, j'ai repris contact
avec mes amitiés canadiennes, et avec les spécialistes de la
« Wild Life ». Il existe une annexe à Edmonton de ce ministère de la Faune et de la Vie sauvage. J'y ai rencontré les
spécialistes du loup et de l'ours. Ils m'ont accueilli très
aimablement, et j'ai pu participer durant quelques semaines à leur vie passionnante.

Le Dr Pearson, qui depuis des années étudie le comportement des ours, m'a mis en garde contre la férocité des
grizzlis. Il a détruit l'image que je me faisais du bon « nou-

nours ». Je lui avais raconté mon histoire avec le grizzly de Nahanni-Butte. Il n'a pas souri.

— Vous étiez effectivement en danger ! m'a-t-il dit, et par ignorance du comportement de l'ours. L'ayant aperçu avant qu'il ne vous voie, il fallait faire du bruit, tirer un coup de fusil en l'air et l'ours aurait pris la fuite, alors qu'une rencontre fortuite dans le maquis, sur son territoire, l'aurait immanquablement amené à vous charger. Nous recommandons à tous les jeunes qui font du trekking dans nos parcs d'attacher un grelot sur leur sac. Chaque année, la liste des victimes des grizzlis s'allonge malgré nos instructions aux campeurs.

J'ai passé la semaine avec les « Warders » dans les parcs de Banff et de Jasper en Alberta, puis le Dr Pearson m'a conseillé de me rendre au Yukon où, dans le nouveau parc national de Kluane, les grizzlis et les loups abondent. J'ai découvert ainsi l'un des endroits les plus beaux du monde. Une calotte glaciaire de plus de quatre cents kilomètres de longueur (la distance des Alpes françaises de Nice au Léman) s'élève entre l'océan Pacifique, l'Alaska et les toundras du Yukon ! Plusieurs sommets dépassent 5 000 mètres et le massif est couronné par le mont Logan, le plus haut sommet du Canada, avec plus de 6 000 mètres. Des géants à la latitude des régions polaires.

Grâce à l'obligeance des « Warders » du parc national de Kluane, j'ai pu survoler cette glaciation d'où naissent de véritables fleuves, fouiller les hauts plateaux de la toundra où nous avons découvert des grizzlis monstrueux, fuyant sous les pales de notre hélicoptère. J'ai ainsi eu confirmation de leur puissance, de leur endurance, et surtout de leur rapidité ; ces ours possèdent une pointe de vitesse, chronométrée, de plus de 70 km/heure.

Il y avait aussi le loup !

Le loup est en France, depuis des siècles, l'ennemi numéro un des ruraux. Pour s'en défendre, on a créé, dès Charlemagne, une compagnie spéciale modifiée en 1804 pour aboutir à nos actuels lieutenants de louveterie. Le loup d'Europe était et reste une menace. C'est la faute des hommes et de leur peuplement qui s'est étendu peu à peu sur son immense territoire d'autrefois. Le loup est un grand voyageur, il a besoin d'espace. Les forêts de nos pays, à l'exception de celles de l'Europe de l'Est, sont trop petites. Pour se nourrir, il est obligé d'en sortir. Il tue le bétail et, pour défendre leur bien, les hommes tuent le loup. Alors le loup attaque l'homme.

En revanche, le loup canadien n'a jamais été dérangé dans ses immenses forêts primaires. Il est classé « bête de chasse » et il est interdit de le piéger. Pour chasser un loup à la carabine, il faut être un très bon chasseur et un très bon tireur, mais n'importe qui peut appâter un piège.

J'ai rencontré en Alberta le spécialiste qui l'étudie.

Le Dr L.N. Carbyn a vécu littéralement pendant deux ans dans le parc de Jasper avec une famille de loups qu'il allait visiter chaque jour, s'autorisant même à caresser les louveteaux dans leur tanière. Il était passionné par cette étude, me vantait la hiérarchie de la meute, l'esprit de famille, la fidélité des couples.

Imbu de ces précieuses et nouvelles connaissances, je n'ai donc pas été terrorisé par le tête-à-tête imprévu que j'eus avec un grand loup gris alors que je me promenais seul et à pied, dans les premières neiges d'octobre, sur le rivage du lac Kathleen, dans le Yukon. Le loup a traversé la piste devant moi, à moins de dix mètres ; il s'est arrêté à la lisière de la forêt, s'est retourné, m'a regardé posément puis s'est enfoncé dans les fourrés impénétrables. Il n'a manifesté à mon égard aucun signe d'agressivité, il n'a pas retroussé ses babines ni montré ses crocs.

C'était le premier que je voyais d'aussi près, car, durant notre expédition de 1966, le loup était devenu pour moi la bête mystérieuse. Chaque matin, on relevait ses traces. Présence invisible, il ne se manifestait que la nuit, hurlant désespérément à la lune, répondant aux appels sauvages des chiens de nos traînes.

J'ai désormais entamé l'ère des voyages.

On peut encore parler de grands voyages ! C'est ainsi qu'en 1975, pris d'un irrésistible désir de revoir le Sahara, j'ai préparé pour ma fille et quelques amis un itinéraire hors piste sur près de cinq mille kilomètres. J'ai englobé dans mon circuit le Hoggar, le Tassili, l'Aïr et le Ténéré. Boubeker, notre guide et ami, conduisait la petite caravane. Il nous a fait accomplir sans incidents un circuit remarquable. Avec lui je devenais un simple touriste. L'ère des explorations sahariennes était close. Il y avait partout des traces, même sur les sables autrefois inconnus du Ténéré. Des safaris de touristes français et étrangers campaient un peu partout ; on rencontrait dans les coins les plus reculés des automobilistes isolés. Il y avait beaucoup de monde au Sahara ! Le silence absolu des étendues séléniques était fréquemment troublé par les bruits de moteurs, mais qu'importe ! Quelle joie de repasser dans les endroits qu'on a passionnément aimés !

Il est temps d'établir le bilan d'une vie aussi agitée.

J'ai choisi, pour le faire, de gravir les pentes herbeuses et débonnaires du Signal de Bisanne, entre le val d'Arly et le Beaufortin ; un sommet d'un peu moins de 2 000 mètres d'altitude mais d'où l'on découvre l'un des plus vastes panoramas des montagnes de Savoie. C'est ici qu'au printemps 1944 j'ai entendu le bombardement des Glières, c'est sur le vaste col des Saisies tout proche que s'est accompli le plus important parachutage effectué par les Alliés sur la France occupée. C'est de ce col qu'ont déferlé dans toutes les vallées savoyardes les cinq mille partisans armés qui devaient libérer le pays.

Souvenirs de guerre, certes, mais désormais vision de paix !

Tout le pays de Beaufort, ses trois vallées, le cirque fermé de ses sommets, est devant moi.

Le Doron coule comme un trait d'argent, 1 300 mètres au-dessous. Arêches, Hauteluce, la barrière naturelle du barrage de Roselend se découvrent dans tous leurs détails. Si je porte mon regard vers le nord, la chaîne du Mont-Blanc apparaît, magnifique, dominant de plus de 2 000 mètres les plus hautes montagnes qui m'environnent.

Ce paysage, je le connais par cœur. Je peux donner un nom à chaque hameau, à chaque village, à chaque torrent.

Ce pays, c'est le mien. Celui de mes ancêtres. Là où mes racines s'enfoncent profondément dans la nuit des siècles.

Du haut de Bisanne, je peux suivre du regard une minuscule voiture qui escalade les lacets de la route des Villes-Dessus. Une route pastorale qui n'existait pas à l'époque. Et, sur les flancs de la montagne d'Outray, sur le vertigineux versant du soleil, s'accrochent toujours la vieille maison du Péchaz où naquit ma mère et, plus haut, les chalets des Frison-Roche. Vu de si haut et de si loin, rien n'a changé. Les centaines de granges et de chalets couverts d'ancelles qui essaiment sur le versant sont les mêmes, tels qu'ils ont été construits il y a un siècle, deux siècles, peut-être davantage.

Le site n'a pas changé, comme si ce canton, si longtemps une vallée fermée, restait pour témoigner de la vie du passé. Malheureusement la vie des montagnards n'est plus la même. Les feux ne brûlent plus dans beaucoup de ces habitations autrefois permanentes. La campagne s'est dépeuplée, les troupeaux se raréfient. Seuls quelques sages continuent le dur métier d'alpagiste.

Je suis adossé au pylône-relais fiché sur le sommet de Bisanne. Il dessert en télévision tout le canton. Il porte en ses antennes le symbole de la nouvelle civilisation.

Mon regard et mes pensées se dirigent vers le Péchaz. La ferme est intacte, comme du temps de l'oncle Maxime, mais je ne vois plus le gai troupeau broutant sur les prés pentus qui l'entourent. Je n'entends plus le chant des clarines. Aux rares vaches qui paissent encore sur les alpages, les propriétaires ont désormais enlevé toutes les cloches, clarines ou carrons qui faisaient leur orgueil et leur bonheur. Désormais des visiteurs (souvenirs ! souvenirs !) n'hésitent pas à les voler, le soir à la « pachenée », lorsque les belles tarines à la robe isabelle et aux yeux fardés ruminent dans les nuits d'été, attachées à leurs piquets.

Des troupeaux sans sonnailles ! Autrefois on enlevait les clarines lorsqu'il y avait un deuil dans la famille. La montagne serait-elle en deuil de ses traditions ?

Visuellement le Beaufortin reste un canton privilégié, une réserve naturelle témoignant de la dernière civilisation alpestre, elle aussi en train de disparaître, comme j'ai vu disparaître la civilisation lapone et celle des peuples chasseurs de l'Arctique. C'est beaucoup, trois civilisations qui disparaissent en moins d'un demi-siècle ! Et c'est triste.

Je ne dirai rien de Chamonix. « Derborence » est solidement accroché au versant du soleil, sous l'avalanche du Brévent, pour qu'on se souvienne que la montagne est toujours présente. Alors, oublions les tours et les coupoles en béton armé, la vallée peuplée de cent mille âmes durant l'été ! les résidences secondaires formant sur vingt kilomètres une véritable rue, les viaducs de l'autoroute et le tunnel du Mont-Blanc ! Je reste à Chamonix parce que le Mont-Blanc n'a pas changé ; ses glaciers sont en crue et celui des Bossons menace ses moraines. Mes bouleaux ont grandi, ils me masquent la ville, ses bruits, son animation. Dieu merci, j'habite encore un havre de paix, et dans nos trois chalets la famille se réunit chaque été et aux différentes vacances.

Bien sûr, l'hiver, je fais une infidélité à la montagne, je passe quelques mois à Nice, sur la colline de Cimiez. Le climat est plus doux pour ma femme, et nous avons refait dans cette belle ville des amitiés fidèles que nous retrouvons avec plaisir. On remonte à Chamonix pour les épreuves de ski des vétérans. J'adore ces luttes sportives où, septuagénaires incorrigibles, nous franchissons encore allègrement les quarante portes d'un slalom géant de deux cent cinquante mètres de dénivellation. On oublie la vieillesse, on côtoie les jeunes. On vit !

Je ne me suis jamais posé la question de savoir si ce que j'ai écrit restera ou non. Vivant à l'écart des grands de ce monde, je n'ai pas à me plaindre si j'ai parfois été oublié. Mais ce dont je suis fier, c'est de recevoir si souvent des témoignages d'écoliers, voire de classes entières venues me visiter à Chamonix, me confirmant ainsi que l'amitié des enfants est le bien le plus précieux que puisse obtenir un vieil homme.

En revanche, je sais maintenant ce qui a compté le plus dans ma vie. Ce ne sont pas mes succès d'écrivain ni mes explorations, et surtout pas les faits de guerre. Non ! Je suis fier d'avoir fondé une famille, d'être huit fois grand-père et déjà trois fois arrière-grand-père. Car la famille est le monument le plus durable que l'homme puisse élever à l'homme. Ma femme y est pour quelque chose, elle qui n'a pas connu les heures exaltantes que j'ai parfois vécues au cours de mes voyages. Ne le croyez-vous pas ?

Derborence, 23 juin 1981.

TABLE DES MATIÈRES

Littérature

Cette collection est d'abord marquée par sa diversité : classiques, grands romans contemporains ou même des livres d'auteurs réputés plus difficiles, comme Borges, Soupault, Goes. En fait, c'est tout le roman qui est proposé ici, Henri Troyat, Bernard Clavel, Guy des Cars, Alain Robbe-Grillet, mais aussi des écrivains tels que Moravia, Colleen McCullough ou Konsalik.

Les classiques tels que Stendhal, Maupassant, Flaubert, Zola, Balzac, etc. sont publiés en texte intégral au prix le plus bas de toute l'édition. Chaque volume est complété par un cahier photos illustrant la biographie de l'auteur.

BENZONI Juliette	*Marianne* 601 ★★★★ & 602 ★★★★
	Un aussi long chemin 1872 ★★★★
	Le Gerfaut :
	- Le Gerfaut 2206 ★★★★★★
	- Un collier pour le diable 2207 ★★★★★★
	- Le trésor 2208 ★★★★★
	- Haute-Savane 2209 ★★★★★
BLOND Georges	*Moi, Laffite, dernier roi des flibustiers* 2096 ★★★★
BOLT Robert	*Mission* 2092 ★★★
BOMSEL M.-C. & **QUERCY** A.	*Pas si bêtes* 2331 ★★★ illustré
BORGES & **BIOY CASARES**	*Nouveaux contes de Bustos Domecq* 1908 ★★★
BOVE Emmanuel	*Mes amis* 1973 ★★★
BOYD William	*La croix et la bannière* 2139 ★★★★
BRADFORD Sarah	*Grace* 2002 ★★★★
BREILLAT Catherine	*Police* 2021 ★★★
BRISKIN Jacqueline	*La croisée des destins* 2146 ★★★★★★
BROCHIER Jean-Jacques	*Odette Genonceau* 1111 ★
	Villa Marguerite 1556 ★★
	Un cauchemar 2046 ★★
BURON Nicole de	*Vas-y maman* 1031 ★★
	Dix-jours-de-rêve 1481 ★★★
	Qui c'est, ce garçon ? 2043 ★★★
CALDWELL Erskine	*Le bâtard* 1757 ★★
CARS Guy des	*La brute* 47 ★★★
	Le château de la juive 97 ★★★★
	La tricheuse 125 ★★★
	L'impure 173 ★★★★
	La corruptrice 229 ★★★
	La demoiselle d'Opéra 246 ★★★
	Les filles de joie 265 ★★★
	La dame du cirque 295 ★★
	Cette étrange tendresse 303 ★★★
	La cathédrale de haine 322 ★★★
	L'officier sans nom 331 ★★
	Les sept femmes 347 ★★★★
	La maudite 361 ★★★
	L'habitude d'amour 376 ★★
	La révoltée 492 ★★★★
	Amour de ma vie 516 ★★★
	Le faussaire 548 ★★★★
	La vipère 615 ★★★★
	L'entremetteuse 639 ★★★★
	Une certaine dame 696 ★★★★

1452
★ ★ ★ ★

Impression Brodard et Taupin à La Flèche (Sarthe)
le 17 février 1988
1774-5 Dépôt légal février 1988. ISBN 2-277-21452-3
1er dépôt légal dans la collection : avril 1983
Imprimé en France

Editions J'ai lu
27, rue Cassette, 75006 Paris
diffusion France et étranger : Flammarion